U0923811

21世纪全国高等院校旅游管理系列实用规划教材

前厅客房服务与管理

王　华　主编

内容提要

本书围绕为客人服务这一中心，以饭店客房产品为主线，对负责客房产品销售的前厅部和负责客房产品生产的客房部的服务与管理的相关知识进行介绍。全书共分16章，第1～8章对前厅服务与管理的内容进行介绍，第9～14章着重介绍客房服务与管理的内容，最后2章综合介绍了前厅客房的人力资源管理、前厅客房的现代技术应用及未来发展趋势等内容。

全书系统性及逻辑性较强，在系统理论的基础上强调了实用性，结合饭店行业最新的服务内容与操作程序，引入大量实际案例，观点新颖，应用性强。本书既可作为高等院校旅游管理专业教材，也可作为旅游饭店管理人员的培训教材，还可以作为其他相关业务人员、科研人员和有关企业经营管理者的参考用书。

图书在版编目（CIP）数据

前厅客房服务与管理/王华主编．—北京：中国林业出版社；北京大学出版社，2009.2(2012.9重印)
(21世纪全国高等院校旅游管理系列实用规划教材)
ISBN 978－7－5038－5374－6

Ⅰ．前…　Ⅱ．王…　Ⅲ．①饭店－商业服务－高等学校－教材　②饭店－商业管理－高等学校－教材　Ⅳ．F719.2

中国版本图书馆CIP数据核字（2009）第004597号

书　　名：前厅客房服务与管理
著作责任人：王　华　主编
总　策　划：牛玉莲　林章波
策 划 编 辑：郑铁志
责 任 编 辑：杜建玲　李　虎

出　版　者：中国林业出版社（地址：北京市西城区德内大街刘海胡同7号　邮编：100009）
网址：http：//www.cfph.com.cn　E－mail：jiaocaipublic@163.com
电话：编辑部83220109　营销中心83227711
北京大学出版社（地址：北京市海淀区成府路205号　邮编：100871）
网址：http：//www.pup.cn　http：//www.pup6.cn　E－mail：pup_6@163.com
电话：邮购部62752015　发行部62750672　编辑部62750667　出版部62754962
印　刷　者：北京市昌平百善印刷厂
发　行　者：中国林业出版社　北京大学出版社
经　销　者：新华书店
版 次 印 次：2009年2月第1版　2012年9月第2次印刷
开　　本：850mm×1168mm　16开本　20印张　470千字
定　　价：34.00元

21世纪全国高等院校旅游管理系列实用规划教材

编写指导委员会

编写人员名单

主　编：王　华

副主编：黄燕玲

陈文捷

王　挺

编　委：（按姓氏笔画排序）

王　华（桂林理工大学）

王　挺（河南理工大学）

刘金阳（莆田学院）

李小丽（运城学院）

陈文捷（广西大学）

唐　黎（漳州师范学院）

黄燕玲（桂林理工大学）

廖四顺（运城学院）

序

1845 年，托马斯·库克成立世界上第一家旅行社，标志着世界旅游业的出现。但是作为真正意义上的现代旅游业，则始于20 世纪 50 年代的欧美。从那时至今，旅游从为少数上层阶层所能享受的活动发展到现今大众旅游和社会旅游时代，仅经历了 50 多年的时间。在这短短 50 多年的历程中，世界旅游业发展大大超出世界经济总体发展速度，成为世界上最大的产业之一。世界旅游组织的统计数字显示，2005 年国际旅游人数首次突破 8 亿人次，全球平均增长率高达 5.5%；2006 年国际旅游人数达到 8.42 亿人次，同比增长 4.5%，超出了旅游业的发展预期。世界旅游组织预测，到 2010 年，全世界每年将有 10 亿多人出国旅游。旅游不仅对世界各国的经济发展产生积极而深远的影响，同时它已成为人们生活中的一部分，还是影响人们生活方式和生活观念的一个重要因子。

中国是一个旅游资源大国，有着得天独厚的自然旅游资源和人文景观优势。上下几千年的文明积淀，方圆 960 万 km^2 的国土，使中国的旅游资源在世界上无与伦比。尽管我国旅游业起步于 20 世纪 80 年代初，但经过 30 余年的发展，中国正从一个旅游资源大国走向旅游接待大国，旅游业在国民经济中的地位和作用日益凸显，其强劲的发展势头为世界所关注。2006 年，我国国内旅游人数 13.94 亿人次，入境旅游人数 12 494 万人次，全国旅游外汇收入 339.49 亿美元，出境旅游总人数为 3452.36 万人次。世界旅游组织预测，到 2015 年，中国将成为世界上第一大入境旅游接待国和第四大出境旅游客源国。届时中国入境旅游人数可达 2 亿人次，国内旅游人数可达 26 亿人次以上，出境旅游人数可达 1 亿人次左右，游客市场总量可达 30 亿人次左右，居民人均出游可达 2 次，旅游业总收入可达 2 万亿元人民币左右。“十一五”期间，中国旅游业将每年新增直接就业 70 万人、带动间接就业 350 万人。到 2015 年，中国旅游直接拉动和间接就业总量将达 1 亿人左右。

蓬勃发展、无限生机的旅游业，给旅游教育，尤其是高等旅游教育带来了巨大的机遇和挑战。旅游管理是工商管理下面的一个小学科，却面向的是大产业，如何使旅游学科做大做强，更好地为旅游产业服务，为 21 世纪旅游业发展培养所需各类人才，是每一个旅游教育工作者所要思考的问题。做大做强旅游学科，使旅游教育与旅游产业的发展同步，就必须加大旅游学科建设的力度，其中之一就是要搞好旅游教材的建设。因为，教材是体现教学内容和教学方法的知识载体，是进行教学的基本工具，也是深化教育教学改革，全面推进素质教育，培养创新人才的重要保证。中国林业出版社、北京大学出版社组织全国部分高校编写“21 世纪全国高等院校旅游管理系列实用规划教材”就是推动旅游教学改革与教材建设的一项重要举措。

在本套教材的编写过程中，我们力求系统地、科学地介绍旅游管理专业的基本理论、基本知识和基本技能(“三基”)，同时也力求将以下理念融入教材的编写中：一是教育创新理念。即把培养创新意识、创新精神、创新思维、创造力或创新人格等创新素质以及创新人才为目的的教育活动融入其中。二是现代教材观理念。传统的教材观以师、生对教材的“服从”为特征，由此而生成的对教学矛盾的解决方式表现为“灌输式”的教学关系。现代教材观是以教材“服务”师生，即将教材定义为“文本”和“材料”，提供了编者、教师、学生与知识、技能之间的跨越时空的对话，为师生创新提供了舞台。三是培养大学生“四种能力”的理念。教材的编写充分体现强化学生的实践能力、创造能力、就业能力和创业能力的需要，以适应旅游业的快速发展对旅游人才的新要求。四是教材建设服从于精品课程建设的理念。精品课程是具有一流教师队伍、一流教学内容、一流教学方法、一流教材、一流教学管理等特点的示范性课程。精品课程建设是高等学校教学质量与教学改革工程的重要组成部分。本套教材的编写力求为精品课程建设服务，能够催生出一批旅游精品课程。

本套教材不仅是全国高等院校旅游管理专业教育教学的专业教材，而且也可作为旅游管理部门、旅游企业专业人员培训及参考用书。我们希望本套教材能够为培养21世纪旅游创新人才做出贡献。

最后，借此机会感谢北京大学吴必虎教授、青岛大学旅游学院马波教授对本套教材的指导，感谢中国林业出版社和北京大学出版社对本套教材所付出的辛勤劳动以及各位参与编写的专家和学者对本套教材所付出的心血！

编委会

[illegible]

2007年10月

前 言

客房是饭店的主要产品，客房收入是饭店经济收入的主要来源。长期以来，客房产品的生产销售工作都是饭店企业最为重视的工作内容。前厅、客房是负责饭店客房产品的生产与销售的两大主要操作部门，因此，加强前厅部的客房销售工作及客房部的客房生产管理工作，对饭店企业意义重大。改革开放30年来，我国的饭店管理工作日趋规范和成熟，饭店管理理论研究及专业教育也从无到有，逐渐完善，并积累了丰富的经验。在饭店管理教育发展过程中，饭店管理教材建设受到了极大重视，出现了许多不同层次、不同侧面的专业教材，可谓百花齐放，为我国饭店管理教育的发展起到了极大的推动作用。然而，随着饭店行业的不断发展，现代技术和现代管理理念在饭店行业中的广泛应用，前厅、客房等饭店服务操作部门的服务理念、管理思想、服务内容、操作技能与操作程序等均发生了很大的变化，过去在服务操作中较为重要的一些内容或程序已经被简化甚至被取消，过去没有的服务内容和服务环节被提到了前台，因此，对前厅、客房等部门的服务与管理也提出了新的要求。在新形势下，饭店管理教学也应与时俱进，跟上行业发展的步伐，符合行业发展的要求。编者根据在星级酒店前厅、客房等各岗位上工作8年的实践经验以及12年的高校饭店管理方向的教学体会发现，高校饭店管理教育虽然有了极大的进步，也越来越重视与行业的接轨，但专业课程的教学仍亟待提高。此外，由于不可能所有的专业教师都来源于饭店企业，也不可能都从一线获得专业实践经验，所以，在教学上，专业教师对教材的依赖性还较大，因此，在饭店的前厅客房教材的编写上，更应该真正从教与学的角度出发，既考虑到专业教师的需要，又要满足学生学习的需要；同时，还要结合行业发展的需要，使教材更好地为师生服务，为行业服务，使高校饭店管理教学更切合实际，更受到行业的欢迎。

前厅、客房作为酒店的重要服务操作部门，在服务与管理的理念与方法上有着独特的特点，绝不像外界一些人认为的那样，就是“站着摆摆样子，走着叠叠被子。哪有什么理论可言?”这是对本岗位工作的不了解。前厅客房管理作为高校饭店管理方向的重要专业课，有其特有的学科要求与特点，围绕着客人这一核心，在如何服务于客人、让客人满意、让员工满意、让酒店满意等一系列问题上有着许多值得探究的课题。

本书针对我国高校旅游管理教学模式及饭店企业的需要，强调对学生职业意识和职业技能的培养相结合的教学理念。编写中在强调理论内容科学性与系统性的基础上，注重前厅客房服务与管理学科的实际应用性和可操作性；既注重管理理论与方法，又重视前厅客房功能性和实务性的管理与操作；使学生既学到前厅客房管理的系统理论知识，又能在技术和方法上适应现代酒店行业发展的需要。突出体现了以下几个特点。

(1) 内容的科学性和前瞻性。本书以饭店管理理论为指导，以前厅和客房服务与管理为重点，围绕客人这一中心，采用学科理论、行业实际管理方法和案例结合的结构，全书阐述了前厅与客房管理的基本原理、对客服务与管理、对内服务与管理等内容，全书注重以人为本的服务理念，强调员工满意才能客人满意的管理意识；结合行业发展的最新动态，同时引用了国家旅游行业主管部门对行业各部门规范管理的规范性文本。因此，内容全面系统，逻辑清晰，具有科学性和前瞻性较强的特点。

(2) 结构体例新颖。本书采用了较新的写作体例。为了更好地强调职业意识与职业技能培养相结合的学科要求，更有利于专业教师的课堂教学，每章章首都根据本章内容增加了“本章概要”“学习目标”“关键性术语”“章首案例”引导阅读，每章结尾都安排了“思考题”“经验训练”“案例分析”“推荐阅读书目”和“相关链接”等内容。全书各章节的整体结构和体例也比较新颖。

(3) 实用性强。本书前厅与客房的部门管理内容、管理技术和方法，都来源于我国行业的实际部门和国家管理部门的最新文本，在专业教师的引导下，学生可以参与到实际操作模拟中，体会实际服务与管理的程序及要求，找到行业服务的感觉和意识，培养良好的职业意识。

本书由王华主编并负责设计编写教材大纲和全书的修订与统稿工作。各章执笔人员如下：第1、4章由王华编写；第6、8、9章由黄燕玲编写；第2、3章由陈文捷编写；第5、10章由唐黎编写，第7章由李小丽编写；第11、12章由王挺编写；第13、14章由刘金阳编写；第15章由廖四顺编写；第16章由王华、廖四顺编写。

本书在编写过程中，查阅了大量相关的著作及资料，吸收并采纳了其中部分观点和材料，同时得到了许多专家、老师及同学的帮助，在此对他们表示诚挚感谢。

由于作者水平所限，书中难免存在不足之处，敬请专家学者和广大读者批评指正。

编 者

2008年10月

目　录

第 1 章

前厅部概述

【本章概要】

前厅部是客人进入酒店最先接触的部门，也是离开酒店前最后接触的部门，前厅服务给客人留下第一印象和最后印象，前厅服务的好坏，将影响客人住店期间的感受及其他部门的服务。因此，了解前厅部、认识前厅服务的重要性，是做好前厅服务工作及管理的重要环节。本章主要介绍了前厅部的地位、作用和主要任务；前厅部的组织机构及主要岗位职责；前厅部的业务特点及员工素质要求；前厅部服务与管理的发展及创新等内容。

【学习目标】

- 认识前厅部的重要地位及作用；
- 了解前厅各岗位的工作任务及职责；
- 掌握前厅各项服务的内容及工作程序；
- 了解前厅员工的基本素质要求。

【关键性术语】

前厅服务、预订处、接待处、问询处、行李处、礼宾部、总机、商务中心、大堂副理、接待员、行李员、话务员、问询员、工作职责。

【章首案例】

客人留下了

某天下午六点钟左右，总台来了三位客人，当客人提出要开特价房时，接待员礼貌地告诉客人“对不起，先生，这种房间已售完，您看其他的房间可以吗?”话未说完，客人就不高兴了：“怎么会没有呢，是不是骗我们”，这时接待员耐心地向客人解释：“先生，我们这种房间数量是有限的，每天只推出十几间房作为特价出售，今天是周末，要这种房的客人比较多，一般到了下午这个时候已售完了，假如您提前打电话跟我们预订，我们就可以帮您留出来，不过，您这次的房价可以按贵宾的优惠给您打折，您看怎么样?”

客人有些犹豫，但另外两位同伴已经不耐烦地说道：“不住这里了，到××宾馆去，那里肯定有。”不过这位客人似乎对接待员的一番话有点心动，对他的同伴说：“难得小姐这么热情，就住这里算了，不过，说实在的，我最主要的还是觉得这个宾馆客房电话特别安静，没有乱打或骚扰的电话。”最终客人选择了入住本酒店。

这个案例说明不只是前台接待员留下了客人，总机接线员的服务也给客人留下了好印象。的确，酒店总机接线员除了认真做好日常接线工作外，在客房电话控制上下了不少功夫，完全杜绝了那种扰人清梦的骚扰电话，她们的工作也得到了客人肯定。这个案例也从另一个侧面说明我们的服务质量和酒店形象是一个综合的整体，任何一个环节上出现差错或疏忽，都将直接影响到酒店的经营效果，这就要求我们每个岗位都要以出色的工作直接或间接给客人提供优质的服务。

前厅部（Front Office）是酒店对客服务的最前沿部门，是酒店服务的门面，负责对客人的接待工作，代表酒店与客人接触，协调酒店与客人之间的各种关系，是客人进入酒店最先接触的部门，也是客人离开酒店前最后接触的部门，是客人对酒店产生第一印象和留下最后印象的地方，因此，前厅部服务的好坏，直接关系客人对其他部门服务的认同，对酒店服务的影响较大，重视前厅服务及管理对提高客人满意度有着极为重要的作用。

1.1　前厅部的地位、作用与主要任务

1.1.1　前厅部的地位和作用

1.1.1.1　前厅部是酒店服务的指挥中心

前厅部是酒店服务链的中心环节，并且承担指挥中心的功能。客人在酒店停留期间能否得到良好的安排和服务，各部门之间能否很好地协调合作，与前厅的指挥息息相关。从客人进入酒店开始，前厅部就对每一位客人的相关信息资料进行处理，并根据客人的要求向各部门发布指令，指挥客房部提供客房服务、指挥餐饮部提供餐饮服务、指挥所有相关部门提供相关服务。酒店各部门在前厅部的指挥安排下开展对客服务工作，如果作为指挥中心的前厅部出现了差错，将产生一系列的连锁反应，影响服务效果，因此，前厅部作为服务的指挥中心，责任重大。

1.1.1.2　前厅部是酒店服务的协调中心

前厅部作为协调中心主要有两层意思。一是前厅部是客人与酒店联络的纽带，协调客人住店期间与各部门之间的关系。客人由于对酒店的业务分工并不清楚，当需要服务或遇到麻烦时，不一定能准确无误地找到服务的提供者和问题的解决者，客人习惯找前厅解决所有问题，前厅应为客人协调解决问题。二是前厅部还可以协调酒店各部门之间的服务关系，当客人的要求涉及多个服务部门时，前厅可以在中间进行协调，保证服务的顺利完成，提高客人的满意度。

1.1.1.3　前厅部是酒店服务的信息中心

前厅部作为接待客人的第一部门，可以面对面与客人进行沟通交流，可以收集到有关客人的最为齐全的服务信息并建立客史档案，并及时地将客源、客情、客人需求及投诉等各种信息通报有关部门，共同协调全酒店的对客服务工作，以确保服务工作的效率和质量。同时，前厅部还要收集各种服务信息，如交通信息、旅游信息等，随时为客人提供有效的信息服务。

1.1.1.4　前厅部是酒店宾客活动中心

前厅部在客人心目中是酒店管理机构的代表。客人入住登记在前厅、离店结算在前厅，客人遇到困难寻求帮助找前厅，外出活动经过前厅，团队集中也在前厅，客人感到不满时投诉也找前厅。前厅是客人在酒店中出现频率最高的场所，

作为客人的活动中心，前厅工作人员的言语举止、服务状态将会给客人留下深刻印象。

1.1.1.5 前厅部的辅助决策作用

前厅部是酒店管理机构的参谋和助手。作为酒店业务活动的中心，前厅部能收集到有关整个酒店经营管理的各种信息，并对这些信息进行认真的整理和分析，每日或定期向酒店管理机构提供真实反映酒店经营管理情况的数据和报表。前厅部还定期向酒店管理机构提供咨询意见，作为制定和调整酒店计划和经营策略的参考依据。

综上所述，前厅是酒店的重要组成部分，是加强酒店经营的第一个重要环节。

1.1.2 前厅部的主要任务

(1) 销售客房

销售客房是前厅部的首要任务。客房是酒店的主要产品，也是酒店赢利的主要来源。前厅部推销客房数量的多与少，销售房价的高与低，不仅直接影响着酒店的客房收入，而且影响到住店人数的多少和消费水平的高低，也间接地影响着酒店餐饮、康乐等部门的收入。前厅部在参与酒店的市场调研与市场预测、参与房价及促销计划制定的基础上，配合销售部进行宣传促销活动，主要负责开展客房预订业务，掌握并控制客房出租状况，为宾客办理登记入住手续，安排住房并确定房价，在酒店总体销售计划的指导和管理下，具体完成未预订客房的销售和已预订散客的实际销售手续。

(2) 接待客人

接待客人是前厅部最核心的任务。如果脱离了接待工作，前厅部就不称其为前厅部了。当客人抵达酒店时，前厅部员工为客人提供安排客房、登记入住、行李服务等热情周到的服务，可以让客人倍感亲切，有宾至如归的感觉。

(3) 控制客房状况

作为酒店客房产品的主要销售部门，加强对客房的管理，掌握和控制客房状况，是前厅部极其重要的工作。前厅部必须在任何时刻都正确地显示每个房间的状况——住客房、走客房、待清洁房、待售房等，为客房的销售和分配提供可靠的依据。前厅部及时准确的客房状况可以为销售部提供准确的客房产品信息，有效地提高客房利用率，最大限度地为酒店创造经济效益。

(4) 建立宾客账户

客人抵店时，前厅部首先根据客人的房价要求客人支付押金，为客人建立一套宾客账户，记录客人住店期间的所有消费；客人离店结账时，根据宾客账户的记录进行结账。虽然在一些酒店中，收银结账是财务部门的工作，但是，房价的确定、住宿日期等信息仍由前厅提供，因此，客人抵店时的宾客账户多由前厅建立。

(5) 建立宾客档案

前厅部作为酒店信息中心，掌握着所有到店客人的最完整准确的信息，建立宾客档案可以更好地为客人提供个性化服务，因此，重视宾客档案的收集和档案管理同样是前厅部的主要任务。前厅是宾客活动的中心，因而也是各类信息的集散地，包括外部市场和内部管理等各类信息，大到旅游业发展状况、世界经济信息，小至开房率，客人的住店、离店、预订情况等，前厅部不仅要收集这类信息，而且要对其进行加工、整理，送传到相应的经营、管理部门。

(6) 提供系列服务

前厅是对客服务的集中点，担负着为宾客服务的各项工作，除了销售客房，接待客人等工作外，还为客人提供如门厅迎送服务、问询服务、投诉处理、出租车服务、邮电、订房、问讯、电话、留言、行李、委托代办、换房等各项服务。前厅员工应有份外事当作份内事做的工作态度及热情，为客人提供份内份外的满意服务。

(7) 协调对客服务

作为酒店服务指挥中心的前厅部要向有关部门下达各项业务指令，然后协调各部门解决执行指令过程中遇到的问题，联络各部门为客人提供优质服务。前厅是沟通酒店与客人的桥梁，它根据客人的要求，保持与酒店各部门之间的有效联系，与其密切配合，及时传输有关客务信息，协调涉及多个部门的宾客事务，保证对客服务的准确、高效，为酒店树立良好形象。

1.2 前厅部的组织机构及主要岗位职责

1.2.1 前厅部组织机构设置的原则

合理的组织机构是保证前厅部服务工作顺利开展的保证。随着酒店业的发展，前厅部的组织设置也有所变化，但是组织机构的设置应根据酒店的规模、经营特点、管理模式等方面出发，有利于提高服务质量和降低成本费用，利于前厅部的运转。前厅的设计都要遵循这基本原则。

(1) 效率原则

前厅部的组织机构设置应该注意各工作环节的衔接，便于协作，确保前厅各岗位工作效率的提高。

(2) 实用原则

从实用性出发，机构尽量精简，防止机构臃肿，人浮于事的现象，要“因事设岗”，而不是“因人设岗”。

(3) 分工明确原则

职责分明，分工明确，防止出现管理职能的空缺、重叠或相互扯皮现象。

1.2.2 前厅部组织机构

根据酒店的规模、经营特点、管理模式等不同，前厅部的组织机构不尽相同，常见的有以下 3 种。

(1) 大型酒店组织机构

大型酒店服务内容多，岗位复杂，前厅部组织机构相对复杂。大型酒店组织机构如图 1－1 所示。

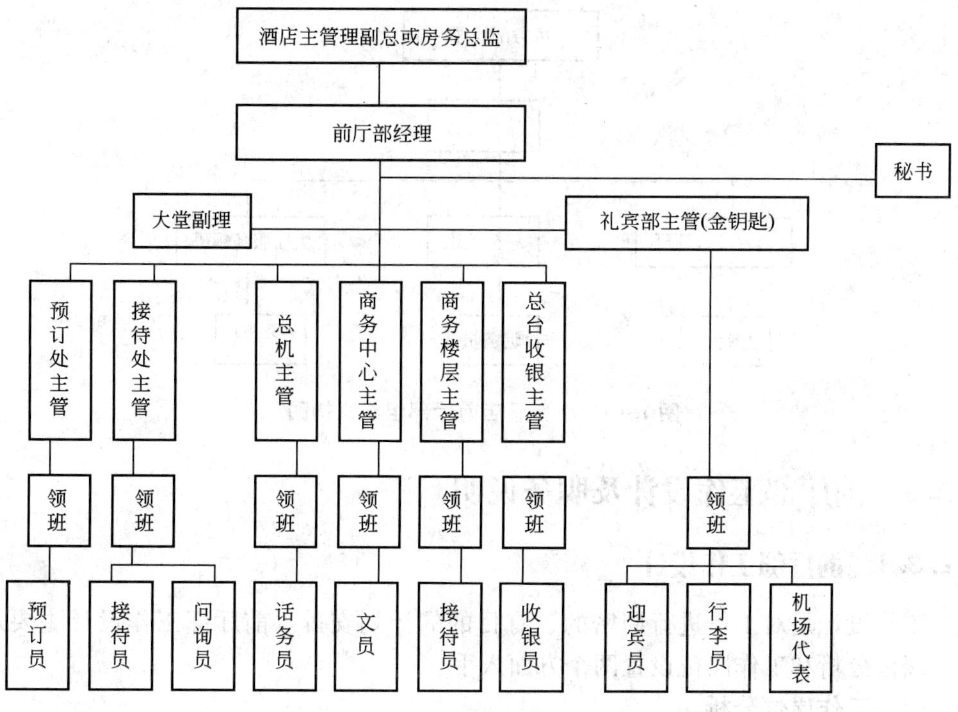

图 1-1 大型酒店前厅部组织机构图

(2) 中型酒店组织机构图

中型酒店组织机构如图 1-2 所示。

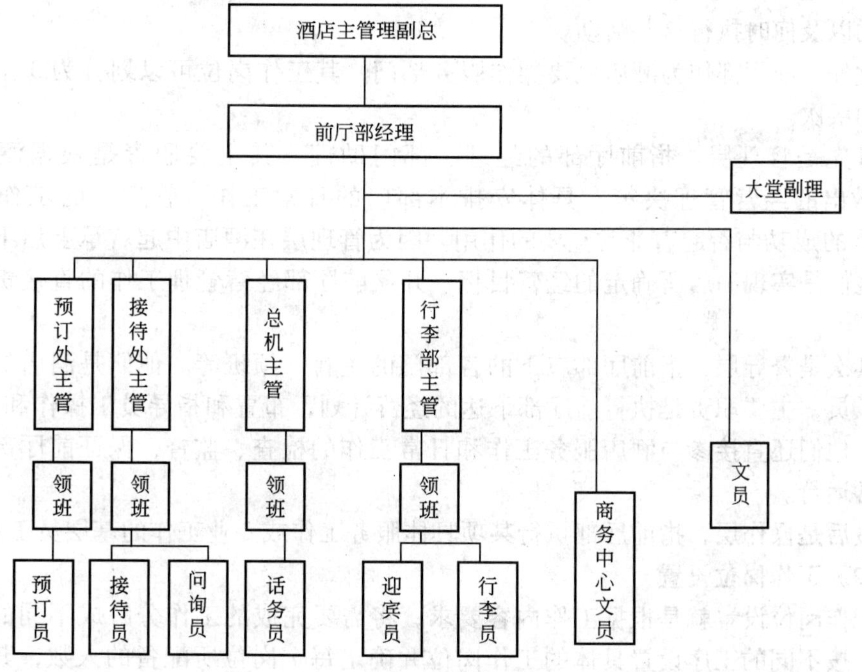

图 1-2 中型酒店前厅部组织机构图

(3) 小型酒店组织机构

小型酒店组织机构如图 1-3 所示。

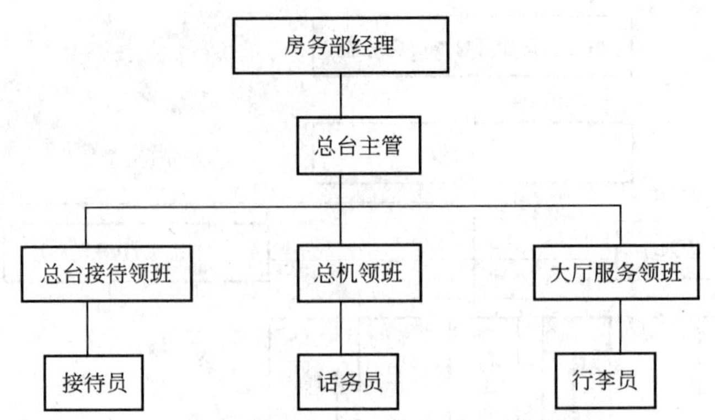

图1-3　小型酒店前厅部组织机构图

1.2.3　前厅部工作设计及职务说明

1.2.3.1　前厅部工作设计

工作设计是对工作进行周密的、有目的的计划安排。前厅部工作设计主要从工作岗位分析和工作岗位设置两个方面入手。

（1）工作岗位分析

工作岗位分析是指作为前厅部的管理者应该清楚地了解承担工作的人必须进行的与工作有关的活动有哪些，如接待客人、接听电话、对客咨询、销售客房等。前厅部的管理者可以列出一张反映前厅部所有工作内容的清单，这张清单应该能够显示承担工作的人应如何来执行工作中所包括的每一项活动，为什么要执行这些活动以及何时执行这些活动。

此外，前厅部作为酒店主要操作服务部门，其工作岗位可以划分为3个不同性质的层次。

首先是管理层，指前厅部的经理、部门助理。其主要职责是根据酒店决策层做出的经营管理决策，具体安排本部门的日常工作。管理层的工作对酒店经营的成功与否起着非常重要的作用。因为管理层在酒店中起着承上启下的作用，他们是实现酒店所确定的经营目标、开展前厅部经营管理工作的直接责任承担者。

其次是督导层，指前厅部属下的各部门的主管、领班等。他们是酒店的基层管理人员，主要职责是执行前厅部下达的经营计划，布置和指导员工操作和工作。同时，他们还直接参与酒店服务工作和日常工作的检查、监督，保证前厅部工作的正常运行。

最后是操作层，指前厅部执行某项具体服务工作或专业工作的基层员工。

（2）工作岗位设置

工作岗位设置就是根据工作内容要求，将需要完成的工作分解成不同的操作工序，按不同的工序设置具体的工作岗位并确定每个岗位所配备的人数，其原则是“因岗设人”。

工作岗位设置是动态的，根据酒店及部门的经营目标、工作任务的调整以及组织内部各种相关因素的变化而作出适时的调整，如客源结构的变化、科技手段的应用等，都可能创造新的工作岗位或改变岗位工作的内容，也可能淘汰一些工作岗位。又如，随着员工素质的提高，可适当调整一些分工过细的岗位设置，使员工的工作内容更丰富。

1.2.3.2 前厅部主要部门职能及主要岗位职责

(1) 前厅部经理（F/O Manager）

负责前厅部的一切事务，保证前厅部的操作规范及前厅部运作程序的稳定；督促前厅部所有员工的工作，做好部门培训及计划。

前厅部的岗位职责

- 负责制定本部门的经营计划和营业指标。
- 做好客源分析，努力掌握旅游市场状况。
- 制定部门的工作计划和任务。
- 督导和检查部门完成计划的情况。
- 控制客房流量与房价。
- 检查落实接待重要宾客活动。
- 解决客人的严重投诉。
- 制定完善的培训计划，保证部门的服务质量。
- 完善本部门的各项机构工作及人员合理调配。
- 工作勤奋、努力、有责任心，认真做好本职工作。当部门利益与全店利益发生冲突时，以全店利益为重，顾全大局。
- 负责本部门与酒店各部门的沟通，做好部门协调工作。
- 负责本部门的各项日常工作并随时按总经理的要求完成各项任务。

(2) 预订处（Room Reservation）

负责酒店的订房业务，接受客人以电话、传真、信函或口头形式的预订；负责与有关公司、旅行社等提供客源的单位建立业务关系，尽力推销客房并了解委托单位接待要求；密切与总台接待联系，及时向前厅部经理及总台有关部门提供有关客房预订资料和数据，向上级提供 VIP 地点信息；制定预订报表；参与制定全年客房预订计划。

预订处的岗位职责

预订处主管职责：

- 检查所有的预订是否都正确地记录在案并录入电脑。
- 负责团队预订的录入和记录。
- 努力提高酒店的住房率，掌握酒店的预订情况。
- 安排本部门员工排班表并报部门批准。
- 解决宾客投诉。
- 掌握酒店房价的折扣比率。
- 做好每日当班记录。
- 负责预订单的存档工作。
- 负责制定本部门的培训工作。
- 督导本部门与其他部门的工作协调。
- 掌握市场信息，了解其他酒店价格出租率情况。
- 完成部门经理交给的各项工作。

预订员的职责：
- 通过电话、电传、信函、面谈等手段取得最大限度的客房预订。
- 保证预订单等文件准确无误，并将其保存完好。
- 检查客房状态。
- 控制客房出租率。
- 了解预订系统的电脑工作程序。
- 检查第二天到店的宾客情况，并将有关资料提供给前台。
- 为有特殊要求的宾客事先预订客房。
- 了解重要宾客的情况和要求，为前台提供最新信息。
- 做好每日当班记录。
- 完成上级交办的各项工作。

（3）接待处（Reception Desk）

销售客房；接待住店客人，为客人办理入主登记手续，分配房间；掌握住店客人动态及信息资料，控制房间状态；制作客房营业日报等表格；协调对客服务工作；为客办理离店结账手续。

接待处的岗位职责

接待处主管的职责：
- 完成每月员工排班表并报部门批准。
- 负责检查前台全部报表和表格，保证准确无误。
- 督导领班和员工的工作，保证前台日常工作进行。
- 负责本部门的员工培训工作。
- 解决宾客入住时提出的一切问题。
- 控制前台客房销售情况。
- 解决有关前台的宾客投诉。
- 解决宾客提出的房价优惠要求。
- 分类和整理每月的报表。
- 做好每日当班记录。
- 负责检查公安局报表输入情况，保证准确无误。
- 检查重要客人客房及接待准备工作。
- 提供客源分析统计报表。
- 检查客用物品消耗量，并向部门申报领取。
- 负责与有关部门的工作协调。
- 完成部门经理交给的各项工作。

接待员的职责：
- 为宾客传递一切信息，包括电话留言、传真、电传、信函及包裹等。
- 解决宾客提出的轻微投诉。
- 熟练使用前台电脑系统（误差小于0.5%）。
- 了解当地的地理情况和风景名胜。
- 了解当地的邮政价格和要求。
- 答接宾客的问讯电话。
- 熟练掌握宾客的入住程序。
- 迅速为宾客分派客房。
- 准备每日客房统计资料等报表。
- 熟练掌握前台预订程序。
- 检查和控制客房房卡。

- 为第二天到店的团队和重要宾客准备餐卡及登记卡。
- 完成每日报表的分发和保存。
- 与客房部核对客房状态。
- 做好每日当班记录。
- 完成上级交办的各项工作。

(4) 问询处 (Information)

回答客人问讯，包括介绍店内服务及有关信息、市内观光、交通情况、社团活动等；接待来访客人；处理客人邮件、留言及分发。

问讯处的岗位职责

问询员的职责：

- 按照班组的计划完成每日经营任务。
- 安排客人的旅游日程和提供有关的服务。
- 宣传旅游项目和服务，尽可能多地取得收益。
- 做好宾客留取物的填记工作。
- 负责介绍酒店各项服务的设施设备。
- 为客人提供有关的旅游日程安排咨询服务。
- 负责宾客留言登记工作，确保无误。
- 负责宾客预约订车服务。
- 完成上级交办的各项工作。

(5) 礼宾部 (Concierge)

在门厅或机场、车站迎送宾客；负责客人的行李运送、寄存及安全；雨伞的寄存和出租；负责公共部位找人；陪同散客进房和介绍服务、分送客用报纸、信件和留言；代客召唤出租车；协助管理和指挥门厅入口处的车辆停放，确保畅通和安全；回答客人问讯，为客人指引方向；传达有关通知单；负责客人其他委托代办事项。

礼宾部的岗位职责

礼宾部主管的职责：

- 了解昨日酒店住房出租率以及当日的预测住房出租率。
- 查看交班本，了解上一班的工作情况有无需要跟进的事项。
- 指导监督和考核本部员工遵守纪律、执行工作程序的情况。
- 协助本部门与相关部门的关系，保证礼宾部更好的运作。
- 负责本部门设施设备的保养维护和部门的各类低值易耗品发放与使用。
- 安排人力准确运送团体和散客行李进出酒店。
- 组织培训，传达酒店的政策及工作要求。
- 每日当值前，认真检查上岗员工的仪容仪表。
- 站于柜台内，接听电话，回答客人询问。
- 观察大厅内的情况，维护大厅内的秩序及督导本部门员工对客人的服务。
- 分配本部门员工的工作，及时派送各类报表、报纸、信件、传真、留言、包裹等。

- 指派员工完成临时性的工作。
- 做好交接工作，认真落实每一件事，避免工作上的任何失误。
- 负责各项委托代办业务。

行李员的职责：

- 为客人提供行李搬运服务。
- 行李的寄存服务。
- 包裹的收发服务。
- 为宾客传递各项信息。
- 在宾客换房时，为其提供行李服务。
- 清晨将报刊送至散客房间。
- 负责写字间和办公室报纸刊物的发送工作。
- 做好每日当班记录。
- 完成上级交给的各项任务。

（6）电话总机（Operator）

负责接转电话；为客人提供请勿打扰电话服务；叫醒服务；回答电话问讯；接受电话投诉；负责电话找人及电话留言；办理长途电话事项；传播或消除紧急通知或说明。

电话总机的岗位职责

总机主管的职责：

- 合理安排总机员工的班次表。
- 负责新员工的培训计划和工作。
- 使总机室的工作正常运作。
- 解决宾客有关总机服务的投诉问题。
- 准确地为宾客提供电话服务。
- 审核每日叫早记录，使宾客得到准确、亲切的叫早服务。
- 审核宾客的特殊要求，确保宾客的利益。
- 掌握酒店的分机号变更。
- 确保酒店设施设备的正常操作。
- 汇总和审核每日及每月的报表。
- 检查本部门消耗的数量，制定申领计划。
- 做好每日当班记录。
- 负责本部门与其他部门的协调工作。
- 完成部门经理交给的各项工作。

话务员的职责：

- 为宾客迅速接转进出酒店的电话。
- 熟悉酒店内部机构编制、人员情况和电话号码。
- 负责宾客对电话的特殊要求。
- 为宾客提供叫醒服务，重要客人一律要求人工叫醒。
- 为宾客转接长途电话，介绍直拨长话的使用方法及其他特点。
- 熟悉酒店安全报警工作程序。
- 熟悉本部门设备的性能，正确操作。
- 完成本职工作，做好每日当班记录。
- 协助并服从领班管理，完成上级交办的各项工作。

(7) 商务中心 (Business Center)

为客人提供打字、翻译、复印、长话、传真以及国际互联网 (Internet) 等商务服务，还可以根据需要为客人提供秘书服务。

商务中心的岗位职责

商务中心主管的职责：

- 负责编排员工的班次工作。
- 做好新员工的培训工作。
- 认真审核每日报表，确保准确无误。
- 检查本岗位所需办公用品的消耗情况，定期制订领用计划。
- 要定期检查设备，发现问题及时报修，不得延误时间。
- 督导商务中心领班和员工的日常工作。
- 努力开拓市场，完成酒店的营业指标任务。
- 确保商务中心的工作正常运行。
- 负责协调本部门与其他部门的工作协调。
- 解决客人提出的投诉意见。
- 完成部门经理交办的各项工作。

商务中心文员的职责：

- 为宾客提供高效的秘书服务，包括收发传真、电传、信函、中英文电脑打字、复印及邮政等服务。
- 保证宾客在最短的时间里得到服务。
- 做好每日报表，保证准确无误。
- 做好每日当班工作记录。
- 做好上级分派的各项工作。
- 维护设备，发现问题及时报修。
- 完成上级领导交办的各项工作。

1.3 前厅部的业务特点及员工素质要求

1.3.1 前厅部的业务特点

(1) 纯劳务性

与客房部、餐饮部相比，前厅服务具更强的无形性的特点。前厅工作更多是与客人面对面的对客服务，没有具体的实物产品，客人对前厅的服务评价更多的是凭借个人的感受，纯粹劳务服务给前厅工作提出了更高的服务要求。

(2) 服务的复杂性

前厅部的工作范围较广，项目多，工作内容庞杂。通常包括销售、寄存、接待、收银、问询、票务、预订等一系列内容，并且每项工作都有相应的规范与要求，在具体的操作过程中必须严格遵守，才能使宾客满意。

(3) 服务的直接性

前厅服务均为面对面的直接服务，工作难度大，对服务人员的业务技能要求高。

(4) 服务影响面广

前厅是整个酒店服务的协调中心，工作涉及面宽。与各个相关部门联系密切，不仅需要熟悉本身的业务，还要了解其他部门的情况，才能帮助顾客解决问题。

（5）对服务人员素质要求高

前厅是酒店服务的前线，前厅员工是酒店形象的代表，为了保证客人获得满意的服务，在帮助宾客排忧解难的同时，也需要员工具备相应的能力与业务知识背景。同时，为了提高工作效率及服务效果，现代酒店前厅管理不断引入新的科技，专业要求高，员工必须经过专业培训才能上岗操作，这些都对员工的素质、专业技术水平、业务水平提出了较高的要求。

1.3.2 前厅部员工的礼仪规范及素质要求

1.3.2.1 前厅部员工的礼仪规范

为全面提升中国酒店行业员工的整体素质和服务水平，塑造文明礼貌的职业形象，培养爱岗敬业的职业道德，以礼仪促规范，中国旅游酒店业协会于2007年10月特制定《中国酒店行业服务礼仪规范》，对在中国境内开办的各种类型的酒店，含宾馆、酒店、度假村等单位的员工在岗服务全过程中应具备的基本素质和应遵守的行为规范进行规定，作为酒店员工自觉实践行业服务礼仪的基本原则。前厅部员工的礼仪规范包括以下几个方面。

（1）仪表规范

- 容貌端正，修饰得体，衣着整洁美观。
- 应保持面部洁净、口腔卫生。女员工可以适度化妆以符合岗位要求。
- 保持头发干净，长短适宜，发型符合岗位要求。
- 保持手部清洁，指甲长短适宜，符合岗位要求。在不违反具体岗位要求的情况下，女员工可以涂无色指甲油。
- 统一着装。工装干净整洁、外观平整、搭配合理，并符合酒店形象设计要求。
- 佩戴胸卡。胸卡应标明酒店标志、所在部门、员工姓名等。鼓励有条件的酒店为具备外语、手语接待技能的员工佩戴特殊胸卡。
- 佩戴饰品应符合岗位要求。饰品应制作精良，与身份相符。

（2）仪态规范

- 体态优美，端庄典雅。
- 站立时，应头正肩平，身体立直，应根据不同站姿调整手位和脚位。
- 入座应轻稳，上身自然挺直，头正肩平，手位、脚位摆放合理，应合理使用不同坐姿。
- 下蹲服务时，应并拢双腿，与客人侧身相向，应合理使用不同蹲姿。
- 行走平稳，步位准确，步幅适度，步速均匀，步伐从容。
- 使用引领手势时，应舒展大方，运用自然得体，时机得当，幅度适宜。
- 合理使用注视礼和微笑礼。与客人交流时，宜正视对方，目光柔和，表情自然，笑容真挚。

（3）见面常用礼仪规范

- 自我介绍时，应目视对方，手位摆放得体，介绍实事求是。介绍他人时，手势规范，先后有别。
- 与客人握手时，应明确伸手的顺序，选择合适的时机，目视对方，亲切友善。把握握手的力度，控制时间的长短，根据不同对象做到先后有别。

● 行鞠躬礼时，应面对受礼者，自然微笑，身体前倾到位。行礼时，应准确称谓受礼者，合理使用礼貌用语。

● 在不同场合向客人施行不同的致意礼。行礼时，次序合理，时机得当，自然大方。

（4）服务用语规范

● 遵守公认的语言规范，应针对不同的服务对象使用不同的服务语言，服务用语应符合特定的语言环境。

● 为客人服务时应使用对方易懂的语言，使用规范的服务用语，称谓恰当，用词准确，语意明确，口齿清楚，语气亲切，语调柔和。

● 鼓励酒店员工掌握和运用外语、手语，为不同需求的群体更好地提供语言服务。

（5）对客通用服务礼仪规范

● 迎送客人时，应选择合理的站位，站立端正，微笑着目视客人。正确使用肢体语言和欢迎、告别敬语。用客人姓名和尊称称呼客人。

● 接打电话时，应讲普通话及相应的外语，发音清晰，语速适中，音量适宜，力求通过声音传递愿意为客人服务的信息。电话铃响 10 秒内应及时接听电话，先自我介绍，并致以诚挚问候；结束通话时应向客人真诚致谢，确认客人已完成通话后再轻轻挂断电话。

● 合理设定和使用手机振动或铃声。铃声应与工作身份相匹配，音量适宜，内容健康向上。

● 向客人递送登记表格、签字笔、找零等物品时，应使用双手或托盘，将物品的看面朝向客人，直接递到客人手中。递送带尖、带刃的物品时，尖、刃应朝向自己或朝向他处。递送时，应正确使用肢体语言和礼貌用语。

● 递赠名片时，应将名片的看面朝向对方，用双手直接递到对方手中。收受名片时，应双手捧收，认真拜读，礼貌存放。递接名片时，应正确称谓对方，及时致谢。

● 如果在接待服务场所，服务人员多次与同一位客人相遇，应使用不同的问候语。在走廊遇到客人或必须从客人面前通过时，应缓步或稍停步，向旁边跨出一步，礼貌示意客人先行。

● 进出有客人的房间时，服务人员应站立端正，平视门镜，敲门并通报身份。见到客人时应礼貌问候。离开房间到门口时，应面对客人退出房间。开关房门动作应轻缓。

● 引领客人出入无人服务的电梯时，引导者应先入后出。在电梯轿厢内，引导者应靠边侧站立，面对或斜对客人。中途有其他客人乘梯时，引导者应礼貌问候。出入有人服务的电梯时，引导者应后入先出。

● 客人有任何合理需求时，服务员应尽力满足，不能满足时，应帮助客人通过其他途径解决。

（6）处理特殊情况服务礼仪规范

● 受条件制约，酒店无法满足客人要求时，应向客人表示理解和同情，并婉拒客人。

● 接待投诉客人时，应诚恳友善，用恰当的方式称呼客人。倾听客人说话时，应目视客人，及时将投诉事项记录下来。对客人愿意把问题告诉自己表示感谢，把要采取的措施及解决问题的时限告诉客人并征得客人同意。事后及时回访，确认投诉得到妥善处理。

● 当出现火灾等紧急情况时，服务人员应根据酒店突发事件处理程序及时处理。处理时，应保持镇静，语气坚定，语调平缓。应安抚客人，向客人传递安全的信息。接到上级的疏散命令后，应疏散有序，忙而不乱。

● 当客人受伤或突发疾病时，服务人员应根据酒店突发事件处理程序及时处理。处理时，应保持镇静，适时安抚客人。

● 酒店紧急停电时，服务人员应镇静自若，及时向客人说明停电的原因和来电的时间。应及早安抚受到惊吓和被困在电梯内的客人，并真诚道歉。

(7) 机场、车站、码头迎送客人服务礼仪规范

● 酒店应制作接机、接站标志牌。标志牌应制作规范，符合酒店的形象设计。接站、送站车辆的规格应符合客人事先的要求。

● 接站人员应提前到达指定地点迎候客人，平稳举拿标志牌，抬头挺胸，站姿端正，微笑着目视出站口。

● 见到客人应主动问候，应正确称呼客人的姓名或职务，应得体地进行自我介绍。

● 为客人提拿行李时，应轻拿轻放、保证完好，应尊重客人的意愿提供行李服务。

● 为客人引路时，接送人员应与客人保持适当的距离，应根据客人的性别、职位、路况和环境等因素选择合适的站位和走位。

● 接站、送站车辆应按照交通法规的规定合理停放，停靠位置应方便客人上下车。

● 接送人员应根据不同车辆选择合理的站位，迎送客人上下车。安排座位应符合座次礼仪并照顾客人的意愿。开关车门动作应轻缓，应适时为客人护顶，且护顶时应尊重客人的宗教信仰。

● 与客人告别时，接送人员应保证客人的行李准确完好，应根据客人的走向随时调整站位，微笑着注视客人，祝客人一路平安。客人走出视线后再转身离开。

(8) 行李服务礼仪规范

● 门童应选择合理站位，站立端正，随时迎候客人。

● 车辆驶近酒店大门时，门童应主动迎上前去，用规范的手势引导车辆停靠在方便客人上下车和行李运送的地方。下雨时，应带着雨伞迎候在无雨棚区域下车的宾客。为客人打开车门时，应站在车门一侧为客人护顶、撑伞。

● 车辆停稳后，门童应按照座次礼仪拉开车门。如果客人乘坐的是出租车，应等客人付账后再拉开车门，微笑着注视客人，亲切地问候客人。

● 客人上下车时，门童应适时为客人护顶，且护顶时应尊重客人的宗教信仰。

● 装卸行李时，应轻拿轻放，数量准确，摆放有序，并得到客人的确认。应保证随身行李不离开客人的视线范围。

● 引领客人前往接待台进行入住登记时，行李员应用外侧手提拿行李，在客人侧前方行走，时常用规范的手势示意客人前行的方向。

● 客人办理入住登记手续时，行李员应站在一米以外，站姿端正，注视客人，随时等候为客人服务。

● 引领客人去客房时，行李员应靠边侧前行，并与客人保持适当的距离。

● 到达客房后，行李员应按照客人的要求摆放行李。行李的正面应朝上，提手应朝外。应让客人确认行李的数量和完好状态。

● 离开客房到门口时，行李员应面对客人退出客房，与客人告别，轻轻关上房门。

● 客人离店需要行李服务时，行李员应准时为客人提拿行李，并将行李整齐摆放在客人指定的地点。

（9）入住登记、结账服务礼仪规范

● 接待员、收银员见到客人应主动问候。获知客人姓名后，应用姓氏或尊称称呼客人。

● 接待员介绍酒店产品时应实事求是，用恰当的语言，站在客人的角度，为客人提供参考建议。

● 回答客人询问时，应有问必答，态度和蔼。对不了解的事情，应向客人表示歉意，表现出愿意帮助客人的意愿，并提供后续服务。

● 对住店客人和非住店客人应一视同仁，对客人的光临应致以真诚的谢意，感谢客人提问，欢迎客人再次光临。

● 收费结账时，服务员应耐心细致、准确快捷。用现金结账的，应让客人核实收付金额，保证账目准确。

● 收银员应将账单、发票装入信封，用双手呈递给客人，请客人确认无误。

● 结账完毕，收银员应真诚地向客人表示感谢，欢迎客人再次光临，目送客人离开。

（10）总机服务及商务中心服务礼仪规范

● 话务员接打电话时，应使用普通话或相应的外语。发音清晰，语调柔和，语速适中，音量适宜，语言简练，表述准确，耐心倾听。

● 电话铃响10s内，话务员应及时接听电话，先问候客人并报酒店名称。

● 转接电话时，如果无人接听或电话占线，话务员应及时告知来电者，并主动提供留言服务。

● 转接外线电话时，话务员应保护住店客人的私人信息。

● 提供叫醒服务时，话务员应保证在预订的时间准时叫醒客人。叫醒的语言应简练，语音甜美柔和。

● 商务中心提供打印、复印服务时，应将客人的文件码放整齐，注意文件保密，迅速、准确服务。向客人递送文件时，应微笑着注视客人用双手递送。

1.3.2.2 前厅部员工的素质要求

（1）知识要求

前厅员工必须具备广泛深入的前厅部业务知识，熟悉前厅服务的专业知识和接待礼仪，了解旅游法规、公共关系、市场营销等相关知识。

（2）能力要求

前厅员工必须具备较强的应变能力。前厅是酒店的神经中枢，事务繁杂，每天必须妥善处理各种各样的人和事，因此，要求前厅员工发挥自己的聪明才智，随机应变。员工必须有良好的语言理解、表达能力及交流能力。前厅员工接触宾客的机会是较多的，要向顾客解释问题，同时也要回答顾客提出的问题；而顾客往往又是天南海北，各色人等都有，为了顺利地与对方交流，员工必须有相当的理解能力；另外，最好是能掌握一些方言，能熟练运用一两门外语。同时，根据前厅的业务特点，还要求前厅员工有较强的学习能力，与时俱进，才能不断地创新，满足客人不断变化的需求。

(3) 技能要求

前厅员工必须具备熟练的业务操作技能，计算机操作技能，保证及时、准备地完成各项对客服务工作。

(4) 形象要求

前厅员工必须有良好的仪态，言谈举止要得体。为了让顾客有宾至如归的感觉，员工必须要练好基本功，注意仪表仪容，按酒店规定着装，做到干净整齐、仪态大方，给人亲切感。

(5) 品德要求

前厅是酒店的门面，前厅员工的一言一行代表了酒店的形象，个人的表现可能给酒店带来利益，也可能使酒店蒙受损失，因此，前厅的员工要格外强化自身的品德修养，并体现到具体服务中，以客人利益为重，个人利益服从整体利益，良好的职业道德及敬业精神都是前厅员工必不可少的品德修养，对酒店的发展具有深远的意义。

1.4 前厅部服务与管理的发展及创新

1.4.1 个性化服务进一步加强

规范化、标准化服务给客人带来满意；而满足客人潜意识中的服务需求可以给客人带来惊喜。随着客人精神服务需求的增加，千人一面的标准化服务很难让客人获得意外的惊喜。要想客人在酒店有更多的惊喜，以“金钥匙”服务为代表的前厅部的个性化服务将受到更多的重视。

一张报纸赢得了一年的长包房

一天，美国某著名公司驻南京办事处的高小姐给酒店总经理写来了热情洋溢的表扬信。信中说道：我公司主要产品之一，某品牌婴幼儿奶粉，是全球知名产品，但是最近“二噁英”污染席卷欧洲，中国香港政府卫生署发出紧急通告，有众多的品牌的奶粉被禁销，美国总部和上海中国总部发传真给我，但情况并不十分详尽，为了解详情，我们四处奔忙而没有结果。正在此时，贵店“金钥匙”先生，从当天的香港商报上看到了这条消息，立刻将报纸送到了我们的房间，报纸上详细列出了被禁销的35种奶粉的品种、规格等，其中包括我公司的主要竞争对手的奶粉品牌，而我公司产品以卓越品质不在此列。因此，是“金钥匙”先生在关键时刻为我公司提供了难以估计的超值信息，使我们了解了对手的情况，调整了营销策略。他不仅想我们所想，而且想我们所未想，让我们体会到什么是金钥匙超值的服务，使我们从他手上接过了一把开启市场大门的名副其实的“金钥匙”。

这件事给高小姐留下非常深刻而难忘的印象。后来，虽然高小姐的公司因购买了商品房而离开了酒店，但她介绍她先生的公司在酒店签了一年的长包房合同。

1.4.2 新兴技术的应用进一步推动了服务方式的改进

在计算机技术、网络通信技术的互动发展中，不断完善的电子商务以其及时、广泛、迅速、互动、直接的特点正以空前的速度进入前厅服务与管理中。计算机技术的发展丰富了前厅服务的内容，同时也提高了前厅服务的效率。快速便捷的互联网服务为前厅接待、收银、问询、客房预订、销售等服务提供了快速准确的保证。信息技术的广泛运用和不断更新，使前厅管理及服务方式向更广、更深层次发展。

1.4.3 总机及商务中心的职能进一步退化

由于互联网及信息技术的飞速发展，越来越多的客人拥有自己的手机和计算机，也可以通过互联网直接订票，发送、接收电子邮件和传真，对酒店总机及商务中心的依赖程度将大大减少，酒店总机及商务中心的职能将弱化，直至消失或发生转换。

1.4.4 服务及管理更为灵活

为了提高工作效率及客人的满意度，酒店前厅将进一步围绕一切以客人为中心的服务宗旨，在服务上及管理上将更为灵活。如前厅员工将有更大的授权，在价格折扣、投诉的处理等方面更为灵活。

灵活处理突发事件

某酒店住店客人在前台订了3张机票。订票处在当天便将机票送到了前台。客人在22:00左右回来到前台取票，一核对机票上的名字，有一个日本客人的名字错了一个英文字母。前台人员一看傻了眼，因为如果机票上的名字跟护照上的名字对不上，就无法登机。客人明天8:30退房，也就是说，机票必须要在8:30之前改好，但订票处要在明天8:00上班，只有半个小时的时间从酒店到订票处，改好票后，再从订票处回到酒店，时间肯定来不及。又不能让客人推迟退房时间。前台员工商量后决定:先不到酒店拿票，直接先到订票处再要一张票给客人送去，然后将错票再送回订票处。第二天早上7:30前台员工便在订票处门口等订票处一开门，向订票人员说明情况，先取一张机票给客人送回去，然后再送错票，经同意后，便打了一张欠条，打印好票后，便向酒店赶，在8:25的时候，将票送到了客人的手中，客人在8:29退房离店。

迅速反应，立即行动。前台人员在晚间得知客人机票出现错误，没有按部就班的按以前的习惯，在订票处上班后解决问题，而是打破常规机动灵活地在当天晚上便商量好解决的办法，在订票处还没有上班时便在门口等，以便在第一时间内寻求订票处的帮助，节约每一分钟，最终在客人离店前的几分钟内将票送到客人手中，没有因此耽搁客人的行程。

1.4.5 预订功能更为明显

随着人们效率观念的改变及新兴技术在前厅服务中的应用，使酒店预订功能更为便捷。绝大部分客人将通过电话和互联网预订客房，没有预订而住店的“散客”将越来越少。同时，酒店为了提高客房利用率和市场占有率，将利用各种手段鼓励客人提前预订客房，客人将根据其提前预订期的长短，在房价上得到不同程度的优惠（提前期越长，优惠程度越大）。预订功能将更为明显。

【思考题】

1. 前厅部在酒店中处于何种地位？
2. 为什么说前厅部是酒店的指挥中心？
3. 前厅部的主要任务是什么？
4. 前厅部设有哪些主要岗位？它们的职责是什么？
5. 前厅部有何主要业务特点？
6. 大堂副理应具备什么素质？
7. 前厅服务与管理的发展趋势是什么？

【经验性训练】

根据自身住宿的体验，讨论前厅部员工应具备的素质要求。

1. 分成5人一组（人数为单数）。以当地某酒店为例进行实地调研。
2. 各小组同学畅所欲言，结合调研情况及所学知识对该酒店前厅部员工的素质提出个人看法。
3. 每小组推选组长在课堂上总结本小组结论（有严格的时间限制）。
4. 全班一起讨论各组成果，总结最后结论，提出改善建议。

【案例分析】

特殊客人的到来

坐落在杭州笕桥机场出口处不远的天地酒店，是一家三星级酒店，酒店内常会遇到因飞机晚点而没有被接机人接走的客人。这天，下着滂沱大雨，从北京飞来杭州的YE1107班机比预订时间晚到了整整一个小时。有6位客人预订了市中心某四星级宾馆的客房，但是在机场出口处并未见到该宾馆的接客车。因为下雨，6位客人就来到了天地酒店大堂等候……

【案例思考题】

1. 对这6位客人在大堂的出现，大堂副理应做出何种反应？
2. 如果你是前厅接待员，你应如何应对？

【本章推荐阅读书目】

1. 现代酒店管理创新. 余昌国. 北京燕山出版社，2005.
2. 酒店服务学. 王大悟. 黄山出版社，2003.
3. 酒店前厅管理. 陈瑗瑗，梁玉社. 旅游教育出版社，2006.
4. 前厅与客房细微服务. 孔永生. 中国旅游出版社，2007.

【相关链接】

1. http://www.hoteljob.cn/
2. http://www.chinakeyring.net/
3. http://www.51glw.com/
4. http://news.bjhotel.cn/

第2章

前厅部环境管理

【本章概要】

前厅部是现代酒店的重要组成部分，是酒店联系宾客的“桥梁和纽带”，在酒店经营管理中占有举足轻重的地位。前厅部的环境设计及运转和管理水平，直接影响到整个酒店的经营效果和对外形象。本章介绍了前厅部的功能分区，主要分为客人活动区、服务区、休息区和公共卫生间；阐述了各功能区的主要功能和其在酒店前厅部的地位，前厅部的环境设计以及包括照明、色彩调节、温度、湿度、通风、噪声和背景音乐在内的空间环境管理，服务设施管理和服务气氛管理。

【学习目标】

- 掌握前厅部在酒店中的重要地位、作用；
- 掌握前厅各功能区的主要功能与标准；
- 掌握总服务台、大堂整体区域环境设计和无障碍环境设计的内容；
- 熟悉前厅空间环境的照明、色彩调节、温度、湿度、通风、噪声和背景音乐等标准；
- 了解服务设施管理和服务气氛管理的内容。

【关键性术语】

前厅部、环境设计、环境管理。

【章首案例】

大堂设计体现酒店品位

酒店大堂设计越来越注重突出酒店的整体形象，而酒店的形象定位本身已随着市场的竞争出现了巨大的变化。从20世纪70年代开始，以塑造和传播酒店形象为宗旨的CI（Corporate Identity）定位盛行于酒店业；90年代后，以宾客满意为宗旨的CS（Customer Satisfaction）定位更是名震海内外。而最新的CL（Customer Loyalty）以建立宾客忠诚为战略的定位更是日益受到酒店的青睐。例如，香港半岛酒店的开放式大堂服务设计，使酒店的大堂从酒店开业起就成为许多航空公司和旅行社的服务基地，也曾作为机场出港登记处，现在，其大堂已成为商人洽谈生意，新闻界收集信息，社会名流聚会、闲坐、聊天消磨时光的好场所。酒店大堂就如一块磁铁，将天涯海角的宾客源源不断地吸引进来。收入中几乎有25%是来自于经常惠顾的忠实客人。可见其大堂设计的独特品位与其特有的经营理念，精美的饮食，细致高雅的服务，并为客人带来实际利益等，是赢得大批海内外忠诚客人的秘诀所在。

2.1 前厅的功能分区

前厅，指的是酒店的正门、大厅（大堂）等，属于前厅部管辖范围。前厅部是设在酒店前台，销售客房产品、提供预订、接待和应接服务，调度酒店业务的一个专业管理部门。前厅部由设在酒店前部的大堂和前厅办公室两大部分组成。大堂面积主要根据客房数量来确定，其标准最低为每间客房0.4～0.6m^2，最高为每间客房0.8～1.0m^2。大堂设有接待、问询、行李、收款等不同柜台，要求装饰美观、舒适、典雅，具有个性特色。办公室一般设在大厅柜台后面或旁边，与柜台相通，办公室内分设经理室、预订处、接待处、总出纳处等机构。

每一位客人抵达和离开酒店，都必须经由前厅这一地方。前厅是酒店的中心，是酒店中集客人活动、交通、服务、休息等多种功能于一体的共享空间。所以，按功能划分，可将前厅分为客人活动区、服务区、休息区和公共卫生间等区域。

2.1.1 客人活动区

客人活动区主要是指前厅的正门入口处，这是人来车往的重要的“交通枢纽”，其基本功能是要保证酒店进出畅达，大厅门外设有车道，一般还有雨棚之类。酒店前厅的大门外观要醒目、有特色，能够对客人有较强的吸引力。大门的设计既要便于人员进出，同时要求能防风，减少空调气外逸，地面耐磨易清洁且雨天防滑。大门一般有玻璃拉门、旋转门或自动门。玻璃拉门的玻璃以双层为佳，以保持前厅空调温度的稳定，节约能源，并能减少尘土刮入，随时保持大厅的清洁。高级酒店为表示对宾客的尊重、殷勤，门前有专人接应，宾客走至门前有门童拉门迎候。一般酒店常用自动门，利于防风、节约人工，自动门的一侧常设有推拉门以备不时之需。

从大门入口到酒店内的各个目的地，形成了许多人流线路。酒店内各条人流线路需要经过装修或铺设条形地毯，加上适当的装点，以形成明确的人流走向，使具有动感的走线与相对平静的服务区和休息区互不影响。

2.1.2 服务区

前厅部的对客服务区主要包括总服务台、大堂副理处和行李处等。

总服务台（简称总台）应该设在大堂中醒目的位置。总服务台的功能很多，其中接待、问讯、收银三部分是总台的主体，也是酒店实现客房销售的必要环节；其他如车（船、机）票预订、出租车、旅行社、邮电、外币兑换等服务，有的酒店在总台内，也有的酒店则在总台附近另设柜台。以团体客为主要客源的酒店，一般在总台外另设团体接待处。

总服务台的柜台和台内面积视酒店的规模、等级而定。如国际喜来登集团的服务台指标是：每200客房，柜台长8m，台内面积23m^2；每400客房，柜台长10m，台内面积32m^2，每600客房，柜台长15m，台内面积45m^2。

总服务台的外观形状与整个大堂的建筑密切相关，较常见的是直线形、半圆形和“L”形等几种形状。在材料选择上，为了经久耐用、易于清洗和显示出高雅脱俗，主要采用大理石、磨光花岗石和硬木等。在布置上，各种标牌以及国际时钟、日历、天气预报牌和外币汇率牌等的外观选择与设计上，也应注意与整个大堂和谐一致。

大堂副理的办公地点，应设在离总台或大门不远，可以看到大门、总台和客用电梯的某一视野开阔的安静之处，以便观察大堂内宾客的活动情况。通常放置一张办公桌，放一两张桌椅，供办公和接待客人。台面配置电话、电脑等，摆放插花或盆栽。大堂副理处的家具、灯具设计等不应低于酒店内高级豪华套房的标准，尺度和式样应与大堂整体环境相协调。

行李处一般设在大门内侧，同时看到总服务台和电梯间的地方，可使行李员尽早看到汽车驶进通道，及时上前迎接。柜台后设行李房，行李房的面积以客房间数 + (0.05 ~ 0.06) m^2 为宜。观光型酒店，由于旅行团行李较集中，行李房应适当加大一些；小型酒店行李处不单设，可以与总台合一。

另外，前厅部办公室、总机室、账务室等机构，与前厅接待服务密切相关，但又不必直接与客人打交道，一般应该设在总台后面联络方便但较为隐蔽之处。

2.1.3 休息区

大厅休息区是宾客来往酒店时等候、休息或约见亲友的场所，要求相对安静和不受干扰。休息区的主要家具是供客人休息的沙发座椅和配套茶几。沙发可根据需要围成几组方形，也可围着柱子设置，在人流进出频繁、充满动感的大厅空间中，构筑一个宁静舒适的小环境。休息区的位置最好设在总服务台附近并能向大堂咖啡厅、酒吧或其他经营点延伸，以引导客人消费。

2.1.4 公共卫生间

酒店大厅或附近通常都设有供男女客人使用（包括残疾人）的公共卫生间。其设施主要有便器和洗脸盆，还要有烘手器、手纸、面巾纸、小毛巾、香皂等器具和用品。公共卫生间要宽敞干净，设施要完好，用品齐全。

从一定意义上讲，公共卫生间可以反映出酒店的档次和服务水准，是酒店的“名片”。所以，公共卫生间的装饰材料选择与大堂其他部分在规格和质地上要一致，如现代酒店的大堂一般用大理石装修，其公共卫生间也应取同样材料装饰。大堂有众多的进出人流，要考虑公共卫生间的位置，既方便客人又能避开外人的直视，标志要明显，但门不可直接对着大堂。一般要求在任何公共部位都不应看到（无论直接还是从镜子反射）卫生间内的隔板与厕位，可用洗手间作前室，迂回进入厕所。为提高卫生标准，防止推手的污染，有的高档酒店公共卫生间不设门，依靠曲折迂回解决视线问题。

2.2 前厅部环境设计

一个设计合理、环境幽雅的前厅，既能赢得宾客的好感，又是酒店良好经营管理的具体体现。

2.2.1 总服务台的设计

总服务台是大堂活动的中心，要设在一进入大堂一眼就能看到的地方，其中轴线要与酒店大门的通道垂直或平行，一般设置在面对大门或设置在大堂的两侧，一般不设置在与大门的同侧，这样可以使宾客很容易找到总台，也使总台服务人员能够观察到整个前厅的客人活动以及门口车辆进出情况，以使服务员提前做好接待客人的准备工作。

总服务台柜台既要便于客人签名，又要便于客人同服务人员交谈。一般柜台比较适合的高度是 120 ~ 130cm。柜台向里的一面有工作台，其台面高度约为

80cm，从工作台到柜台台面之间这一部分，作为安放工作用具（包括电脑、电话、打印机、收银机、信用卡压卡机等）的空间，使外人不易看见，又便于操作。总服务台的常见形状有直线形、折线形、半圆形、“L”形，其外形的选择与整个大堂的建筑密切相关；但前台两端不宜封闭，应留一个出入口，便于前台人员随时为宾客提供个性化服务。

总服务台的台面常用的材料有磨光花岗岩、大理石、硬木、装饰面板等；侧面可用石材、木材，也可采用皮革或软包材料。

2.2.2 大堂的整体区域环境设计

由于每个酒店对大堂的理念会有所不同，经营思想、审美情趣不同，在大堂的整体区域环境设计上也会有所不同。有的酒店喜欢把大堂布置得较休闲，把园林绿化水池亭台放于大堂；有的酒店把大堂布置得比较有经营气氛，又很活泼，如把工艺品、食品、书籍、花卉、免税品等商店放于大堂；有的酒店在大堂设置咖啡室、西餐厅、特色餐厅等餐饮设施；有的酒店在大堂留有相当的空间，每当逢年过节即时活动，就在大堂布置各种主题场景使得大堂有所变化，形成一种相宜的气氛。

2.2.3 前厅的区域无障碍环境设计

酒店大厅正门台阶旁应该设有专供残疾客人轮椅出入店的坡道，以方便残疾客人入店，行李员正确使用“您好”“欢迎光临”“再见，祝您一路顺风”等迎接、告别语言，在拉门时无碰撞、挤压客人及行李的现象发生，客人上下车遇雨，还能及时为客人撑开雨伞。另外，总服务台的高度也应该适中，方便客人进行入住或退房的登记，实现真正的无障碍设计。

2.3 前厅部环境管理

前厅部环境管理主要包括空间环境管理、服务设施管理、服务气氛管理 3 个方面的内容。

2.3.1 空间环境管理

前厅部的空间环境管理主要指通过各种设备、措施使前厅室内外的声环境、光环境和空气质量保持在良好的状态。

2.3.1.1 照明

酒店大厅的光环境由 2 部分组成，一是自然光环境，二是人工光环境。自然光环境指利用太阳光进行采光；人工光是指利用各种照明灯具进行采光。自然光无污染、成本低，且比人工光更能给人舒适感。

前厅照明布置的根本目的是为宾客和前厅工作人员提供最基本的视觉环境，所以照明布置应以实用性为根本出发点，其次是满足装饰性。自然光的利用和各种灯具的数量、大小、方向等的布置应根据使用区域、使用人员的具体要求而进行，在使用的基础上再考虑照明的艺术功能。

人工光中过于明亮的灯光，会使人的眼睛过分紧张，造成视力减退，而且会产生不愉快的感觉，导致精神上的疲劳；昏暗的灯光又让人精神不振。只有良好的照明才能保护眼睛的健康，提高工作效率。良好的照明要具备以下条件：

第一，酒店内部要有适当的照明度，并且要注意酒店四周马路、停车场要有足够的照度，才能使酒店被看得见，使客人敢于进出酒店。

第二，保持稳定的照明。要使大厅各单位的招牌、各种标志，白天、黑夜都能看得见。照明要有一定层次，整个大厅的照明要努力接近于自然明亮，以悬挂间接反射光的大吊灯为宜。这种照明可以使光线投射在天花板上，具有空间感和高敞、轻松的气氛。对使用计算机工作的前厅则要使用照明度偏高的灯光。

第三，大厅配备安装的灯光，应给人一种轻松的气氛。大厅的光色应和谐，有柔和的倒影，物体呈立体感，无挡光的现象，不产生眩目的感觉。

前厅部各不同的功能区的具体照明布置为：① 大堂：一般采用高强度的华丽吊灯，以形成热烈友好的气氛。通常使用壁灯、台灯或落地灯作辅助照明，以衬托前厅的主体照明风格，用射灯对大堂的图画及艺术品作投光照明，使其更显艺术魅力；标识牌的照明不应突出，以只照亮标识为目的，可选用射灯、灯箱等。② 总服务台：总台的灯光照明应有足够的亮度，以创造一种适宜的工作环境。为提高照明度，总台平顶可降至2.4m左右，平顶内可布置灯具，台面可用暗藏式台面。③ 休息区：照明不要太突出，灯光应略暗，以形成安静和幽雅的格调，可选用壁灯、射灯或地脚灯，使光自然柔和，还应在台面上设置台灯，以方便宾客阅读。另外，主要楼层、楼梯、出入口、交通要道等要设置应急照明灯。

2.3.1.2 色彩调节

不同色调、照度和纯度的色彩环境会给人以不同的感受。色彩调节就在于创造出一种和谐的色彩，为前厅的宾客和工作人员造成一种舒适的气氛，创造一种适宜工作的环境，以求提高工作效率。例如，红、橙、黄等暖色调的色彩给人以温暖的感觉，可以活跃气氛；而蓝、绿冷色调的色彩可以镇定情绪。酒店作为一种温暖人的服务性企业，地毯、大理石地面等可以配置红色或其他暖色调的色彩以激发服务人员的热情，给客人一种欢乐的气氛。但周围要适当地引入一些绿色和淡黄色的盆栽植物，这对疲劳的客人和持续紧张工作的职工来说，是最好的调节剂。

在进行色彩调节时，首先确定前厅的主色调作为环境色彩的主旋律，因为它决定着前厅环境的气氛和情调。为了给宾客一种愉悦、热情、幽雅的气氛，激发前厅工作人员的工作热情，前厅的色调一般为暖色调为主，同时使用协调、对比色调，形成色彩的层次对比，创造出和谐的整体效果。

具体各功能区及室内设备的色彩为：① 大堂：前厅大堂宾客主要活动区域应以暖色调为主，以烘托出豪华热烈的气氛。② 服务区及宾客休息区：这些区域色彩应稍冷些，使人能有一种宁静、平和的心境。③ 公共卫生间：多以白色、米色等浅色调为主，但应以卫生洁具的色彩为主色调，墙、地色彩则与其保持一致。④ 顶棚：应采用白色或与白色相近的颜色为好，这可增强前厅的照明效果；如果采用与墙面相同色，应提高其亮度。⑤ 墙面：因为墙面对室内气氛起主导作用，从总体上讲不应太鲜艳，较亮、偏淡的色彩比较合适。如果墙面色暗，照明的亮度虽高，也觉得发暗。暖色系列的色彩能够营造欢快的气氛，而冷色系列的色彩容易诱发冰凉的感觉，明亮的中性系列色彩产生明朗而沉稳的感觉，所以墙面通常选用比顶棚沉重而明快一些的中间色比较好。⑥窗帘：在一般情况下，如果墙面明亮，则与窗帘形成的反差大，所以宜采用同一系列色，以收到亮度变化的效果。对暖色系列墙面可配以冷色系列或中色系列色调的窗帘；而对于中性色调墙面来说，配暖色系列的窗帘效果会好些。

2.3.1.3 温度

工作环境要有适当的温度，温度过高或过低会降低工作效率。现代化的酒店普遍使用了中央空调，这样的酒店工作环境对宾客和职工来说都是很舒服的，但是职工中会出现空调病的问题。空调病的原因是有的酒店的工作环境过分寒冷，特别是夏天，酒店外面的温度高，大厅内温度偏低，内外温差大。大厅环境的温度是否适当已成为营造酒店气氛的核心问题。控制大厅的温度指标可参考下列2点：

第一，从事脑力劳动的人的适宜温度为17～22℃，从事体力劳动的则为15～17℃；

第二，室内外温差以保持在10℃以内为宜。

实际上，从2003年国家正式实施《室内空气质量标准》以后，室内温度已经成为室内空气质量的一个重要组成部分。标准中明确规定夏季空调房间室内温度的标准值为22～28℃，冬季采暖时室内温度的标准值为16～24℃。达到这个标准的室内温度就是舒适的室内温度。夏季高温季节，为了保证员工的身体健康和工作效率，同时又能够最大限度地节约能源，专家们推荐使用"黄金温度"，也就是27℃左右，因为在这一温度下人们感觉最舒适，而且也比较省电。如果把空调开得太冷，室内温度过低，不仅不利于人们的身体健康，而且又浪费了大量宝贵的电力资源。另外，夏季空气中相对湿度较高也会令人不舒服，当室内温度高于30℃，相对湿度大于80%时，环境温度高于体表温度、人体皮肤温度很快升高，此时人的体温调节系统处于高负荷状态，容易引起循环、消化、泌尿、神经系统功能改变进而诱发中暑、皮肤病等热病。同样，冬季室内温度也不宜过高。冬季室外严寒，然而取暖并非温度越高越好，国家标准规定为16～24℃。一般室内温度保持在20～24℃为宜，最好不超过28℃，如果室内室外温差太大，就很容易患感冒甚至呼吸系统疾病。

2.3.1.4 湿度

湿度是与温度密切相关的一种环境条件，"空气湿度"是指空气中所含水汽量的大小，湿度越大表示空气越潮湿，水汽距离饱和程度越近。实验证明，人生活在相对湿度45%～65%，湿度指数为50～60的环境中最感舒适，而秋冬季以及中央空调的室内湿度通常仅为10%～15%，在这样的房间呆久了，就会使人皮肤紧绷、干燥上火，感觉不适。酒店都是安装中央空调的，为了使人们在酒店感到舒适，湿度应控制在40%～60%的范围内。超出这个范围，湿度越大，人的烦躁感越大，宾客和职工都会感到不快，容易产生摩擦和发生事故。

2.3.1.5 通风

新风量是表示室内空气"新鲜"程度、室内通风效果的指标。通风是为了保持室内空气新鲜。通风方式分为自然通风（如开窗、开门）和机械通风。带有集中空调系统的公共场所均属于机械通风。在自然通风的公共场所中，新风量具有不确定性，酒店前厅要经常开窗通风，保持一定的室内外空气的交换，保证室内空气质量，达到人体健康需求。在机械通风的公共场所，其室内的新风量是由场所的集中空调系统的运行状态所决定的，它具有确定性。按照国家标准，一般来说，滞留时间长的场所（宾馆酒店）和空气质量差的场所（歌舞厅）新风量规定的数值高，而滞留时间短（商场、书店）和环境较好的场所（图书馆）新风量规定的数值相对低一些，同时考虑到我国能源消费水平，目前规定，3~5 星级宾馆酒店和歌舞厅新风量为每人每小时 $30m^3$，其他大部分场所新风量为每人每小时 $20m^3$。空调系统新风量与公共场所国家标准一致。

新鲜空气中大约含有 21% 的氧气，如果室内氧气含量降低到 14% 左右，就会给人带来危害。酒店如果没有良好的通风条件，会给宾客和职工带来极大的痛苦。最好的办法是采用中央空调系统进行通风。中央空调系统是采用人为的方法使酒店内空气的温度、湿度、洁净度和气流速度的综合指数达到适合人体的理想状态。没有中央空调系统的酒店，也要采取机械通风或自然通风的办法达到要求。

2.3.1.6 噪声和背景音乐

凡人们感到不满意的声音均称为噪声。酒店前厅通常距离大门外的闹市区或停车场较近，其户外噪声主要有交通运输噪声、酒店外人们社会活动所造成的噪声、酒店外置设备设施所造成的噪声等。前厅室内的噪声主要有宾客、酒店员工的说话声，电话铃声，前台机器声，商务中心机器声，服务员清洁前厅所造成的噪声等。

前厅的噪声会给客人和职工带来烦躁感和不快感，导致工作效率下降和易于疲劳，特别是在酒店大厅，会引起客人的烦躁，破坏情绪的安定。不仅如此，长时间的噪声还会对人体造成极大的危害：① 引起耳部不适，如耳鸣、耳痛和听力损伤；② 损伤心血管；③ 引起神经系统功能紊乱、精神障碍、内分泌紊乱等；④ 损害视力。

所以，要创造良好的环境和气氛，酒店大厅应采取有效措施对噪声进行控制。例如，一方面大厅的天花板、墙面要使用隔音及吸音性材料；另一方面，大厅内要绝对禁止大声喧哗，职工说话要养成轻声细语的习惯，有时可使用体态语言进行沟通。同时，要提高工作效率，尽量缩短宾客因办理入住手续等而在大厅滞留的时间，尽快安置客人，把人群从大厅内疏散出去。

背景音乐是指不专心听的人就不能辨别其声源位置和是否存在的一种音乐，它常常是不被人注意的，但也是不需要花费力气就能听到的一种音乐，它不是为了欣赏，而是为了创造一种环境气氛。通常需在酒店前厅播放 5~7dB 的背景音乐，让人收听到悦耳的低分贝声音以掩盖高分贝的噪声，从而降低噪声所带来的不良影响。一般来说，背景音乐不仅可以改善精神紧张状况，增强精神的安定性，有利于宾客与员工之间创造一种融洽的关系，而且可以减少前厅工作人员因重复性的单调接待工作而带来的疲劳感，从而提高工作效率。

2.3.2 服务设施管理

客人在办理入住登记的过程中对酒店前厅服务设施的第一印象，对于营造热情友好的氛围和建立持续良好的商务关系非常重要。

前厅部的业务机构主要有：预订处，总服务台（一般包括接待处、问讯处、收银处、外币兑换处等），大厅服务处（礼宾，包括行李处、门童岗），总机房

（主要是接线员），商务中心（主要是打字复印等业务岗、秘书岗、票务岗），大堂副理等。相应的各业务机构都有固定的服务设施，如总服务台、行李车、电话机、电脑设备等。前厅部需要制定严格统一的管理制度，专人负责管理各类服务设施，确保前厅部及酒店各项工作的顺利进行。

2.3.3 服务气氛管理

前厅部是酒店的神经中枢，在客人心目中它是酒店管理机构的代表。客人入住登记在前厅、离店结算在前厅，客人遇到困难寻求帮助找前厅，客人感到不满时投诉也找前厅，如果前厅工作人员能以彬彬有礼的态度待客，以娴熟的技巧为客人提供服务，或妥善处理客人投诉，认真有效地帮助客人解决疑难问题，那么客人对酒店的其他服务也会感到放心和满意。因此，对前厅服务气氛的管理至关重要。前厅必须创造一种迎接客人的热烈气氛，才能吸引客人，给客人一种经过长途旅行后回到舒适、轻松的家的感受。同时，前厅还应给服务人员创造一种愉悦的工作环境，才能使他们的服务工作卓有成效。这种气氛和环境一旦遭到破坏，便会影响到客人和服务人员的心理状态，工作效率便会降低。

【思考题】

1. 酒店的前厅部共分为哪几个功能区？
2. 总服务台的设计应遵循什么标准？
3. 酒店前厅公共卫生间的设计应注意什么？
4. 前厅的大门有哪几种类型？各自有什么特点？
5. 前厅的空间环境管理包括哪些？如何进行管理？
6. 如何进行酒店前厅的服务气氛管理？

【经验性训练】

组织学生到本地酒店实地参观，感受前厅部的环境设计与总体运作管理。

【案例分析】

触景生情

上海新苑宾馆室内强调江南乡土气息的构思，反映在贯通二层的咖啡座空间中。大面积的粉墙叠嵌有太湖假山石，流水潺潺而下。下面是卵石叠成的曲线形水池，池水清澈见底。池中有鱼，池边种植棕竹和翠竹。顶端墙上还设了斗笠、蓑衣、鱼篓、渔网等饰物，并题写“渔赋”二字，充分蕴藏了“渔赋”的江南乡土气息。

广州白天鹅宾馆中厅西端假山瀑布，气势磅礴，与周围喷水在光影、色彩、图形和上下纵横的线条交映生辉，构成梦幻般的动感，洋溢着节日的欢乐气氛。瀑布的假山上书写着“故乡水”三个字，使侨居他乡的广州游子倍加思亲，疑幻疑真的气氛中更有魂牵梦绕的感觉。

在设计时把握住山水性情，不仅追求自然的形似，而且要把自然中的气韵反映出来，把内在的本质、意义表现出来，达到“片石生情”的意趣。这要求设计者有高度的艺术修养和匠心独运的精湛技巧。

【案例思考题】

1. 酒店的室内装饰设计应树立怎样的理念？
2. 上述两个宾馆的设计有什么不同？体现了怎样的理念？

【本章推荐阅读书目】

1. 前厅与客房管理. 蔡万坤. 北京大学出版社，2006.
2. 前厅实务与特色服务手册. 方伟群. 中国旅游出版社，2005.
3. 前厅、客房服务与管理. 林壁属，丁林. 清华大学出版社，2006.
4. 旅游酒店前厅客房服务与管理. 丁林. 山东大学出版社，2005.
5. 酒店前台作业管理. 郭春敏. 南方日报出版社，2004.

【相关链接】

1. 中国知网 http://www.cnki.net/
2. 设计在线 http://www.dolcn.com/

第 3 章 前厅部预订服务与管理

【本章概要】

前厅部客房预订是酒店的一项重要业务。宾客事先进行预订可以保证客人的住房需要，尤其是在旅游旺季客房供不应求的情况下，预订具有更重要的意义。而酒店采用预订系统接受宾客的客房预订，可以提前做好接待准备工作，尽力使客人满意，也可以使酒店提前占领客源市场，提高客房的出租率。本章主要介绍了客房的种类，阐述了客房预订的渠道、方式、预订的类别、客房预订的控制方法以及受理客房预订的程序、客房预订失约行为处理等内容。

【学习目标】

- 了解客房的种类；
- 掌握酒店客房预订的渠道及方式；
- 掌握客房预订的类别；
- 熟悉客房预订的控制方法；
- 掌握受理客房预订的程序及客房预订失约行为处理。

【关键性术语】

普通套房、复式套房、内景房、外景房、保证类预订、超额预订、预订失约行为。

【章首案例】

石先生的不满与惊喜

销售公关部接到一日本团队住宿的预订，在确定了客房类型和安排在10楼同一楼层后，销售公关部开具了“来客委托书”，交给了总台石小姐。由于石小姐工作疏忽，错输了计算机；而且与此同时，又接到一位台湾石姓客人的来电预订。因为双方都姓石，石先生又是酒店的常客与石小姐相识，石小姐便把10楼1015客房许诺订给了这位台湾客人。

当发现客房被重复预订之后，总台的石小姐受到了严厉的处分。不仅因为工作出现了差错，而且违反了客人预订只提供客房类型、楼层，不得提供具体的房号的店规。这样一来，酒店处于潜在的被动地位。如何回避可能出现的矛盾呢？酒店总经理找来了销售公关部和客房部的两位经理，商量了几种应变方案。

台湾石先生如期来到酒店，当得知因为有日本客人来才使自己不能如愿时，表现出了极大的不满。换间客房是坚决不同意的，无论总台怎么解释和赔礼，这位台湾客人仍指责酒店背信弃义，崇洋媚外，“东洋人有什么了不起，我先预订，我先住店，这间客房非我莫属。”

销售公关部经理向石先生再三致歉，并道出了事情经过的原委和对总台失职的石小姐的处罚，还转告了酒店总经理的态度，一定要使石先生这样的酒店常客最终满意。

这位台湾石先生每次到这座城市，都下榻这家酒店，而且特别偏爱住10楼。据他说，他的石姓与10楼谐音相同，有一种住在自己家的心理满足；更因为他对10楼的客房的陈设、布置、色调、家具都有特别的亲切感，会唤起他对逝去的岁月中一段美好而温馨往事的回忆，因此对10楼他情有独钟。

销售公关部经理想，石先生既然没有提出换一家酒店住宿，表明对我们酒店仍抱有好感，"住10楼比较困难，因为要涉及另一批客人，会产生新的矛盾，请石先生谅解。"

"看在酒店和石小姐的面子上，同意换楼层。但房型和陈设、布置各方面要与1015客房一样。"石先生做出了让步。

"14楼有一间客房与1015客房完全一样。"销售公关部经理说，"事先已为先生准备好了。"

"14楼，我一向不住14楼的。西方人忌13楼，我不忌，但我忌讳的就是14，什么叫14，不等于是'石死'吗？让我死，多么不吉利。"石先生脸上多云转阴。

"那么先生住8楼该不会有所禁忌了吧？"销售公关部经理问道。

"您刚才不是说只有14楼有同样的客房吗？"石先生疑惑地问。

"8楼有相同的客房，但其中的布置、家具可能不尽如石先生之意。您来之前我们已经了解石先生酷爱保龄球，现在我陪先生玩上一会儿，在这段时间里，酒店会以最快的速度将您所满意家具换到8楼客房。"销售公关经理说。

"不胜感激，我同意。"石先生惊喜。

销售公关部经理拿出对讲机，通知有关部门："请传达总经理指令，以最快速度将1402客户的可移动设施全部搬入806客房。"

酒店的这一举措，弥补了工作中失误，赢得了石先生的心。为了换回酒店的信誉，同时也为了使"上帝"真正满意，酒店做出了超值的服务。此事被传为佳话，声名远扬。

3.1 客房类型

在进行预订业务之前，先了解客房的基本房型，对于预订业务很有必要，也很有帮助。

客房类型的划分方法多种多样，根据不同的划分方法可以有不同的类型。按基本类型划分可分为7种类型，根据客房位置可以分为5种类型，根据客房的盥洗条件分为6种类型。

3.1.1 基本类型

（1）单人房（Single Room）

单人间又称单人房，房内放置1张单人床、双人床或沙发床。由于单人房比较舒适，客人的隐秘性较强，不受外界干扰，房价低于标准双人客房。根据客房的档次不同，单人间可分为无浴室单人间、带淋浴单人间、带浴室单人间3种。

（2）双人房（Double Room）

房内设有2张单人床或单双两便床，在大床间供不应求时，可将2张单人床合为1张大床作为大床间出租。一般用来安排旅游团体客人或会议客人或一家人居住，也可供2个单身旅游者居住。另外，根据住客要求，客房内可加床，加床一般是用不着时可折叠的活动单人床。通常情况下，根据客房的设施设备不同，双人房分为无浴室双人间、带淋浴双人间和带浴室双人间3种。

(3) 三人房 (Triple Room)

一般是房内放置3张单人床，供3位宾客同时入住，属经济房间。目前在中高档酒店中此类房间极少，多以在双人间加一张折叠床的方式以满足3人同住一间客房的要求。

(4) 普通套房 (Junior Suite)

普通套房又称标准套房、双套间或家庭套间，这种套房格局比较典型，一般由连通的2个房间组成，一间布置为起居室 (Living Room)，另一间布置为卧室 (Bed Room)，放置1张大床或2张单人床。由于它既可住宿，又有会客场所，适合全家人外出度假时入住或一般经商人员居住。

(5) 豪华套房 (Deluxe Suite)

豪华套房又称高级套房，通常由卧室、会客室、卫生间、小厨房、餐室、书房等组成。豪华套房的特点在于注重客房的装饰艺术与布置氛围，用品配置档次高，功能完善、齐全，房间的装饰布置和设备用品华丽高雅。卧室一般配置大号双人床或特大号双人床。在酒店中，该类酒店价格昂贵，数量不多，它代表酒店已具备豪华的级别，一般适合有经济实力的富商大贾和知名人士居住。

(6) 复式套房 (Duplex Suite)

这是一种两层楼套房，房间设计布置特点为起居室在下，卧室在上，设有小楼梯相连接，亦称“立体套间”。

(7) 总统套房 (Presidential Suite)

这种套间装饰布置极其讲究、华丽，房间内摆设豪华家具、古董、陈列工艺品等。一般由7~8间以上的房间组成，包括总统卧室、总统夫人卧室、书房、起居室、会议室、餐厅、随员室、厨房等，通常四星级酒店才设置这种套间。由于总统套房造价昂贵、房价高，而且总统居住的机会也很少，所以该类房间的出租率低，它是衡量酒店级别的标志。当然，有能力承受总统套间开支的客人，同样可以享受总统级的待遇。

3.1.2 根据客房位置分类

(1) 内景房 (Inside Room)

窗子朝向酒店的内院，住客可在房间内观赏店内景色的客房叫做内景房。

(2) 外景房 (Outside Room)

窗子朝向店外，住客可在房间内观赏店外景色的客房叫做外景房。

(3) 相邻房 (Adjoining Room)

窗外两门毗连而室内无门相同的客房。

(4) 连通房 (Connecting Room)

相邻的房间，内部有连通门连接。

(5) 角房 (Corner Room)

房间位于走廊过道尽头或拐弯处的客房。

3.1.3 根据客房的盥洗条件分类

根据盥洗条件，客房分为以下几类。为了工作方便起见，酒店常用缩略语来表示不同的房间类型。

- 单人房、无浴室 SW/OB（Single Without Bath）。
- 单人房、只有淋浴 SW/Shower（Single Room With Shower）。
- 单人房、有浴室 SWB（Single Room With Bath）。
- 双人房、无浴室 DW/OB（Double Room Without Bath）。
- 双人房、只有淋浴 DW/Shower（Double Room With Shower）。
- 双人房、有浴室 DWB（Double Room With Bath）。

3.2 客房预订的渠道、方式和种类

宾客提前要求酒店为其提供客房称为客房预订。客人进行预订是为了避免酒店客满带来风险，而酒店用预订系统来受理宾客的客房预订，是想尽力为宾客提供满意的客房，争取较高的客房出租率。

3.2.1 预订的渠道

客房预订的渠道主要有直接渠道和间接渠道2种。

3.2.1.1 直接渠道

客房预订的直接渠道是客人或客户不经过任何中间环节直接向酒店订房。客人通过直接渠道订房，酒店所耗成本相对较低，且能对订房过程进行直接有效的控制与管理。

直接渠道的订房大致有下列几类：

- 客人本人或委托他人或委托接待单位直接向酒店预订客房。
- 旅游团体或会议组织者直接向酒店预订客房。
- 旅游中间商作为酒店直接客户向酒店批量预订客房。

3.2.1.2 间接渠道

对酒店来说，总是希望将自己的产品和服务直接销售给消费者。但是由于人力、资金、时间等的限制，往往无法进行规模化的有效销售活动，因而酒店往往利用中间商与客源市场的联系及其影响力，利用其专业特长、经营规模等方面的优势，通过间接销售渠道，将其酒店的产品和服务更规范、更顺畅、更快速地销售给客人。

间接渠道的订房方式大致有下列几类：① 旅行社订房；② 航空公司订房；③ 连锁酒店或合作酒店订房；④ 酒店代理商订房；⑤ 公司旅游部订房；⑥ 合同单位订房。

目前，不论对单体酒店，还是连锁酒店或酒店联号，预订网络、航空运输部门所带来的客房预订数量在酒店客源中都占较大的比重。如全球分销系统（Global distribution system）和中心预订系统（Central reservation system），将全球各主要航空公司、旅行代理商及连锁酒店、酒店联号的资源进行统一整合和调配，各网络成员定期交纳一定数量的年费（Annual Fee）或按预付数量向网络公司支付佣金（Commission），以获得资源共享。

3.2.2　预订的方式

宾客预订因紧急程度和预订设备条件的不同，方式很多，通常采用的预订方式主要有下列几种。

3.2.2.1　电话预订

电话预订是指订房人通过电话向酒店订房。这种方式应用最为广泛，特别是提前预订的时间较短时，这种方式最为有效。这种方式的优点是直接、迅速、清楚地传递双方信息，可当场回复客人的订房要求。

受理电话订房时应注意以下几项。

第一，与客人通话时要注意使用礼貌用语，语音、语调运用要婉转，口齿要清晰，语言要简明扼要。每一位订房员必须明确，预订服务虽然不是与客人面对面进行交流，却是客人接触酒店的第一个人。要当好这个角色，就必须通过电话声音给客人送上热情的服务。

第二，准确掌握客房预订状况，预订单、航班表等用品和资料要放置于便于取用或查找的地方，以保证预订服务工作快速和敏捷。

第三，立即给订房人以明确的答复，绝不可让客人久等。若对宾客所提预订要求不能及时进行答复时，则应请对方留下电话号码，并确定再次通话的时间；若因客满需婉拒订房时，应征询客人是否可以列入等候名单。

第四，通话结束前，应重复客人的订房要求，以免出错。

由于电话的清晰度以及受话人的听力水平等因素的影响，电话预订容易出错，故应事先健全受理电话预订的程序及其相关标准（表3－1），以确保预订的有效性。

表3－1　受理电话预订的程序与标准

程　序	标　准
1. 接电话	铃响三声以内
2. 问候客人	● 问候语：早上好，中午好，晚上好 ● 报部门：预订部
3. 聆听客人预订要求	● 确定客人预订日期 ● 查看计算机及客房预订显示架
4. 询问客人姓名	● 询问客人姓名及英文拼写 ● 复述确认
5. 推销客房	● 介绍房间种类和房价，从高价房到低价房 ● 询问客人公司的名称 ● 查询计算机，确认是否属于合同单位，便于确定优惠价
6. 询问付款方式	● 询问客人的付款方式，在预订单上注明 ● 公司或者旅行社承担费用者，要求在客人抵达前电传书面信函做付款担保

（续）

程　　序	标　　准
7. 询问客人抵达情况	● 询问抵达航班及时间 ● 向客人说明，无明确抵达时间和航班，酒店将保留房间到入住当天的18:00 ● 如果客人预订的抵达时间超过18:00，要求客人告知信用卡号码做担保预订
8. 询问特殊要求	● 询问客人有无特殊要求，如是否需要接机服务等 ● 对有特殊要求者，详细记录并复述
9. 询问预订代理人情况	● 询问预订代理人的姓名、单位、电话号码 ● 对上述情况做好记录
10. 复述预订内容	● 日期、航班 ● 房间种类、房价 ● 客人姓名 ● 特殊要求 ● 付款方式 ● 代理人情况
11. 完成预订	致谢

3.2.2.2 传真预订

传真是一种现代的通信技术，目前正广泛地得到使用。其特点是：操作方便，传递迅速，即发即收，内容详尽，并可传递发送者的真迹，如签名、印鉴等，还可传递图表，因此传真成为订房联系的最常用的通信手段。

3.2.2.3 网络预订

随着现代电子信息技术的迅猛发展，通过国际互联网向酒店订房的方式正迅速兴起，已成为酒店业在21世纪发展趋势的重要组成部分（表3-2）。

（1）通过酒店连锁集团公司的订房系统（CRS）向其所属的酒店订房

随着我国酒店业连锁化、集团化进程的加快，不少酒店纷纷加入了国际或国内酒店集团的连锁经营。大型的酒店连锁集团公司都拥有中央预订系统，即CRS（Central Reservation System）。随着互联网的推广使用，越来越多的宾客开始采用这种方便、快捷、先进而又廉价的方式进行客房预订。酒店也越来越注重其网站主页的设计，以增强吸引力。

近年来，原先主要采用电话订房方式的酒店预订系统都实现了在国际互联网上的在线预订，信息全、选择面宽、成本低、效率高、直面客户、房价一般低于门市价等特点使其越来越受到客户及酒店的青睐。

（2）通过酒店自设的网址，直接向酒店订房

一些大型酒店已自设网站，实行全方位的在线订房。虽然这一做法较传统的做法经济、迅速，但对大多数中、小型酒店来说一时还难以承受，因此尚未得到广泛的普及和应用。

表3-2 国际互联网预订

<table>
<tr><td colspan="5">填写订单 河南龙祥宾馆（郑州）</td></tr>
<tr><td colspan="5">河南龙祥宾馆（郑州） LongXiang Hotel 三星级 郑州 金融商务区、省政府</td></tr>
<tr><td colspan="5">最新装修的三星级酒店</td></tr>
<tr><td colspan="5">开业时间1988年6月20日，新近装修时间2006年8月，楼高16层</td></tr>
<tr><td colspan="5">酒店地址：郑州市金水路16号 酒店地图 按地区查询</td></tr>
<tr><td colspan="5">为保证您能顺利入住，请务必真实填写下列信息。填写完毕后点击“提交”按钮以生成订单。</td></tr>
<tr><td colspan="5">河南龙祥宾馆（郑州）（房型：网络客房）</td></tr>
<tr><td colspan="5">房价信息：2008-1-26 ~ 2008-1-29 每天房价及房态（注：带*的为早餐）</td></tr>
<tr><td colspan="5">早餐：15元/份 加床：100元/床</td></tr>
<tr><td>1月26日</td><td>1月27日</td><td>1月28日</td><td>1月29日</td><td></td></tr>
<tr><td>258</td><td>258</td><td>258</td><td>258</td><td></td></tr>
<tr><td colspan="5">房价总计：¥ 1032</td></tr>
<tr><td colspan="5">入住日期：</td></tr>
<tr><td colspan="5">离店日期：</td></tr>
<tr><td colspan="5">房间数量： 间*</td></tr>
<tr><td colspan="5">最早到店时间：</td></tr>
<tr><td colspan="5">最晚到店时间： *（超过此时间，酒店有可能取消您的预订房间）</td></tr>
<tr><td colspan="5">客人姓名： *</td></tr>
<tr><td colspan="5">客人国籍：◉ 中国大陆公民 ○ 外国及港澳台公民*</td></tr>
<tr><td colspan="5">联系电话：
我们建议您填写手机号码，如果填写固定电话一定不要忘记了区号哦！
This is very import, please be carefull when you fill in!</td></tr>
<tr><td colspan="5">传真号码：</td></tr>
<tr><td colspan="5">电子邮件：</td></tr>
<tr><td colspan="5">确认方式： *（我们将通过您选择的方式通知您预订情况）</td></tr>
<tr><td colspan="5">特殊要求：
提交 返回</td></tr>
</table>

3.2.2.4 信函预订

信函订房是宾客或其委托人在离预期抵店日期尚有较多的情况下采取的一种古老而正式的预订方式。此方式较正规，如同一份合约，对宾客和酒店起到一定的约束作用。

3.2.2.5 口头预订

口头订房是指客户亲自到酒店，与订房员面对面地洽谈订房的事宜。这种订房方式能使订房员有机会详尽地了解客人的需求，并可当面解答客人提出的问题，有利于推销酒店产品。

与客户口头面谈订房事宜时应注意如下事项：

第一，仪表端庄、举止大方，讲究礼节礼貌，态度热情，语音、语调适当、婉转。

第二，书写清楚。客人的姓名要大写，不能拼错，必要时可请客人自己拼写。

第三，把握客户心理，运用销售技巧，灵活地推销客房和酒店其他产品。必要时，还可向客人展示房间及酒店其他设施与服务，以供客人选择。

第四，受理此方式的订房时，应注意避免向宾客做具体房号的承诺，否则，如因情况变化而失信于宾客，会影响服务信誉。若宾客不能确定逗留的具体天数，也应设法让其说出最多和最少天数，以利于前厅排房；若宾客不能讲定具体抵达时间，在用房紧张时期，可明确提醒宾客：预订的客房保留到抵店当天的18:00。

3.2.2.6 合同预订

酒店与旅行社或商务公司之间通过签订订房合同，达到长期出租客房的目的。

订房合同（参考样式）

年　　月　　日，由　　酒店（以下简称甲方），与　　（以下简称乙方）经友好协商，达成如下协议：

一、推销

1. 乙方同意利用其销售网络推销甲方，并向来到本市的所有客户和即将成为乙方客户的人士推荐甲方的服务设施。

2. 乙方保证在任何可能的情况下，在本市接待旅客时，将选择甲方作为其客人的下榻处。特别是以下项目：

(1) 系列团队

(2) 旅游团队

3. 乙方同意把甲方编入其宣传项目及宣传册之中，并在合适之处采用甲方的彩色照片。这些宣传品及小册子一经出版应立即送甲方一些样本。

二、价格

考虑到乙方可能提供的客源量，甲方同意按下列条件和价格（不含佣金）接待乙方的客源。

团队预订——单人间/双人间（10人及10人以上）：

- 淡季（十二月，一月，二月，三月）=________元人民币
- 平季（四月，六月，七月，八月）=________元人民币
- 旺季（五月，九月，十月，十一月）=________元人民币

散客预订——单人间/双人间（10人以下）：

- 淡季（十二月，一月，二月，三月）=________元人民币
- 平季（四月，六月，七月，八月）=________元人民币
- 旺季（五月，九月，十月，十一月）=________元人民币
- 所有套间一律享受________%的优惠；所有客用房加床为________元人民币，陪同床为________元人民币。

注：所有价格不含任何早餐及城市建设费。

三、餐费

中式早餐 = ________元人民币

美式早餐 = ________元人民币

午餐套餐（西餐）= ________元人民币

晚餐套餐（西餐）= ________元人民币

注：餐费不含酒水。

四、价格保护

在任何情况下，乙方不得以比柜台价更高的价格将甲方的客房出让给第三者，当甲方柜台价随季节改变时，甲方应通知乙方。

五、预订

团队入住前，乙方应在甲方销售部办理团队预订手续。甲方将根据订房情况和接待能力于接到预订通知的三天内，决定是否接受此预订并以书面形式通知乙方。未经甲方接受并确认的预订，甲方概不负任何责任。

六、客房占用期限

按预订经确认的客房在入住日下午2:00之后方可入住。离店时间为正午12:00。

七、客房分配单

乙方同意在客人到达前30天向甲方提供将入住甲方团队的所有成员名单及住房分配方案，包括航班消息，用房标准。如果乙方未能按上述要求及时提供这些信息（除非另有协议），甲方有权取消已预订的客房及设施并转售给其他客户。

八、免费房

甲方同意为每16位付费客人提供半个双人间免费房，但每团的免费房不超过4个双人间。

九、取消预订

乙方如果需要取消或减少预订房，应按下列条件书面通知甲方。

房间数	最少要求期限
10间以下	到客前10天
10~25间	到客前15天
26~50间	到客前20天
51间以上	到客前30天

在最少期限之后，如果团队要求取消或减少10%以上的预订房间数，甲方将收取每间取消房一天的房租作为乙方未及时取消预订的费用。

十、确认未到预订

如果整个团队在入住日未到，乙方应支付甲方当日所损失的房费，同时支付整个实际居住期应付的房费。

十一、押金/付款

乙方同意在做系列团预订时付给甲方押金　　元人民币。如果乙方未能履约，甲方可以从押金中抽取全部或部分作为甲方应得的押金。如果乙方完成合约，全部押金（不包括利息）将如数退还乙方或作为乙方应付甲方费用的一部分。

除了上述押金外，乙方承诺在团队离店后30天内支付团队下榻在甲方期间所产生的一切费用。否则甲方有权利向乙方收取其超出天数的相应租息，利率按中国人民银行公布的同期活期存款利率计算。

十二、保密

此文件中的全部内容为绝密性的，不管是出于何种原因或目的，乙方都不能透露给第三者。乙方应对此表示理解并遵照执行。

十三、合同期限

本合同条款期限为从　　年　　月　　日开始至　　年　　月　　日截止。合同一式两份，由乙方签字后在　　年　　月　　日之前交给甲方，由甲方监督执行。

十四、违约责任

双方在执行合同过程中有违约行为时，本着友好协商的办法处理。确实不能达成一致意见的，双方同意由当地仲裁机构仲裁或交当地法院裁判。

甲方代表同意接受	乙方代表同意接受
授权签名：	授权签名：
姓名：	姓名：
职务：	职务：

3.2.3 预订的种类

酒店在接受和处理客人预订时，根据不同情况，一般将预订分为以下类型。

3.2.3.1 临时类预订

临时类预订是指客人的订房日期或时间与抵达的日期或时间很接近，酒店一般没有足够的时间给客人以书面或口头确认。当天的临时类预订通常由总台处理。临时类预订的客人如在当天的“取消预订时限”（通常为18:00）还未到达酒店，则该预订即被取消。

3.2.3.2 确定类预订

确定类预订是指客人的订房要求已被酒店接受，而且酒店以口头或书面形式予以确认。一般不要求客人预付预订金，但规定客人必须在预订入住日的时限内到达酒店，否则作为主动放弃预订处理。

确定预订的方式有2种：一种为口头确认，另一种为书面确认。通常使用书面确认，如邮寄、传真回复确认书等。口头确认一般只用于客人订房时间与抵店时间很接近时。

3.2.3.3 保证类预订

客人通过预付定金来保证自己的订房要求，特别是在旅游旺季，酒店为了避免因预订客人无到或临时取消订房而造成损失，要求宾客预付订金来加以保证，这类订金称为保证类预订，也称担保预订。保证类预订以宾客预付定金的形式来保护酒店和宾客双方的利益，约束双方的行为，因而对双方都是有利的。

预付定金是指酒店为避免损失而要求宾客预付的房费（一般为一天的房费，特殊情况例外）。对如期到达的客人，在其离店结账时予以扣除；对失约客人则不予退还，酒店为其保留住房到第二天中午12:00止。对保证类预订的客人，在规定期限内抵达而酒店无法提供房间时，则酒店负全部责任。

保证类预订在酒店与未来住客之间建立了更可靠的关系。客人可能通过下列方法进行订房担保。

（1）信用卡

客人在订房时向酒店声明，将使用信用卡为所预订的房间付款，并把信用卡的种类、号码、实效期及持卡人的姓名告诉酒店。如客人在预订日期未抵达，酒店可以通过信用卡公司获得房费收入的补偿。

（2）预付定金

对于酒店来说，最理想的保证类预订方法就是要求客人预付定金，如现今、支票、汇款等酒店认可的形式。预付金可以由预订处收取后交财务部，也可由财务部收取后通知预订处。

（3）订立商业合同

订立商业合同是指酒店与有关客户单位签订的订房合同。合同内容主要包括签订单位的地址、账号，以及同意对因为失约而未使用的订房承担责任说明；合同还应规定通知取消预订的最后期限，如签订单位未能在规定的期限通知取消预订，酒店可以向对方收取房费等。

由于各地区、各酒店的实际情况不同，担保的方法也不尽相同。有些酒店将其认可的个人名誉担保视为订房担保，有些酒店目前尚无法接受以信用卡作为订房担保，故采取何种有效的订房担保，应视情况而定。

3.2.3.4　等待类预订

酒店在客房订满的情况下，因考虑到有一定的“水分”，如取消、变更等，有时仍按一定数量给予客人以等候订房。对这类订房的客人，酒店不发给确认书，只是通知客人：在其他客人取消预订或提前离店等情况下，可予以优先安排。

3.3　预订工作流程

为了确保客房预订工作的高效运行，前厅部必须建立健全客房预订程序。

通常，客房预订工作流程可概括为5个阶段：准备工作；接受或婉拒；确认预订；核对预订；预订资料的存档及处理。

3.3.1　准备工作

为确保客房预订工作的高效运行，前厅部必须建立健全客房预订的程序。预订员应当向宾客询问以获悉宾客的住宿要求，并将其所需预订信息填入客房预订单（表3-3），包括宾客姓名、人数、国籍，抵离店日期、时间、车次或航班，所需客房种类、数量、房租、付款方式、特殊要求以及预付人姓名（或单位）及地址、电话号码等信息。

表3-3　RESERVATION FORM（预订单）

New Booking 新订　　　　Amendment 更正　　　　Cancellation 取消

客人姓名： GUEST NAME	电话、传真 Tel、Fax：
抵店日期 E. T. A	离店日期 E. T. D
房间类别及数量 Type & No. Of Room	价格 Rate
公司名称 Company Name	国籍 Nationality
订房人姓名 Reservation By	公司及电话 Company & Telephone
预付金 Deposit	付款方式 Payment Type
备注	Remark

预订员 Taken By ________　　　　日期 Date ________

3.3.2　接受或婉拒

预订员通过查看预订总表或计算机终端，以判断宾客的要求是否与酒店的实际提供能力相符合，其因素包括以下4点：抵店日期；客房种类；用房数量；住店夜次。

受理预订意味着预订员将要根据预订程序从事下一阶段确认预订的服务。婉拒预订即因客满而婉言拒绝其预订要求，但并非意味着终止对客服务。如征求宾客调换另一类型的客房，或将宾客的预订要求、电话号码等记录在“等候名单”上，随后每天检查落实，一旦拥有客房，立即通知宾客。部分酒店使用规范的婉拒信函寄发给宾客，以达到同样的效果。

3.3.3 确认预订

预订员在了解客户的预订要求后，应立即将客户的预订要求与酒店未来时期的客房利用情况进行对照，决定是否可以接受客户的预订。如果可以接受，需要对客人的预订加以确认。确认预订包括口头确认与书面确认2种。如果条件允许，酒店一般应采用书面确认的方式，向客人寄发确认函（表3-4）。

表3-4 预订确认函

<table>
<tr><td>__________酒店
地址：__________
电话：__________
您对：__________
____
的预订已确认</td><td>客房类型，数量：__________房价：__________
预订日期：__________抵达日期：__________
抵达时间：__________逗留天数：__________
离店日期：__________
结账方式：__________定金：__________
客户地址：____________________
客户姓名：__________电话：__________</td></tr>
<tr><td colspan="2">本酒店愉快地确认了您的订房。由于客人离店后，需要有一定时间整理房间，因此，下午三点以前恐不能安排入住，请原谅。另外，未付定金或无担保的订房只保留到下午六时。
预订员：__________</td></tr>
</table>

(1) 口头确认

对于客户在即将抵达酒店前或在抵达的当日所进行的临时预订，由于时间仓促，酒店一般只能给予口头确认，但必须把需要提醒客户的注意事项告知客人，以免引起不必要的麻烦。

(2) 书面确认

对于确认类预订或保证类预订，酒店必须给予书面确认。书面确认与口头确认相比具有以下优点：

精确性 书面确认可以使客人比较精确地证实酒店是否能够满足其订房要求，减少失误和差错。

详尽性 书面确认除了复述客人的订房要求外，还写明了有关个人情况的资料、房价、为客人保留客房的时间、预付款的支付方法、取消预订的规定等。

约束性 书面确认以书面的形式在酒店与客人之间达成了一定的协议，从而约束了双方的关系。对于大型团体、重要客人等订房的确认函，一般可由前厅部经理或酒店总经理亲自签发，以示尊重和重视。

3.3.4 核对预订

如果客人的预订日期离抵店日期较远，在客人抵店前预订员应通过书信或电话的方式与客人进行再次核对，以免客人由于多种原因取消或者修改预订。

(1) 第一次复核

在客人预期抵店日期的前1个月进行，即由预订员每天核对下月同一天抵店的客人名单。复核的主要对象为重要客户和重要团队，内容为抵达日期、预住天数、房间数量和类型等。

(2) 第二次复核

在客人预期抵店日期的前1周进行，即由约定员每天核对下周同一天抵店的客人名单。复核重点为抵达时间、更改变动的订房以及重要客人订房。

(3) 第三次复核

在客人预期抵店日期的前一天进行，即由预订员每天核对下一天抵店的客人名单。应仔细检查约定内容，并将准确的订房信息传达至接待处。

3.3.5 预订资料的存档及处理

(1) 预订资料的存档

当预订确认书发出后，预订资料必须及时、正确地予以记录和储存，以防疏漏。预订资料一般包括客房预订单、确认书、预订金收据、预订变更单、预订取消客史档案卡及宾客原始预订凭证等。有关同一宾客的预订资料装订在一起，将最新的资料存放在最上面，依次顺推，以利于查阅。预订资料的记录储存可采用下列2种方式：

按宾客所抵店日期顺序储存 按照宾客所预订的抵店日期顺序，将预订单归档储存，以便随时掌握未来每天的宾客抵店情况。通常，将预订资料放在一个大的卡片箱或抽屉里。

按宾客姓氏字母顺序储存 按照宾客姓氏第一个字母的顺序，将预订单归档储存，以便随时查找出宾客的预订资料。同时，前厅部问讯处和电话总机也可通过姓氏字母顺序快捷有效地查找相关资料。

(2) 预订资料的处理

预订宾客在实际抵店前，因种种原因可能对原有预订进行更改或取消。在处理时，预订员应注意下列服务要点：

- 迅速查找出该宾客的预订单，并做出相应标志（更改、取消）。
- 记录来电者的姓名、电话号码、单位地址等，便于双方进行联系。
- 修改相应的预订资料，如计算机信息预订总表、预订卡等，确保最新预订信息的准确性。
- 若预订的变更内容涉及一些特殊安排，如派专车接送、放置鲜花水果等，则需尽快给相关部门发出变更或取消的通知。

3.4 预订控制及订房纠纷处理

为保证预订的有效性，不至于造成一定的损失，在预订时必须采取有效的措施加以控制，同时对订房过程中的纠纷进行处理。

3.4.1 预订控制

预订控制主要从预订结果、超额预订、超订过度的补救措施几方面进行阐述。

3.4.1.1 预订结果

由于种种原因，客人可能会临时取消预订，或者是订了房而不到，或者提前离店，从而可能造成酒店部分客房的闲置，造成损失。根据已有订房制度的酒店经验，订房不到者大约占订房数的5%左右，临时取消预订的占8% ~10%。因此，超额预订成了避免酒店遭受过多损失的有效方法。取消预订的种类有：① 提前取消；② 临时取消；③ 无到；④ 日期变更。

接受订房的取消时，不能在电话里表露出不愉快，而应使客人明白，客人今后随时都可光临本酒店，并受到欢迎。正确处理订房的取消，对于酒店巩固自己的客源市场具有重要意义。在国外，取消订房的客人中有90%以后还会来预订。

取消预订的操作程序为：

- 了解客人预订取消要求；
- 对照预订资料进行确认，如果是担保型预订要根据担保协议来处理；
- 在预订单上记录好并同时谢谢客人通知；
- 及时将电脑预订取消，向各相关部门收回并取消订单。

3.4.1.2 超额预订

(1) 超额预订幅度

超额预订多出现在旅游旺季或节假日，在订房已满的情况下，再适当增加订房的数量。超额预订是一种艺术，也是一种冒险，需要有个合适的“度”。如果超额预订的房间数过高，已预订房间的客人到店后没有房间，引起纠纷，影响酒店的声誉；如果超额预订过低，客房闲置，降低出租率，酒店同样蒙受损失。

(2) 超额预订量

按照国际惯例，酒店接受超额预订的比例应控制在5%～15%，但各酒店还是应根据各自的实际情况，合理掌握超额预订的比例。

根据团队订房和散客订房比例调整 团队订房多由旅行社、专业会议、外交机构、贸易公司等订房，事先有计划和安排，取消或预订不到的可能性较小；而散客预订的随意性较强或受外界因素影响较大。所以，当某一天团体预订多，散客预订少，就应相对减少超额预订的比例。

根据临时预订与保证预订的比例调整 若当日保证预订的比例较少，则可适当增加超额数；如果当日预订多为保证类预订，则不宜进行超额预订。

根据预订资料分析订房的动态 根据酒店长期以来的预订资料分析预订取消率、预期不到率、提前离店率以及延期离店等因素，推算出超额预订率。计算公式如下：

超额预订数＝预计临时取消预订房数＋预计预订而未到客房数＋预计提前退房数－延期住店房数

超额预订率＝超额预订数÷可预订房数

3.4.1.3 超订过度的补救措施

超额预订虽然是酒店获得最佳客房利用率的手段，但也存在风险，导致超员。在这种情况下，酒店应尽量弥补客人，一般的处理方法如下：

- 向客人致歉，请求客人谅解。
- 为客人联系另一家相同等级的酒店。
- 支付客人搬到其他酒店及返回本店的双程交通费。
- 次日应首先考虑安排此类客人的用房，并做好客人搬回酒店时的接待工作。

3.4.2 订房纠纷处理

在客房预订过程中如果发生了预订失约等问题，应对这些订房纠纷及时进行妥善处理。

(1) 超额预订后，预订失约

超额预订致使预订失约，一般的处理方法如下：

- 首先向客人表示歉意，向客人解释客房出租情况，以求理解。

● 立即为客人联系其他酒店，并准备酒店小车免费送客人去联系处。

● 向客人说明第二天酒店就会派车把他（或她）接回来，同时确定接回时间。

● 在交接班本上做好记录，并为客人准备一间好的房间。

● 大堂值班经理（主管）负责，第二天要派专人把客人接回并做 VIP 接待，并向客人表示歉意。

● 做好客史档案以免类似情况再次发生。

（2）订房客人失约未到

订房客人失约未到，一般的处理方法如下：

● 查清预订资料，证实有没有取消预订的通知。

● 如属商务散客，及时与订房人联系，确认客人是否取消预订或更改抵店日期；如为其他原因，根据情况是否收费。

● 属旅行社散客，应根据合同规定收取一天空房费，预订组负责将旅行社等酒店订房和确认的资料复印交前台收银。

● 属团队，请销售部负责联系，证实是否取消；如没有取消，应将预订的资料复印一份交收银，并根据合同规定收取空房费。

（3）客房订满后，又有订房要求

对客房订满后又有订房要求的客人，一般的处理方法如下：

● 感谢客人对酒店的信任和支持并向客人表示歉意。

● 主动向客人介绍其他同等级酒店并告诉对方联系方法，如有需要可代办预订。

● 如遇难以婉言拒绝的客人，应及时请示上级领导，采用候补预订的方式，向客人说明客房确定已订满，如有临时取消预订的会立即通知并确认接受预订。

● 如确实无房，请客人谅解。

（4）已登记入住的客人暂不能进房

已经登记入住的客人暂不能进房，一般的处理方法如下：

● 首先向客人解释表示歉意。

● 把客人安排在大堂稍作休息，并告诉客人待房间打扫好立即通知他。

● 同时立即通知楼层（中心）先清扫××房间。

● 待房间整理好后，立即通知客人并向客人表示歉意，主动安排行李服务。

（5）客人继续住

如果客人要求继续住，一般的处理方法如下：

● 首先打电话到客人的房间，询问客人是否续住，如续住问明其离店时间。

● 要求客人到总台办理变更手续再付押金，更换钥匙；如果进店时所预付的押金较多，可安排行李员将钥匙送到客人的房间。

● 若无空房，请客人原谅，同时尽量为客人联系其他酒店安排住店。

3.5 预订员注意事项

受理客人预订时，预订员必须注意以下事项：

第一，接听电话时，必须使有礼貌用语，口齿清晰，应酬得体。

第二，接到预订函电后，应立即处理，不能让客人久等。

第三，填写预订单时，必须认真、仔细，逐栏、逐项填写清楚。否则，稍有差错，将会给接待工作带来困难，影响服务质量和酒店的经济效益。

第四，遇有大团或特别订房时，订房确认书要经前厅部经理或总经理签署后发出。这时如确实无法满足其预订要求，要另发函电，表示歉意，并同样经前厅部经理或总经理签署后发出。

【思考题】

1. 客房预订的主要渠道有哪些？
2. 客房预订的类型有哪几种？各自有何特点？
3. 简述预订的工作流程。
4. 什么是超额预订？做好超额预订的关键在哪里？
5. 订房纠纷如何处理？

【经验性训练】

1. 组织学生到本地酒店实地参观考察前厅部的预订服务工作。
2. 观看酒店前厅部的预订服务录像片。

【案例分析】

巧妙推销豪华套房

一天，南京某四星级酒店前厅部预订员小夏接到一位美国客人霍曼从上海打来的长途电话，想预订每天收费180美元左右的标准双人客房2间，住店时间6天，3天以后来酒店住。

小夏马上翻阅预订记录，回答客人说3天以后酒店要接待一个大型会议的几百名代表，标准间已全部预订完，小夏讲到这里用商量的口吻继续说道："霍曼先生，您是否可以推迟3天来店?"霍曼先生回答说："我们日程已安排好，南京是我们在中国的最后一个日程安排，还是请你给想想办法"。

小夏想了想说："霍曼先生，感谢您对我的信任，我很乐意为您效劳，我想，您可否先住3天我们酒店的豪华套房，套房是外景房，在房间可眺望紫金山的优美景色。紫金山是南京名胜古迹集中之地，室内有我们中国传统雕刻的红木家具和古玩瓷器摆饰；套房每天收费也不过280美元，我想您和您的朋友住了一定会满意"。

小夏讲到这里，等待霍曼先生回答，对方似乎犹豫不决，小夏又说："霍曼先生，我想您不会单纯计较房价的高低，而是在考虑豪华套房是否物有所值吧。请告诉我您和您的朋友乘哪次航班来南京，我们将派车来机场接您们，到店后，我一定先陪您们参观套房，到时您再作决定好吗？我们还可以免费为您提供美式早餐，我们的服务也是上乘的。"霍曼先生听小夏这样讲，倒觉得还不错，想了想欣然同意先预订3天豪华套房。

【案例思考题】

1. 前厅部预订员小夏采用的是什么销售技巧？
2. 请对小夏的做法做一评价。
3. 如果是你，你如何处理此事？

【本章推荐阅读书目】

1. 旅游酒店前厅客房服务与管理. 丁林. 山东大学出版社，2005.
2. 现代酒店房务管理与案例. 邹益民，张世琪. 辽宁科学技术出版社，2003.
3. 酒店客房管理与服务. 贺湘辉，徐文苑. 清华大学出版社，2005.

【相关链接】

1. 携程旅行网 http://www. ctrip. com/
2. 中国酒店预订热线 http://www. hotelonline. com. cn/newindex. asp/

第 4 章

前厅部接待服务与管理

【本章概要】

接待服务是前厅部的核心工作。从接受客人预订开始，前厅接待服务工作就已经开始，直至客人顺利离开酒店。接待服务贯穿客人住店的始终，对客人、对酒店均极为重要。本章从客人住店活动的几个环节，对前厅部的接待服务及管理工作进行了详细介绍。

【学习目标】

- 了解前厅部接待服务的业务内容及要求；
- 掌握前厅部接待服务的工作程序；
- 掌握前厅部接待服务及管理中的各种常见问题；
- 掌握各种接待服务工作的基本技巧及注意事项。

【关键性术语】

接待处、行李处、预订处、入住接待、入住登记、VIP 客人、散客、团队、离店退房、排房房价、免费房、优惠房。

【章首案例】

几位特殊的客人

某日晚，纷纷扬扬的大雪洒向大地，不久地上就积起了一层厚厚的白雪。时钟已敲响了十一点，某宾馆平日灯火辉煌的大堂也笼罩在一片静谧祥和的气氛中。今晚前厅部值班的是接待员晓红和收银员崔丽。

此时，从宾馆正门进来四位男士，为首的两位一个身材高高大大，体型稍胖，另一位则相形较矮。高个子来到前台问："现在还有空房吗?"晓红彬彬有礼地问："您好，我们现在有空房。请问您需要几间，住几天啊?"高个子盘算了一下，说："就要一个套间，一个标间，我们三个人住三天就行。"晓红虽然见到有四个人，但也没多问，迅速查了一下电脑预订系统，抱歉地说："真对不起，因为明天我们宾馆有会议报到，已预订了所有房间，所以您几位只能住一天。您看行吗?"等对方点头表示同意后，晓红又解释道："我们宾馆的套间每间 780 元一晚，标间是每间 380 元一晚。"高个子问："只有这两种类型了吗?"晓红肯定地说："对，只有贵宾楼有套间和标间了。"高个子点点头说："可以吧。"

谈妥以后，几位客人就开始登记了，那个矮个子首先登记，可他一填完登记表，从怀里掏出身份证往台上一放，就咳嗽着往大堂的喷水池边走去。当晓红将身份证和登记单核对后，抬头一看，已经找不到矮个子的人影了。她只得问高个子："请问刚才登记完的那位先生去哪儿了?"高个子立即问："你问这个干嘛?"晓红耐心地解释："是这样的，我们宾馆有规定，客人入住前必须核对一下身份证和他本人是否相符。"高个子皱皱眉，说："那你就先看我的吧!"说完他从裤兜里掏出一张身份证，递了过来。晓红接过来后，仔细地看了一下身份证。身份证上的人像头发浓密，还戴了一副黑框眼镜。晓红抬起头看看这个高个子，虽然与照片上的人像脸型相似，但面前这个人头顶微秃，也没戴眼镜。晓红心里顿时产生了疑问，她不禁问道："对不起，请问您这张照片上满头黑发，怎么看起来和您现在不太一样？"高个子挠挠头说："这是去年年底生病，吃了很多药，副作用特别大，头发都掉光了。"她再仔细看了看身份证，心里突然一亮，又问道："为什么您的身份证照片是单眼皮，可您本人却是双眼皮呢？"一听这话，高个子着急了，生气地说："你有完没完啊！这身份证当然就是我本人的！要不我给山东老家打电话，你看是不是有我这个人。来来来，给我电话，我马上打。"

正在这时，矮个子又走了过来，晓红忙拿起他的身份证核对，发现照片上是大眼睛，可他本人眼睛却不大，看着晓红又有疑问，矮个子先说话了："这身份证上用的是我10年前的照片人，当然跟我现在有变化了。"晓红机灵地看了一眼身份证的发证时间是2008年，便问道："您这身份证不是2008年刚办的吗，为什么要用10年前的照片呢？"矮个子一怔，没答上话来，不过还是不停辩解说这就是他的身份证。这时崔丽也走了过来，看了看高个子的身份证，又看了看他本人，问："您已经这么大年纪了，怎么身份证上写的才30多岁？"看见身份证被识破，他们两人又开始不停地说好话，"姑娘，你看这雪下这么大，我们能往哪儿走啊，就让我们住一晚吧，明天一早我们就走。"晓红和崔丽两人互看了一眼，打定主意不能让他们住进来。矮个子又别有用心地问："派出所和你们宾馆的领导熟吧？"崔丽想了一想，回答说："领导们熟归熟，可工作归工作。"这时晓红暗自想："这几个人的证件都有问题，一定来路不正，说不定不会是不法分子呢，不如先稳住他们同，让他们先住下来，再与公安局联系。"刚想到这里，就听见高个子跟其他几个人说："算了算了，咱们干脆另外找地方吧，省得麻烦！"说完几个人离开了宾馆。

过了一小会，这几位又返回来了。崔丽和晓红以为他们又要住店，谁知高个子掏出上衣兜里的证件递给晓红，说："来，给你看我的真证件。"晓红一愣，接过证件一看，上面写着：北京市朝阳区特行科某某某……晓红这才恍然大悟：原来碰上公安人员暗访检查了。高个子笑着说："你看这是我的证件吧！我们是专门来抽查的，你们宾馆严格遵守规定，切实保障客人利益，管理严格，你们两位也很认真负责，很好！"

为保障客人的人身安全和利益，该宾馆采取了专门的措施进行保护，认真登记、检查入住客人的身份分，既是遵守公安局的规定，又为住店客人的安全提供保障，同时又是协助公安机关对犯罪分子进行协查的有效手段。本例中晓红和崔丽认真负责履行规定，检查客人证件而不是例行公事走马观花，有效地避免了可能发生的不安全事件，值得大家认真学习借鉴。

前厅接待处是前厅部的核心部门，总台接待工作是前厅接待处的核心工作，是客人接触酒店、进入酒店的开始。前台接待服务工作的好坏，会直接影响到酒店客房出租率和营业收入，也会影响到店客人对酒店服务与管理的评价。为了更系统、直观地介绍前厅的接待工作，本章将围绕客人这一核心，将前厅部的接待工作分成3个阶段进行讨论，从客人到达酒店前、到达入住酒店、离开酒店3个环节，根据客人的活动循序渐进地加以介绍。

4.1 客人入住前的准备工作

为保证接待服务工作的高效率、高质量，必须认真做好客人到店前的各项准备工作。前台接待服务是酒店对到店客人进行直接服务的首要环节，必须认真做好以下2个方面的准备工作。

4.1.1　做好接待的心理准备

（1）良好的精神状态

前台接待员是酒店形象的代表，给客人留下的印象最为深刻。因此，所有接待人员上岗前都要按照酒店的规范要求，做到着装整洁、仪容优雅美观、仪表端庄、举止大方，以饱满的精神和热情迎候客人，使客人一进入酒店就能有宾至如归的感觉，给客人留下亲切、美好的第一印象，为酒店的后续服务打下基础。

（2）了解接待情况

前台接待员必须认真阅览当天的预订资料，了解预订房间数、房间类型和预订客人的基本情况，做到心中有数。要熟记当天将要抵店的VIP客人的姓名、身份、国籍、到达时间、接待方式、接待单位、费用、订房要求、离店日期及其他自然情况和要求等；熟记重要团队名称、人数、房数、接待单位等；熟记其他有特殊要求订房的基本内容。

（3）了解客房状态

前厅接待员必须熟悉当天酒店的客房出租状况，了解当日客房状态，做到心中有数，以便在排房时能够更快捷、更准确地为客人提供合适的客房。特别是对VIP客人用房以及团队用房予以特别关注，保证客房使用的准确性。

4.1.2　准备接待资料

将接待时需要的登记表、欢迎卡、客房钥匙卡、账单、留言和其他有关单据、表格等，摆放整齐，待客人入住登记时使用。准备好预订客人的订房资料、住房卡以及钥匙并排放整齐。

4.2　客人入住接待管理

客人入住是客人到达酒店的第一步，入住接待是前厅接待工作也是酒店各项服务工作的开始，入住接待服务及管理的好坏直接影响客人的满意度及其他服务工作的顺利进行，因此，必须引起高度重视。

4.2.1　客人入住接待主要内容

客人入住接待工作要求高，客人到达酒店的目的不是为了办理登记手续，而是希望能够在最短的时间进入客房休息或开始其他活动，所以对接待效率要求高。前厅接待员必须熟悉接待内容，迅速准确地办理接待手续。根据入住接待的程序，客人入住接待内容主要包括以下各项：迎接客人（识别客人身份、有无预订等），客人入住登记，排房及定价，建立客账，发放房卡，通知有关部门，引领客人入房，录入资料等。在此，着重介绍入住登记、排房及定价等内容。

4.2.1.1　入住登记

在前厅接待工作中，入住登记是对客接待服务全过程中的一个必要、关键的阶段，为入住客人办理入住登记是国家法律中有关户口管理的规定，也是酒店获得客人相关信息的窗口，同时还是客人与酒店初步交流与沟通的平台，此阶段的工作效果将直接影响前台的客房销售、信息的提供、对客服务的协调、客账及客史档案管理等相应功能的发挥。同时，入住登记过程也是客人同酒店之间建立正式、合法关系的基本环节。按照国家有关部门的管理规定，客人入住必须如实填写入住登记表。

为使客人在入住时顺利高效地完成入住登记，接待员应在保证服务质量的前提下，根据不同类型客人做好事先准备。

（1）对有预订的散客

在客人抵店前，将预订资料中的相关信息事先录入客人登记资料上；客人抵店后，根据客人要求确认并完成相关内容，接待员依表核对客人的有效证件，即可完成入住登记工作。

（2）对有预订的贵宾（VIP）及常客

一般而言，酒店均已掌握了贵宾及常客较完整的有关信息，因而客人抵店的前期准备工作就可以做得更充分、细致。接待员可事先根据客人的订房资料及客史档案内容，准备好入住登记资料、欢迎卡及房卡。待客人抵店后，接待员只需核对客人证件，即可完成登记程序。

（3）对未预订而直接抵店的客人

由于酒店事先无法进行准备，接待员只能在客人抵店时根据客人证件录入相关资料，并将证件进行扫描存档，尽可能高效办理入住登记。

（4）对团队客人

通常而言，团队客人均有预订，接待员可事先根据团队资料准备好资料、欢迎卡、钥匙。

随着先进技术在前厅部及酒店管理中的普及，前厅接待普遍电子化。为提高接待效率，酒店前厅接待利用扫描仪、电脑软件等技术，客人的入住登记实行信息化管理，接待员直接将客人资料录入电脑，将客人证件通过扫描存入电脑即可完成登记，极大地提高了效率。

4.2.1.2 排房及定价

（1）排房

为方便客房的分配及管理，客人抵店之前，前厅根据客人的订房要求，提前为客人预留适当的房间。同时，接待员在为客人办理人住登记时，进一步核实客人的订房要求，根据现时客房状况及其他相关因素为客人确定客房。要主动、耐心地询问客人的住房要求；根据酒店的现实房态向客人推荐不同类型及价格的房间供其选择，并对不同类型房间的状况、优点加以详细介绍，尽量满足客人的实际要求。

客房分配要根据酒店空房的类型、数量及客人的预订要求和客人的具体情况进行。为了有效地利用酒店客房，满足不同客人的要求，令客人满意，前厅排房应遵循基本的要求及技巧。

客房分配应按一定的顺序进行，优先安排贵宾和团体客人等，通常可按下列顺序进行：

团体客人→重要客人（VIP）→已确认的预订客人→要求延期之预期离店客人→有准确航班号或抵达时间的预订客人→常客→无预订的散客。

排房应注意以下事项：

- 要尽量使团体客人（或会议客人）住在同一楼层或相近的楼层。这样，一则便于同一团队客人之间的联系和管理；二则，团队离店后，空余的大量房间可以安排给下一个团队，便于管理，也有利于提高住房率。此外，散客由于怕干扰，一般也不愿与团队客人住在一起。因此，对于团队客人要提前分好房间或预先保留房间。

- 对于残疾、年老、带小孩的客人，尽量安排在离服务台和电梯较近的房间。
- 把内宾和外宾分别安排在不同的楼层。内宾和外宾有不同的语言和生活习惯，因此，应分别安排在不同的楼层，以方便管理，提高客人的满意程度。
- 对于常客和有特殊要求的客人予以照顾。
- 不要把敌对国家的客人安排在同一楼层或相近的房间。如美国客人和伊拉克等中东国家的客人，甚至有贸易摩擦和文化差异的客人。
- 要注意房号的忌讳。如西方客人忌“13”，港澳及我国沿海等地的客人忌“4”“14”等带有“4”（同“死”）字的楼层或房号，因此，不要把这类房间分给上述客人。

都是“4”的错

农历大年初一，一位香港客人来到内地某酒店，当发现服务员给他安排的房间是“1444”号时，认为很不吉利，于是愤然离去。考虑到这些忌讳，一些酒店连“13”层楼都没有标出，而用“12A”或“14”层代替。

（2）确定房价

客人房间分配好后，接待员就要根据各类客房所核定的标准房价来确定房价；同时，依据酒店实际销售需要，将价格在一定范围内浮动。接待员定价时，必须遵守客人预订所确认的房价，以及酒店内有关房价要求的相关规定和政策，不能随意改动；在需要进行相应房价浮动时，必须通过有关负责人的同意及认可。另外，在为客人定房价时，更需要深入了解客人的需求，并尽量满足客人的合理需要。

最后还要注意，在为客人安排好住房，确定好房价后，必须向客人再一次重复、强调，以获得客人的确认。

5美元的优惠

某日，一位香港常客来到某酒店总台要求住房。接待员小郑见是常客，便给他9折优惠。客人还是不满意，要求酒店再给些折扣。这时正是旅游旺季，酒店的客房出租率甚高，小郑不愿意在黄金季节轻易给客人让更多的利，香港客人便提出要见经理。

其实，酒店授权给总台接待员的卖房折扣不止9折，小郑原可以把房再下浮一点，但他没有马上答应客人。一则他不希望客人产生如下想法：酒店客房出租情况不妙，客人可以随便还价；二则他不希望给客人留下这样的印象：接待员原可以再多打一些折扣，但他不愿给，只是客人一再坚持后他才无可奈何地退让，这会使客人认为大酒店员工处理问题不老实，他希望通过酒店再次让利让客人感到前厅经理对他的尊重。小郑脑中闪过此想法后，同意到后台找经理请示。他请香港客人先在沙发上休息片刻。

数分钟后，小郑满面春风地回到总台，对客人说：“我向经理汇报了您的要求。他听说您是我店常客，尽管我们这几天出租率很高，但还是同意再给您5美元的优惠，并要我致意，感谢您多次光临我店。”小郑稍作停顿后又说：“这是我们经理给常客的特殊价格，不知您觉得如何？”

香港客人计算一下，5美元相当于半折，这样他实际得到的优惠折扣便是8.5折，这对于位于南京路、又处旅游旺季的三星级酒店来说，已经是给面子的了。客人连连点头，很快便递上回乡证办理入住手续了。

4.2.2 客人入住接待程序

客人入住接待程序是前厅入住接待工作的规范化标准，是快速准确地接待客人的保证，是前厅员工标准化工作的依据。酒店前厅客人入住接待的一般程序包括迎接客人、识别客人有否预订、入住登记、排房及定价、建立客账、分发房卡、引领入房等环节。

但是根据不同类型的客人，在接待程序上有一些具体的区别，如对散客、团队、VIP客人以及需优惠免费的客人等在入住接待程序上略有不同。

4.2.2.1 散客入住接待程序

识别有无预订{无预订→介绍 / 有预订}登记→定价→排房→发房卡→确定付款→录资料

（1）迎接客人并识别客人有无预订

抵店的散客可以分成2类：有预订客人和无预订而直接抵店的客人。这2类客人办理入住登记的过程不完全相同。首先接待员应面带微笑，主动问候抵店客人，对他们的光临表示热情欢迎；然后询问客人有无预订，如客人有预订，则按预先的准备加以接待，然后为客人办理入住登记。如为无预订直接抵店的客人，接待员应首先了解客人的用房要求，热情向客人介绍酒店现有的可出租房间的种类和价格，尽最大努力让客人留宿。

（2）办理入住登记

入住登记是客人入住手续中最重要的环节。双方认真履行入住登记是双方权利及义务明确的保证，因此，酒店较为重视。通过登记，酒店可以获得更多客人的信息，同时，也是公安机关加强安全管理的要求。其主要过程有：请客人出示有效证件，接待员根据客人证件在电脑上录入客人资料，为客人填写入住登记表；并将客人证件扫描存档。根据我国的要求，入境客人与国内客人在入住登记上有所区别。各酒店根据管理的习惯，在表格的设计上略有不同，但主要内容完全相同，并且都是在公安机关监制下设计完成。

随着信息技术的普及应用，目前我国酒店入住登记大致有2种模式，一是大中型酒店的完全电子表格登记的模式，二是中小型酒店的电子表格与书面表格并存的模式。在大中型酒店中，基本上实现了入住登记的无纸化，客人只需出示有效证件即可。在部分中型酒店及小型酒店中，仍有一部分保留书面表格填写的模式。但电子表格依然是原有表格的电子化，主要内容仍与书面表格相同，只是大大提高了登记的效率及酒店的管理。

按内宾与外宾的区别，散客大致填写2种不同的表格。表4－1和表4－2为我国酒店散客入住登记表，仅供参考。

表4-1 临时住宿登记表

REGISTRATION FORM OF TEMPORARY RESIDENCE

抵店日期 ARRIVAL DATE	抵店时间 ARRIVAL TIME	离店日期 DEPARTURE DATE	离店时间 DEPARTURE TIME	房间号码 ROOM NUMBER
房价 ROOM RATE	客房类型 ROOM TYPE	宾客人数 NUMBER OF GUEST	预订金额 ADVANCED DEPOSIT	接待员 CHECKED IN BY

外文姓名 NAME IN FULL	SURNME FIRST NAME MIDLE NAME				
中文姓名 NAME IN CHINESE		国籍 NATIONALITY		性别 SEX	
出生日期 DATE OF BIRTH		职业 OCCUPATION		停留事宜 PURPOSE OF STAY	
证件名称 CERTIFICATE NAME		证件号码 CERTIFICATE NO.		证件有效期 CERTIFICATE EXPIRY	
签证种类 VISA TYPE		签证号码 VISA NO.		签证有效期 VISA EXPIRY	
公 司 COMPANY					
永久住址 PERMANENT ADDRESS					
城市/国家 CITY/COUNTRY		邮政编码 POST CODE		联系号码 BUSINESS PHONE NO.	
喜达屋优先宾客计划 SPG NO.		前次住宿日期 PREVIOUS VISIT		前往目的地 NEXT DESTINATION	
我的账目结算将由： MY ACCOUNT WILL BE SETTLED BY: □Cash 现金 □Company 公司 □Travel Agent 旅行社 □Credit Card 信用卡 □Others 其他					
客人签名 GUEST' S SIGNATURE					

Please Note:	请注意:
* Rate is subject to 18% surcharge.	房价另收18%附加费
* Check out time is 12. 00 noon.	退房时间为中午12:00
* Safety deposit boxes are available at front office cash counter.	前厅收银处附设免费保险箱
* Management does not accept responsibility for cash, valuables and personal effects left in guest rooms.	酒店不负责有现金、贵重物品丢失责任

资料来源：喜来登酒店管理集团

表 4-2 国内旅客住宿登记表

房号：

姓名	性别	年龄	籍贯	职业	工作单位及住址
证件名称及号码		从何处来	出差事由	去何处	同来人数及关系
随带物品及数量		登记时间		预住天数	离店时间
接待员：		备注			

年　月　日

（3）确认付款方式并建立客账

- 如客人使用信用卡付款，请客人出示信用卡并核对信用卡的有效期及签字。
- 如客人使用现金付款，应按照酒店现金付款有关规定办理。
- 如客人使用支票付款，应核对支票的有效性。
- 填写客人账卡，请客人签字后，连同入住登记表一并转交前台收银处。

（4）签认、送客

- 上述事项均确认后，在住宿登记资料上注明房号、房价以及接待员姓名。
- 将房卡交与行李员，请行李员引领客人至房间。
- 与客人礼貌告别。

（5）录入资料

- 对有预订的客人，在完成上述程序后，在预订单上注明“已入住”标志。
- 信息录入计算机后，将住宿登记表第一联和预订单分类存放。
- 将客人住宿登记资料录入计算机，建立宾客档案。
- 通知相关部门，确认客人信息的准确性。

4.2.2.2 团队入住接待程序

在团体客人抵店前，接待处应做好一切准备工作；如是大型团体，酒店可以在指定区域或特别场所为客人办理入住手续。做好团体客人抵店前的准备工作，可以避免在客人抵店时，酒店大厅内出现拥挤阻塞的混乱现象。以下是团体入住登记的基本程序。

（1）准备工作

- 根据实际情况预排房间：

① 同时抵达有 2 个以上团队，应先预排级别高的重点团队，再排用房数多的团队。

② 同一团队的客人尽量集中安排，如确有困难也应相对集中。

③ 一时无房间预排时，可暂时等候，但最迟应在客人抵达前 1h 排出房间，并尽早将团领队和陪同人员的房号通知客房服务中心。

- 根据房号和计划制作钥匙，填齐团队预订单相关内容：

① 提前一天准备房间钥匙，同一团队的钥匙统一保存在大袋内，封面注明团号、进店日期、离店日期。

② 将已排出的房号填在团队预订单上，并和计算机打印的该团预订表订在一起。

③ 将团队预订单放入今日团队抵达文件夹里，钥匙放入指定地点。

（2）迎候客人

● 团队抵达时，向团队和成员表示欢迎，引领客人到指定的团队登记地点等候。

● 根据客人信息查找该团预订单。

● 根据预订单信息，与陪同核对团号、人数、房间数、用餐情况等。

● 内容无误后，即可请客人填写房单。

● 内容不相符时，应与领队、陪同一道核实情况。

● 特殊情况需要增减房间或加床时，礼貌征询客人付款方式，并在团队预订单上注明原因，请对方签字，然后通知有关部门做好接待及相应变更。

（3）入住登记

● 请客人填写住房登记单（表4－3）。

表4－3　团体客人住宿登记表

REGISTRATION FORM TEMPORARY RESIDENCE FOR GROUP

团体客人住宿登记表

Name of group/团队名称　　Date/住宿日期

Room No. 房号	Name in full 姓名	Sex 性别	Date of birth 出生日期	Occupation 职业	Nationality 国籍	Certificate No. 证件号码

Agent/ 旅行社　　Receptionist/接待员

① 团队有集体户口和集体签证时，可免去个人填单。

② 重点客人直接入房时，应请旅行社联络员待客人入住后补报户口。

● 根据客人有效证件核对登记表各项，如有漏项，应补填好。

● 协助领队或全陪的意图分配住房、填写房号。

● 协助领队或全陪分发房卡及钥匙。

● 接待员在团队预订表上签名。

（4）感谢客人光临，送客人入房

● 再次与领队或全陪核对用餐安排、叫醒时间、收行李时间、联系方式等内容。

● 现付团队，应请领队或全陪在收银处交预付款。

● 将已确认的带有房号的团员名单速交行李员完成行李分送任务。

（5）录入资料

● 及时将有关团队信息输入计算机。

● 将团队总账单连同团队原始资料转送给前台收银。

● 通知相关部门，确认信息的准确性。

（6）注意事项

● 团队抵店时，如实到人数、房数、用餐等有变化，则要与领队、陪同弄清情况，取得一致意见后方可给予开房及调整，并请陪同签名。

● 向领队、陪同要回团体客人住宿登记表。如是台湾客人，表内应有台胞证号码、签注号码、签注有效期、客人姓名、性别、出生年月日、永久地址等项目；如是港澳客人，表内应有回乡证号码、回乡证有效期。如是外国客人，表内应有团体入境签证印章，如无团体签证，则要每个客人填写一份外国人临时住宿登记表，这是国家的法律规定，必须严格执行，认真检查。

● 团体客人临时提出加房、加床的要求，要严格按照合同和操作程序处理。首先应明确订房机构是否能够给予确认，如订房机构同意确认，应请陪同、领队书面注明原因、挂账单并签名，然后将说明书面单交订房部负责追订房机构确认单，底单连同客人资料一起过财务部前台收银处；如订房机构不同意负担客人加房、加床的费用，则加房、加床的费用需向客人按门市价现收，应请客人即时现付加房、加床的费用或交押金，并请领队、客人在书面通知上签名，然后将书面通知的底单连同客人资料一同过给财务部前台收银处，面单由接待处存底备查。

● VIP 团入住时，可先发房间钥匙给客人，让客人先上房间，留下领队及陪同办理入住手续即可。

4.2.2.3 VIP 客人入住接待程序

● 在重要宾客到达的当天早晨，要预先做好房间分配，并填写重要客人接待报告。

● 通知大堂副理检查房间准备情况。

● 接待员、礼宾员应熟悉贵宾姓名，了解接待规格和要求。

● 贵宾抵达前，将住房卡和房间钥匙一并装入贵宾信封（房卡上加盖 VIP 印章）。

● 重要宾客到达时，大堂副理在酒店门口迎候，并陪同宾客去房间登记，介绍客房设施。

● 贵宾房号必须保密。贵宾的信件、传真等必须严格登记、专人收发。

● 其他接待程序与散客接待程序相同。

4.2.2.4 免费房、优惠房的接待程序

根据酒店的业务需要，通常会有一些客人可以享受酒店的免费房或房价优惠政策。为便于统一管理，酒店会对此类用房制定有关规定，前厅部在接待服务中应按相关规定进行办理。

● 一般情况下，酒店对相关客户、同行人士、社会名流等人员，根据重要程度给予不同程度的优惠，甚至住房免费。

● 根据宾客条件，由相关部门填写《免费房、优惠房申请表》呈报给总经理。

● 总经理对呈报的《免费房、优惠房申请表》核实后予以批复，确定优惠等级后转营销部。营销部下达《免费房、优惠房申请表》给前厅部，注明优惠等级及相关部门的接待服务要求。

- 前厅部根据《免费房、优惠房申请表》的相关内容进行排房、收费。
- 其他接待程序与散客接待程序相同。

4.2.3 客人入住接待中的注意事项

在接待服务过程中会有一些经常容易遗漏或出错的问题，因此在接待中应特别注意以下事项：

第一，客人抵店前，接待员应熟悉订房资料，检查各项准备工作。

第二，热情、亲切地接待所有抵店客人。

第三，向未预订客人详细介绍酒店的客房产品。

第四，高效办理入住登记，认真核对证件，保证证件的有效性。

第五，检查账单的准确性。

第六，及时通知客房等相关接待部门，保证接待服务的及时和连贯性。

第七，准确录入各项资料。

4.3 客人离店退房管理

客人离店退房是前厅接待服务的最后一个环节，是客人在酒店获得的最后一项服务，也是对酒店服务的最后印象，因此，加强客人离店退房服务的管理，提高服务质量，对于保证前期服务效果，提高满意度极为重要。客人离店工作需由前厅收银、接待、客房、行李等几个部门共同配合完成，保证酒店服务的规范性、系统性及连续性。相对于客人入住接待服务而言，离店退房环节相对简单一些，主要包括以下内容：根据客情表做好退房准备→向客人出示账卡→结账收款→回收钥匙→通知有关部门→向客人道别→变更客情资料。

4.3.1 离店退房的准备

客人离店退房环节是相对较为简单的一环，为保证快速，仍需做好以下准备：

第一，根据客人入住时的资料信息，了解当日预计离店的团队及客人的房号和名单。

第二，准备好当日预计离店的团队及客人的有关资料。

第三，通知收银台准备好客人账单。

第四，通知行李部客人退房信息。

4.3.2 散客退房程序

总台在做好准备的基础上为客人办理退房手续，主要有以下几步：

第一，当客人到达总台办理退房手续时，认真确认离店房号，收回房卡和钥匙。

第二，通知房务中心客人退房，以便客房部及时查房。

第三，协助收银台核实客人账单，确保账单准确无误。

第四，与客人告别，感谢客人的入住，询问客人对酒店服务的意见，欢迎客人再次光临。

第五，更新资料，将房间状态更改为走房状态。

4.3.3 团队客人退房程序

团队退房主要以陪同为主，主要按照以下几步：

第一，由陪同或领队办理具体手续，认真确认离店房号，收回团队房卡和钥匙。

第二，通知房务中心团队退房，以便客房部及时查房。

第三，协助收银台核实客人账单，确保账单准确无误，并请陪同签名。

第四，与客人告别，感谢客人的入住，询问客人对酒店服务的意见，欢迎客人再次光临。

第五，更新资料，将房间状态更改为走房状态。

4.3.4 办理离店退房服务时的特殊情况处理及注意事项

4.3.4.1 特殊情况处理

（1）延时离店

按国际惯例，酒店退房离店时间一般为12:00，如过时客人仍未结账，应提醒客人关于酒店的有关规定，超时离店，酒店将按规定收取房费。如12:00以后15:00以前结账，酒店加收全天房费的1/3，15:00以后18:00以前结账，酒店则加收全天房费的1/2，如果18:00以后结账，则需加收全天房费。

（2）客人丢失房卡

如果客人结账时发现房卡丢失，酒店将会按相关规定收取相应的赔偿金。

（3）客人退房结账时，客房部查房发现房间物品有遗失或损坏

服务查房时，如发现房间物品有遗失或损坏，前台或大堂副理应及时婉转地向客人了解情况，确认如果是客人的责任，需向客人说明酒店的规定，按酒店的物品赔偿规定收取赔偿金。

4.3.4.2 注意事项

- 及时通知客房部及收银台关于客人的退房信息。
- 收回房卡。
- 及时准确地变更客人的相关信息资料。
- 及时高效的服务。

【思考题】

1. 前厅接待包括哪些主要环节？
2. 接待客人入住应做好哪些准备工作？
3. 前厅接待中为客人安排客房应注意哪些事项？
4. 未预订散客入住的接待中最关键的环节是什么？
5. 团队入住接待程序是什么？
6. 如何确定免费房及优惠房？
7. 客人离店退房时的注意事项有哪些？

【经验性训练】

为客人办理入住登记的训练

概述：根据不同类型的客人入住接待程序及规范要求，体验前厅入住接待的程序。

1. 以5人为一组（人数为单数）。各组设计客人入住的实景模拟，进行模拟表演。

2. 其他同学通过观看表演，记录，找出接待程序中的优点及不足，加以评析，并提出改正建议。

3. 最后总结各组的表现，归纳易产生问题的环节，提出最佳纠错方法。

【案例分析】

总台忘了转交客人的礼物

胡先生是台湾某公司驻青岛办事处的主任。该公司办事处设在青岛某四星级酒店的五楼，胡先生本人也常常住在酒店。

某天，胡先生急匆匆地来到总台 CONCIERGE（委托代办）柜台，将一盒包装漂亮的礼物交给总台接待员，请她转交给次日将要从台湾来青岛并入住该酒店的方小姐。胡先生一再强调一定要在第二天送出，因为明天是他的女朋友——方小姐的生日，而他因为有一笔生意要去美国谈判，不能陪她了。总台接待员乐乐是刚从学校毕业的实习生，她第一次看到这么漂亮的礼物包装盒，觉得很新鲜，一边随口答应着客人，一边反复观看。胡先生走了以后，乐乐还将礼物一一传给同事看。等下班的时候，她不仅忘了与下个班次的服务员办理委托转交手续，也忘了在交班本上做记录并交接给下一班，甚至连礼物在哪儿都忘了。

次日，方小姐如期到达。听说胡先生去了美国，既没有在生日这天陪她，也不见留下什么礼物，生着闷气去了房间。

晚上，胡先生谈完生意，从美国打来电话祝方小姐生日快乐，并问方小姐是否喜欢他的礼物。方小姐正生他的气呢，一听到礼物，更来气了，叫胡先生不用再编造诺言了，她根本就没有收到过礼物。胡先生解释自己的确准备了礼物并委托总台转交，请方小姐再去总台核实，并且要求总台立即归还礼物。此时，总台当班的是领班小童，他既没有从交班本上得知这件事，也未曾见过什么礼物，当事人乐乐又不在，怎么办？

【案例思考题】

1. 请问造成这一事故的原因是什么？
2. 请问总台领班小童该如何解决此事？
3. 酒店应如何进行规范及完善服务及管理程序？

【本章推荐阅读书目】

1. 现代饭店管理创新. 余昌国. 北京燕山出版社，2005.
2. 酒店服务学. 王大悟. 黄山出版社，2003.
3. 饭店前厅管理. 陈瑗瑗，梁玉社. 旅游教育出版社，2006.
4. 前厅与客房细微服务. 孔永生. 中国旅游出版社，2007.
5. 酒店服务与管理案例分析. 何丽芳. 广东经济出版社，2005.

【相关链接】

1. http://www.hoteljob.cn/
2. http://www.chinakeyring.net/
3. http://www.51glw.com/
4. http://news.bjhotel.cn/

第 5 章

客人住店期间前厅部系列服务与管理

【本章概要】

前厅部除了做好客房预订和接待工作以外，还担负着大量的直接为住店客人服务的工作，如礼宾服务、行李服务、问讯服务、商务服务、电话总机服务等配套项目。这些服务工作是围绕着客房销售这一中心展开的，也是整个饭店服务工作的重要组成部分，而且是以客人心目中“饭店代表”的特殊身份进行的，其服务态度、服务质量、服务效率如何，将给饭店的声誉与效益带来直接的影响。本章主要介绍客人住店期间前厅部系列服务与管理；特别是礼宾服务、“金钥匙”服务、商务楼层服务是本章的重点。

【学习目标】

- 了解礼宾服务业务及管理；
- 认识问询服务的相关内容；
- 理解“金钥匙”服务理念，了解“金钥匙”服务岗位职责；
- 熟悉总机房、商务服务的业务与管理。

【关键性术语】

礼宾服务、“金钥匙”服务、商务服务、问询服务、总机服务、委托代办、叫醒服务、贵重物品保管、商务中心、商务楼层。

【章首案例】

失而复得的公文包

2006 年 3 月 27 日晚上 20:00 左右，两位客人到前台办理入住手续，当前台员工礼貌地要求客人出示证件时，客人找遍了行李箱的每一个角落都未找到，突然其中一位客人“哎呀”一声，焦急说道：“我俩的一个公文包落在了刚才载我们过来的出租车上，里面有我们的护照、钱包和手提电脑！”此时，站在柜台边的副礼宾司 Tom 闻声上前向客人了解情况并安慰客人别着急。经了解，原来客人半小时前在福永码头乘坐了一辆深圳车牌的出租车到本酒店，且只依稀记得车牌号尾数是“75”，车身颜色是蓝色，其余的信息就不知道了。按照本部的服务要求，客人乘坐出租车到店或离店，门童应该将车牌号和公司名记在一张卡片上并交给客人以方便客人投诉和寻找遗留物，Tom 就问客人有没有得到此张卡片，客人说刚才进店时门口有很多客人，门童在为其他客人服务，他们是下车后自已提行李进店的，并没有得到什么卡片。寻找出租车的线索中断了！怎么办？这时，Tom 突然想到，酒店的各出入口都有保安监控系统，所有出入酒店的车辆都会被拍摄到！Tom 让前台员工开了 2 张欢迎赠饮券给客人先到大堂吧休息一会儿。紧接着，Tom 马上请保安部调出晚上 8:00 左右所有进出酒店车辆的录像，根据客人提供的信息，终于找到了客人所乘坐的那辆出租车的车牌号。然后，Tom又马上通过深圳“114”查到了深圳交通局的电话，交通局通过所提供的车牌号找到了该出租车所属的公司，并提供了该公司电话号码。事不宜迟，Tom又连忙打电话给该公司并将事情缘由告知该公司的管理人员，在该公司管理人员的帮助下联系到了该出租车司机，一小时后，丢失的公文包送到了客人的手中！客人对酒店的帮助表示感谢，对Tom提供的周到、细致、耐心、真诚的服务给予了高度赞赏！

5.1 礼宾服务管理

每家酒店大厅礼宾服务处的管辖范围及所提供的服务项目并不完全一致。目前，我国大部分酒店的大厅礼宾服务处，其英文名称为“Bell Service”，在高档酒店中称为“Concierge。”礼宾服务管理主要是指门厅迎送服务、行李服务和金钥匙服务的管理。

5.1.1 礼宾服务

礼宾服务是迎送客人服务和为客人进出酒店提供行李服务合为一体并有适当分工的服务项目。礼宾服务人员更是代表酒店首先接触客人的酒店形象代表，它拓宽了传统的行李服务，更加体现出酒店对客人的关注和尊重。

5.1.1.1 礼宾部的设置

礼宾部是推行“金钥匙”服务的高星级酒店前厅部的一个下属机构。它是在传统的酒店行李处的基础上升格而成的。礼宾部设主管兼首席礼宾司1人。下设迎宾门卫领班、行李领班、机场代表和相关服务人员，分别为客人提供机场、车站、港口的迎接，寄存、保管、搬运行李和递送邮件等服务。

5.1.1.2 礼宾服务的内容

- 掌握酒店的客房状态、客人情况和其他有关信息。
- 在酒店大门口及附近地做迎宾接待，回答客人的问讯。
- 向客人提供必要的信息，帮助解决各种疑难问题，积极推销酒店的服务项目。
- 指挥酒店门前交通，为住店客人安排车辆，开启车门。
- 为进出酒店的客人提供拉门服务。
- 引领客人办理入住手续，入房后，介绍房间设施及使用方法。
- 为抵店、离店客人提供行李搬运服务。
- 保管客人临时寄存的行李。
- 雨天在酒店门前提供暂存雨伞、雨衣服务。
- 为客人递送物件、报纸、邮件、留言单、电传、传真等。
- 到机场、车站、港口及其他地点，接待来店客人、贵宾等。
- 接受客人委托代办事宜。

● 办理客人直接购买、电话购买交通票及提供咨询服务。

● 与团队领队协商，安排团体行李的收发时间。

● 客人离店时，协助问讯处收回客人的钥匙。

5.1.2 金钥匙服务

5.1.2.1 金钥匙的概念

（1）金钥匙的起源

“金钥匙”是一种“委托代办”（Concierge）的服务概念。“Concierge”一词最早起源于法国，指古代酒店的守门人，负责迎来送往和酒店的钥匙。但随着酒店业的发展，其工作范围在不断扩大，在现代酒店业中，Concierge已成为为客人提供全方位“一条龙”服务的岗位，只要不违反道德和法律，任何事情Concierge都尽力办到，以满足客人的要求。其代表人物就是他们的首领“金钥匙”，他们见多识广、经验丰富、谦虚热情、彬彬有礼、善解人意。他们的服装上戴有国际酒店金钥匙组织授予的两把交叉金钥匙徽章。这两把金光闪闪的交叉金钥匙代表着“金钥匙”的职能。其中一把代表开启酒店综合服务的大门；另一把代表开启该城市综合服务的大门。也就是说，“金钥匙”是酒店内外综合服务的总代理。

（2）金钥匙的服务理念与人生哲学

● 在不违反法律和道德的前提下，为客人解决一切困难。

● 酒店金钥匙为客排忧解难，“尽管不是无所不能，但是也是竭尽所能”，要有强烈的为客服务意识和奉献精神。

● 为客人提供满意加惊喜的个性化服务。

● 酒店金钥匙组织的工作口号是“友谊、协作、服务”（Service Through Friendship）。

● 酒店金钥匙的人生哲学：在客人的惊喜中找到富有乐趣的人生。

（3）金钥匙的岗位职责

● 全方位满足住店客人提出的特殊要求，并提供多种服务，如行李服务、安排钟点医务服务、托婴服务、沙龙约会、推荐特色餐馆、导游、导购等，客人有求必应。

● 协助大堂副理处理酒店各类投诉。

● 保持个人的职业形象，以大方得体的仪表，亲切自然的言谈举止迎送抵、离酒店的每一位宾客。

● 检查大厅及其他公共活动区域。

● 协同保安部对行为不轨的客人进行调查。

● 对行李员工作活动进行管理和控制，并做好有关记录。

● 对进、离店客人给予及时关心。

● 将上级命令、所有重要事件或事情记在行李员、门童交接班本上，每日早晨呈交前厅经理，以便查询。

● 控制酒店门前车辆活动。

● 对受前厅部经理委派进行培训的行李员进行指导和训练。

● 在客人登记注册时，指导每个行李员帮助客人。

- 与团队协调关系，使团队行李顺利运送。
- 确保行李房和酒店前厅的卫生清洁。
- 保证行李部服务设备运转正常；随时检查行李车、秤、行李存放架、轮椅。

5.1.2.2 金钥匙服务的内容

“金钥匙就应无所不能，在合法的基础上，客人的任何要求都能满足。”从中国酒店业发展趋势来看，金钥匙将会越来越受重视，其中的理念会发挥其应有的作用，其服务内容主要有以下几项。

(1) 礼宾迎客服务

客人到来，礼宾部服务人员要代表酒店在门前迎接客人，首先向客人问好并表示欢迎，然后引领客人到前厅接待处办理入住登记手续。同时，礼宾部的行李员会为客人提供行李服务，门童要为客人提供拉开车门、调度车辆、开拉前厅大门等迎宾服务。

(2) 礼宾送别客人

客人离店退房，“金钥匙”要主动征求客人意见，询问客人行李服务要求，并派行李员及时为其提供行李服务。还应热情与客人告别，欢迎客人再次光临。

(3) 店内外日常委托代办

酒店“金钥匙”要全方位满足客人的各种合理的委托代办服务要求，如订房服务、订餐服务、订花服务、代修物品、托婴等服务，做到有求必应。

(4) 票务邮件代办

帮助客人代购机票、火车票、汽车票、轮船票等，帮助客人办理各种信件、传真、特快专递、包裹等。

(5) 旅游与娱乐项目代办

帮助客人设计旅游线路，安排去旅游的交通、食宿，帮助客人预订健身房、SPA、台球厅、高尔夫球、观看当地的文艺表演及体育比赛等。

(6) 特殊商务联络服务

金钥匙服务主要是在高星级商务型酒店中推广。有些商务客人常常有一些特殊商务活动联系的服务要求。“金钥匙”人员要充分利用各种关系网络和金钥匙组织的强大优势，尽可能地帮助客人联系落实。

5.1.2.3 金钥匙在中国的兴起与发展

“金钥匙”是高星级酒店管理的心脏和灵魂，它对于优化酒店管理、形成高素质的服务群体意义深远。自1993年中国产生了第一名国际酒店金钥匙会员开始，金钥匙以其自身网络化、个性化的优势在中国旅游酒店业独领风骚。在1997年1月的第44届国际金钥匙年会上，中国区金钥匙被接纳为第31个成员国。1998年5月，国家旅游局设立旅游酒店金钥匙专业委员会，把金钥匙服务作为酒店业的一个服务项目，要求星级酒店引入金钥匙服务。2000年1月国家民政部批准中国酒店金钥匙组织注册登记，正式办理了合法组织的全部手续。2001年1月，在广州市成功地举办了第47届国际酒店金钥匙组织年会，此次年会展现了中国酒店的服务魅力，获得了国际酒店金钥匙组织各成员国主席的高度赞誉，他们对国际酒店金钥匙服务理念在中国得到发扬光大寄予了厚望。从此，金钥匙在中国旅游酒店业的发展纳入了科学发展的轨道。

酒店金钥匙在中国的兴起与发展，是我国经济形势及旅游总体水平发展的需要。它将成为中国各大城市旅游体系里的一个品牌，即代表着热情好客独具酒店特色的一种服务文化，并将成为该城市酒店业的一个传统。

5.1.3 行李服务

行李服务工作由前厅部专设的行李处承担。行李处在大门入口处的内侧，既易于被客人发现，又便于行李服务员观察客人抵离店的情况以及与前台的入住接待和收银处联系。行李处主管指挥、调度行李服务工作。每天早晨，行李处主管要认真阅读和分析由预订处和接待处送来的“当日抵店客人名单”及“当日离店客人名单”，掌握进出店的客流量，以便安排人力。特别要掌握重要客人和团体客人抵离酒店的情况，做好充分的准备。在此基础上，做出当日的工作计划，召集全体当班人员进行分工安排。

5.1.3.1 行李服务的内容

宾客住店大多数都带有行李，行李服务是前厅服务的一个重要内容。前厅岗位设有行李员，行李员服装标志比较明显，便于宾客识别。前厅还设有知客台（也叫礼宾台），专门为宾客提供行李服务。

（1）散客抵离店的行李服务

● 散客入住行李服务

① 问候宾客：散客乘车抵店时，主动将车门打开；有礼貌、热情地问候客人。

② 帮助客人卸行李：行李员帮助客人卸行李，并请客人清点过目，准确无误后，须帮助客人提拿；但对于易碎物品、贵重物品，可不必主动提拿，如客人要求帮助，行李员则应特别小心，轻拿、轻放，防止丢失和破损。

③ 引领客人办理入住登记：行李员手提行李（如属大宗行李，则需用行李车）走在客人的左前方，引领客人到接待处办理入住登记手续。客人到达接待处后，行李员站在客人身后，距客人2~3步远，行李放于面前，随时听候接待员及客人的召唤。

④ 引领客人入住客房：从接待员手中接过客人的房卡和钥匙卡，引领客人入住客房。主动为客人叫电梯，并注意相关礼节：让客人先进电梯，行李员进电梯后，按好电梯楼层，站在电梯控制牌处，面朝客人，并主动与客人沟通；电梯到达后，让客人先出电梯，行李员随后提行李跟出。到达客房门口，行李员放下行李，按酒店既定程序敲门三下，并报身份，确认房间无回音后用钥匙将房门打开。

⑤ 介绍房间设施：打开房门后，开灯，将行李放在客房行李架上，然后介绍房间设备、设施，检查各个设施是否运行完好。

⑥ 预祝宾客：离开客房前，问明客人是否还有其他需要，最后礼貌地向客人道别，并祝客人住店愉快。

⑦ 行李登记：行李员返回礼宾部填写“散客行李抵店登记表”（表5-1）。

表5-1 散客行李抵店登记表

日期________

房号 Rm. No.	行李员 Bell	上楼时间 Up Time	行李件数 Pieces	预计离店时间 Depart Time	备注 Remarks

● 散客离店行李服务

① 行李员准时去客房收行李：礼宾部接到客人离店搬运行李的通知，或者通过散客的地陪了解到客人需要收取行李的时间、件数等情况时，要问清客人房号、姓名、行李件数、搬运行李的时间及是否要捆扎等情况，并决定是否要带上行李车，然后指派行李员准时按房号收取行李。

② 检查核对：与住客核对行李件数，检查行李是否有破损情况，如有易碎物品，则贴上易碎物品标志。

③ 问清客人是否直接离店：如客人需要行李寄存，则填写行李寄存单，并将其中一联交给客人作为取物凭证，向客人道别，将行李送回行李房寄存保管。待客人来取行李时，核对并收回行李寄存单（详见“行李寄存服务”）。如客人直接离店，装上行李后，应礼貌地请客人离开客房，主动为客人叫电梯，提供电梯服务，带客人到前厅收款处办理退房结账手续。

④ 确认行李件数：协助离店客人行李装车，摆放好。待客人确认无误后，向客人礼貌道别，欢迎再次光临。

⑤ 行李登记：返回行李处，填写“散客行李离店登记表”（表5-2）。

表5-2 散客行李离店登记表

日期________

房号	离店时间	客人离店时间	行李件数	车号	备注

（2）团体客人抵离店的行李服务

● 团体客人抵店行李服务

① 行李领班安排接收行李任务：行李领班接到“团体接待通知书”后，应进一步确认到达时间、交通工具、人数及客房预分情况，然后安排具体的工作任务给当班人员。

② 接收行李：团体行李抵达时，行李领班应会同旅行社行李押运员或驾驶员核对行李件数并签字接收，行李员给每件行李系上行李标签。

③ 分检行李并送上房：行李员根据前台接待处提供的分房表，在行李标签上注明房号，按楼层装运到行李车上，并尽快送上客房。分送完毕后，行李员将行李分送记录表交行李服务处汇总。

④ 行李登记：由行李处领班填写“团队行李进出店登记表”（表5－3）。

表5－3 团队行李进出店登记表

入店　　　　　　　　　　　　　　　　　　　　　　　　　　出店

行李领班：________　　　　　　　　　　　　　　　　　　行李领班：________

日期/时间：________　　　　　　　　　　　　　　　　　　日期/时间：________

进店	卸车行李员					酒店行李员		领队签字	
离店	装车行李员					酒店行李员		领队签字	
行李进店时间		车号		行李收取时间		行李出店时间		车号	
房号	行李箱			行李包			其他		备注
	入店		出店	入店		出店	入店	出店	

● 团体客人离店行李服务

① 确认收行李时间等相关事宜：在团体离店前，行李处领班根据通知单与前厅接待员或陪同人员联系，确认该团体客人需要行李服务的房号、行李件数、收取行李的时间等。

② 准时上房收取行李：行李员准时上客房逐一收取客人行李。收集行李时，必须查看行李标签，验证团体名称和客人姓名。核实行李件数后，按房号填写在行李记录表上。

③ 确认及行李登记：行李集中后，行李处领班应汇总行李记录表，负责核对、计算总数，填写“团队行李进出店登记表”（表5－3），请来装运行李的旅行社押送员或驾驶员及领队确认行李件数并签字，行李登记单应存档备查。

在对离店团队行李服务时，应十分注意的是团队行李绝对不能混淆和搞错。这就要把握好以下几个环节：一是收取行李时，一定要核对房号；核对行李上的团号；二是集中摆放时，要逐件行李核对团号并点数；三是行李装车时，要再一次核对行李件数和行李的团号，做到无一差错。万一发现行李有了差错，应采取紧急措施，并在最短的时间里应让大堂副理、前厅部经理知道这一情况。

（3）客人更换房间的行李服务

应客人要求或酒店需要，客人更换客房时，行李员需为客人将行李搬至新换的房间。

① 接到接待处换房通知后，到接待处领取“换房通知单”，弄清客人的姓名、房号及换房后的房号。

② 请客人清点要搬的行李及其他物品，将行李装车。

③ 引领客人到新的房间，为其开门，将行李放好。

④ 收回客人原来的房卡及钥匙，交给客人新的房卡及钥匙。

⑤ 向客人道别，退出客房。

⑥ 将原房卡及钥匙交回接待处。

⑦ 如客人外出，应请客房服务员为行李员开门并同客房服务员一起搬运行李。若行李散乱，要记住行李的种类、件数，搬运过去后按原样放好。客人的报纸、刊物、杂志等要全部搬过去，不可擅自处理，并检查衣柜、抽屉、卫生间，看有没有遗留东西。待客人回店后，由前厅接待处把新的房卡及钥匙交给客人，并收回客人原来的房卡及钥匙。

⑧ 做好换房工作记录，并填写“换房行李登记表”。

(4) 行李寄存服务

由于各种原因，有的客人希望将一些行李暂时存放在礼宾部。礼宾部为方便住客存取行李，保证行李安全，应开辟专门的行李房和建立相应的制度，并规定必要的手续。

① 对寄存行李的要求：

● 行李房不寄存现金、金银首饰、珠宝、玉器，以及护照等身份证件。上述物品应礼貌地请客人自行保管，或放到前厅的保险箱内免费保管。已办理退房手续的客人如想使用保险箱，须经大堂副理批准。

● 酒店及行李房不得寄存易燃、易爆、易腐烂或有腐蚀性的物品。

● 不得存放易变质食品、易蛀仪器及易碎物品。如客人坚持要寄存，则应向客人说明酒店不承担赔偿责任，并做好记录，同时在易碎物品上挂上“小心轻放”的标牌。

● 如发现枪支、弹药、毒品等危险物品，要及时报告保安部和大堂副理，并保护现场，防止发生意外。

● 不接受宠物寄存。一般酒店不接受带宠物的客人入住。

● 提示客人行李上锁。对未上锁的小件行李须在客人面前用胶条将行李封好。

② 行李寄存程序：

● 宾客前来寄存行李时，行李员应热情接待，礼貌服务。

● 弄清客人行李是否属于酒店不予寄存的范围。

● 问清行李件数、寄存时间、姓名及房号。

● 填写“行车寄存单”，并请客人在上联上签名并将其附拧在行李上，告知客人下联是领取行李的凭证。

● 将半天、一天、短期存放的行李放置于方便搬运的地方；如一位客人多种行李，要用绳系连在一起，以免错拿。

● 经办人须及时在“行李寄存记录本”上进行登记，并注明行李存放的件数、位置与存取日期等情况。如属非住客寄存、住客领取的寄存行李，应通知住客前来领取。

③ 行李领取服务：

● 当客人来领取行李时，须收回“行李寄存单”的下联，请客人当场在下联的单子上签名，并询问行李的颜色、大小、形状、件数、存放的时间等，以便查找。客人在核对无误后，取出行李，送至客人房间，并在“行李寄存记录本”上做好记录。若客人存单丢失，则应先请其回忆存行李日期，并查找存单上联，找到后与客人有效证件上姓名对照，无误后复印其证件，将复印件贴于寄存单上联相应位置，注明寄存单下联丢失。同时，在登记本上记录客人入住日期、时间、经办人等内容。

● 如住客寄存、他人领取，须请住客把代领人的姓名、单位或住址写清楚，并请住客通知代领人带“行李寄存单”的下联及证件来提取行李。行李员须在“行李寄存记录本”的备注栏内做好记录。客人离店移交物品由他人来取时，应在《客人移交物品登记本》上登记。当来人取物品时，应按客人要求核对证件并复印，将复印件贴在移交物品上，并将有关项目填齐。

● 来访客人留存物品，让住店客人提取的寄存服务，可采取留言的方式通知。

5.1.3.2 行李服务的注意事项

● 运送行李时，须加强核对清点，做好交接。

● 如客人无特殊要求，行李员一般不主动替客人运送贵重物品、易碎物品及食品等。

● 运送行李时，须按要求小心轻放，避免损坏。

● 团体的行李集中后如一时进不了房或暂不离店，须用网罩罩好或用绳系好，妥善看管。

● 陪同散客运送行李去客房时，行李员可简略地向客人介绍酒店的设施和服务项目、特色，适时适度地推销酒店产品；进入房间做介绍时，言语一定要简短，主要设施重点介绍，一般设备视情况而定。

● 搬运离店行李时，一定与收银处和问询处联系，确认客人是否已结账并交回钥匙。

● 遇客人遗忘物品，上交主管处理。

● 团体行李装上行李车时应注意：硬件在下、软件在上，大件在下、小件在上，并特别注意有“请勿倒置”字样的行李；遵循“同团同车、同层同车、同侧同车”的原则。

5.2 前厅部问讯服务

5.2.1 问讯处的业务范围及主要职责

问讯处是总服务台的一个重要岗位，主要负责客用钥匙管理、邮件处理、留言服务、提供咨询、贵重物品保管、访客服务等服务工作。为此，要求问询员应具有丰富的知识，并在掌握大量信息资料的基础上，尽可能解答客人提出的问题，满足客人的要求，帮助客人并给客人以宾至如归的感受，从而达到完美服务的境界，树立酒店的良好形象。

问讯工作是在客人对一些信息产生需求时发挥其功能的。也就是说客人由于工作或生活的需要必须清楚了解某些情况时，常常要求助于酒店的问询工作部门。一般来说，问讯服务工作的范围包括：

第一，客房钥匙管理。

第二，留言服务。

第三，咨询服务。

第四，邮件、信函、电报、快递及报纸服务。

第五，转交电传及传真服务。

第六，访客服务。

第七，贵重物品保管服务。

5.2.2 客房钥匙的管理

客房钥匙的发放与控制，既是对客人的一项服务，又是保护酒店和住客人身与财产安全的一种重要手段。

5.2.2.1 钥匙发放与回收的方式

（1）前台问讯处收发，交客人使用

这是目前国内外较普遍采用的一种形式。其优点是极大地方便客人使用；钥匙由专职部门和专人负责，责任明确；便于把邮件和留言交给客人；可以减少或避免个别员工私用客房，可以减轻客房服务员一定的工作量。其缺点是：不够安全，客人往往带出酒店而遗失等。故而，有些酒店规定，客人外出时应把钥匙交到问讯处，回来再取，以防外出时丢失。

（2）楼层值台服务员收发，交客人使用

即住客凭入住房卡、入住通知单向该楼层值台服务员领取钥匙。其优点是：便于楼层值台服务员及时掌握客人进出动向，适时打扫其房间；由于管辖范围相对缩小，有利于楼层的安全保卫工作。其缺点是：劳动力花费较多；无法在采用房务中心统一服务方式的酒店使用，客人略感不便；难以发现员工私用客房设备。

（3）楼层值台服务员直接为客人开门

这种形式是不向客人分发客房钥匙。其优点是：容易控制钥匙，很安全。但给客人进出房间带来极大的不便，费事费时，工作效率低。

由于各酒店的设施、设备、人员、社会环境、客源结构等具体情况的不同，不管采取哪种方式都利弊共存。酒店应分析比较，权衡利弊，做出决定。目前，涉外酒店较少采用第三种方式。

5.2.2.2 提供IC卡双钥匙

一般情况下，每间客房根据床位数向客人提供钥匙。

无论发几把钥匙，都要在接待计划表上和计算机上注明。

一间客房最多增配2把钥匙（三人间除外）。

5.2.2.3 钥匙丢失处理

- 客人丢失钥匙，应支付一定赔偿费用。
- 为保证客人安全，丢失钥匙的房间必须做计算机IC卡报废处理，并重新为客人制作钥匙。
- 在丢失钥匙登记本上记录，写明丢失钥匙的房号、日期、经手人等。

关于客房钥匙的安全管理，本书将在第8章作进一步介绍。

5.2.3 问讯服务

问讯服务是前厅对客服务的重要内容，主要通过收集客人需要的各种信息，为客人提供咨询服务。

5.2.3.1 问讯服务的主要服务内容

(1) 提供酒店自身的有关信息

如：本酒店的规模、档次，所处的地理位置，服务设施及服务项目，经营特色及风格，有关政策及规定，总机及主要分机号码，组织体系及有关部门的职责，酒店及有关部门负责人的姓名及工作场所等。

(2) 提供关于交通方面的信息

如：国际国内主要航空公司的名称和主要航班的抵达时间以及机场的位置；火车站的位置及有关车次的抵离时间；本地主要出租车公司名称、预订车方式与电话号码；其他交通运输公司的基本情况，酒店与周边主要城市的距离及抵达方法等。

(3) 提供关于本地主要娱乐、购物、体育及观光场所的信息

如：本地乃至全国的各主要风景名胜点的名称、特色及抵达方法；本地主要体育娱乐场所（如高尔夫球场、海水浴场、网球场、综合性游乐场等）的地址、开放时间、收费方法、与酒店的距离；本地主要购物点及特色等。

(4) 提供关于本地科学、教育、文化设施方面的信息

如：本地主要的文化馆、电影院、音乐厅、戏院、大型展览馆等主要活动场所的地址、上演的节目、剧情简介、入场券等；本地大专院校的地址、电话号码；本地主要图书馆、博物馆、主要科研机构的地址及抵达方法；主要客源国及本地的风土人情、人民的生活习惯、爱好、忌讳等。

(5) 提供关于天气、日期、时差方面的信息

如：近日天气情况；当天日期及星期几；世界主要城市与本地的时差；北京时间等。

(6) 提供其他方面的信息

如：本地各宗教场所的名称、地址及开放时间；本地各使领馆的地址及电话号码；主要的外贸及有关企事业单位；商务指南；主要银行、医院及政府有关部门的地址、电话等。

5.2.3.2 提供问讯服务的注意事项

- 及时更新信息资料，为客人提供最新的、准确无误的信息。
- 问讯员在接受客人询问时，要做到热情、耐心、清楚、准确、快速，有问必答，百问不厌。遇到不能回答的问题应热情帮助查找，绝对不能简单地说："我不知道。"可以请客人留下姓名、房号和电话号码，等得到正确信息后再迅速转告客人。
- 当来访者要求查询住客时，要注意为住客保密，谨慎对待。酒店一般都规定，住客的房号及活动情况非经其本人允许不得向外泄露。
- 无论是对待住客还是访客，都要彬彬有礼、一视同仁。

5.2.4 贵重物品保管服务

5.2.4.1 客用保管箱管理形式及种类

酒店通常为住店客人免费提供 2 种形式的贵重物品保管服务：一种是设在客

房内的小型保险箱，现在比较普遍的有电子密码式、磁卡、IC卡式保险箱，操作简单，方便实用；另一种是设在前台的客用保险箱。

客用保险箱一般设置在总台问询处旁边单独的房间内，房内安装有大小不等、多种规格的柜式多层保险箱。锁匙系统一般为子母制，即总钥匙和子钥匙同时使用时，才能开启保险箱。

5.2.4.2 贵重物品保管服务操作程序

(1) 启用保险箱

● 主动问候，问清客人要求。

● 请客人出示欢迎卡或钥匙牌，确认是住店客人。

● 取出客用贵重物品寄存单，并逐项填写相关内容，请客人签名确认。

● 根据客人需求选择相应规格的保险箱，介绍使用须知和注意事项，并将箱号记录在寄存单上。

● 用总钥匙和该箱钥匙同时打开保险箱，取出存物盒，打开盖子，示意客人可以存放物品，并回避一旁。

● 在客人亲自将物品放入盒内、盖上盒盖后，收款员将存物盒、已填好的寄存单第一联放入保险箱，锁上箱门，当面向客人确认已锁好，然后取下钥匙，将寄存单第二联和该箱钥匙交给客人保存，总钥匙则由总台问询处保管。

● 每个班次均应统计、核定全部保险箱使用、损坏状况，并在保险箱使用登记本上记录各项内容。

(2) 中途开箱

● 客人要求开启保险箱，经核准后，当面同时使用总钥匙和该箱钥匙开箱。

● 客人使用完毕，请客人在寄存单相关栏内签名，记录开启日期及时间。

● 问询员核对、确认并签名。

(3) 客人退箱

● 收款员请客人交回钥匙，取出寄存单。

● 请客人在寄存单相应栏内签名，记录退箱日期和时间。

● 问讯员在总台客用保险箱使用登记本上记录退箱日期、时间、经手人签名等内容。

● 将寄存单妥善收存备查。

5.2.4.3 保险箱管理要点

● 酒店应在寄存单上印制使用须知及赔偿金额说明。

● 问讯员在启用保险箱、介绍注意事项时向客人说明酒店政策。

● 确认客人遗失钥匙后，客人要求取物，问询员、保安人员和客人均应在场，在办理完规定手续后，由维修人员使用器械强行打开。

● 问讯员取出寄存单，请客人确认签名。

● 问讯员在总台客用保险箱使用登记本上详细记录并签名。

5.2.5 留言服务

酒店留言服务通常是方便住店客人或来访客人对亲朋好友留言的服务。酒店受理的留言（Message）通常分为访客留言和住客留言2种。

5.2.5.1　访客留言

访客留言是指来访客人给住店客人的留言。访客需填写访客留言单，访客留言单一式三联，由3种不同颜色的纸张组成（表5－4），由前台问讯员填写。然后，开启住客房间的留言灯，将访客留言单的第一联放入钥匙邮件架，第二联送电话总机房，第三联交行李员送入客房。住客可以通过3种途径获知访客留言的内容，即从问讯处取房间钥匙时，可得到留言单；进入客房时发现留言单；发现客房内留言灯亮着，通过询问话务员或问讯员，可获悉留言的内容。无论是问讯员还是话务员，当得知客人已明白留言内容后，应及时关闭留言灯，并将该留言单作废。

表5－4　访客留言

Message from Visitor to Guest

HOTEL

Message from Visitor to Guest

M ____________________ Room No. ____________________

当您外出时

While you were out

M ____

电话

Of ____________________ Telephone ____________________

□有电话找您　　　　□将再来电话

Telephone　　　　Will call again

□请回电话

Please call back

□来访时您不在　　　　□将再来看您

Came to see you　　　　Will come again

留言

Message ____

____

经手人　　　　日期　　　　时间

Clerk __________　　Date __________　　Time __________

随着科技的进步，一些酒店已取消了访客留言单，前台通过计算机直接将留言的内容显示在客房的电视屏幕上。

5.2.5.2　住客留言

住客留言是指住店客人给来访亲友的留言。住客离开其客房或酒店时，如希望给来访者（包括电来访者）留言，需要填写一式二联的住客留言单（表5－5），问讯处与电话总机各保存一联。住客留言单可以由住客亲自填写，也可由问讯员帮助填写。如客人来访，问讯员或话务员可将留言的内容转告来访者。

无论是访客留言，还是住客留言，都必须书写整洁，措辞正确，意思表达完整，传送及时，并注意为客人保密。

表5-5　住客留言单

Message from Guest to Visitor

HOTEL

Message from Guest to Visitor

To ______________________________

(expected visitor's name)

由　　　　　　　　　　　　　　　　房号

From ______________________________ Room No. ______________________________

I will be at ______________________________

Between ______________________________ am/pm and ______________________________ am/pm

Message ______________________________

____

经手人　　　　　　日期　　　　　　时间

Clerk __________ Date __________ Time __________

5.2.6　信函、邮件服务

信函、邮件服务分为进店邮件服务和代办邮件服务2大类。

5.2.6.1　进店邮件服务

处理客人的进店邮件是酒店问讯处的一项重要职责。例如，酒店收到了住客的挂号信或特快专递但没有递送给客人，酒店可能要对客人由此所受到的损失或对客人所造成的不便而承担责任。因此，建立高效率的邮件处理系统是非常必要的。

邮件部门的邮递员传送邮件直接与酒店问讯处打交道，问讯员接到邮件后按下列程序进行处理。

（1）进店邮件的种类

● 酒店邮件，分发给酒店相关部门。

● 员工邮件，通过人事或办公室转交。

● 租用酒店场所单位的邮件，一般由酒店的专门部门处理，如物业部等，有的酒店由问讯处处理。

● 顾客邮件，包括住店客人（In-house guest 或 Current guest）邮件、已离店客人邮件、订了房但尚未抵店客人的邮件及姓名不详无法查找客人的邮件等。这几种邮件须区分不同情况予以处理。

（2）住店客人邮件的处理

对于寄发给住店客人的邮件，收到后要通过计算机进行核对；如是手工操作的酒店，应查对住客资料显示架、是否与住店客人的姓名和房号吻合；如邮件上只有姓名而无房号，则应从计算机或住客资料显示架中找出房号，并在邮件上注明：如果邮件上标有房号及姓名，但房号不正确，则应在邮件上附注正确房号并加括号以示区分，但原房号不能涂改，住客来签领时请住客确认。

确认邮件姓名与房号后，问讯员可按照邮件的种类情况分发：

● 挂号信、包裹单、汇款单、特快专递等，立即用电话通知客人前来签领。

如客人不在房间，则填写《住客通知单》，并按留言程序进行分发，通知客人前来签取。客人签领时须出示有效证件。

● 普通邮件应放入客人问讯架或钥匙架内，待客人来取钥匙时交给客人。亦可移交行李员，由行李员送给住客；如住客不在房内，则转交楼层台班，由其送入客房内。

(3) 已离店客人邮件的处理

通过查找发现客人已退房，则应在邮件上注明客人离店日期。如客人退房时未作任何交代，又属普通邮件，有些酒店就在邮件中注明保留天数，过期后按寄件人的地址退回；客人的电报、电传等亦按原址退回，并标注客人已退房。如客人退房时留下了地址委托酒店转寄，酒店则应按要求予以办理。

遗留的包裹

某三星级酒店行李房像往常一样，在10:00收到了邮局送来的一批报纸、信和包裹。行李员小杨签收后立刻开始分发。在分类核对过程中，小杨发现516房张先生有一个包裹，但张先生此时已经有可能退房了。因为张先生昨天订的一张今早10:30机票是小杨送去的，而此时已是10:15了。小杨当即询问了收银处，得知客人已在9:00退房离开了酒店。无奈之下他只能将此事汇报给上级领导。

(4) 订了房但尚未抵店客人邮件的处理

通过查核，如属订了房但尚未抵店客人的邮件，应在邮件上注明客人入住日期，然后将邮件放在指定的地方（如等候邮件架内），并在订房部的客人订房单备注栏内提示该客人有邮件；待客人入住时，通过确认订房单的指示，将邮件交给客人。

(5) 姓名不详无法查找客人邮件的处理

对于姓名不详客人的邮件，问讯员应耐心细致地通过多种渠道、多种方法查找，并由行李员多次分发给姓名相近似的住客，请其确认。如确属无法查找的客人急件，可在急件上盖上“查无此人”印章，同时打上收件日期、时间后予以退回；如是普通邮件，可按酒店规定，保留一定期限，在保留期内每天查对，在确定无人领取后，应退回给寄件人并做外邮件退回记录。

5.2.6.2 代办邮件服务

代办邮件服务是指为住客代发平信、挂号信、特快专递，代售邮票、明信片等。最重要的是要掌握邮费的计算方法，以便根据邮件的重量以及到达的目的地，迅速、准确地计算出所需邮资。此外，每班工作结束时，应清点邮票及现金，并制作“邮票、现金平衡表”。如果是平信，应要求客人贴足邮票，待邮递员进店投递邮件时让其捎走；如有特快专递业务、挂号信、包裹，问讯员可请金钥匙等代为解决，费用由住客用现金支付，或由酒店先行垫付，将单据转到前厅收款处入账，待客人退房时一并结算。信件送往邮局的次数与时间不得随意更改、变动。

无论是哪种类型的客人的邮件，在收到时均应填写住客邮件登记单（表5-6）。

表5－6 住客邮件递送登记单

日期	时间	序号	姓名	种类	发自	号码	经手人	收件人签名	收件时间	备注

5.2.7 访客服务

如果有来访者要求会见某位住客而来到前台，询问住客房号，问讯员首先应了解来访者的姓名及是否与住客有约在先；然后应通过电话将某人来访的信息告诉该住客；经住客同意后，才能将房号告诉来访者（有些酒店为强化这一环节，请访客填写登记单并验证。如访客未带有效证件，要请该住客签名认可），并且有些酒店规定访客要在23:00之前离开住店客人的房间。

如住客不在房内，问讯员可根据情况通过呼唤找人服务等方式在酒店的公共区域内寻找被访者。如仍无法找到被访者，可建议来访者留言。前台服务人员应对住客的客情保密，未经允许，不能直接把来访者带入房间，或直接把房号告诉来访者。尤其要注意那些事先声明拒绝受访的住客。但也不能得罪访客，应机智、灵活、委婉地处理。如属外来单位或部门因公需要查询住客情况，问讯员应向上级汇报。

5.3 前厅部总机服务

5.3.1 总机房的业务范围及主要职责

酒店电话总机是客人不见面的“窗口”，话务员的服务态度、语言艺术和操作水平决定了话务服务的质量，影响着酒店的形象和声誉。电话总机是酒店内外联络的通信枢纽，是酒店与客人交流信息、沟通感情的桥梁。总机话务员以电话为媒介，直接为客人提供各种话务服务。其服务质量的高低，直接影响着客人对酒店的评价，甚至影响到酒店经营效益。

电话总机的业务范围，依据酒店类型和档次的不同而有所区别，其主要业务及基本要求主要包括：转接电话、提供电话问讯和留言服务、提供叫醒服务和内部呼叫等。

5.3.1.1 转接电话

所有话务员除必须熟练地掌握转接电话的技能外，同时还必须熟悉本酒店的组织机构，熟悉酒店主要负责人和部门经理的姓名、声音，熟悉本店和本地常用电话号码，掌握各部门的职责范围、服务项目及最新住客资料等信息。在转接电话时，有以下注意事项：

第一，转接电话要礼貌待客，必须在铃响三声之内接听电话，并主动向客人问好，自报店名或岗位。外线应报“您好，某某酒店。”（xx hotel，May I help you?）。内线应报“您好，总机。”（Operator，May I help you?）。

第二，根据客人要求，迅速准确地接转电话。

第三，遇到转接的电话占线或线路繁忙时，话务员应请对方稍等，并使用音乐保留键，播出悦耳的音乐。

第四，对无人接听的电话，铃响半分钟后（五声），必须向客人说明："对不起，电话没有人接，请问您是否需要留言？"。需要给房间客人留言的电话一般由话务员记录，复述确认后，通知行李员送至客房或前台问讯处，或者开启客房内的电话留言传导；接酒店管理人员的留言，一律由话务员记录下来，并复述确认，通过传呼或其他有效方式尽快转达。

第五，在来话方只知道住客姓名而不知房号时，应请其稍等，查出房号后予以接转，但不能告诉对方住客的房号；如果来话方只告诉房号，应首先了解住客姓名，然后核对电脑中客人资料，应特别注意该房客人有无特别要求，如房号保密、免电话打扰或有住客留言等，便无须将电话转入房内。

第六，对于要求房号保密的客人，如果事先并没有要求不接任何电话，可问清来话方姓名、单位等，然后告诉住客、询问是否接听电话。如果客人表示不接任何电话，应立即通知总台在计算机中输入保密标志，遇来访客人或电话查询，即答该客人未入住本酒店。

第七，如果住客要求"免电话打扰"，应礼貌地向来话方说明，并建议其留言或待取消"免打扰"之后再来电话。

第八，如果来话方是长途电话，而房内无人接听，则应先帮助寻找住客，再做电话留言；如住客房间电话占线，则应将电话插入该房间，向住客说明有长途电话是否需要接听，征得客人同意后，请客人先将房间电话挂上，再把电话转入。

第九，挂断电话时切忌匆忙，一定要待客人先挂断后，才能切断线路。为了能准确、快速地接转电话，话务员必须熟练掌握接转电话的技能，熟知交换机的操作方法。同时，应熟悉本酒店的组织机构、各部门的职责范围，尽可能地辨认长住客人、酒店中高层管理人员的语音特点，随时掌握最新的住客资料。

电话转接的技巧

某公司的毛先生是杭州某三星级酒店的商务客人。他每次到杭州，肯定入住这家三星级酒店，并且每次都会提出一些意见和建议。可以说，毛先生是一位既忠实友好又苛刻挑剔的客人。

某天早晨8:00，再次入住的毛先生打电话到总机，询问同公司的王总住在几号房。总机李小姐接到电话后，请毛先生"稍等"，然后在计算机上进行查询。查到王总住在901房间，而且并未要求电话免打扰服务，便对毛先生说"我帮您转过去"，说完就把电话转到了901房间。此时，901房间的王先生因昨晚旅途劳累还在休息，接到电话就抱怨下属毛先生不该这样早吵醒他，并为此很生气。

5.3.1.2 回答咨询

酒店内外客人往往会向话务员提出各种问讯，因此，话务员也同样需要为客人提供查询服务。总机话务员需要掌握的信息资料范围与前台问讯员基本相似。电话总机应像前台问讯处一样不断更新信息资料，以便正确、高效地回答客人的问讯。

电话咨询服务注意事项：

第一，如果无法找到受话客人，话务员不应立即回绝来话客人，而应与前台进一步联系。因为这有可能是由于客人刚刚抵达酒店，有关信息还未来得及传递到总机等原因造成的。

第二，记事板。总机房的醒目处应设有记事板。记事板上记录的内容有天气预报、要求提供“免电话打扰”服务的住客资料、酒店主要管理人员去向、客人要求提供的特殊服务内容等。及时更新记事板的内容有助于总机话务员正确回答客人的问讯。

第三，提供优质咨询电话服务，还必须熟悉世界各地时刻表，掌握各地国际时间和当地时差，熟悉各国、各地长途电话代号和收费标准，以便给客人提供更好的咨询服务。

5.3.1.3　叫醒服务

电话叫醒服务（Wake-up Call 或 Morning Call）是酒店对客服务的一项重要内容。它涉及客人的计划和日程安排，尤其是关系到客人的航班、车次或船次。因此，千万不能出现任何差错，否则将给酒店和客人带来不可弥补的损失。酒店向客人提供叫醒服务的方式有2种：人工叫醒和自动叫醒。

在提供叫醒服务之前，获知客人需要叫醒的准确时间并做好记录，是做好叫醒服务的关键。总机房服务员可以通过几种方式获知客人需要叫醒服务的时间。一种是客人可能把叫醒的要求告诉客房部的楼层服务员或前厅部的前台服务员，有些酒店的楼层服务员在为抵店客人提供房内服务时，还特意询问客人是否需要预订叫醒电话。楼层服务员或前台服务员在接受了客人的叫醒要求后，应填写叫醒登记表，然后把有关信息转告总机话务员，转告完毕后，还应把转告的时间、接电话的话务员姓名记录在叫醒登记表上。另一种是客人自己打电话到总机，预定叫醒服务。

（1）人工叫醒

● 接到客人要求叫醒的电话时，要询问客人的房号、姓名、叫醒时间，以确保无误。

● 填写叫醒服务记录表，内容包括叫醒时间、房号等。

● 在定时器上定时。

● 定时器鸣响，接通客房分机叫醒客人：“早上好/下午好。现在是 x 点钟，已到您的叫醒时间。”过5分钟后应再叫醒一次，以确保叫醒服务生效。

● 如果2次拨打电话均无人应答，则应通知客房服务中心服务员或大堂副理实地查看，以防止发生意外情况。

（2）自动叫醒服务

● 接到客人需要叫醒服务的电话时，要问清客人的房号、姓名、叫醒时间，并复述以确保无误。

● 在叫醒服务记录表上填写登记。

● 将所有需要叫醒的房号、时间输入计算机中。

● 总机领班或主管应核对输入情况，检查有无差错，并检查核对打印报告，以防机器有误。

● 客房电话按时响铃唤醒客人。

● 若无人应答，话务员应使用人工叫醒的方法再叫醒一次，以确认设施是否发生故障。

● 若仍无人应答，应立即通知大堂副理或客房服务中心员工查清原因。

另外，提供自动叫醒的酒店在制作叫醒录音带时，应特别注意措辞的得体及语音语调的亲切。

5.3.2 总机服务的注意事项

第一，遵守保密制度。答复客人查找事项，要在不违反保密规定的前提下。在大多数情况下，电话总机服务员不准向问话对方提供客人的姓名、房号以及其他任何有关客人的情况。禁止窃听客人的对话内容，要遵守职业道德，保守秘密，以保证客人的隐私、生活安静和居住环境不受侵犯。

第二，使用礼貌用语。注意使用礼貌用语，不准使用蔑视和污辱性的语言。任何时候，不能使用“喂”“不知道”“我很忙”等用语，或者随便挂断电话，声调应亲切柔和，音量、语速适中。

第三，快捷服务。电话总机服务因不能与客人见面，增加了服务难度，需要全面的知识、快速的判断来处理事情。

第四，不得打私人电话。不得利用工作之便打私人电话，影响酒店的正常工作。

第五，处理紧急事件。要迅速、准确而不忙乱，要熟悉本地区公安、消防等有关单位的电话，以便需要时迅速联络。

第六，保持与总台联系。掌握住店客人的情况，尤其是重要客人人数、姓名、房号、逗留时间、活动安排等，以提供优质服务。

第七，对答电话要简明扼要。对答电话要简明扼要，但不要使用客人难以理解的酒店用语和省略语。对接听的重要事情，要记录要点并加以确认。

5.4 商务服务

商务活动对服务的要求很高，客人往往对商务活动的时间要求及时精确，对商务活动的内容要求准确无误，对商务活动的安排要求细致周到，对商务活动的信息要求高度保密。为满足客人的需要，商务服务已日趋专门化，商务服务质量也已成为衡量酒店服务质量的一个主要方向。因此，酒店越来越重视商务服务项目的设立和质量的提高。如许多高档酒店还专门开设“商务楼层”或“行政楼层”，为那些从事商务活动的客人提供越来越专门化的服务，包括特殊预订、入住办理、个人侍从、专门的商务活动场所，特别配备的商务活动设备、商务早茶、会客室等。

5.4.1 商务中心

商务中心（Business Centre）是酒店为客人进行商务活动提供相关服务的部门。许多商务客人在住店期间要安排许多商务活动，需要酒店提供相应的信息传递和秘书等服务。为方便客人，酒店一般在大堂附近设置商务中心，一则方便店内外客人，二则便于与总台联系。

5.4.1.1 商务中心的业务范围及主要职责

酒店一般根据自身业务来设置商务中心的组织机构，比较常见的是设 1 名主管，1~2名领班，文员若干名。主管负责商务中心的日常管理和设备的维护保养；领班在主管领导下，负责班组日常工作，亲自和督导文员为客人提供各种服务；商务文员则负责具体的业务工作。

商务中心服务主要涉及打字、复印、传真、会议服务（包括会议室出租、会议记录等）、翻译、票务、互联网服务、办公设备出租等。

5.4.1.2 商务中心的服务要求

由于商务中心工作的特殊性，一定要挑选优秀的服务人员来担任，这类人员首先外语要过关，要熟练掌握秘书工作的知识及技能，如受过专门培训就更好。在平时的岗位培训工作中尤其要突出以下几个方面：

- 对客人热情礼貌，庄重大方，具有良好的风度修养。
- 熟悉和掌握整个工作程序和各环节的服务技巧。如打印、传真、票务、互联网、翻译等服务的技能技巧，专业知识丰富，操作准确快速。
- 具有独立工作能力，善于同客人沟通协调，能妥善处理业务中的难题。
- 工作态度耐心专注、一丝不苟，服务细致周到。
- 富于协作精神和全局观念，有自我约束力，遵守纪律，严守秘密。
- 能流利地与外宾交流。
- 掌握商务等信息知识。
- 掌握秘书工作知识。
- 掌握机器设备的规范使用及清洁保养等，如对打印机、传真机、复印机等设备地熟练使用和维护保养工作。

5.4.2 商务楼层

5.4.2.1 商务楼层的定义

“商务楼层”（Executive Floor）是高星级酒店（通常为四星级以上）为了接待高档商务客人等高消费的客人，提供特殊的优质服务而专门设立的楼层。

商务楼层被人称为“馆中之馆”，酒店的商务楼层是为满足许多对服务标准要求高，并希望有一个良好商务活动环境的客人所特别设置的楼层。它拥有自己的小型总服务台，客人可在这里办理入住和离店手续，宽敞华丽的休息室可供客人会客、洽谈及阅览报刊。客人还可以在此享用美味的早餐和茶点、鸡尾酒。房间豪华舒适，并专为商务客人设置了办公台。完备的委托代办服务为客人解决文秘、通信及交通方面的问题。每一位入住商务楼层的客人都将受到贵宾般的接待，高贵优雅的环境及细致快捷的服务，为商务客人在生意上的成功和生活上的享受都创造了极佳的条件。

5.4.2.2 商务楼层的业务范围

商务楼层的人员编制一般是9人。设有商务楼层经理1人，商务楼层主管2人，高级接待员3人，中级接待员及普通接待员3人。各岗位人员在日常的接待工作中，各尽其责，力求尽最大可能满足客人的一切合理要求，向客人提供最完善的服务，真正做到宾客至上，服务第一。

- 负责接待、收银、商务中心等工作。

● 委托代办服务。

● 负责早餐、下午茶和鸡尾酒等服务。

● 负责送鲜花、水果等工作。

● 为到店客人办理入住手续及呈送欢迎茶，为离店客人办理结账并与客人道别。

● 检查客人是否需要熨衣、商务秘书、确认机票等服务，随时为客人提供主动的帮助，并告知哪些服务是免费的。

5.4.2.3 商务楼层的接待服务程序

● 当客人走出电梯后，接待员微笑地迎接客人，自我介绍。

● 在商务楼层接待台前请客人坐下。

● 替客人填写登记卡，请客人签名认可；注意检查客人护照、付款方式、离店日期与时间、机票确认、收“到店客人行李卡”。

● 在客人办理入住登记过程中呈送欢迎茶。此时，应称呼客人姓名，并介绍自己，同时将热毛巾和茶水送到客人面前。如果客人是回头客，应欢迎客人再次光临。要求整个过程不超过5分钟。

● 在送客人进房间之前应介绍商务楼层设施与服务，包括早餐时间、下午时间、鸡尾酒时间、图书报刊赠阅、会议服务、免费熨衣服务、委托代办服务、擦鞋服务等。

● 在客人左前一步引领客人进房，与客人交谈，看是否能给客人更多的帮助。

● 示范客人如何使用钥匙卡，连同欢迎卡一同给客人，介绍房间设施，并祝客人居住愉快。

● 通知前厅行李员根据行李卡号和房间号在10分钟之内将行李送到客人房间。

● 在早餐、下午茶、鸡尾酒服务时间，接待员应主动邀请新入住的客人参加。

5.4.2.4 商务楼层的接待服务注意事项

为了向商务客人提供细致快捷的服务，要求商务楼层所有管理者和服务人员都要具备很高的素质，并且在接待服务过程中，还需要注意以下事项：

● 工作耐心，诚实可靠，礼貌待人。

● 熟练掌握商务楼层各项服务程序和工作标准。

● 有较强的合作精神和协调能力，能够与各业务部门协调配合。

● 熟练掌握处理客人投诉的技巧，并能灵活运用。

● 熟练掌握接待、财务、餐饮、商务中心等服务技能。

● 注意了解每一位商务客人的个性化需求，并在酒店允许的情况下，尽量满足客人的合理合法的个性化需求。

● 及时更新商务客人的客史档案内容，以便提高优质的服务。

【思考题】

1. 前厅礼宾服务的主要内容是什么？
2. 你对“金钥匙”服务是如何理解的？
3. 电话总机服务的主要内容是什么？

4. 商务中心服务的主要内容是什么?
5. 对行李寄存的要求有哪些?
6. 你认为计算机网络对“金钥匙”服务有哪些影响?
7. 如何为客人办理转接电话手续?

【经验性训练】

1. 角色扮演:

① 门卫替客人开门程序。

② 行李员带散客去房间。

③ 行李员开车门送客程序。

2. 参观考察:参观所在地的酒店。观察该酒店的行李服务、雨伞保管服务、团体客人的行李服务、散客迎送服务等。

【案例分析】

一封平信

某日S市的某酒店总服务台收到一封从邻近省市某工厂企业寄来的一封平信,信封上写明“请速转住店客人李某某收。”在信封左下角用括号加注了一行字:“台湾李先生日内由香港中转到大陆入住你店。”

总台值班服务员一看是一封平信,思想上未引起重视,随手把信放在柜台后面的信架上,在与另外的值班服务员交接班时忘记交代此事,时间一长,这封信这便成了一封“死信”。

外地工厂来信的缘由是这样的:台湾李先生拟专程来大陆与该厂谈判合资办厂问题,事先用图文传真告知该厂他到大陆S市的日期和所住酒店(包括地址)以及他到达该厂的大约日期。厂方接到传真以后,考虑到谈判代表恰巧到S市办公事,于是发电传到台湾,希望李先生在S市等厂方代表就地谈判,谁知李先生已离台湾去香港了,电传内容无法知悉,厂方不放心,在李先生尚未到达S市以前,寄出一封平信,认为S市的酒店会负责及时转交给李先生的。

事与愿违。台湾李先生在S市逗留了一个晚上,在入住登记和离店时当然不会注意信架上会有给自己的信,而且更不可能主动向酒店总台询问此事。正是无巧不成书,就在李先生乘火车离开S市的途中,厂方的代表却坐在行驶方向恰恰相反的火车上,直到最后只好到S市打电话向回台湾的李先生赔不是,请他折回S市,折腾了一番。

【案例思考题】

1. 总台值班服务员哪些地方做得不对,应该如何操作?
2. 此案例对你有何启示?

【本章推荐阅读书目】

1. 现代旅游酒店管理. 吕建中. 中国旅游出版社,2004.
2. 帝国酒店服务秘诀. 东京帝国酒店企划室编,孙琳译. 中国旅游出版社,2000.

【相关链接】

1. 中国名厨网 http://www.chushi114.com/
2. 最佳东方网 http://www.veryeast.cn/

第 6 章

前厅部宾客关系管理

【本章概要】

发展酒店与宾客的良好关系是酒店经营管理的核心工作之一，前厅部客务关系经理和大堂副理是酒店中处理这一关系的关键。掌握宾客投诉的处理原则、方法及建立健全宾客档案管理，对维护良好的宾客关系有着重要意义。本章主要介绍宾客投诉的处理原则、方法及建立健全宾客档案管理对维护良好的宾客关系等内容。

【学习目标】

- 掌握宾客投诉的处理原则、方法；
- 熟悉前厅客务关系经理和大堂副理的工作性质与要求；
- 了解宾客档案管理的必要性与管理内容。

【关键性术语】

客务关系经理、大堂副理、投诉、宾客档案。

【章首案例】

下次还住希尔顿

黄昏，一对老夫妇，拎了个皮箱，问希尔顿酒店前台："有没有房间啊？"

设想那个前台服务员，他会怎么讲呢？

如果他讲：没有！这样叫做二颗星。

如果他说：噢，你把名字给我，看看有没有房间，啊呀，你没有预订吗？抱歉，没房间。这样是三颗星。

如果他说：先生，真抱歉，今天周末没有房间，你如果早点定位就好了，你出去逛一逛、等一等，我看看有没有不来的，让你候补。这样讲是四颗星。可是——我出去逛，逛到什么时候，半夜里，万一你给我说没有房间，你让我睡火车站？不能这样讲。

希尔顿的员工不是这样讲的，所以不愧是五颗星的酒店："啊呀，真抱歉，没有房间，今天是周末，如果你早点订就好了。不过，我们这附近还有些不错的酒店，要不要我帮你试试看？有没有房间？"

为什么不要？老先生说"要。"

前台服务员马上掏出个卡片，签了个字，"这个是免费的咖啡券，请到大堂吧坐一下，两杯免费咖啡，我马上帮你查。"

那对老夫妇便到大堂吧，喝咖啡。

一会儿，前台服务员过来了，"好消息，我们后面那条街的喜来登，还有一个房间，等级跟我们一样，还便宜20美元，要不要？"。老先生坐在那里说"为什么不要!"

"好，慢慢喝!"前台服务员又走了，没有多久又冲过来了，"他们快到了，不过先生你慢慢喝，我会叫他们等你。”

结果老先生、老太太马上晃荡一口喝完了，站起来拎着箱子出去。喜来登的车子到了，老太太上车，行李上车，老先生趴着车门，脚一上去之后，回头讲一句话“下一次我们再来，还是住希尔顿。”

如果你是喜来登司机，你有什么想法？没良心，下次来还住希尔顿？但是你从另外的角度，你为什么有这样想法？顶呱呱！希尔顿是怎么做的，让他讲这种话？这样叫做五颗星。所以，希尔顿服务员在前台忙的时候，旁边一个主管都没有。请问，为什么做到这种程度？因为胸前挂了个闪亮的牌子，希尔顿！就凭这个名字让他做成五颗星，这个名字让他丢不起脸，做到五颗星的服务。

据西方营销专家的研究和企业的经验表明：“争取一个新顾客的成本是留住一个老顾客的5倍，一个老顾客贡献的利润是新顾客的16倍。”这就是现在经常提及的宾客关系管理的实质。

6.1 客务关系经理及大堂副理

6.1.1 客务关系经理

6.1.1.1 客务关系经理的职责

客务关系经理（Guest Relation Manager）是一些大型豪华酒店设立的专门用来建立和维护良好的宾客关系的岗位。他直接向前厅经理、大堂副理或值班经理负责。他要与客人建立良好的关系，与大堂副理一道欢迎贵宾以及安排团体临时性的特别要求。其职责为：

● 发展酒店与宾客的良好关系，并征求意见，做好记录，利用酒店管理系统建立客人档案并做好相应工作。

● 在大堂副理缺席的情况下，行使大堂副理的职权。

● 欢迎并带领 VIP 客人住客房。

● 负责带领有关客人参观酒店。

● 在前台督导并协助为客人办入住手续。

● 处理客人投诉。

● 留意酒店公共场所的秩序。

● 与其他部门合作沟通。

● 完成前厅经理指派的其他任务。

6.1.1.2 客务关系经理的素质要求

● 良好的外部形象，风度优雅。

● 个性开朗，乐于且善于与人打交道，社会经验丰富，有高超的人际沟通技巧。

● 掌握与客人沟通的语言能力，能用一门以上外语与客人沟通（其中一门是英语）。

● 有较强的酒店意识、整体管理意识、公关意识、服务意识。

● 见识广，知识面宽。

● 有较强的分析、判断能力，敏锐的观察力。
● 具有高度的工作和服务热忱，作风正派，彬彬有礼，不卑不亢。
● 具备5年的酒店管理经验，其中含3年以上客务关系工作经验。

6.1.2 大堂副理

6.1.2.1 大堂副理的职责

大堂副理是代表总经理全权处理宾客投诉、宾客生命安全及财产赔偿等复杂事项的酒店中层管理人员。大堂副理应站在酒店利益的立场上机智、果断、敏捷地处理各项问题，每天设立24小时当值。在夜间，除值班经理外，大堂副理是酒店的最高权力机构的指挥者。大堂副理还需协助前厅经理直接管辖前厅各部的业务操作，一般是分3班进行工作，主要是承担以下职责：

● 协助前厅营销部经理，对与大堂有关的各种事宜进行管理，并协调与大堂有关的各部门工作，出现问题及时向经理反映。

● 检查前厅部各员工的仪表仪容和工作效率，并负责培训前台员工的操作及服务技能。

● 礼貌热情地为客人提供各种问讯服务，接受宾客投诉，把客人投诉整理成文，并与相关部门联系，尽可能的采取措施，保证客人投诉逐步减少。

● 负责维护前厅消防安全、环境、秩序，确保前厅安全、整洁、卫生、美观，并始终保持前厅对客服务良好的纪律与秩序，发现问题及时督促有关人员解决。

● 代表酒店维护、照顾宾客利益，在宾客利益受到损害时，与有关部门以及酒店外有关单位联系，解决问题。

● 处理各种突发事件，如停电、火警、财产遗失、偷盗或损坏、客人逃账等，处理不了的问题及时向经理汇报。

● 定期向前厅部经理提供工作报告，发生重要情况及时做好信息反馈。

● 做好每日工作记录，协助前台做好售房工作，努力完成每月销售指标，并根据团队信息及当天住房情况合理排房。

● 检查核实报表及资料的准确性，每日按时递交各类报表。

● 对前厅的各项资料妥善保管，确保资料安全。前厅所需工作用品及时汇总申领。

● 参加酒店的有关例会，及时传达上级布置的各项任务，并督促下属员工执行。

● 以身作则，加强劳动纪律，团结员工，带头做好模范工作。

6.1.2.2 大堂副理的素质要求

● 以身作则，敬业乐业，作风正派。
● 掌握与客人沟通的语言能力（至少一门外语），并喜欢与人相处。
● 有较强的酒店意识、整体管理意识、公关意识、服务意识。
● 了解各部门的运作程序。
● 掌握所在城市的历史、游乐场所地点、购物及饮食场所。
● 了解主要国家的风土人情。
● 有一定的法律知识。

● 有较强的自我控制能力，处事不惊，不卑不亢。

● 有较强的判断、分析、处理问题的能力。思维敏捷，意思表达准确，处理问题正确。

● 有敏锐的观察力，对问题的发展有预见性。

● 社会经验丰富，有较强的口头及笔头表达能力。

● 具备 5 年以上的酒店管理经验，其中含 3 年以上大堂副理工作经验。

6.1.2.3　突发事件的处理

客人住进酒店后，由于各种不同原因，意外事件可能会时有发生，若酒店工作人员处理恰当，则不但可以为客人提供一些额外的服务，也可令身处异地而又需要别人关怀的旅客感受重视及欢迎，易生“宾至如归”之感。

(1) 处理突发事件的要点

● 制定应付突发事件的处理原则。

● 制定针对性的应对措施和操作程序，并对员工进行培训。

● 做好应对突发事件的各项物质准备工作。

● 尽可能地减少突发事件对正常的顾客消费和业务运行的影响和干扰。

● 遇到严重的店客冲突，应迅速与有关机构取得联系。

(2) 不同类型的突发事件处理程序

客人常遇到的意外可能有在浴室滑倒、在公众地方绊倒、玻璃刺伤、急病或晕倒等。

客人意外受伤、生病的处理程序：

● 接到客人受伤或生病的消息后，有关人员应立刻赶到事故现场。

● 客人如病情严重，应及时为客人联系医院。

● 调查事故发生的原因、经过，特别是酒店是否需要负相关的责任。

● 探望受伤的客人，如有必要，酒店总经理应前往。

● 为客人安排送餐服务。

● 如果客人拒付医药费，酒店应考虑事故发生的具体原因，明确双方的责任。

● 征询客人的意见是否有必要通知其家属。

● 写出客人的意外事故的报告上报总经理，本部存档留底。

● 服务人员不能私自向客人提供药品；如果有必要，可以为客人联系医生和医院。

客人自杀或死亡的处理程序：

● 若发现此状况，而未能确定是否已死亡时，立即报保安部，并请医务室或特定医院叫救护车送往医院急救，将事件报告总经理并做记录。

● 立即封锁现场及消息，并通知客房部、公关部等有关单位，由保安部经理判断是否报警、处理。

● 死亡。凡有房客死亡时，立即报保安部、总经理，再依下列情况处理；

① 自然死亡和病死：首先封锁消息，封闭该房门后电请医院派救护车运走；由保安部报告有关部门，再通知友人或家属直接到医院料理丧事。

② 谋杀：保持现场完整，报保安部，等候公安机关人员调查，再视情况处理。

③ 自杀：先封锁消息和现场，电请医院派救护车运回急救。等运走后再由保

安部通知有关部门。若急救无效，依“自然死亡”项处理。

客人物品遗失的处理程序：

● 接到事情发生的消息之后，大堂副理与保安部人员应立刻赶到出事现场，并对现场进行保护。

● 仔细听取客人陈述，认真记录整个事件发生的经过。

● 客人的物品，如果是在酒店范围之外丢失的，保安部应征得客人同意后，协助前往公安机关报案。

● 如果是在酒店范围丢失的，大堂副理应联系前厅及客房部查询是否客人物品已被拾获。

● 如果客人确信物品是在房间被盗，大堂副理和保安部人员赶到现场并对事情进行具体调查。

● 如果客人丢失的是贵重物品，客人要求上报公安机关，大堂副理应答应客人要求并协助客人报案。

● 写出详细的报告并存档以便日后查询。

客人醉酒处理程序：

● 观察客人是否真醉酒。

● 如果客人真的醉酒，提醒有关营业部门不能再向客人提供任何酒精饮料。

● 如果是住店客人醉酒，大堂副理和保安部人员送客人回房，并安排楼层服务中对客人进行必要的照顾。

● 如果是外面的客人，大堂副理和保安人员应把客人平安送出酒店。

● 密切注意那些醉酒客人，不能留下他们一个人在房间或公共场所。

● 如果客人在酒店内呕吐，大堂副理应及时通知有关人员进行清理。

● 整个事件要记录在交班本上。

火警的处理程序：

● 发生火警，应马上弄清事发地点、火势、燃烧物。

● 确认火警的真实性，并报告当值总经理及前厅经理，在最高领导决策后，决定是否报“119”派消防车支援。

● 如确实出现火情，根据现场情况，做好各部门协调工作，在最高领导决定后，组织客人撤离现场。

● 劝阻客人不要使用电梯。

● 协助消防中心执行酒店灭火程序。

员工意外的处理程序：

员工发生意外，通常由员工所在部门的经理同人事部经理处理，节假日由大堂副理代为处理，并做记录，次日转交以上两部门处理。

皮夹丢失

2006年7月29日早上，6610房的何先生到前台退房。当时退房客人较多，何先生从皮夹里拿出信用卡结账后就匆匆离店。结完账后前台员工在清理台面时发现有一皮夹丢在前台，接待员马上通知当班大堂副理，经查询该皮夹是6610何先生的。大堂副理马上查询客人登记信息，客人为广东籍，因为没有预订，客人没有留下任何联系号码。大堂副理立即通知保安至前台一起将皮夹打开，里面装有现金和信用卡，但仍然没有客人联系方式。大堂副理考虑到客人为外地人，随身皮夹遗失会给客人带来诸多不便，必须要在最短的时间里联系上客人。大堂副理仔细查找客人的住店信息，发现客人在住店期间从房间打出过电话。大堂副理马上根据电话记录拨过去，向对方说明情况，终于获得客人的联系电话。电话打过去何先生正为皮夹丢失而着急，得知皮夹被找到总算松了口气，可是何先生已在开往苏州的列车上，无法回来领取。高先生提出能否用特快专递将皮夹寄给他，但对于贵重钱物EMS一般不会受理。大堂副理建议客人最好让其朋友代为领取，客人表示同意。当天下午有位客人到前台来称要领取何先生的皮夹，大堂副理马上致电给何先生确认领取人，并和代领人确认皮夹内物品，代领人对酒店工作的细致表示赞赏和放心。何先生也在电话里非常感谢酒店能及时通知他皮夹找到，表示下次来广州仍将选择该酒店。

评析：

(1) 任何岗位和任何时间酒店服务人员都应急客人之所急，始终为客人着想，以客人为服务中心，并保证服务的及时性，让客人开心而来、满意而归。

(2) 问题的解决要考虑全面，积极寻找多种途径和渠道，既要灵活解决，又要不出疏漏，最终目的是让客人满意，酒店满意，让更多的住客变成回头客。

6.2 宾客投诉的处理

6.2.1 投诉的定义

由于酒店是一个复杂的整体运作系统，客人对服务的需求又是多种多样的，因此无论酒店经营得多么出色，设备、设施多么先进完善，都不可能百分之百地让所有客人满意，客人的投诉是不可能完全避免的。酒店投诉管理的目的和宗旨在于减少客人的投诉，把因客人投诉而造成的危害减少到最低程度，最终使客人对投诉的处理感到满意。

投诉，从字面上理解可以视为对酒店行为的表扬和批评，但对酒店服务工作中的投诉，只在批评的定义上去理解，就是客人对酒店提供的服务的设施、设备、项目及结果表示不满而提出的批评意见。

实质上，所谓投诉，是指宾客将他们主观上认为由于酒店服务工作上的差错而引起的麻烦和烦恼，或者因酒店工作失误损害了自己的利益等情况向服务人员提出或向有关部门反映的一种行为。

6.2.2 投诉的类型

6.2.2.1 按投诉的方式分类

投诉可分为电话投诉、书面投诉和当面投诉3种。

6.2.2.2 按投诉的途径分类

投诉可以分为以下5种：

● 直接向酒店投诉。这类客人认为，是酒店令自己不满，是酒店未能满足自己的要求和愿望，因此，直接向酒店投诉，希望能尽量挽回自己的损失。

● 向旅行代理商投诉。选择这类投诉渠道的，往往是那些由旅行代理商（如旅行社）介绍而来的客人，投诉内容往往与酒店服务态度、服务设施的齐全、配套情况及消费环境有关。在这些客人看来，与其向酒店投诉，不如向旅行代理商投诉，因为前者既费时又往往是徒劳的。

● 向消费者协会一类的社会团体投诉。这类客人希望利用社会舆论向酒店施加压力，迫使酒店以积极的态度去解决当前的问题。

● 向工商局、旅游局等有关政府部门投诉。

● 运用诉讼方式起诉酒店。

站在维护酒店声誉的角度去看待客人的投诉方式，不难发现，客人直接向酒店投诉是对酒店声誉影响最小的一类，也是酒店应努力控制的一个方面。因而，酒店设置了客务关系经理或大堂副理岗位，为客人提供了一个固定的、方便的并能有效解决问题的投诉场所。从保证酒店的长远利益的角度出发，酒店接受客人的投诉，能有效地控制有损酒店声誉的信息在社会上传播，防止给公众造成不良印象。客人直接向酒店投诉，不管其动机、原因如何，都给酒店提供了一个及时做出补救和保全酒店声誉的机会。

6.2.2.3 按客人投诉性质分类

(1) 控告性投诉

这类投诉特点是投诉人已被激怒，情绪激动，要求投诉对象做出某种承诺。

凌晨叫醒

2007年7月20日，909房间客人昨晚23:00左右致电前台要设置叫醒服务，据当班接待员反映，客人当时称要一个明天12:50的叫醒，接待员还重复问了一句："是明天吗？"客人答复"是"。但今日一早客人到前台称他要的是凌晨12:50的叫醒，且他称在讲完后补充了是凌晨叫醒。客人买了桂林到南京的火车票，票价490元，但由于没有叫醒，导致他们睡过了头，耽误了赶火车。客人要求酒店处理有关人员，并赔偿损失。

(2) 批评性投诉

这类投诉特点是投诉人心怀不满，但情绪相对平静，只是把这种不满告诉对象，不一定要对方做出什么承诺。

"客人不喜欢水果"

Z先生是酒店的熟客，他每次入住后，酒店的销售部经理和公共关系部经理都要前去问候。大家知道，Z先生极好面子，总爱当着他朋友的面来批评酒店，以自显尊贵。果然，这次当销售部经理登门拜访时，发现Z先生与他的几位朋友在一起，Z先生的话匣子也就打开了："我早就说过，我不喜欢房间里放什么水果之类的东西，可这次又放上了。还有，我已经是第12次住你们酒店了，前台居然不让我在房间登记入住，我知道，你们现在生意好了，有没有我这个穷客人都无所谓了。"

(3) 建设性投诉

这类投诉特点是投诉人一般不是在心情不佳的情况下投诉的，恰恰相反，这种投诉很可能是随着对酒店的赞誉而发生的。

王太太要入住

王先生是这家酒店的长住客人，这天早上他离开房间时，同往常一样，还是习惯要和清扫房间的服务员聊上几句。他说他夫人和孩子今天就要从国外来看他了。他夫人以前曾住过这家酒店，印象非常好，而且凡是她有朋友到此地，大多都被推荐到这里来，王先生说，她夫人觉得唯一希望的是，酒店的员工能叫出她的名字，而不仅仅是夫人或太太，因为她的先生是酒店的长住客人。这样她会觉得更有面子。

我的外线开通了吗?

2006年10月5日晚上，502房间的客人打电话给某酒店前台服务员，通知说"把我房间的电话外线开通。"前台服务员查了查付款方式和所交押金，然后很有礼貌的对客人说："您稍等，马上给您开通。"服务员以最快的速度开通了电话。过了一会儿，客人打电话来问"我房间的电话开通了吗?"服务员回答："已经开通了，您在号码前加拨'0'就可以了。"客人停顿了一会儿说："我给你们提个意见，在开通房间电话后，要通知客人一声，以免他们在那空等。"服务员听了之后，回答说："对不起，先生。我们一定会采纳您的意见，希望您以后多给我们提宝贵意见。"

当然，投诉的性质不是一成不变的，不被理睬的建设性投诉会进一步变成批评性投诉，进而发展成为控告性投诉，或是客人愤然离店，并至少在短期内不再回来。无论哪一种局面出现，对酒店来说，都是一种损失。

如果我们对某些酒店所接到的投诉进行统计分析，就会发现一条规律，凡控告性投诉所占比重较大的酒店，肯定从服务质量到内部管理都存在着很多症结，过多的控告性投诉，会使酒店疲于奔命，仿佛一部消防车，四处救火，始终处于被动状态。其员工队伍也必定缺乏凝聚力和集体荣誉感。而建设性投诉所占比重大的酒店，则应该是管理正规，秩序井然。酒店不断从客人的建设性意见中汲取养分，以改善自己的工作，员工的士气也势必高涨，从而形成企业内部的良性循环。

6.2.2.4 按客人投诉内容分类

(1) 对设备的投诉

顾客对设备的投诉主要包括空调、灯光照明、音响设备、家具与卫生等。在投诉发生之前做好检查、维修、保养工作，把投诉减少到尽可能低的限度，才是招客生财之道。

(2) 对服务态度的投诉

在客人的潜在意识中，他们普遍有一种要享受特权的愿望，这种特权表现在"我是客人，我需要你为我提供服务"等。在服务过程中服务员用友好、热忱的态度对待客人，客人的这种特权愿望就得到了满足。

(3) 对服务质量的投诉

任何客人对服务质量都会有一定的要求，无论是团队客还是散客都不愿长时间地在前厅等待，服务不及时或者不主动，都可能引起顾客的不满。

（4）对异常事件的投诉

对这类投诉，前厅难以预见。如生意没有谈成、比赛输了球等，顾客心情不好，在服务中稍有不慎就可引发投诉。遇到这类问题，只要服务员的态度好，大部分客人是能谅解的。

6.2.3　客人投诉原因及动机

由于客人来自四面八方、不同国度，每位客人都有各自的生活方式和习惯，再加上心情、年龄等因素，酒店总会有使客人感到不满意或处理不当的地方。服务人员在服务工作中要使每一位客人每时每刻都感到愉快也是有难度的，应随时准备接待投诉。就酒店服务而言，容易被客人投诉的原因和环节是多方面的，既有酒店方面的原因，也有客人方面的原因。毋庸置疑，有相当一部分投诉是由于服务人员在工作中的失误或服务态度不好所致。

如何看待客人的投诉

一位客人拿着磁卡钥匙怒气冲冲地找到大堂经理质问：“我刚刚入住，磁卡钥匙在前台做了两遍，可还是打不开门，你们的设备怎么这么差劲”。大堂经理与客人一同来到楼层，看到客人只把磁卡插入门锁中，而没有拔出来转动门把。

按说这完全属于客人操作不当，但这位大堂经理当时并没有简单地给客人解释，而是迅速做了一把新钥匙，当着客人的面演示了开门过程。大堂经理的举手之劳，既把尊严和面子留给了客人，又很好地解决了问题。

处理投诉是门学问！

6.2.3.1　宾客投诉的原因

（1）主观原因

● 不尊重宾客：不尊重客人是引起宾客投诉的主要原因。对宾客不尊重主要表现在以下几点：

① 对客人不主动、不热情。不主动称呼客人，或以“喂”代替称呼。在工作时间与同事聊天、忙私事、打私人电话等。当客人到来时，态度冷淡、爱理不理，或客人多次招呼也没有反应。有时接待外宾热情，接待中国人冷淡。

② 不注意语言修养，冲撞客人。

③ 挖苦、辱骂客人。对客人评头论足、挖苦客人。有时客人看房价，考虑再三还是选最便宜的客房时，服务员却挖苦客人“早知道你住不起”，等等。

④ 不尊重客人的风俗习惯。

⑤ 无根据地怀疑客人取走酒店客房的物品，或误认为客人没付清账就离开等。

⑥ 在大堂大声喧哗、高声谈笑、打电话等，影响客人。

● 工作不负责

① 工作不主动，忘记或搞错了客人交办的事情。

② 损坏客人的物品。

热水变凉水了

住在宾馆401房间的王先生早上起来想洗个热水澡放松一下。但洗至一半时，水突然变凉。王先生非常懊恼，匆匆洗完澡后给前台打电话抱怨。接到电话的服务员正忙碌着为前来退房的客人结账，一听客人说没有热水，一边工作一边回答："对不起，请您向客房中心查询，电话号码是58。"

本来一肚子气的王先生一听就来气，嚷道："你们酒店怎么搞的，我洗不成澡向你们反映，你竟然让我再拨其他电话！"，说完，"啪"的一声，就把电话挂上了。

（2）客观原因

引起客人投诉的客观原因有多种，诸如：设备损坏没有及时修好，桌椅不牢固摔倒客人，收费不合理，在结账处发现应付的款项有出入，引起客人的误会，遗失了物品等。

还有由于客人本人情绪不佳，或由于客人出言不逊而引起纠纷，或由于客人饮酒过量，不能冷静、正确地处理问题而引起投诉。

外国客人对我国酒店的常见投诉

- 酒店内的公用厕所的清扫员不分性别；
- 闭路电视节目不准确，没法收看；
- 客房没有冰块供应；
- 卫生间及卧室有"毛发"；
- 酒店没有无烟区和无烟客房；
- 商务客房多是灯光暗淡；
- 酒店工作人员大声喧哗；
- 电话收费问题；
- 酒店服务没有明确的时间概念。

6.2.3.2 顾客投诉心理分析

（1）求发泄的心理

顾客在碰到令他们烦恼、恼怒的事情之后，或者被讽刺挖苦甚至被无礼对待、辱骂之后，心中充满怒气、怒火，要利用投诉的机会发泄出来，以维持他们的心理平衡。

（2）求尊重的心理

顾客希望他的投诉是对的，应得到同情、尊重，希望有关人员重视他的意见，向他表示歉意，并立即采取行动。

"会做不如会说"

某酒店客房部的小王是一位从农村招聘来的服务员。小王平时工作踏实，清扫客房既快又好，每次上级检查房间卫生，小王总是受到表扬。但是，就是这样一位踏实肯干的姑娘，最近接到的顾客投诉较多。

一次，一位刚入住酒店的老教授要去餐厅吃酒，正好碰上了小王。老教授问小王餐厅在哪里，小王往前一指："那"。没多说一个字。老教授顺着指的方向走去，走到顶头，有往左、往右两条通道，老教授驻足片刻，最后还是走错了。

事后，老教授在房间留了一张意见单，为此批评酒店服务质量欠佳。

还有一次，酒店突然停电，一位客人从房间出来问小王："这是怎么回事"，小王冷冷地说："你去问电工"。客人顿时非常恼火，气愤地说："我知道谁是电工？难道你就不该去问一下吗？"正当小王和客人争吵之时，大堂副理来了，经理的一番道歉和诚恳的解释，终于化解了这场矛盾。

小王为什么会受到客人的投诉？

如何正确理解酒店服务活动中"会做不如会说"这句话的含义？

为什么说"语言是人类最重要的交际工具"，"语言是酒店服务最重要的服务工具"？

我们天天都在说话，天天都在交流，有谁不会说话呢？但在现实生活当中，确实并不是每个人都会说话的。

(3) 求补偿的心理

顾客在蒙受了一定的损失后向有关部门投诉时，希望能补偿他们的损失，这是一种普遍的心理。如食物不洁希望退换或打折等。

许多情况下，顾客投诉的目的是综合性的，既有经济上的需求，又有心理上的需要。

手提包不见了

任何酒店都拥有一批老客户，他们都十分偏爱自己常住的酒店，并且客人与酒店上上下下的工作人员都很亲热友好。李先生就是这样一位老客户。一天，他和往常一样，因商务出差，来到了X酒店。如果是平时，李先生很快就能住进客房。但是，正在酒店召开的一天大型会议使得李先生不能马上进房，服务员告诉他，到21:00可将房间安排好。李先生只好到店外的一家餐厅去用餐。由于携带手提包不方便，他顺便来到前台，没有指定哪一位服务员，和往常一样，随随便便地说，他把手提包寄存在他们那里，22:00以前来取，请他们予以关照。当然，没有拿收条或牌号之类的凭证。当李先生在22:00前回到酒店吩咐服务员到大堂帮他取回手提包时，大堂经理却说，找不到，并问李先生的存牌号是多少？李先生讲，同平时一样，他没拿什么存牌。第二天，尽管酒店竭尽全力，却仍未找到。于是，李先生突然翻脸，声称包内有重要文件和很多现金，他要求酒店处理有关人员，并赔偿他的损失。

6.2.4 处理投诉的原则

(1) 真心诚意地帮助顾客解决问题

客人投诉，说明餐厅的管理及服务工作尚有漏洞，说明客人的某些需求没有受到重视。服务员应理解客人的心情，同情客人的处境，努力识别及满足客人的真正需求，满怀诚意地帮助客人解决问题。

(2) 绝不与客人争辩

遇到顾客投诉时，应选择适当的地点接受投诉，尽量避免在公共场合接受投诉；其次应该认真听取顾客的讲述，对客人的遭遇表示歉意，还应感谢客人对餐厅的关心。当客人情绪激动时，服务员应保持冷静，注意礼貌，绝不与客人争辩，把对让给客人。

(3)“HEAT”原则

H——Hear them out，仔细聆听；E——Empathize，表示理解与同情；A——Apologize，表达歉意；T——Take action for responsibility，采取主动解决问题。

6.2.5 处理投诉的程序及技巧

接待前来投诉的客人无疑是对酒店管理人员的一种挑战，要做到让客人满意而归，自己又不过于紧张，就必须掌握处理客人投诉的一些程序、方法及艺术。

6.2.5.1 大堂副理处理客人投诉程序

(1) 仔细倾听

接到客人任何投诉，一定要保持冷静，用镇定的态度，有礼貌地仔细听客人诉说，要与客人目光接触，不时点头以示理解。

(2) 保持平静

如果必须或有可能的话，请客人到静处，个别交流，以免影响其他客人；必要时可以礼貌地询问客人一些情况，但切忌打断客人的讲话。

(3) 做好记录

用书面形式把问题要点记录到《客人投诉档案表》，这样当其他人参与处理这件事时就节省了时间，同时客人也会因为看到他的投诉得到重视而平静。

(4) 安慰客人

无论对错在酒店或部门或个别服务员，还是属于客人误解，接待人员首先对客人产生或引起不快的事情表示歉意。

(5) 弄清事实

及时通知有关部门了解或核查事件，尽快为客人排忧解难，但不陈述尚未理解的细节或对无法做到的事的承诺。

(6) 不要推诿

不要告诉客人是上一班员工某某的过错或是某某部门过错，推诿对解决问题是不明智的。

(7) 征求意见

告诉客人处理问题的办法，如有可能，提供几种方法让客人选择，牢牢抓住抱怨问题的症结。

(8) 及时解决

随时关注督促有关部门对客人投诉问题的处理，拖延反而会把事情弄糟。

(9) 深表歉意

对处理投诉情况一旦有结果要及时通知客人，并再次表示歉意，还可征求一下客人对处理结果的意见，以示酒店的重视程度。最后向客人致谢。欢迎客人给酒店提了宝贵意见，必要时经领导同意，可给客人优惠房价，或送客人礼品、鲜花、水果等表示歉意。

6.2.5.2 处理投诉的技巧

(1) 做好心理准备

为了正确、轻松地将客人的投诉处理完毕，首先应在心理上做好准备。要确立“客人是对的，顾客是上帝”的信念。一般客人是在万不得已的情况下才来投诉的，所以，换一个角度去想如果你是客人，在酒店目前的这个问题，你是怎样的感觉？而且，在酒店行业都遵循一个原则：即使是客人有错，也要当他是对的，反之，会破坏双方的和谐关系。

(2) 认真听取客人的叙述

客人叙述时，应集中注意力倾听，并适时提出问题，这样可以在较短的时间内弄清事情的经过，提高办事效率。

- 要让客人把话说完，不能胡乱说话、随便打断客人的讲述。
- 对客人讲话时要注意语调、语气、音量的大小。
- 表情要认真严肃，不能随便发笑、让客人误会。

(3) 记录要点

要在客人叙述的过程中将有关要点如客人投诉的内容、客人的姓名、房号等记录下来，以做下一步解决问题的资料和原始依据。同时，这样做也是向客人表示自己代表酒店所采取的郑重态度，是把客人的喜怒哀乐放在重要位置，以顾客的利益为重。

(4) 对客人表示同情和理解

在客人叙述的过程中，要为客人着想，对客人的感受、反映表示理解，用温和的语言安慰客人，但不要急于把问题往自己身上揽，只能以朋友的身份对客人的遭遇表示同情。

(5) 把准备采取的措施告诉客人，征求客人的意见

根据所发生事情的性质，迅速确定一个解决的方法，并向客人提出解决的方法，征询客人的意见。

(6) 向客人如实说明解决问题所需花费的时间

负责解决问题的员工，根据问题的简易程度估计其解决的时间，最好是一个具体的时间，然后告诉客人。

(7) 对客人反映的问题及时解决

除了极个别人，客人投诉最终是为了解决问题。因此，对客人的投诉应及时着手解决。必要时应请相关人员协助。

(8) 对处理结果给予关注

接待投诉的员工，往往不能直接去解决问题；但应对处理结果进行跟踪，给予关注，确定客人的问题是否给予解决。

(9) 问客人对于投诉处理结果的意见

解决投诉问题以后，应该与其再进行联系。周到的服务与关心会使客人感到酒店对其十分关心，对其所投诉问题是十分重视的，从而对酒店留下良好的印象。

> 北京京瑞大厦——首家通过 ISO 9000 系列认证的酒店，一般口头投诉处理过程：
> - 管理者面带微笑，起身、正视客人，主动向客人问好；
> - 问好之后，管理者选择远离正在进行中的服务活动的座位；
> - 客人若坐下，管理者随之坐下，准备听客人投诉意见；
> - 客人若不坐下，管理者反复地不厌其烦地请客人坐下；
> - 除非客人坐下谈话，否则管理者不可进入下一道程序；
> - 管理者拿出笔记本和笔，准备记录客人的投诉内容；
> - 与此同时，管理者可向客人提供茶水和饮料；
> - 客人若接受，最好在客人饮用后提议开始投诉；

- 客人若不接受，不用等客人点头同意，还是将茶水或其他饮料摆在其面前；
- 正视已坐下的客人，倾听其诉说，记录事件发生的地点、时间、经过及所涉及的相关内容；
- 管理者向客人表示敬意，并对所投诉的问题表示高度的重视，积极调查办理、尽快给予答复；
- 起身，示意客人可以离去，尽量避免与其纠缠；
- 客人若起身，管理者陪送客人一程，目送其远离；
- 客人若不起身，管理者可以站着与客人短谈一会儿，再次示意客人谈话到此为止；
- 在投诉客人离去之后，管理者根据投诉记录到现场核对事件发生的经过和细节，听取岗位人员的报告，记录下与客人投诉不一致的情况；
- 分析客人的投诉现场调查的情况，确认问题的性质和原因，填写《宾客意见投诉表》；
- 立即着手解决属于管理者自身职权范围内的问题；
- 对于不属于管理者自身职权范围内的问题，立即传递给相关部门投诉信息，若有必要，直接向店领导报告；
- 记录在案。

有趣的语言

有一次，一位女客人退房，客房服务员查房之后发现有两块小方巾不见了，打电话报到前台，前台收银员说："对不起，小姐，您房间有2块方巾没找到，能不能麻烦您想一下，放在什么地方了？"客人说："不知道，就该在房间里吧"。"但客房服务员查房时没有找到，如果遗失了，按规定要赔偿20元，每块10元。"（收银员虽有礼貌，但处事死板，没顺着客人的话去找突破口）"什么？一块方巾10元？你们也太宰人了。再说，我怎么知道你们到底怎么查的，别是已经收起了还来索赔。"

"小姐，能不能检查一下您的行李，会不会是不注意收在行李内了？"（给了客人一个台阶，但这并不够，因为客人要是当时拿出来，就算不是故意的，她也会没有面子）"不用检查，不可能有"（已有僵持心态，就是不拿你能怎么样？你真能来搜？）"小姐，您别生气，我不是这个意思。"服务员也不知道该怎么说了。

这时，大堂副理走过来了解了情况后说："小姐，可能是我们服务员粗心没有找到，能不能麻烦您再到房间一趟，帮我们找一下？"（给客人一个机会，是"员工粗心没找到"）

于是客人跟随他来到了楼层，他说："小姐，你先到房间，我马上就来帮您找。"（留给客人一个自己查找的空间）等大堂副理进来时，客人说："看，这不是在床头侧缝里吗？"

小方巾追到了，至于小方巾为什么会在"床侧缝里"就不重要了。关键是酒店财务不受损。大堂副理又说："小姐，真不好意思，耽搁了您的时间，非常感谢您的合作。"

至此，目的达到，也给足了客人面子。在处理过程中，大堂副理始终都把理由给了客人，说话很讲技巧，避免了一场深化的纠纷。

6.2.6 正确处理投诉的意义

第一，可以帮助酒店管理者发现酒店服务与管理中存在的问题与不足。酒店的问题客观存在，但管理者不一定能发现。原因之一是，"不识庐山真面目，只缘身在此山中"。原因之二是，尽管酒店要求员工"管理者在与不在一个样"，但事实上，很多员工并没有做到这一点。管理者在与不在截然两样。客人在接受酒店员工的服务中能亲身体验员工的真实服务，并能通过投诉表达自身的不满，同时也为酒店管理者发现问题和不足提供了一条有用的途径。

第二，为酒店方面提供了一个改善宾客关系的机会，使其能够将“不满意”的客人转变为“满意”的客人，从而有利于酒店的市场营销。有研究表明，“使一位客人满意，就可招揽8位顾客上门，如因产品质量不好，惹恼了一位顾客，则会导致25位客人从此不再登门”，因此，酒店必须力求使每位客人满意。客人有投诉，就说明客人不满意；如果这位客人不投诉或投诉没有得到妥善解决，客人将不再入住该酒店，同时也将意味着失去25位潜在客人。无疑，这对酒店是个巨大的损失。通过客人的投诉，酒店了解到客人的“不满意”，从而为酒店提供了一次极好的机会，使用权其能够将“不满意”的客人在其离店之前转变为“满意”的客人，消除客人对酒店的不良印象，减少负面宣传。

第三，有利于酒店改善服务质量，提高管理水平。酒店可以通过客人的投诉不断地发现问题，解决问题，进而改善服务质量，提高管理水平。

客人的投诉信

某酒店总经理收到一位客人洋洋千字的投诉信，列举出酒店令他不满意的服务，并指责酒店主管、经理的解释是“花言巧语的应付”，令他感到“恶心”。这封信转到前厅，在一阵“义愤填膺”之后是冷静的思考。在处理这位客人的投诉时，很多员工有情绪，不理解，甚至抱怨：写了封投诉信，就可以不讲理吗？可翻看客人来店记录时，却惊奇地发现，在短短的半年时间中，这位客人来了近20次。他所提出的十几条意见虽然在制度上违反酒店规定的程序，但作为客人的特殊需求，我们都应该给予满足，以后每次入店，也应受到同样的接待。在客人的计算机档案中做上多项备注，如该客人不吃橘子，要住大床房间，不复印身份证等。

正是因为客人也有很多错，所以我们提出“宾客永远是对的”才更有意义。

宾客是我们的衣食父母，没有宾客就没有酒店，也就没有我们的工作。在服务中要自觉淡化自我，甚至是自尊，强化服务和服从意识。当然，这需要服务人员具有较高的职业道德水准和心理素质，对服务行业的深刻理解和敬业精神，以及对企业的无比忠诚和坚定信心。

“有朋自远方来，不亦乐乎”，面对投诉，换位思考，将心比心，把地位和尊重永远留给客人，我们就会赢得理解，赢得市场。

遇到最难应付的人怎么办？

切记：“使对方得到表面的胜利，自己实际得益”。

难应付的客人	可采取的方法
高傲的人	恭敬、谦逊、细心聆听他的说话，了解其目的所在，酌情给予办理，并要多说道歉的话。
蛮横的人	忍耐细心听取，用简单、清晰说话去解释，语气必须诚恳，勿再刺激令其反感。
情绪欠佳的人	切勿反驳或多辩，再去刺激他的情绪。
自卑的人	勿有疑惑的神色，以加强他的不安情绪，亦不可漠不关心而露出轻视的神态。
女性客人	态度勿轻佻浮躁，花言巧语，举止要庄重有礼，避免事件更趋向严重。

6.3　宾客档案管理

6.3.1　宾客档案管理的必要性

宾客档案不仅是将顾客的信息记录在本子或者计算机上，更要让它们在实际工作中发挥重要作用。如果每一位服务员都能对曾经来店的顾客有足够了解，对顾客的喜好及忌讳了如指掌，让顾客每次踏进酒店感觉就像到家一样，既能让他吃得舒服，又没有拘束感，顾客有什么理由不选择这样的酒店呢？

建立宾客档案是酒店了解客人、掌握客人的需求特点，从而为客人提供针对性服务的重要途径。对于那些力图搞好市场营销，努力使工作卓有成效，并千方百计使自己的一切活动都针对每个客人个性的酒店经理和工作人员来说，客史档案是一个珍贵的工具。建立宾客档案对提高酒店服务质量，改善酒店经营管理水平具有重要意义。

（1）掌握客人的需求特点，是酒店提供个性化、规范化服务必不可少的依据

服务的标准化、规范化，是保障酒店服务质量的基础，而“个性化”服务则是服务质量的灵魂。要提高服务质量，必须为客人提供更加富有人情味、突破标准与规范的“个性化”服务，这是服务质量的最高境界，是酒店服务的发展趋势。

（2）促进酒店做好有针对性的市场营销工作，与宾客保持良好、稳定的关系，争取更多的回头客，培养忠诚顾客

宾客档案的建立，不仅能使酒店根据客人需求，为客人提供有针对性的、更加细致入微的服务，而且有助于酒店平时做好促销工作。例如，通过客史档案，了解客人的出生年月、通信地址，与客人保持联系，向客人邮寄酒店的宣传资料、生日贺卡等。

胡萝卜汁的故事

“几年前，我和香港Regent酒店的总经理Rudy Greiner一起用餐时，他问我最喜欢喝什么饮料，我说最喜欢胡萝卜汁。大约6个月以后，我再次在Regent酒店做客。在房间的冰箱里，我发现了一大杯胡萝卜汁。10年来，不管什么时候住进Regent酒店，他们都为我备有胡萝卜汁。最近一次旅行中，飞机还没在启德机场降落，我就想到酒店里等着我的那杯胡萝卜汁，顿时流口水。10年间尽管酒店的房价涨了3倍多，我还是住这个酒店，就是因为他们为我准备了胡萝卜汁。”

这位客人之所以每次入住Regent酒店都能享受到“一大杯胡萝卜汁”的待遇，就是因为酒店掌握了该客人的需求资料，建立了宾客档案，是宾客档案赢得了客人，争取了回头客。

（3）有助于酒店研究客源市场动态，不断改进酒店产品与服务质量，提高酒店经营决策的科学性，提高管理水平

任何一家酒店都应该有自己的目标市场，通过最大限度的满足目标市场的需要来赢得客人，获取利润，提高经济效益。宾客档案的建立有助于酒店了解“谁是我们的客人？”“我们客人的需求是什么？”和“如何才能满足客人的需求？”，能够提高酒店经营决策的科学性。

6.3.2 宾客档案管理的内容及要求

6.3.2.1 宾客档案管理的内容

宾客档案应包括以下几个方面的内容。

（1）常规档案

常规档案包括客人姓名、性别、年龄、出生日期、婚姻状况以及通信地址、电话号码、公司名称、头衔等。收集这些资料有助于了解目标市场的基本情况，了解“谁是我们的客人”。

（2）预订档案

预订档案包括客人的订房方式、介绍人，订房的季节、月份和日期以及订房的类型等。掌握这些资料有助于酒店选择销售渠道，做好促销工作。

（3）消费档案

消费档案包括包价类别、客人租用的房间、支付的房价、餐费以及在商品、娱乐等其他项目上的消费；客人的信用、账号；喜欢何种房间和酒店的哪些设施等，从而了解客人的消费水平、支付能力以及消费倾向、信用情况等。

（4）习俗、爱好档案

这是宾客档案中最重要的内容，包括客人旅行的目的、爱好、生活习惯；宗教信仰和禁忌；住店期间要求的额外服务。了解这些资料有助于为客人提供有针对性的“个性化”服务。

（5）反馈意见档案

反馈意见档案包括客人在住店期间的意见、建议，表扬和赞誉，投诉及处理结果等。

根据以上内容，可以设计如下宾客档案卡（表6－1）。

表6－1　宾客档案卡

姓名：	性别：	国籍：
出生年月日及地点：	身份证号：	
护照签发日期与地点：	护照号：	
职业：	头衔：	
工作单位：		
单位地址：	电话：	
家庭地址：	电话：	
E-mail	MSN：	QQ号：
其他：		

住店序号	住宿期间	房号	房租	消费累计	习俗爱好特殊要求	表扬投诉及处理	预计信息	信用及账号	备注

6.3.2.2 宾客档案管理的要求

- 建立健全客史档案的管理制度，确保客史档案工作规范化。

- 编写编目和索引，存放按照既定顺序。
- 坚持“一客一档”，以便查找和记录。
- 保证客史内容的连续与完整。
- 定期整理。

6.3.3 宾客档案的保存及处理

宾客档案的建立必须得到酒店管理人员的重视和支持，并将其纳入有关部门和人员的岗位职责之中，使之经常化、制度化、规范化。

6.3.3.1 保存与处理的管理制度

前厅经理应明文规定宾客档案保存与处理的管理制度，包括：

- 明确哪些文件、表格应该存档。
- 存放的顺序（字母、日期等，或先按日期，后按字母等；用计算机保存宾客档案则可使工作更有序、快捷）。
- 存放的时间。
- 销毁时的批准程序与方法。

6.3.3.2 宾客档案管理的步骤

（1）分类

按照文档的特性，应先将其分为以下3种类别：

待处理类 指尚未处理、正等待处理的文件、表格。如已填写好的订房单、需答复的文件以及客满时订房客人的等候名单等。

临时类 指短期内需要经过处理，然后再经过整理、归类的文件、表格。如客人的订房资料、报价信函、在店客人档案卡（登记表）等。

永久存放类 指需要长期保存，供查阅用的文件、表格。如各种合同的副本，宾客档案，已抵店客人的订房资料，取消预订、未抵店客人的订房资料，婉拒房的致歉信以及各类已使用过的表格等。

（2）归类存放

对于不同类型的文档，应采用不同的方法，存放于不同的地方。

【思考题】

1. 何谓客务关系经理？他的职责是什么？
2. 何谓大堂副理？他的职责是什么？
3. 处理突发事件的要点有哪些？
4. 客人意外受伤、生病的处理程序是什么？
5. 客人物品遗失的处理程序是什么？
6. 发生火警时，大堂副理的处理程序是什么？
7. 什么是投诉？投诉的类型有哪些？
8. 客人投诉有哪些原因与动机？
9. 何谓“HEAT”原则？
10. 处理投诉的程序分哪些步骤？
11. 正确处理投诉的意义何在？
12. 建立宾客档案的必要性是什么？

13. 宾客档案应包括哪些内容?

14. 宾客档案管理的要求是什么?

【经验性训练】

情景训练

1. 分成5人一组（人数为单数），组员分别扮演大堂副理、宾客，对以下发生的事件进行模拟操作。

2. 在课堂上集中讨论各组处理各类事件的程序、方法有何遗漏、不足、优点。

3. 讨论如何真正通过投诉的处理提高酒店服务质量。

情景一：

周太太是某酒店418房间客人，入住后，周太太看到MINIBAR物品丰富，喜出望外，尽情地享受了一通。没想到，结账时，她的账单上多了一笔开销，周太太不明白，为什么付了房费，不能随便动房间里的物品，要与酒店理论。

情景二：

G先生入住某酒店1120房间，深夜，G先生被急促的电话铃声惊醒，拿起电话，原来是骚扰电话，G先生再也无法入睡，向酒店投诉。

情景三：

某日早晨，某酒店大堂副理接到前台通知，本应早上乘坐飞机前往广州的商务客人刘先生投诉他7点钟的叫醒没叫，致使他误机，要求酒店赔偿因此而造成的一切损失。

【案例分析】

你怎么知道我姓A

企业家A先生到泰国出差，下榻于东方酒店，这是他第二次入住该酒店。

次日早上，A先生走出房门准备去餐厅，楼层服务生恭敬地问道：“A先生，您是要用早餐吗?”A先生很奇怪，反问“你怎么知道我姓A?”服务生回答：“我们酒店规定，晚上要背熟所有客人的姓名。”这令A先生大吃一惊，尽管他频繁往返于世界各地，也入住过无数高级酒店，但这种情况还是第一次碰到。

A先生愉快地乘电梯下至餐厅所在楼层，刚出电梯，餐厅服务生忙迎上前：“A先生，里面请。”

A先生十分疑惑，又问道：“你怎知道我姓A?”服务生微笑答道：“我刚接到楼层服务电话，说您已经下楼了。”

A先生走进餐厅，服务小姐殷勤地问：“A先生还要老位子吗?”A先生的惊诧再度升级，心中暗忖“上一次在这里吃饭已经是一年前的事了，难道这里的服务小姐依然记得?”服务小姐主动解释：“我刚刚查过记录，您去年6月9日在靠近第二个窗口的位子上用过早餐”，A先生听后有些激动了，忙说：“老位子！对，老位子!”于是服务小姐接着问：“老菜单？一个三明治，一杯咖啡，一个鸡蛋?”此时，A先生已经极为感动了“老菜单，就要老菜单!”

给A先生上菜时，服务生每次回话都退后两步，以免自己说话时唾沫不小心飞溅到客人的食物上。

一顿早餐，就这样给A先生留下了终生难忘的印象。

此后3年多，A先生因业务调整没再去泰国，可是在A先生生日的时候突然收到了一封东方酒店发来的生日贺卡：亲爱的A先生，您已经3年没有来过我们这里了，我们全体人员都非常想念您，希望能再次见到您。今天是您的生日，祝您生日愉快。

A先生当时热泪盈眶，激动难已……

虽然泰国的经济在亚洲算不上最发达，泰国的东方酒店的却堪称亚洲酒店之最，几乎天天客满不说，入住的机会更是需要提前预订争取。

【案例思考题】

1. 泰国东方酒店如何征服人心的？
2. 客户关系管理的实质是什么？如何维护良好的宾客关系？

【本章推荐阅读书目】

1. 旅游心理学. 吴正平，阎纲. 旅游教育出版社，2003.
2. 客户关系管理的10大关键.（美）皮尔著. 李欣，戴迪玲，译. 中华工商联合出版社，2006.
3. 客户关系管理. 闫鸿雁，译. 中国人民大学出版社，2004.
4. 有效沟通：管理者的沟通艺术. 余世维. 机械工业出版社，2006.
5. 有效沟通（第七版）.（美）黑贝尔斯，威沃尔，著. 李业昆，译. 华夏出版社，2005.

【相关链接】

1. 中国旅游酒店业协会 http://www.ctha.com.cn/
2. 旅游知识 http://www.linktrip.com/
3. 美国酒店及住宿业协会 http://www.ahla.com/

第 7 章

前厅部销售管理

【本章概要】

客房销售是前厅部的首要工作职责，是酒店各项服务开展的前提，也是酒店生存的基础，因此意义重大。前厅部应将销售管理作为工作的重点。本章通过客房状态的管理、客房房价的管理及员工的销售技巧等方面，对前厅如何进行销售管理，提高员工的销售技巧，提高客房出租率进行重点介绍。

【学习目标】

- 了解房价管理的意义；
- 认识房价制定的原理；
- 掌握房价制定的方法、策略与技巧；
- 熟悉房价的种类与计价方法；
- 明确房价的调整与控制；
- 掌握前厅员工销售技巧。

【关键性术语】

房价制定、报价方法、销售技巧、计价方法、客房状态。

【章首案例】

仅能住1天

正值旅游旺季，两位外籍专家出现在上海某大宾馆的总台前。

总台服务员小刘是个新手，他查阅了一下订房登记簿，马上简单地对客人说："你们预订的客房是708房间，只住1天就要离店。"

客人听后面色陡然一变，很不高兴地说："接待单位在为我们预订客房时曾经问过我们要住几天，我们明明讲打算住3天，怎么现在却成了仅住1天呢？"

小刘仍旧呆板地用毫无变通的语气回答说："我们并没有错，你们有意见可以直接向接待单位提。"

正当小刘和客人形成僵局之际，前厅值班经理闻声前来，首先向客人表明他是代表宾馆总经理来听取意见的。他先让客人慢慢地把意见说完，然后以抱歉的口吻说："你们提的意见是正确的，眼下追究接待单位的责任并不是主要的。这几天正当旅游旺季，双人标准间很紧张，我设法安排一间套房，请你们明后天继续在我们宾馆作客，虽然套房房金要高一些，但设备条件还是不错的，我们可以给9折优惠。"

客人觉得这位值班经理的态度是诚恳的，也是符合情理的，于是就同意照办了。

7.1 客房房价管理

7.1.1 房价管理的意义

房价是酒店客房收入的重要决定因素，同时也是客人选择酒店入住的影响因素，因此，重视酒店房价的管理对提高酒店出租率及经济效益极为重要，其重要意义主要表现为以下4个方面。

第一，价格是产品在市场竞争中制约产品销售的重要杠杆，是反映生产者、销售者意愿与消费者消费意愿一致的重要标志。

酒店通过制定合理的价格，沟通酒店与客人之间的供求关系，使酒店通过客房的销售获得效益，酒店的发展才能得到有效的保证。

第二，在不同的经济体制下，价格的决定机制是不同的，在计划经济体制下，价格是由国家制定的，而在市场经济体制下，则主要依靠市场供需关系来决定，而并非由企业或生产者的主观意志所决定。

第三，在市场竞争中，竞争者之间的竞争，除了产品本身符合消费者需求的程度及产品的质量之外，价格则是影响消费者消费倾向的最重要因素之一。因此，价格也是企业产品竞争力和竞争战略的一个必要的组成部分。酒店的客房价格管理是体现酒店在市场竞争中竞争战略的一个重要方面。

第四，在产品类型和质量相似的情况下，竞争者之间常常发生价格战。这主要是因为，消费者在消费决策过程中，总是按照“首先判定是否合乎个人需求，然后在合乎个人需求的产品清单中寻找质量优秀者，最后在质量优秀者中再选择价格较低者”这样一个基本的模式进行消费决策的。一个企业要在市场竞争中取得优势，就不仅要在产品是否符合消费者需求方面和产品质量方面赢得优势，同时，在价格方面也要使其产品具有一定的竞争力。只有这样，企业在市场竞争中才能生存和发展。

由此可见，价格管理直接与企业的经营管理联系在一起，价格管理的水平，直接影响企业产品的市场占有率和企业经济收益。

7.1.2 房价制定的原理

制定酒店客房价格的基本原理是：客房价格一般以供给价格为下限，以需求价格为上限，实际市场成交价格受市场竞争的影响在上、下限之间波动，在特殊时期可能低于供给价格的下限。

7.1.2.1 客房产品的价值决定供给价格

价格是价值的货币表现，价值取决于生产产品的社会必要劳动时间。这一基本理论也适用于客房产品。就是说，客房价格是由客房产品的价值决定的，是由生产客房产品的社会必要劳动时间决定的。创造客房产品价值的劳动体现在客房产品的设计、建造、装潢、布置和日常服务的过程中。豪华酒店与一般酒店的客房，在其设施的配套与完善程度、舒适与先进程度上差距很大，所花费的必要劳动时间差异明显，因而价格有较大的差别。此外，客房价格水平还体现着酒店服务人员所提供的服务劳动的质量水平。热情周到的高质量客房服务反映着服务员的业务素质较高，付出了更多更复杂的劳动，理应得到较高的报酬。

7.1.2.2 消费者的支付能力决定需求价格

需求价格是指在一定时期内消费者对一定量的产品愿意和能够支付的价格，它表现为消费者的需求程度和支付能力。需求价格是客房价格的上限，超过上限即超过客人的意愿和支付能力，再有特色的客房产品也将失去吸引力。

7.1.2.3 市场竞争决定市场成交价格

客房产品的市场成交价格，是指酒店客房的经营者和酒店客房的需求者都愿意接受的实际交易价格。这是由市场竞争状况决定的。供给者之间竞争的结果，使市场成交价格在较低的价位上实现；需求者之间竞争的结果，使市场成交价格在较高的价位上实现。因此，当酒店客房供过于求时，客房价格只能体现酒店经营者的生存目标即较低的供给价格；当酒店客房供不应求时，客房价格可以体现酒店经营者的利润最大化目标。

客房产品的市场成交价格，可以分为5种，如图7-1所示。

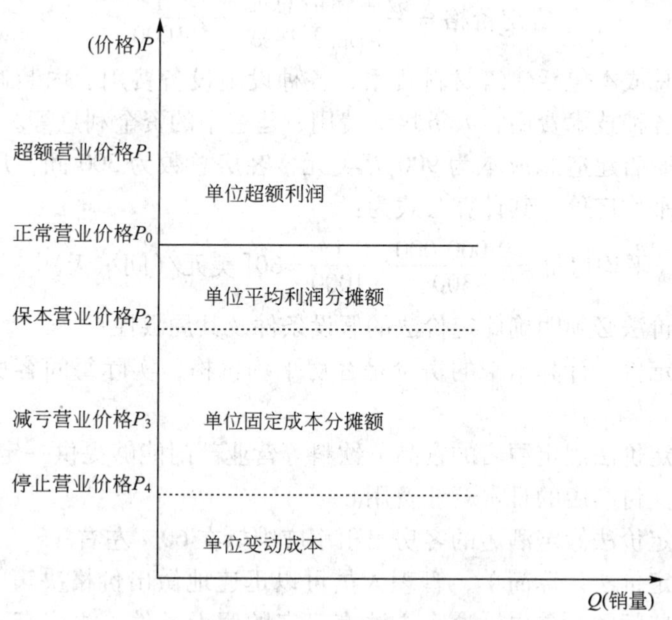

图7-1 市场成交价格类型

成交价格 P_0 等于单位总成本加单位平均利润分摊额，称为客房正常营业价格。

成交价格 P_1 高于单位总成本加单位平均利润分摊额，两者的差额（P_1-P_0）即是超额利润，故称 P_1 为客房超额营业价格。

成交价格 P_2 等于单位总成本（单位固定成本加单位变动成本），故称 P_2 为客房保本营业价格。

成交价格 P_3 高于单位变动成本，低于单位总成本，这时虽处于亏损状态，但酒店经营者还可以继续经营，以收回已经支出的部分固定成本，故称 P_3 为客房减亏营业价格。

成交价格 P_4 等于单位变动成本。这时边际利润为零，酒店经营者必须停止营业，故称 P_4 为客房停止营业价格。

7.1.3 房价制定的方法

7.1.3.1 随行就市定价法

这种定价法主要有 2 种形式：一是以酒店业的平均水平或习惯定价水平作为酒店的定价标准。在酒店成本难以估算，竞争者的反映难以确定时，酒店会感到“随行就市”是唯一的也是最明智的选择。因为这种定价法反映了行业中所有企业的集体智慧，这样定价既能获得合理的收益，也能减少因价格竞争带来的风险。二是追随“领袖企业”价格，酒店定价不依据自己的成本和需求状况，而是与“领袖企业”保持相应的价格水准，目的是保证收益和减少风险。

7.1.3.2 建筑成本定价法

建筑成本定价法也称“千分之一定价法”，它是国际上比较通用的一种根据酒店建筑总成本来制定客房价格的方法。其计算公式为：

$$\text{客房价格} = \frac{\text{饭店建造总成本}}{\text{饭店客房数}} \times \frac{1}{1000}$$

酒店建造总成本包括建筑材料费用、各种设施设备费用、内装修及各种用具费用、所需的各种技术费用、人员培训费用、建造中的资金利息等。

例如：某酒店建造总成本为 900 万美元，客房总数为 300 间，用建筑成本定价法可确定其平均房价。其计算公式为：

$$\text{平均房价} = \frac{9\ 000\ 000}{300} \times \frac{1}{1000} = 30[\text{美元/(间·天)}]$$

使用此定价法必须明确此定价法的假设条件及其局限性：

千分之一定价法计算出来的房价是客房平均价格，实际每间客房的价格可以有差别。

千分之一定价法假定酒店的食品、饮料等营业部门能够提供一定数额的利润，这些利润能够支付酒店的日常营业费用。

千分之一定价法假定酒店的客房出租率应维持在 60% 左右。

千分之一定价法计算简单，管理人员可以迅速地做出价格决策。但是，这种方法也存在一些问题。首先，这个方法有一定的假设条件：酒店有一定百分比的举债筹资和产权筹资；计划期内债务数额不变；其他营业部门能提供一定数额的部门利润；在扣除资本费用前，酒店需达到一定百分比的利润等。如果这些方面所作的假设与实际情况不符，那么，应用“千分之一法”就不能制定出合理的房价。其次，“千分之一法”只考虑了投资成本的因素，而没有考虑酒店的实际经营费用、供求关系和市场竞争等因素。因此，“千分之一法”仅可作为制定房价的出发点，还要综合分析其他各种因素，这样的房价才具有合理性、科学性和竞争性。

7.1.3.3 出租客房面积计价法

这种计价法是根据客房的出租面积来确定平均房价的。具体作法分为 3 步：① 计算客房出租总面积；② 预计客房出租率；③ 预计客房部平均营业收入。

例如，某酒店有客房 100 间，其中面积为 $24m^2$ 和 $20m^2$ 的客房各 50 间。预计该酒店明年的客房出租率为 80%，客房部日营业收入将达到 2 万元。假设顾客对这 2 种客房的需求基本相同，那么，计算平均房价的方法如下：

可供出租的客房总面积

$$24m^2 \times 50 = 1200m^2$$
$$20m^2 \times 50 = 1000m^2$$

合计：$2200m^2$

每天出租客房总面积

$$2200m^2 \times 80\% = 1760m^2$$

每平方米应提供营业收入

$$\frac{20000\ 元}{1760m^2} = 11.36\ 元/m^2$$

上述两种客房的平均房价分别是：

$$24m^2\ 客房的平均房价 = 11.36\ 元 \times 24 = 272.73\ 元$$
$$20m^2\ 客房的平均房价 = 11.36\ 元 \times 20 = 227.27\ 元$$

7.1.3.4 成本加成定价法

这种定价法也称“成本基数法”。其定价方法是按客房产品的成本加上若干百分比的加成额进行定价。即

$$客房价格 = 每间客房总成本 \times (1 + 加成率)$$

按照这种定价方法，酒店客房价格可分 3 步确定：首先，估算单位客房产品每天的变动成本；其次，估算单位客房产品每天的固定成本；再次，单位变动成本加上单位固定成本就可获得单位产品的全部成本，全部成本加上成本加成额，就可获得客房价格。例如，某酒店有标准客房 500 间，出租率预计为 80%，全年客房固定成本总额为 4380 万元，客房单位变动成本为 100 元，预期加成率为 20%，营业税率为 5%。则有：

$$客房单位固定成本 = \frac{43\ 800\ 000(元)}{500(间) \times 365(天) \times 80\%(出租率)} = 300\ 元/(间 \cdot 天)$$

$$客房价格 = \frac{(单位变动成本 + 单位固定成本) \times (1 + 加成率)}{1 - 营业税率}$$
$$= \frac{[100(元) + 300(元)] \times (1 + 20\%)}{1 - 5\%} = 505\ 元/(间 \cdot 天)$$

成本加成定价法的缺陷在于没有充分考虑需求与市场竞争状况。固定成本的分摊不仅与固定成本总额有关，而且与预期的销售数量有关。一般销售量越少，分摊到单位产品的固定成本就越多。倘若竞争对手以更低的价格吸引消费者，那么，以成本加成定价法所定的产品价格就会失去竞争力。

这种方法的优点在于：① 获取产品成本信息比较方便，可简化定价过程；② 这种定价使消费者感到比较公平；③ 可以保证经营者通过产品的出售获得预期利润。

7.1.3.5 赫伯特定价法

赫伯特定价法是在 20 世纪 50 年代，由美国酒店和汽车旅馆协会主席罗伊·赫伯特主持发明的。它是以目标收益率为定价的出发点，在已确定计划期各项成

本费用及酒店利润指标的前提下，通过计算客房部应承担的营业收入指标，进而确定房价的一种客房定价法。

例：某酒店有客房80间，预算明年的客房出租率为75%，其成本费用及利润指标预测如下。

利润指标：产权筹资1 000 000美元，要求达到20%的税后投资收益率。

所得税税率：17%。

折旧费：600 000美元。

利息：应付抵押借款为4 000 000美元，年利率为10%。

财产税和保险费：32 000美元。

管理费：135 600美元。

营销费：41 000美元。

维修保养费：63 200美元。

公用事业费：73 000美元。

客房部营业费用：210 000美元。

餐厅营业收入：640 000美元。

餐厅部门利润：占营业收入的15%。

其他营业部门的部门利润：38 500美元。

下面，我们采用赫伯特定价法计算客房价格（表7-1）。

表7-1 赫伯特定价法

单位：美元

项目	金额
投资数额	
举债筹资	4 000 000
产权筹资	1 000 000
合计	5 000 000
预计客房出租间天数（75%出租率）	21 900间天
利润指标（1 000 000×20%）	200 000
税前利润［200 000÷(1-17%)］	240 964
利息（4 000 000×10%）	400 000
税前、利息前利润指标（240 964+400 000）	640 964
折旧费	600 000
财产税和保险费	32 000
扣除固定费用前的收益指标	1 272 964
未分配营业费用	
管理费	135 600
营销费	41 000
公用事业费	73 000
维修保养费	63 200
合计	312 800
营业部门利润指标	1 585 764
减：餐厅部门利润（640 000×15%）	96 000
其他营业部门的部门利润	38 500
客房部部门利润指标	1 451 264
客房部营业费用	210 000
客房部营业收入指标	1 661 264
平均房价（1 661 264÷21 900）	76

因此，根据赫伯特定价法，该酒店的平均房价应为76美元/夜。

由此可见，赫伯特定价法最后的落脚点也是客房营业收入指标，在这一点上，它与客房面积定价法有相同之处，只不过客房面积定价法可以具体计算每一间客房的价格，而赫伯特定价法只能计算客房的平均房价。另外，利用赫伯特定价法计算的房价是否科学，同样取决于酒店有关方面确定的客房营业收入指标（或有关利润指标）是否合理。

7.1.3.6 理想平均房价

理想平均房价是指酒店各类客房以现行牌价按不同的客人结构（1～2人）出租时可达到的理想的平均房价。计算理想平均房价时，要结合计划期内的客房出租率、双开率及客房牌价进行。

例：某酒店共有客房800间，其类型及出租牌价见表7－2。预计未来该酒店客房出租率可达80%，双开率40%，计算期为12个月，求其理想平均房价。

表7－2 客房出租牌价

客房类型	数量（间）	牌价（美元）	
		1人住	2人住
单人房	40	80	
标准间	700	100	120
普通套房	50	150	200
高级套房	10	250	320

解：首先，从低档到高档，计算每日客房收入。

即为客人排房时，先从最低档的单人房开始，依次向高一档的客房类型递进，直到把客人全部安排完为止，如此取得的客房收入就是每日最低客房收入。

在此例中，酒店平均每天开房数为 $800\times80\%=640$ 间。故可先安排40间单人房给客人，再安排 $640-40=600$ 间标准房。可分别取得收入：

$$40\times80=3200(\text{美元})$$

$$[640\times(1-40\%)-40]\times100+640\times40\%\times120=65\ 120(\text{美元})$$

每日客房收入总计：$3200+65\ 120=68\ 320$(美元)

其次，从高档到低档，计算每日客房收入。

即为客人排房时，先从最高档的高级套房开始，依次向低一档的客房类型续排，直到把客人全部安排完为止，如此取得的客房收入就是每日最高客房收入。

在此例中，酒店平均每天开房数为640间。故可先安排10间高级套房给客人，再安排50间普通套房，其余客人安排在 $640-10-50=580$ 间标准房内。可分别取得收入：

$$10\times(1-40\%)\times250+10\times40\%\times320=2780(\text{美元})$$

$$50\times(1-40\%)\times150+50\times40\%\times200=8500(\text{美元})$$

$$580\times(1-40\%)\times100+580\times40\%\times120=62\ 640(\text{美元})$$

每日客房收入总计：$2780+8500=73\ 920$(美元)

最后，计算理想平均房价，即预计每日最高房价与最低房价的平均值

$$\text{理想平均房价}=\frac{(68\ 320+73\ 920)\div2}{800\times80\%}=111(\text{美元})$$

前厅部经营管理人员通过将酒店的实际平均房价与理想平均房价进行比较，可以较为客观地评价酒店客房的经济效益。如果实际平均房价高于理想平均房价，说明客房收入的“含金量”高，经济效益好；反之，则说明“含金量”低，经济效益不好。另外，通过对实际平均房价与理想平均房价的比较，也可以在一定程度上反映客房牌价是否符合市场情况，如果二者相差甚远，说明客房牌价可能过高或过低，不符合市场状况，需要调整。

7.1.4 房价制定的策略与技巧

7.1.4.1 分级定等定价策略

许多酒店营销专家认为，消费者不大会感觉到价格上的细微差别，消费者对各种牌号和花色的商品的需求曲线应当是阶梯型的（图7－2）。因此，可以把商品分为几档，每档定一个价格。这样标价，可以使消费者感到各种价格反映了产品质量的差别，并可简化他们选购产品的过程。

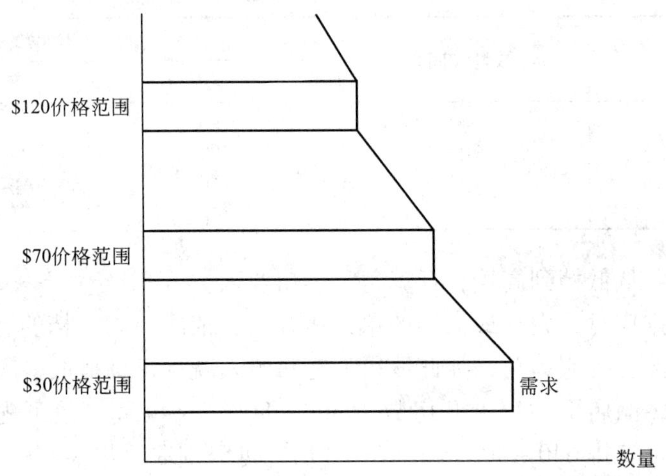

图7－2 分级定等定价法

酒店常采用这种定价法来确定房价结构。酒店对客房分级定等，制定不同的价格，可以吸引对房价有不同需求的不同客人。

分级定等时，等级不宜过多。一般来说，300间客房以下的酒店常有3种房价，300间客房以上的酒店常有较多不同类型和大小的客房；而新酒店里的房间其大小往往差不多，因此，老酒店的房价等级比新酒店多，大酒店的房价等级比小酒店要多。

房价的分布应当和统计学中的钟型正态分布差不多。由5种房价组成的价格结构为：40%客房的价格为平均房价，20%的客房价格应当高于平均房价，另外20%的客房价格应低于平均房价，其余10%应是最高房价的客房，10%是最低房价的客房。由3种房价组成的房价结构中，价格应按客房总数的20%、60%、20%分布。把占客房总数60%的房间价格定为平均价格，这样的房价结构可使酒店处于有利竞争地位。一个酒店可以把最低房价定得比竞争对手低，而同时又制定高于竞争能手的最高房价，这样的房价结构，更能满足不同客人的需求。

要使这种房价结构取得成功，各种等级的客房面积、家具、位置、方向应有明显的区别，以便使客人相信，这些不同等级的房价是合理的。

分级定等定价时，档次的差别应适当，不宜太大，也不宜过小。确定各种等级房价之间的差价，主要有 2 种方法，一为固定差价法，二为百分比差价法。表 7 –3中列出了 2 个酒店的房价。

表7 –3 房价结构

甲饭店：					
单人房价	$65	$78	$94	$114	$135
双人房价	$78	$94	$113	$137	$162
乙饭店：					
单人房价	$39	$47	$55		
双人房价	$45	$53	$61		

表 7 – 3 中表示的 2 种单人房价之间、2 种双人房价之间的差额称作水平差；单人房价与双人房价之间的差额称作垂直差。酒店甲采用百分比差价法定价，其水平差与垂直差都是 20%。酒店乙采用固定差价法定价，其水平都是 8 美元，垂直差都是 20%。固定差价法是酒店制定房价结构的传统做法，国际上许多酒店现仍采用这种做法。但固定差价法不及百分比差价法有利，如果每 2 种邻近的房价相差一定的百分比，较低的几种房价之间的差价就比较小，而较高的几种房价之间的差价就比较大。在激烈竞争的市场环境中，使用百分比差价法的酒店可以制定与竞争对手同样低甚至比竞争对手更低的房价，以保持自己的竞争力；同时，其较高的几种房价可以比竞争对手更高，以便酒店取得更高的收益。由于较低的几种房价之间的差价不大，希望房价低廉的客人在无法租到最低房价的客房时，就有可能选择价格略高的客房。高价客房之间的差价虽然较大，但那些愿住价格昂贵客房的客人，一般对价格的高低不会过于计较。

在国际酒店业，垂直差有不断缩小的趋势。对酒店来说，每间客房中多住 1 个人或 2 个人，所需的额外费用是很小的。有些酒店经营者认为，双人房价应当比单人房价高 1/3 左右，但不少酒店的双人房价只比单人房价高 10% ~20%，这对那些与配偶一起进行公务旅行的客人和家庭更具吸引力。

7.1.4.2 区分需求定价策略

区分需求定价策略是指在客房产品成本相同或差别不大的情况下，根据不同客人对同一客房产品的不同需求来制定差别价格。主要有以下几种。

（1）同一客房产品对不同类型客人的差别定价

如同一酒店的客房价格，对散客、团队客人、家庭客人可以有一定的差异。

（2）同一客房产品在不同位置的差别定价

如同一类型的客房，由于所在楼层的高低、不同的朝向和采光以及室外景观的不同，可以制定不同的房价。同样，星级的酒店，接近交通线路或旅游景点或商业中心的，其客房价格可以定得高一些。尽管有些同一类型的客房其实际成本几乎是一样的，只是因为客人对不同位置客房的偏好程度不同，其客房价格也可有所不同。

（3）同一客房产品在不同销售时间的差别定价

在我国，大部分酒店的销售有一定的季节性。酒店可以根据不同的销售时间，规定不同的客房价格。如淡、旺季价格的不同，周末与平时的价格不同。

(4) 同一客房产品在增加微小服务时的差别定价

客房增加若干服务项目的价格要高些，如每天送一束鲜花可提高价格。

实施区分需求定价法应当注意几点：一是价格的平均水平不应低于运用成本加成法制定的价格水平；二是需求市场必须能够被细分，并且在不同的细分市场上能够反映出不同的需求程度；三是分割市场和控制市场的费用不能超过采用区分需求定价法所能增加的营业收入；四是差别定价不能引起客人的反感，要符合客人的效用价值评估。

7.1.4.3 声望定价策略

某些酒店企业有意识地把某些客房产品的价格定得很高，以此来提高客房产品和酒店企业的档次与声望，这种定价法称作声望定价法。这种定价法的依据在于：客人经常把价格的高低看作产品质量的标志。同时，有一部分客人把购买高价产品作为提高自己声望的一种手段，如由公司付费的奖励旅游者、高级商务旅游者与行政管理人员的旅游需求就是这样。

因此，在有客人把价格的高低看成是客房产品质量高低的标志，把到某一价格较高的酒店住宿看作是表明自己的地位身份时，酒店经营者就无论如何不能把价格定得过低。有时，即使酒店的价格高于当地所有其他酒店的价格，也是可行的。一些高星级酒店常有一套或几套价格很贵的客房，如总统套房、豪华套房，以此来提高整个酒店的档次与声望。即使制定低价的酒店，也必须分析目标市场客人所愿支付的最低价格，避免因价格定得过低而引起客人对酒店服务质量的怀疑。

为了在激烈的竞争中处于有利地位，酒店可选用以下几种策略。

(1) 高牌价、高折扣策略

高牌价可以维护与酒店星级相适应的高档次市场形象，而高折扣（包括对散客）则有利于提高酒店的竞争力。即这种策略可以在不损害酒店形象的前提下，提高酒店客房的利用率和竞争力。

(2)“随行就市”的价格策略

大部分酒店都采用这种随行就市的价格策略，即客房的价格根据淡旺季的不同、时段的不同、客房预订情况的不同、开房率的不同等而变化，以期最大限度地提高酒店客房的利用率和经济效益。这种定价策略的缺点是可能影响酒店在消费者心目中的形象。

(3)“相对稳定”的价格策略

一些酒店为了取信于旅游消费者，维护酒店在消费者心目中的良好形象，在一段时间内，会采取相对稳定的价格策略，即使客房供不应求，也不随意调高价格。这种定价策略的缺点是：可能会使酒店在短期内丧失很多潜在的获取利润的市场机会。但对企业的长期发展有利。同样，有些酒店即使在市场竞争激烈的情况下，也不轻易下调房价，目的也是为了维护其高档次的市场形象。当然，“相对稳定”并非绝对不变，最终要不要上浮或下调价格，还要看客房供不应求的程度或市场竞争激烈的程度，以及这种供不应求（或供过于求）是暂时的还是长期的。在供不应求（或供过于求）的状况长期存在或供不应求（或供过于求）的程度很高的情况下，如果一味地为了“稳定价格”而保持价格不变则是不可取的，会使企业长期蒙受损失或失去竞争力。

7.1.5 房价的种类

按照房价的性质来划分，酒店的房价可以分为6类。

(1) 标准价 (Rack Rate)

标准价是指在价目表上对外明码标价的酒店各类客房的现行价格。这种价格未含任何折扣或附加服务费用，一般以美元或人民币对外报价。

(2) 季节价 (Season Rate)

季节价是指提供给客人的同种客房产品由于淡旺季的不同而形成的价格差额。一般是在标准房价的基础上，上下浮动一定的百分比。酒店可以有效地利用季节价调整供求关系，以最大限度地提高客房利用率，扩大经济效益。

(3) 优惠价 (Preferential Rate)

优惠价是指酒店在明码公布的现行价格基础上，给予顾客一定比例的折扣或其他优惠条件的价格。酒店执行优惠价格政策，主要有3种情况：① 根据客源输送单位提供的客源量和在店消费量提供的优惠；② 同业者之间的优惠；③ 老客户的信誉优惠。

(4) 折扣价 (Discount Rate)

折扣价是指酒店为了鼓励客户大量购买客房产品，通常给予购买量达到一定数量的客户以一定百分比的折扣优惠。例如，与酒店建立长期业务关系的公司或旅行社，他们均按双方签订的房价合约，保证在某一时期内租用该酒店一定数量的客房，则酒店给予他们一定的房价折扣。

(5) 免费价 (Complimentary Rate)

免费价是用于推动酒店业务活动，与客户建立良好关系而制定的，要求在互惠互利的前提下，免收客人的住宿费。酒店给予客人免费价格并不普遍，操作过程中有严格的审批要求，只有得到规定级别主管人的批准后，才能实施。

(6) 白天价 (Day Rate)

白天价是指客人一天住宿时间不超过6h的收费标准，这6h是最高报限时间，可以是一天中的任何时间段，一般收费标准按半天的房费作为白天租用价。提供白天价可以极大地满足客人的需求。机场酒店已成为客人转乘飞机的理想住宿场所；商业性酒店又为企业接待和会晤来访客人提供了方便条件。显然，使用白天价将使酒店的住宿率有可能超过100%，可为酒店提供最佳经济收益。

7.1.6 房价的计价方法

按国际惯例，酒店的计价方式通常有以下5种。

(1) 欧式计价 (European Plan，简称EP)

欧式计价是指酒店标出的客房价格只包括客人的住宿费用，不包括其他服务费用的计价方式。这种计价方式源于欧洲，在美国及世界绝大多数酒店被广泛使用。我国的旅游涉外酒店也基本上采用这种计价方式。

(2) 美式计价 (American Plan，简称AP)

美式计价是指酒店标出的客房价格不仅包括客人的住宿费用，而且还包括每日三餐的全部费用。因此，又被称为全费用计价方式。这种计价方式多用于度假型酒店。

(3) 欧陆式计价 (Continental Plan，简称 CP)

欧陆式计价是指酒店标出的客房价格包括客人的住宿费用和每日一顿欧陆式简单早餐的计价方式。欧陆式早餐主要包括冻果汁、烤面包、咖啡或茶。有些国家把这种计价方式称为“床位连早餐”计价。

(4) 百慕大计价 (Bermuda Plan，简称 BP)

百慕大计价方式是指酒店标出的客房价格包括客人的住宿费和每日一顿美式早餐的计价方式。美式早餐除含有欧陆式早餐的内容以外，通常还包括火腿、香肠、咸肉等肉类和鸡蛋。

(5) 修正美式计价 (Modified American Plan，简称 MAP)

修正美式计价是指酒店标出的客房包括客人的住宿费和早餐，还包括一顿午餐或晚餐（二者任选一个）的费用。这种计价方式多用于旅行社组织的旅游团队。

7.1.7 房价的调整与控制

7.1.7.1 客房价格的调整

在客房经营过程中，通货膨胀与汇率的升值将导致客房经营成本的增加，并引起价格上涨。但是过分的涨价可能引起客人的抱怨，尤其在市场竞争激烈时，涨价会使自己的客人流向竞争对手的酒店。因此，酒店对通货膨胀与汇率变动下的价格调整应有正确的对策。

(1) 通货膨胀下的价格调整

通货膨胀是指因流通中的货币供应量超过需求量而产生的物价上涨现象，它使得单位货币的购买力下跌，酒店服务成本上升，实际收入下降。通货膨胀的影响波及全社会，由此带来的成本上升也不会是个别酒店的问题。但是，经营者不同的对策会产生不同的结果。

通货膨胀可以通过物价指数来衡量。综合物价指数有许多形式，如社会零售物价指数、集市贸易消费品价格指数、批发物价指数、职工生活费用物价指数和工资指数等。当通货膨胀率达到10%以上时，酒店的经营成本会明显上升，如果酒店不采取相应的对策就可能导致经营亏损。一般而言，在通货膨胀条件下，酒店可以通过相应的价格调整来克服其不利影响。房价的计算方法如下：

以现状为依据，计算出因物价上涨而出现的亏损数额。

以现状为依据，分别算出酒店各项收支占总收支的比率。

按照物价上涨指数算出各项收支的上涨比率。如某酒店在计算期水电费上涨80%，而该项费用占全酒店支出的10%，于是，相应的上涨比率为8%。

以加权平均法算出酒店所有开支应涨幅度。

房价收入的调整比率，可通过应涨幅度与酒店客房收入比率计算得出。

将上涨前客房收入乘以应调比率，并比较酒店因通货膨胀出现的亏损。

求出房价上涨额，加上原有房价，从而获得新的房价。

(2) 汇率变动下的价格调整

汇率是两国货币之间的比价，是用一国货币单位表现另一国货币的价格。如1美元=6.8168元人民币，这种标价称为直接标价法。影响汇率变动的因素主要有外汇的供求状况、通货膨胀、经济增长情况、政府干预等。

汇率变动对酒店客房产品销售的影响主要表现在收入与成本2个方面。

汇率变动对客房产品销售收入的影响表现为：当人民币贬值且用人民币报价时，酒店销售收入减少；当人民币升值且用人民币报价时，酒店客户的实际价格上升。

汇率变动对客房成本的影响表现为：汇率变动幅度的大小直接影响客房产品成本的变动。

客房产品成本中进口物资与劳动所占比重较大，在人民币贬值且须用外汇偿付时，其成本就会增加，如果用人民币结算则成本可保持不变。由于我国大量酒店进口物品与劳务较多，且用美元结算，故人民币贬值会增加我国酒店的经营成本。与通货膨胀相类似，酒店可以通过适度涨价来弥补因汇率变动带来的损失。

(3) 调低房价

调低房价是酒店在经营过程中，为了适应市场环境或酒店内部条件的变化，而降低原有的房价。酒店降低房价的主要原因有：

● 酒店业市场供过于求。在这种情况下，应通过加强促销活动、改进服务产品质量等途径来稳定客房的销售。如果成效不大，就只有考虑调低房价。

● 在激烈的竞争中，酒店的市场份额日趋减少。尤其是在竞争对手调低价格时，为了保持和提高本酒店的市场占有率，有时也要采取降低的方法，使房价与竞争对手的价格处于同一水平线上，从而提高竞争能力。

● 采用率先定价策略的酒店，希望通过降低房价，增加客房销售量或降低成本。这些酒店希望通过低价销售，增加市场份额，以利于在市场确定牢固的地位。

但是，调低房价也会引起一些问题。例如，房价降低了，客房销售量不一定就会增加；即使销售量有所增加，但营业收入的增加往往无法抵消价格下降的影响。价格降低了，客人会对酒店产品质量产生怀疑，从而会影响酒店自身在市场上的声誉，同时还会打乱酒店客源的类型。尤其要注意的是，靠降价竞争将会导致酒店之间的价格大战，当大家都竞相降价，酒店会面临无法控制房价的局面，最终将导致酒店业的全行业亏损，这种竞争也就变得毫无意义。因此，酒店在降低房价的问题上，应采取慎重的态度，进行周密的分析和研究，只有在调低房价之后，酒店仍能实现所预期的销售量，并提高酒店的利润水平，降价才是有意义的。

(4) 调高房价

一般来讲，调高房价往往会引起客人和代理商的不满。但是，如果搞得成功，就会极大地增加酒店的利润，对酒店而言是有利的。酒店调高房价时，要考虑的主要原因有：

● 客房供不应求。当客房需求量大于现有客房数量时，可以通过提高房价来限制需求量，实现供求平衡。

● 市场物价上涨。由于物价上涨，酒店的成本费用不断增加。这时酒店须调高房价，并使调价幅度不低于市场物价上涨幅度，以保持或增加酒店的利润水平。

● 酒店服务质量或档次有明显提高。服务质量、服务档次与价格有直接的联系，所以，如果其他因素不变，酒店的服务质量或服务档次提高，就可以考虑适当提高房价。

无论是提价还是降价，都会对客房销售造成一定影响，引起客人和竞争者的各种反应。因此，酒店应充分考虑各种可能，做好准备工作，使房价的调整真正能够达到预期目标。

7.1.7.2 客房价格的控制

客房价格制定之后，还要有各种政策和规定与客房价格的制定相适应，并要认真贯彻执行这些政策和规定，使房价具有连续性、一致性和相对稳定性。但是，房价又不是一成不变的，由于情况变化，酒店就需对房价及时地进行调整，以使房价更适应客观实际。

酒店所制定的房价，是由前厅部和营销部负责执行的。在贯彻执行过程中，涉及前台销售、房价限制和团队房价的可行性3个方面的工作。

（1）前台销售

对于酒店制定的各类房价，前台服务人员要严格遵守。同时，酒店还须制定一系列的规章制度，以便于前台工作人员操作执行。这些规章要明确规定以下内容的细则：

- 对优惠房使用的报批制度。
- 各类特殊用房的留用数量的规定。
- 与客人签订房价合同的责任规定。
- 有关管理人员对浮动价格所拥有的决定权的规定。
- 对优惠价格的享有者应具备的条件的规定。
- 对一些优惠种类和程度的规定。

以上是前厅销售过程中要重点注意的内容。

（2）房价限制

限制房价的目的是为了提高实际平均房价。如果根据预测，将来某个时期的客房出租率很高，这时总经理或前厅部经理就会对房价进行限制。例如，限制出租低价客房或特殊房价客房；不接待团队客人；房价不打折扣；不接受住1天的客人等。

前厅部管理人员必须熟知本酒店客房出租率的动态，善于分析近期客房出租率的变化趋势，准确预测未来的各种客人对客房的需求量，及时做出限制某种房价的决定。

（3）团队房价的可行性

团队房价的可行性研究，即进行团队房价的限制，这是前厅部与营销部的共同职责。营销部应逐日预测团队客人数量和客房需求数，并将预测结果通知有关人员。如果根据预测，某一时期的客房出租率可能会接近100%，这时，酒店就应该只接待支付较高房价、甚至最高房价的团队客人。

但是，酒店使用团队房价限制时，要谨慎行事。任意的限制团队房价，会产生消极的影响，甚至破坏房价的完整性。有关人员必须对未来的客房出租情况做出正确的推测，并制定可行性计划，提出正确的团队和散客接待比例，以保证营业收入和经营利润目标的实现。

7.2 客房状态的控制

7.2.1 房间状态的类型

客房的不同状态会影响酒店客房的出租，直接影响房费收入，所以，明确各种房态是了解客房产品的前提。常见的客房状态有以下几种：

第一，住客房（Occupied）。住店客人正在使用的客房。

第二，空房（Vacant）。已完成清扫整理任务工作，可随时出租的客房。

第三，走客房（Check Out）。客人已结账离店，房间正在或尚待清扫。

第四，待修房（Out of Order）。硬件出现故障，正在或等待维修、改造的房间。

第五，保留房（Blocked Room）。对于一些大型团体客人（如参加国际会议的客人），酒店需要提前为他们预留所需的房间。还有些客人（尤其是常客），在订房时，常常会指明要某个房间，或处于某个位置、具有某种景观的客房，对此，接待员或预订员应在计算机上标志，表明此房已在某个时间为某位客人保留，以防止将客房出租给其他客人。为客人保留客房时，应熟悉预订资料，搞清需保留客房的原因及客人的种类，并填写保留房记录簿。

对于下列几种状况的客房，客房部在查房时，应注意掌握并通知前台。

第六，外宿房（Sleep Out）。如果客人住店期间在外过夜，前台接待员应在计算机（或房卡架）上对该房做外宿未归标记，同时，将此信息通知大堂副理及客房部，大堂副理会双锁客人的房间（双锁前，客房部应派人清扫客房），并作记录，客人返回时，大堂副理再为客人开启房门。

第七，携少量行李的住客房（Occupied with Light Luggage）。为了防止发生逃账等意外情况，客房部应将此种状况通知总台。

第八，请勿打扰房（DND）。如客房的“请勿打扰”灯亮着，或门把手上挂有“请勿打扰”牌，则服务人员就不能进房为客人提供服务。请勿打扰房通常属于住客房，但也有可能是走客房或空房，所以，有必要对此种客房状况加以关注，到了酒店规定的时间，总台或客房部应打电话与住客联系，以弄清情况，进房打扫或检查。

第九，双锁房（Double Locked）。有时，住客为了不受干扰，在房内把门双锁，服务人员用普通钥匙无法开启房门。对双锁房也要加强观察，因为可能是客人误操作，在离开房间时无意中把门双锁了；也可能因为客人生病，甚至死亡。当酒店发现客房内设备严重受损，客房内有暴露的贵重物品，或发生刑事案件时，酒店管理部门也会做出双锁客房的决定。

7.2.2 房间状态信息的核实与更正

如上所述，客房的状态是瞬间的状态，从排房、入住、换房、退房、关闭楼层等无时无刻不在变化，这就要求前台接待处随时掌握客房动态，及时传递房态变化的信息。

7.2.2.1 引起客房状态转换的几种情况

（1）住客换房

客人换房的原因有客人主动要求换房的，如因房间设备损坏无法使用，或因设备、噪声影响休息等；住店期间人数发生变化；房间的位置、朝向、序号、楼层不理想；房价偏高等。也有酒店要求客人换房的，如酒店有团体或其他接待任务；由于住客超过原计划住店天数，而该房预订给其他客人的时间已到；客房需要保养或设备损坏需要维修等。应该注意的是，在一般情况下酒店不宜随意要求客人换房，以免引起客人抱怨或投诉。

(2) 住客离店日期的变更

客人因事需提前退房或延期续住，前台接待处要及时与预订处、前台收银处等部门取得联系，填写并传送有关通知单，同时通知客房部调整相应的服务工作。

(3) 客人退房

开房员接到客人退房离店的通知后，除通知客房部外，还应在客房状况显示架上做出调整。计算机操作的酒店可直接由前台收银员在计算机里调整。

(4) 关闭楼层

在淡季时，由于住客率下降，酒店可根据接待任务减少的现状，将部分楼层的客房停止出租，进行维修、改造、保养、整理。这样，有利于节约人力及能源消耗；有利于集中员工进行培训，及对设备设施进行保养与维修；有利于均等使用客房，达到平均客房折旧之目的；集中将客人安排在一些楼层，使其感到温暖。但是，接待处应及时发出关闭楼层的通知并做记录。

7.2.2.2 核对房态

由于前台的工作量很大，而且客房时常处于变化之中，虽然很多酒店通过计算机查询，可以知道酒店目前的房态，但由于工作上可能出现的差错，也会造成前台接待处的房态与楼层的实际房态不符。因此，房态的核对是必要的，以免出现“重房”或“漏房”现象，造成前台客房销售及客房服务的混乱。一般酒店客房部应每天2~3次由专人填写客房情况表，送交接待处进行房间状态的核对，以减少差错，提高房间分配的准确性。如发现房态不符，应及时纠正。

7.3 前厅员工销售技巧

为了增加客房销售的收入，前台接待员的工作不仅直接面向客人输入入住登记手续、排房，而且在接待服务工作中更应搞好面对面的对客销售。前台销售工作的成功与否，直接影响到客人对酒店的认识、评价和是否再次光顾，最终影响到酒店的经营效果。为搞好前台销售工作，前台接待员必须了解自己酒店所销售的产品和服务的特点及销售对象。其中，掌握对客报价方法和推销技巧是做好销售工作的重要前提。所以，不断地研究、总结和运用这些方法和技巧，已成为前台管理工作取胜的一个重要环节。

7.3.1 报价方法

酒店前台对客报价是酒店为扩大自身产品的销售，运用口头描述技艺，引起客人的购买欲望，借以扩大销售的一种推销方法。这种方法包含着推销技巧、语言艺术、职业品德等内容。在实际推销工作中，非常讲究报价的针对性，只有适时采取不同的报价方法，才能达到销售的最佳效果。因此，学习掌握报价方法，是搞好推销工作的一项基本功。以下是酒店业常见的几种报价方法。

(1) 高低趋向报价法

高低趋向报价法是针对讲究身份、地位的客人设计的。这种报价法首先向客人报明酒店的最高房价，让客人了解酒店所提供房间的最高价格及其宜人的环境和设施。在客人对此不感兴趣时，再转向销售较低价格的客房。

此类报价的指导原则与特点是：① 努力把客房产品的特征转化为客人的利益需要，积极地推销客房，而不是仅仅突出客房的价格。② 坚持高低趋向报价的一致性，严格执行酒店规定的报价原则。③ 要善于用描述性语言介绍适合客人的高价房的高档设备，高价房的良好服务给客人带来的高级享受，诱使客人做出购买决策。当然，所报价格应相对合理，不宜过高。

（2）低高趋向报价法

这是为对价格敏感的客人设计的客房报价法，即先报最低价格，然后逐渐报高价格。对这种报价法批评最多，认为这样做会使酒店失去很多获取利润的机会。

但不可否认的是，它也往往给酒店带来广阔的客源市场。因为，在客源市场中不乏寻找低价客房的客人。这些客人在比较其他酒店的价格后，一旦发现本酒店报价较低，就可能转向本酒店购买。同时，用低高趋向报价法有利于稳定酒店的竞争优势。

（3）交叉排列报价法

这种报价法是将酒店所有现行价格按一定排列顺序提供给客人，即先报最低价格，再报最高价格，最后报中间价格。这样可使客人有选择各种价格的机会。这样做，酒店既坚持了明码标价，又维护了商业道德；既方便客人在整个房价体系中自由选择，又增加了酒店出租高价客房、获取更多收益的机会。

（4）选择性报价法

选择性报价法，即将客人定位在酒店房价体系中的某个范围，做有针对性的选择推销。

采用此类报价法要求前台操作人员善于辨别抵店客人的支付能力，能客观地按照客人的兴趣和需要，选择提供适当的房价范围。

一般报价不能超过2种以上，以体现估量报价的准确性，避免选择报价时犹豫不决。

（5）利益引诱报价法

利益引诱报价法，是对已预订到店的客人，采取给予一定附加利益的方法，使他们放弃原预订客房，转向购买高一档次价格的客房。

此类报价要强调给予客人的附加利益，同时在原预订房价和改换房的价格之间不做令人不愉快的比较。

（6）“三明治”式报价法

此类报价方法是将价格置于所提供的服务项目中，以减弱直观价格的分量，增加客人购买的可能性。此类报价一般由前台接待人员用口头语言进行描述性报价，强调所提供的服务项目是适合于客人利益的，同时要注意报价不宜过多，要恰如其分。

（7）灵活报价法

灵活报价法是根据酒店的现行价格和规定的价格浮动幅度，将价格灵活地报给客人的一种方法。

此类报价一般是按照物价部门和酒店主管部门的规定，根据酒店的具体情况，在一定价格范围内适当浮动，灵活报价，以调节需求，使客房出租率和经济效益达到理想水平。

7.3.2 销售技巧

7.3.2.1 对普通客人的销售技巧

● 销售一间客房同销售一件商品一样，要善于用描述性语言向客人提供几种客房的优势，说明能给客人带来的好处，以供客人选择。但不要对几种客房做令人不快的比较。

● 不要直接询问抵店客人要求哪种价格的房间，应在描述客房情况的过程中，试探客人需要何种房价的客房。

● 除非客人有特殊要求，一般不要报最低房价，或只报一种房价，要提供一个可让客人选择的房价范围，明确一种客房相对另一种客房的特殊利益，如大小、地点、家具以及其他特殊性等。

● 要善于观察和尽力弄清客人的要求和愿望，有目的地销售适合客人需要的客房。对游客可重点销售店内视野宽阔、景致宜人的客房；对商人或完全为放松休息而来店的客人则销售店内较为安静的客房；对度蜜月的新婚情侣、高额收入者和有声望的名人尽量销售套房。

● 不要放弃对潜在客人推销客房。必要时可派人陪同他们参观几种不同类型的客房，增进与客人之间的关系，这将有助于对犹豫不决的客人促成销售。

● 要注意利用销售附加服务的机会。对提前到店的客人可销售餐厅设施，对晚上很晚才入住的客人可有针对性地销售娱乐设施和客房送餐服务。

● 避免前台工作出现“停顿”。如果确定不了某位客人的预订，在有现房的情况下，可先安排客人住宿，然后再处理预订单，不要让客人久等。同时，也不要因为一时确定不了客人的住房，而在客人面前一味责备订房部或销售部，而不积极处理客人的要求。

● 客人结账时，常会出现账单杂费问题的争执，处理不好可能会对他们的整个旅游活动和对酒店整体印象笼罩上阴影。因此，酒店要有处理有关问题的政策规定和管理要求。

7.3.2.2 对“优柔寡断”客人的销售技巧

对优柔寡断的潜在客人销售客房，比对完全知道自己需要何种房的客人销售更难。对客人的询问要做到有求必应，有问必答，任何冷淡都会失去对这些客人的销售机会。对这样客人的销售工作要点是：

● 要了解客人抵店的动因，是为了商务、度假、度蜜月、观光，还是享受娱乐等，由此确定销售何种类型客房是非常重要的。因此，要善于耐心、巧妙地向客人说明不同类型客房的特点、优点，帮助客人做出合理的决策。

● 在营业淡季，当客人显出犹豫时，可让行李员或助理经理陪同他们参观几种不同类型的客房。这样做，即使他们这次不住，但在下次需要住房时，很可能会记起这种特殊的服务。

● 在推销客房的同时，注意介绍酒店周围的环境，如酒店附近新建的大型购物中心，离店不远的娱乐城或四通八达的地铁站等。前台接待员要表现出对所在城市、对酒店的热爱和对自身工作的自豪感，以及对附近旅游胜地的喜爱，以便对客人产生一定的感染力和诱惑力。

● 接待员要熟悉酒店所能提供的各种服务内容，让客人知道酒店所有的免费服务项目和各种赠品，这种小的附加利益往往会起到积极的促销作用。

● 对“优柔寡断”客人的销售，通常需要多一些耐心和多费一番努力。只有这样，才能争取优柔寡断的客人做出对双方都有利的决定。

7.3.2.3 对“价格敏感”客人的销售技巧

人们关心价格是很自然的，因为人们都想购到物美价廉的商品。因此，酒店对“价格敏感”客人的销售应有相应的销售技巧：

● 由于大多数消费者在做出购买决策时总是把价值与价格联系起来，因此，酒店在向抵店客人报房价时，积极描述住宿条件显得非常必要。

● 提供给客人一个选择价格的范围，而不是仅仅报最低价格；同时运用描述性语言说明高价客房的优点，但也不否定较低价格客房的设施，而是恰当地分别介绍二者各自的优点，如：“我们现在有95美元和75美元的2种客房。95美元的客房是一种较大的双人套房，带有一间起居室；75美元的客房也不错，能看到美丽的海港景色。”

● 描述不同类型的客房时，要提供一种相对的利益区别。如：“95美元的客房大而舒适，面对着泳池；75美元的客房比较温馨、舒适，面对安静的花园庭院。”当客人了解到客房的特征和设施会使自己得到某种满足时，就有可能转向购买高价客房。

● 要帮助客人购买而不要强迫客人购买。酒店是重复性服务行业，也许某一次使客人勉强购买了高价客房，一时获取了较高收入，但由此造成的影响和损失会比所获取的利益更大。

● 推销人员要熟悉本企业所提供的特殊价格政策，认真了解价格敏感型客人的背景和要求，采取不同的销售手段，给予相应的折扣，争取客人住店。

7.3.2.4 工作繁忙时的销售

由于团队客人和外地客人的到店时间往往比较集中，有时会造成到店客人排长队等候的现象，客人对不能马上进入房间会表现出不耐烦。此时，如果不耐烦的客人遇到不耐烦的前台服务员，酒店利益肯定会随之失掉。在这种情况下，服务员除了注意语言和态度外，销售工作的要点是：

● 接待高峰前应做好接待准备，前台要通过预计客人到达名单和团队预订资料表，了解散客和团队到店时间，尽量做好准备工作，以减少客人入住时手续的等候时间。同时，要查看计算机终端显示的现时客房状况，确保客房管理报告处于最新状态，准确无误。

● 入住高峰时，要确保手头有足够登记所需的文具用品，保证工作有序、高效。

● 入住高峰时，可选派专人指引、帮助客人办理入住登记，以缩短等候时间。

● 按照“先到先服务”的原则，认真接待好每一位客人。

【思考题】

1. 试述房价制定的原理。
2. 试述房价制定的方法。
3. 房价制定的策略与技巧有哪些？

4. 客房价格有哪几种类型?

5. 按国际惯例，酒店的计价方式通常有几种?

6. 试述前厅员工的销售技巧。

【经验性训练】

模拟训练酒店员工推销客房

概述:

为了让学生更加直观感受到客房推销技巧，以便理论联系实际，同学将分成若干团队，通过角色扮演的形式来进行练习。

步骤:

1. 学生分成若干小组，每小组4人，其中1人扮演服务员，3人扮演客人。
2. 在实践课上进行角色演练。
3. 演练结束后，每个小组进行自评，然后进行各小组互相评价。
4. 各小组派代表对演练的经验教训进行分析总结，并在课堂发言。
5. 最后，评选出最佳服务员和最刁难的客人，并进行奖励。

【案例分析】

客人的奖品是飞机票

1996年圣诞节前夕，美国孟斐斯的马里奥特大酒店内，五色彩旗高高飘扬，大堂内铺上了红地毯，树起了欢迎牌：欢迎联合化工公司托夫纳先生第500次下榻本店。当托夫纳在机场代表的陪同下步入酒店大门时，乐队奏起了欢迎曲，公关小姐送上鲜花，销售经理送上奖品——西北航空公司的2张欧美飞机票和1张有效期为1个月的全球马里奥特连锁酒店的免费住宿卡。酒店总经理亲自把象征企业主人的金钥匙挂在他胸前。顿时，掌声、欢呼声、照相机拍照的咔嚓声四起，一群新闻记者纷纷上前采访……

托夫纳显得有些腼腆，略微思考后，他以答谢代替了对记者的回答："近20年来，我一直担任化工物品的批量检验工作，往来于匹兹堡与孟斐斯之间，几乎半个月就来一次，住上三四天。我一直选择马里奥特的原因，除了洁净、安全、服务一流外，主要是图个实惠，喜欢奖品。1985年以后，我每住一次获250km的奖励积分，一年20次达5000km，还可折算成免费房和景点门票。用这些积分，我每年暑期带妻子儿女去国外旅游一次。我们已去过加勒比小岛、巴西大森林、摩纳哥、夏威夷、日本、澳大利亚和中国香港特区。我用这些奖励，每年邀请商业上的朋友去马里奥特高尔夫球场打上几天球，真舒服极了，而每夜140美元的补偿费，当然由公司报销。而且奖励数年增加一次，我都不知道如何使用这些奖品了。只要不退休，还是住马里奥特酒店。"

记者们听了也不觉得奇怪，因为他们自己是酒店奖品的受益者，只不过没有托夫纳先生这么多罢了。他们有些纳闷，欧美住宿业、空运业均流行这一方法，但酒店和航空公司这么做，是否会亏本呢？他们相互间的利益关系该如何处理？

该集团市场部副经理K. 皮尔逊稍后道出了内幕："十大连锁酒店集团均有住宿奖励计划，目的是拉住周期性入住的固定客源，航空公司也一样，商务客是我们的共同促销对象。当然奖励的方式不一样，我们采用俱乐部制，入会者可享受每消费1元获2.5km的奖励，也有奖励购物信用卡中，只需在入住时花费一定的金额，可免费购物。有的是奖品与现金相结合，供客人选择，但选择现金的人不多。此外，麦当劳奖励的是游乐场门票。总之，跨行业联合促销可丰富酒店产品的内涵，反正羊毛出在羊身上。"此话一语道破天机，酒店与航空公司双方的确存在订房、订票和共同促销、互利互惠协议。

从经济学角度看，酒店和航空公司合作均有收益。航班每公里人均成本0.15美元，奖励200km才30美元，仅占高档酒店标准房门市价的1/4～1/6。酒店以优惠价购入机票，但以实价售客房，一概不打折。然而，如客人不要奖励，或不加入VIP俱乐部，则可享受8折房价的优惠。航空公司以优惠价出售机票，可固定获得30%的乘机客源，成为保本底线的一部分。

【案例思考题】

1. 本案例给我国酒店客房销售提供了哪些借鉴？
2. 谈谈你对马里奥特酒店的了解及其成功的经验。

【本章推荐阅读书目】

1. 酒店服务180例. 蒋一枫. 东方出版中心，1998.
2. 前台与客房管理. 刘伟. 高等教育出版社，2006.
3. 前台客房服务与管理. 林璧属. 清华大学出版社，2006.

【相关链接】

1. 华夏旅游网 http://www. ctn. com. cn/
2. 中国旅游热线 http://www. cnto. com/
3. 中国旅游资讯网 http://www. chinaholiday. com/
4. 信天游网 http://wwwtravelsky. com/

第 8 章

前厅部服务质量管理

【本章概要】

作为酒店的“窗口”“门面”，前厅部服务的好坏直接关系到宾客对酒店的评价，因此前厅部服务质量管理是酒店服务与管理极为重要的内容。本章内容在分析服务的内涵与性质的基础上，重点分析优质服务的内涵以及前厅服务质量管理的内容、方法。应当充分认识前厅部的优质服务有赖于有效的安全管理和酒店各部门的全力配合，必须加强前厅部与其他相关部门的协调与沟通。

【学习目标】

- 掌握服务与服务质量的内涵、本质、服务宾客原则；
- 熟悉服务意识要点、前厅质量管理内容与方法、标准化服务与个性化服务的关系；
- 熟悉前厅部与相关部门的协调与沟通、前厅部安全管理的内容。

【关键性术语】

服务、服务质量、优质服务、标准化服务、个性化服务、协调与沟通、PDCA、TQM、6δ、安全管理。

【章首案例】

满意加惊喜

某日上午9:00，桂林××酒店礼宾部小张当白班，这时客房部主管小马找到小张，204房客人想借一下桂林市的地图，小张立即将礼宾部的桂林市地图拿出来交给了客房主管。

204房住的客人小张并不陌生，他是酒店常住客人景先生的客人，这次来桂，景先生带着他们在市里玩了几天，昨天景先生带客人出去时，由于近日天气变化无常，小张还特意为他们准备了几把雨伞，一是为了防雨，二是为了防晒。当时小张与204房客人在大堂见过面，小张听到204房客人要借地图，心想：“客人可能是想了解一下桂林的街道情况和想找好地方去游玩吧”。

于是小张拿起了电话拨通了204房间，果然没有猜错，客人知道桂林是著名旅游城市，城市内除了自然景观外还有很多人文景观，想了解一下该怎么去。小张立即打开了礼宾部电脑搜集了大量的桂林靖江王城、王陵、甑皮岩遗址等人文景观信息资料，并向客人详细讲解了桂林的历史，客人听得津津有味。

当小张介绍完后，客人赞叹地说：“非常感谢你，我来的时候就听景钦平先生介绍过他住的酒店服务非常的好，并且还有金钥匙服务，那天你在大堂主动借给我们雨伞，我们就已经感觉到你们酒店服务的细致，为客人着想”。小张连忙说：“先生，您过奖了，这是我们酒店应该做的。如果您有什么需求，尽管联系我们。”10:00，礼宾部电话响了起来，来电显示是204房，小张拿起电话说道：“您好，礼宾部”。客人笑着说到：

“呵呵，礼宾部还得麻烦你点事情，明天我们几个朋友准备到越南下龙湾去，你那里有没有越南下龙湾的地图呀。”听到这，小张心想碰到问题了，但他马上对客人说：“好的，先生，您稍等一下，我帮您想想办法。”放下客人电话后，小张立即拨通商场电话询问是否有越南下龙湾地图，得到答复没有。

小张想了想，便用礼宾部计算机上网查询，哈哈，真是很幸运，果然找到了客人要的地图并且还附着介绍风土人情。将这个消息告诉了204房间的客人，由于客人没有计算机，小张约请客人来到礼宾司工作台查看资料，经过一番记录，客人满意地与小张握了握手，说到：“感谢你，没想到你真的能找到了下龙湾地图，这次来，××酒店的服务给我留下深刻的印象。如果我的朋友来桂林，我也会推荐他们到这里住。”

如果说制度化、规范化、标准化的执行结果，只是让客人满意的话，那么细微化、延伸化、个性化的服务，则可能让客人惊喜。满意加惊喜，才能使客人成为回头客。让我们赶快行动起来吧，用我们的快乐，我们的微笑，将最优质的服务，展现给每一位宾客。

8.1 服务的内涵与性质

8.1.1 服务的内涵

酒店因“服务”而存在，服务是酒店生存的哲学。什么是服务？专家说：服务是满足客户需要的一系列特征的特性的总和。管理人员说：服务是由一些项目组成的酒店产品。一线员工说：服务就是工作。客人说：服务是一种能够体现自我价值的享受。

“服务”一词在汉语中的解释是：服务就是为了集体（或别人的）利益或为某种事业而工作，它不以实物形式而以提供活劳动的形式满足他人的某种特殊需要。

服务是结合有形的设施、产品与无形的内涵、文化所形成的复合体。而大多数学者把有形和无形的比例认为分别是1/3、2/3，这说明无形的东西在服务中的重要性。更深层次的理解，服务的构成要素包含了主体、客体和媒介，主体是服务的供应者，也就是企业；客体是服务的接受者，就是顾客；而媒介是协助服务供应者将服务顺利地传递给顾客，或者协助顾客接受服务。要实现某种服务，人是最关键的因素。

8.1.2 服务的本质

对于服务，不同的人有不同的理解，处于不同发展阶段和发展水平的酒店对服务的理解也会有所差异。生产导向的酒店把服务仅仅看成是卖产品的一个环节，服务停留在随意化、情绪化的基础上。产品导向的酒店把服务作为酒店的核心产品进行销售，并制定各种标准予以规范，提供的是规范化服务。而客户导向的酒店则以满足客人的个性需求为目标，倡导个性化服务。由此看来，服务是有层次的，但服务的本质都是一样的。

服务是硬件、软件的统一体。服务的本质，就是通过无形过程满足客户特定需求，创造交换价值。

酒店服务需要硬件作基础，设施设备能满足客人的基本需求，有缺陷的设施设备不可能让客人满意。当然，硬件的要求不仅仅是豪华，更体现在文化方面，如色彩搭配是否合理、装饰布置是否和当地民俗一脉相承等。软件则主要包括酒店服务流程、规范标准等方面以及员工的服务态度、效率等，服务流程、规范标准的设计是否能让客人感到舒适非常重要，而员工的真诚、高效、快捷的服务更是对客人的感受起着至关重要的作用。如果员工在服务过程中不用心，哪怕酒店的硬件再好、各类条例再规范，客人也不会如意。服务是硬件、软件的有机结合，在一定意义上说，软件比硬件更重要。

8.1.3 服务产品的特点

8.1.3.1 酒店服务产品构成的综合性

酒店服务产品构成内容既包括有形的设施设备、服务环境、实物产品，又包括无形的服务等多种因素，且每一因素又由许多具体内容构成，贯穿于酒店服务的全过程。其中，设施设备、实物产品是酒店服务质量的基础，服务环境、服务是表现形式，而宾客满意程度则是所有服务产品质量优劣的最终体现。酒店服务产品构成的综合性的特点要求酒店管理者树立系统的观念，把酒店服务质量管理作为一项系统工程来抓，多方收集酒店服务质量信息，分析影响产品质量的各种因素，特别是可控因素，既要抓好有形产品的质量，又要抓好无形服务的质量；不仅做好自己的本职工作，还要顾及酒店其他部门或其他服务环节，更好地督导员工严格遵守各种服务或操作规程，从而提高酒店的整体服务产品质量。正如“木桶理论”所说的，一只由长短不一的木条拼装而成的木桶，它的盛水量取决于最短的那根木条的长度。因此，酒店服务产品应该有自己的强项和特色，但不能有明显的弱项和不足，否则就要影响服务产品质量的整体水平。

8.1.3.2 服务产品不可储存

西方服务业流行一句话：世界上最不容易储藏的东西有三样，一是律师的时间，二是飞机的座位，三是酒店的客房。这形象地反映了酒店服务产品的即时性和易逝性。服务的不可储存要求酒店提供的任何服务都要及时，因为超过了一定的时间客人也许不会再有服务的需求了，服务产品的价值将永远失去。比如前厅的预订电话、咨询电话，只要电话响起，三声之内一定要有人接（因为电话响过三声之后没有人接，打电话的人往往就会产生烦躁情绪），否则客人就会转投他店。同样，如果客房设备出了点小问题，而得不到及时的修理，最后的结果恐怕就是客人下次再也不会光临，致使酒店永远失去这位客人。因此，酒店的每一个员工都要树立这样一种理念：每一声电话铃的后面都有一个客人在焦急地等待。

8.1.3.3 服务产品生产与消费的同步性

服务作为一种产品，不会像其他实物产品一样随着时间的推移和使用率的增加，而失去原来的性能。服务的生产与消费是同步的，只在服务过程中体现出来，离开这个过程服务就消失了。所以，从这种意义上说，服务是一次性的。一次性服务产品的质量如何，只体现于客人当时的感知，而不是服务后的补偿。如行李员将客人的行李搬运到客人所住的房间，这一服务提供过程中，行李员热情的招呼、细致认真的工作态度、恰如其分的解说服务能给客人留下良好的印象，换句话说，客人对于这种服务的评判是取决于行李员的服务过程，而不仅仅是行李员搬运行李这一行动本身，服务生产的过程与消费过程处于同一时空。因此，酒店要加强“服务接触”管理，对服务接触的各个环节都形成制度和规范，对什么接触点提供什么样的服务提前做出安排。而对于酒店服务人员来讲，每一次对客服务都要有“第一次”的心态，通过积极投入的态度和周到的服务安排让客人在接触的“第一时间”就获得良好的体验。只有良好的体验才能给客人留下难忘的印象，从而增加再一次消费的可能性。

8.1.3.4 服务产品需要客户导向

好的服务必然是以客人的满意为标准的。曾经有段时间，在其他地方声誉向来非常好的“海尔”洗衣机却在四川市场遭到很多人的投诉，海尔总部派人调研发现，原来许多客户用洗衣机洗红薯，淤积的泥沙影响了洗衣机的正常运转。这本来属于不正当使用的范畴，但“海尔”却不这样想，他们认为这是客户需要洗衣机有这种功能。于是，他们进行技术改进，在售往该地区的洗衣机的涡轮上做了一个改动，这样，洗衣机就不但能够洗衣服还能够洗红薯。客户导向使得“海尔”洗衣机在该地区大受欢迎。酒店服务更应如此，不能仅仅站在酒店自身包括服务标准和规范的角度考虑问题，而要站在消费者即客人的角度考虑问题。比如，现在客人在前台进行入住登记时常常不愿等待，或因旅途疲惫想坐着进行登记，等等，这就需要酒店站在客人的角度深入研究如何满足他们的需要。因为，客人的消费需求和消费行为永远是正确的。

8.1.3.5 服务产品具有依赖性

服务是一个服务主体与服务客体互动的过程。因此，服务质量的最终形成不仅是酒店服务员单方面的事情，而且还依赖于服务对象即客人的参与程度。这种依赖性，首先体现在客人的差异性上，即每一个客人要求的服务并不都是相同的，不同客人在服务的需求上存在着差异。因此，服务要根据不同的情况区别对待。其次体现在即使是同一个客人，在不同的时段对服务的要求也会有所差异。比如，当客人心情非常舒畅、春风得意时，对服务就不会很挑剔，对酒店提出的一些要求也很容易配合；相反，如果客人遭遇不愉快的事情或受到重大打击时，对服务的要求就会更高，服务员稍有不慎，就有可能引起客人极大不满，成为客人发泄的导火线。服务的依赖性客观上增加了一线员工保持服务稳定性的难度。因此，酒店在量化服务标准的同时，要加强员工培训，提高员工服务沟通和察言观色的能力。另外，还要关注员工，提高员工满意度，因为“没有满意的员工，就不会有满意的客人”。

8.1.4 服务意识

8.1.4.1 宾客的心理需求

酒店宾客的需求呈多样性与多层性，按著名心理学家马斯洛的需求层次理论，酒店宾客的服务需求覆盖所有 5 个层次，即生理需求、安全需求、社交需求、尊重需求和自我实现需求，但不同的宾客需求层次不尽一致。此外，宾客的服务需求也可分为物质性需求和精神性需求两大类。宾客的心理需求属于精神性需求一类。

概括起来，宾客的心理需求包括以下几方面。

(1) 安全

宾客怕东西被偷，怕遇到火灾，怕别人伤害，希望能保障他的财产和人身安全。宾客的疑心很重，不允许别人动他/她的东西；不希望自己人身的秘密被泄露出去等。

(2) 卫生

宾客有的有洁癖，最讨厌看到别人随地吐痰等行为；宾客讨厌看到别人有挖鼻子等行为。

(3) 方便

国外有不少酒店管理专家认为，酒店应是宾客的“家外之家（Home away from home)”，这是因为人们普遍认为家是最方便的地方。如果宾客出门住酒店没有觉得诸多不便，通常便把酒店誉为“宾客之家”。

(4) 尊敬

宾客是上帝，员工见到宾客不打招呼，宾客感到很不满意；宾客看不惯员工的那种不以为然的神态；员工看到宾客不让路，宾客也不会高兴等。

(5) 高效

宾客怕别人浪费他的时间；宾客最讨厌拖拉的作风；宾客是一个没有耐心的人；别把宾客的电话接来转去等。

(6) 舒适

宾客睡觉时，一有声音，就睡不着；宾客不喜欢在用餐时别人看着他；宾客不喜欢别人对其衣着等投来奇异眼光等。

客人的名字

一位常住的外国客人从酒店外面回来，当他走到服务台时，还没有等他开口，问讯员就主动微笑地把钥匙递上，并轻声称呼他的名字，这位客人大为吃惊。由于酒店对他留有印象，使他产生一种强烈的亲切感，旧地重游如回家一样。

还有一位客人在服务台高峰时进店，服务员突然准确地叫出：“××先生，服务台有您一个电话.”这位客人又惊又喜，感到自己受到了重视，受到了特殊的待遇，不禁添了一份自豪感。

另外一位外国客人第一次前往住店，前台接待员从登记卡上看到客人的名字，迅速称呼他以表欢迎，客人先是一惊，而后做客他乡的陌生感顿时消失，显出非常高兴的样子。简单的词汇迅速缩短了彼此间的距离。

此外，一位VIP随带陪同人员来到前台登记，服务人员通过接机人员的暗示，得悉其身份，马上称呼客人的名字，并递上打印好的登记卡请他签字，使客人感到自己的地位不同，由于受到超凡的尊重而感到格外的开心。

学者马斯洛的需要层次理论认为，人们最高的需求是得到社会的尊重。当自己的名字为他人所知晓就是对这种需求的一种很好的满足。

在酒店及其他服务性行业的工作中，主动热情地称呼客人的名字是良好的服务意识的体现，也是一种服务的艺术。通过酒店前台员工尽力记住客人的房号、姓名和特征，借助敏锐的观察力和良好的记忆力，做出细心周到的服务，使客人留下深刻的印象，客人今后在不同的场合会提起该酒店如何如何，相当于酒店的义务宣传员。

8.1.4.2 酒店服务意识

（1）服务意识

服务是重要的意识 酒店是服务性行业，好客是此行业的最基本特点，服务是酒店的灵魂与精华，偏离服务意识的酒店常常是一塌糊涂。为宾客服务是酒店作业人员的真正的和全部的工作内容，虽然平时酒店划分为很多不同的部门，其基本工作职责都不一样，但每个部门所做工作的目的是很清楚，那就是为了服务宾客，为了宾客的满意。

优质服务意识 酒店从业人员不能只是将服务简化，而还须将服务工作做得更深一层，优质服务。让宾客感到满足基本需求的同时，还要让其感到更为高兴与愉快。

全员服务意识 正如前面所提及，服务是酒店行业的基本特征，是每个酒店从业人员都必须具备的最基本素质，不管是部门经理或总经理或普通员工都应遵守此规则，而不仅是要求普通员工注意仪容仪表、礼貌礼节、高效服务等。部门经理或主管人员均应具有良好的对客服务意识。

宾客至上意识 在平时我们每位服务人员都可以背得出来，“宾客需要第一，宾客永远是对的，以诚信承诺宾客，以人际关系稳住宾客，以高明有效的技术提供服务”等，但在个人产生情绪时，却又开始埋怨宾客的不对，所以员工要时时刻刻牢记并随时约束自己。

（2）公关意识

对外推广意识 酒店每位员工都必须清楚，酒店每位从业人员的形象都代表着酒店的形象，推广酒店员工的形象就是推广酒店的形象，酒店就像一块广告牌，酒店各个工作场所就是广告空间，酒店每位员工在其中穿梭，就是将酒店的形象描绘在上面。因此，不要误认为公关意识只是公关部人员的事情，只是一些报纸、电视或路边广告等媒介的事情，它应是酒店每位员工的事情。

对内协调合作意识 酒店要求每位员工都应有合作精神，要放弃本位主义，这一切是为了工作，坚决反对任何人将工作复杂化。只有相互配合才能最终达到酒店的目标。

做好本职工作 如果一位同事连本职工作都没有做好，帮助别人的说法无疑是无稽之谈。因此每位员工都要熟悉本岗职责，同时要认真负责本岗位工作。

（3）成本与效益意识

利润是酒店赖以生存的基础，而利润等于收入减去成本。只有取得了一定的经济效益，酒店才能得以生存与发展。员工应注意节约水、电等资源，以降低酒店成本。

（4）标准意识

酒店是较为规范的行业，每个岗位都有相应的工作程序，因此每家酒店都制定了相应的标准。唯有遵守相关的标准，才能使复杂的系统简单化，使服务得以持续化、程序化，才能使琐碎的工作制度化。

8.1.4.3 服务宾客原则

遵循一定的服务原则或者说是服务的理念，对酒店经营而言非常重要，因为这将成为酒店管理层或服务层对宾客服务的指导思想，贯彻到酒店的所有经营管理工作当中。每家酒店都有自己的一些服务原则，通常有如下几点。

（1）在我们与宾客和员工的各种关系中表现出诚实和关心

诚实是每一个人最重要和最宝贵的品质，没有诚实就没有信任。酒店要求其从业人员要做到对业主、对宾客、对管理层、对同事诚实，都要用关心体现积极的态度，体现将事情做好的愿望。因为关心在酒店行业意味着对待所有的人都一视同仁，对酒店内部与对酒店外部的宾客都体现出关心。诚实与关心是酒店团队的基石。

（2）我们与宾客的每次接触中，要尽力多为宾客服务

严格按照标准服务只是酒店提供的最低可以接受的服务，但酒店从业人员需要尽力多做一点，超越宾客的期待，同时注意因宾客而异。酒店从业人员要预测不同宾客的需求，从而对待他们也应有所不同。

（3）我们要为宾客提供始终如一的服务

始终如一有赖于酒店统一的服务标准及其工作程序，酒店只有构建标准体系才可能得以顺利运作。

优质服务表现为提供个性化和有创意的服务，即在恰当的时间、恰当的地点、恰当的事情、提供恰当方式的服务及其内容；同时为了让此体系有效运作，酒店需有全程的质量监控体系作为支持。

（4）我们要保证我们的服务程序有益于宾客并方便员工

每家酒店都不鼓励呆板的机器人似的服务，希望其员工要在服务当中加进感情。有时，酒店服务人员要为宾客提供延伸服务，因此服务人员必须在平时的工作中密切注意宾客的需求，吸取意见，改进服务质量，大胆开拓，勇于创新。

（5）我们要确保在同宾客接触时，相关的决策都能及时做出

酒店要求每位员工要熟悉相关政策和程序，同时要对业主、客人和员工利益负责，要有责任感。每位管理人员都须懂得授权，让下属有足够大的权限来处理出现的问题，要追求成效。尽管在平时的问题处理中错误在所难免，但要极力纠正。

（6）我们要将宾客对我们服务满意度作为我们经营的主要驱动力

酒店的生存很大程度上依赖回头客，酒店从业人员须尽力使每位宾客成为酒店的回头宾客。对客人的要求要及时回复，采取积极和主动的态度来解决宾客的问题。

（7）我们要尊重当地的风俗和价值观

酒店必须清楚地向当地社区开放，要热情和友好地让酒店本身融入当地环境和社区，通过奉献社会使酒店得到社会的承认与接受，藉此来占领当地市场。

（8）我们要有意识地挑战每一项工作程序以使其趋向完美

酒店从业人员要有冒险精神，不断寻求更好的、新的服务方式，积极认可并支持好的意见与建议。在这一过程当中酒店从业人员需愿意挑战制度，以获取新产品、新程序和新服务等。

（9）满足宾客是员工的首要任务

“首要”代表着一切以宾客为中心，一切以宾客为核心。酒店服务不仅要求关注宾客，更为重要的是以满足宾客为第一任务和首要工作，将对宾客的关注和需求满足放在第一位。如一位宾客向前台收银员走来，此时服务员正在点钱或盘点或其他一些事情，那么最常见有4种情形：

情形一，处理完手头上的事情再将注意力转向宾客，因为此时点钱最容易出差错；

情形二，抬起头向宾客打招呼，以示关注，然后埋头继续做自己的事情；

情形三，抬起头向宾客打招呼，并且说“对不起，请稍等”，然后尽快将手头的工作做完再去接待宾客；

情形四，立刻停下用头上的活，全神贯注招待宾客。

宾客当然希望得到第四种情形的待遇。这也要求服务人员不仅要在看到宾客的第一眼就给宾客打招呼，显示酒店对宾客的重视程度，同时显示以服务宾客为首要工作、随时随地准备为宾客服务的意向。

8.2 前厅服务质量管理

8.2.1 服务质量的内涵

酒店服务质量通常有2种理解：狭义上，酒店服务质量指酒店服务员服务劳动的使用价值，这里的服务劳动是不包括任何实物形态的服务劳动。广义上，酒店服务质量是一个完整的服务质量的概念，它是指酒店综合自身所有资源和要素，以其服务活动所能达到规定效果和满足客人需求的特征和特性的综合，主要由环境质量、设施质量、产品质量和服务水平等方面构成。

8.2.2 前厅服务质量的评价标准

美国心理学家赫茨伯格（F. Herzberg）的双因素理论：激励因素能激发人的积极性；但要使激励因素产生作用，保健因素必不可少。酒店服务质量中同样存在保健因素和激励因素。保健因素即标准化的服务，激励因素则是个性化服务。保健因素能保证客人不会不满意或者基本满意，而不能使客人完全满意；但是万一达不到这种标准，那客人就一定不会满意，甚至引起投诉或者失去客源。

前厅服务质量的评价标准是从客人角度出发，对前厅服务的环境、产品、人员3个方面提出的基本要求，是酒店视觉形象、服务功能性以及精神享受方面最本质的标准化服务规范。以下标准之所以说是“黄金标准”，一是普遍适用性，它并不是专门针对高星级酒店的服务标准，而是每个酒店在服务中应当做到，并且能够做到的基本标准，反映了酒店标准化服务的精髓；二是实施重要性，让客人在整洁美观的环境感受到亲切礼貌的服务态度，享受到安全有效的服务，这是使客人满意的必要条件和基本保证。

(1) 标准一：凡是客人看到的必须是整洁美观的

客人认识一个酒店往往从表面、尤其是酒店的门面——前厅部开始，如酒店前厅的立面、台面、墙面、顶面、地面、脸面等，由此形成客人对酒店的初步感觉。整洁，即整齐清洁；美观，即给客人一种美的享受。它是酒店前厅环境、服务气氛的基本要求，是给客人的第一视觉印象。

整洁美观，首先必须注意酒店的店容店貌，大堂装修要精致典雅；装饰布置要画龙点睛；物品摆放要整齐有序；大堂环境要洁净美观；工作井然有序。其次必须注意前厅员工的服饰仪表与举止，要求做到端庄、得体和大方。若工作服设计缺乏职业美感，工作服的洗涤保养很不到位，这既影响员工的情绪和形象，又影响客人的视觉形象。

（2）标准二：凡是提供给客人使用的必须是有效的

有效是客人对酒店服务的核心需求。前厅服务的有效，首先表现为设施设备的有效。这就要求酒店的功能布局要合理，设施要配套，设备要完好，运行要正常，使用要方便。例如，大堂处设置的店内公共电话、磁卡电话，有的要么不设置，要么设置在客人几乎找不到的地方；团队客人接待区与散客接待区、行李区、客人活动区不加区分、混合使用，致使客人多时大堂内乱糟糟，毫无次序可言；有些酒店的前台电话机、大堂副理处的电话机振铃声过响，使客人常有惊吓之感。其次表现为酒店用品的有效。这就要求前厅部提供给客人的用品在数量上要满足客人的需求，在质量上要符合功能性和物有所值的要求，在摆放上要方便客人使用，如当地旅游的宣传资料供给与摆放等。再次表现为服务规程的有效。这就要求酒店服务项目的设置要到位，服务时间的安排要合理，服务程序的设计要科学，服务方式的选择要恰当，服务标准的制定要适度，员工的服务技能要熟练。酒店服务对客人而言大体可分为2类：一类是客人自己所需的，可称为核心服务，如整洁、舒适、宁静、安全的客房；另一类是客人自己并不需要，但要得到核心服务所需经历的过程，可称为辅助服务，如前台入住接待服务、客房整房服务。对于后者，客人一般要求越快、越简便越好。目前中国酒店辅助服务流程有待进一步优化，如前台接待服务流程，很多酒店前台设有众多岗位，分属不同部门，这就使客人办理入住手续时不得不左右移动，并且使客人等候时间过长。如能代之以“一站式”服务，则就会给客人带来很多方便。

（3）标准三：凡是提供给客人使用的必须是安全的

安全是对酒店产品最基本的要求。“安全”，即酒店所提供的环境、设施、用品及服务必须保证客人人身、财产和心理的安全。要保障客人的安全，必须做到设施设备安全、服务安全、安全管理的有效。

（4）标准四：对待客人必须亲切礼貌

亲切礼貌是酒店对客服务态度的基本要求。主要表现在员工的面部表情、语言表达与行为举止3个方面，作为一线核心部门前厅部员工在这一方面要求更甚。

员工的面部表情，微笑服务始终是最基本的原则。微笑服务，美在仪表仪态，贵在热情真诚，重在技术专业，巧在交流沟通。也就是说，微笑服务要与自身的仪表仪态相统一，同时要对客人有发自内心的热情，辅以柔和、友好、热情、亲切的目光，并在服务中及时与客人沟通，才能笑得自然、笑得自信，客人看起来才能亲切礼貌。

服务用语，首先必须注意礼貌性。要用尊称语称呼客人；客人进入时要有迎候语；与客人见面时要有问候语；提醒客人时要用关照语；客人召唤时要用应答语；得到客人的付款、协助或谅解等要有致谢语；客人向我们致谢时要用回谢语；由于我们条件不足或工作疏忽未满足客人需要或给客人带来麻烦时要有致歉语；客人着急或感到为难时要及时用安慰语；客人离店时要有告别语。其次必须注意艺术性和灵活性。只是生搬硬套礼貌用语，缺乏感情色彩，只会使客人感到生硬，就达不到亲切的服务效果。交谈中要理解客人的心理，做到有的放矢，不致盲目服务。如有一位行李生在为一位右脚有残疾的客人服务时说："您的脚不方便，我来帮您吧。"结果客人大为不悦。再次必须注意语言的适时性和思想性，并且做到言之有趣，言之有神。

行为举止，则主要体现在主动和礼仪上，如主动问候，主动帮助，注重礼节等。前厅服务人员在接待客人时必须眼、口、手、心四到位。要使酒店的前厅服务真正达到这一标准，关键在于员工必须确立积极的服务心态，并做到"三个一致"。所谓心态，就是人们的看法、态度，即人们对事物的思维方式与相应的处事态度。在服务过程中，往往有这样一种现象，相同的事物，人们往往有不同的看法，并会采取不同的行动。如面对一位挑剔的客人，有些服务员认为是晦气、倒霉，而有些服务员则认为是机遇、运气。前者必然是冷漠、呆板、急躁、被动的服务态度，而后者则必然表现为热心、虚心、耐心、主动的服务态度，其结果当然也就可想而知了。这就是消极服务心态与积极服务心态之差异。"三个一致"即前后台一致、内外一致与上下一致。在亲切礼貌上，无前后台之分、无内部和外部之分，无上司与下属之分，执行的必须是同一标准。

综上所述，前厅部要向客人提供优质的服务，必须达到以上4个标准，在此基础上，再向客人提供个性化服务、超常服务、延伸服务。

8.2.3 前厅服务质量管理的内容

8.2.3.1 前厅部环境质量管理

酒店环境质量就是指酒店的服务气氛给宾客带来感觉上的美感和心理上的满足感。它主要包括独具特色、符合酒店等级的酒店建筑和装潢，布局合理且便于到达的酒店服务设施和服务场所，充满情趣并富于特色的装饰风格，以及洁净无尘、温度适宜的酒店环境和仪表仪容端庄大方的酒店员工。所有这些构成酒店所特有的环境氛围。它在满足宾客物质方面需求的同时，又可满足其精神享受的需要。

通常对服务环境质量的要求是整洁、美观、有序和安全。在此基础上，对于星级酒店来说，还应充分体现出一种带有鲜明个性的文化品位。

由于第一印象的好坏很大程度上是受酒店环境气氛影响而形成的，为了使酒店能够产生这种先声夺人的效果，前厅的环境与气氛是不可忽视的重要因素，管理者应格外重视酒店服务环境的管理，尤其是前厅部的环境质量管理。

前厅要有特色，美观大方，有吸引力。前厅应成为酒店重要的景观，是酒店的标志，体现酒店的档次与风格。不同星级酒店对前厅环境的要求不尽相同，具体要求可参见表8-1。

表8-1 不同星级酒店对前厅环境的要求

星级	前厅环境的要求
五星级	(1) 内外装修采用高档材料，工艺精致，具有突出风格 (2) 有中央空调（别墅式度假酒店除外），各区域通风良好 (3) 有公共音响转播系统；背景音乐曲目、音量适宜，音质良好 (4) 空间宽敞，与接待能力相适应，不使客人产生压抑感 (5) 气氛豪华，风格独特，装饰典雅，色调协调，光线充足

（续）

星 级	前厅环境的要求
四星级	（1）内外装修采用高档材料，工艺精致，具有突出风格 （2）有中央空调（别墅式度假酒店除外），各区域通风良好 （3）有公共音响转播系统；背景音乐曲目、音量适宜，音质良好 （4）气氛豪华，风格独特，装饰典雅，色调协调，光线充足
三星级	（1）有空调设施，各区域通风良好，温、湿度适宜 （2）有与接待能力相适应的前厅，内装修美观别致
二星级	（1）有适应所在地气候的采暖、制冷设备，各区域通风良好 （2）总服务台位于前厅显著位置，有装饰、光线好
一星级	（1）有适应所在地气候的采暖、制冷设备，各区域通风良好 （2）总服务台位于前厅显著位置，有装饰、光线好

（资料来源：《旅游酒店星级的划分与评定 GB/T 1438—2003》）

8.2.3.2 前厅部硬件设施质量管理

前厅部硬件设施质量管理主要是针对有形产品的质量管理。

有形产品质量主要满足宾客物质上的需求，是指酒店提供的设施设备和实物产品以及服务环境的质量。

客用设施设备也称前台设施设备，是指直接供宾客使用的那些设施设备，在前厅部，如大堂的客人休息区的沙发、贵重物品保险箱、照明灯具等。它要求做到设置科学、结构合理，配套齐全、舒适美观，操作简单、使用安全，完好无损、性能良好（表8－2）。

表8－2 设施设备及服务项目评分表

设施设备及服务项目评分表	各大项总分	各分项总分	各次分项总分	各小项总分	计分	其他城市或行政区域旅游星级酒店评定机构计分	省、自治区、直辖市旅游星级酒店评定机构计分	全国旅游星级酒店评定机构计分
计分说明								
一、满分610分（由于存在加分和系数因素，所有项目全部得分后可能会高于满分数）								
二、各星级应得的最低分数								
一星级：70分								
二星级：120分								
三星级：220分								
四星级：330分								
五星级：420分								
三、任何项目只有一档分数时，如不完全具备该项目要求，则减半给分；如果该项目只有1分，则不给分								
四、任何设施设备如果具备两种以上功能，则只能选择最有代表性的项目计分一次，不可重复计分								
3 前厅	59							
3.1 前厅公共面积（不包括任何营业区域的面积，如总服务台、商场、商务中心、大堂酒吧、咖啡厅等）		8						

（续）

不少于 1.2m²/间客房或不小于 400m²			8
不少于 1.0m²/间客房或不小于 350m²			6
不少于 0.8m²/间客房或不小于 300m²			4
不少于 0.6m²/间客房或不小于 250m²			2
不小于 150m²			1
3.2 地面装饰	10		
优质花岗岩、大理石或其他高档材料（材质高档，色泽均匀，拼接整齐，装饰性强）			10
普通花岗岩、大理石或其他材料（材质一般，有色差，拼接整齐，装饰性强）			7
优质木地板（材质高档、色泽均匀、地面有线条变化）或满铺高级地毯			5
普通木地板或水磨石			2
3.3 墙壁装饰	8		
3.3.1 材料		6	
优质花岗岩、大理石或其他高档材料（材质高档、色泽均匀，拼接整齐，装饰性强）			6
优质木材或高档墙纸（布）（用优质木材装修，立面有线条变化； 高档墙纸包括丝质及其他天然原料墙纸）			4
普通花岗岩或大理石			2
墙纸或喷涂材料			1
3.3.2 艺术装饰		2	
有壁画或浮雕或其他美术品装饰			2
有艺术装饰			1
3.4 天花板	5		
工艺精致，造型别致，格调高雅			5
工艺较好，格调一般			3
有装饰			1
3.5 灯具	6		
3.5.1 档次		4	
豪华灯具			4
高级灯具			2
普通灯具			1
3.5.2 照明		2	
照明良好，设计有专业性，充分满足不同区域的照明需求			2
照明一般			1
3.6 贵重物品保管箱	5		
3.6.1 数量		2	
不少于客房数量的 15%			2
不少于客房数量的 8%			1

（续）

3.6.2	不少于3种规格		1	1
3.6.3	位置隐蔽、安全、能保护客人隐私		1	1
3.6.4	酒店和客人可以同时开启		1	1
3.7	由客人自行开启存放的雨伞架	1		1
3.8	有中心艺术品，形成良好的文化氛围和感观效果	2		2
3.9	总服务台	3		
3.9.1	装饰		2	
	装饰精致，格调高雅			2
	装饰一般			1
3.9.2	中英文标志规范，显著		1	1
3.10	有委托代办服务（“金钥匙”）	2		2
3.11	旅游信息电子查询设备	1		1
3.12	前厅整体舒适度	8		
	区域划分合理，方便客人活动			2
	各部位装修装饰档次匹配；自然花木修饰美观，摆放得体，令客人感到自然舒适			2
	光线、温度适宜，无异味，无烟尘，无噪声，无强风			2
	色调、格调、氛围相互协调			2
3.13	商店、摊点置于前厅明显位置，严重影响气氛			-4

（资料来源：《旅游酒店星级的划分与评定 GB/T 1438—2003》，附录A设施设备及服务项目评分表）

其中，客用设施设备的舒适程度是影响酒店服务质量的重要方面。舒适程度的高低一方面取决于设施设备的配置，另一方面取决于对设施设备的维修保养。因此，随时保持设施设备完好率，保证各种设施设备正常运转，充分发挥设施设备效能，是提高酒店服务质量的重要组成部分（表8-3）

表8-3 前厅设施设备维修保养及清洁卫生评定检查表

项目	标准	维修保养检查					清洁卫生检查				
		检查分数	实际得分				检查分数	实际得分			
			优	良	中	差		优	良	中	差
前厅											
1. 地面	完整、无破损、无变色、无变形；无污迹、无异味、光亮	4	4	3.6	3.2	2	10	10	9	8	5
2. 门窗	无破损、无变形、无划痕；无灰尘	2	2	1.8	1.6	1	2	2	1.8	1.6	1
3. 天花板	无破损、无裂痕、无脱落；无灰尘、无水迹、无蛛网	4	4	3.6	3.2	2	4	4	3.6	3.2	2
4. 墙面	平整、无破损、无开裂、无脱落；无污迹、无蛛网	6	6	5.4	4.8	3	4	4	3.6	3.2	2
5. 柱	无脱落、无裂痕、无划痕；有光泽、无灰尘、无污迹	2	2	1.8	1.6	1	4	4	3.6	3.2	2

（续）

项　目	标　准	维修保养检查					清洁卫生检查				
		检查分数	实际得分				检查分数	实际得分			
			优	良	中	差		优	良	中	差
6. 台	整齐、平整、无破损、无脱落；无灰尘、无污迹	2	2	1.8	1.6	1	2	2	1.8	1.6	1
7. 扶梯	完整、无破损；无灰尘、无污迹	2	2	1.8	1.6	1	2	2	1.8	1.6	1
8. 家具	稳固、完好、无变形、无破损、无烫痕、无脱漆；无灰尘、无污迹	10	10	9	8	5	5	5	4.5	4	2.5
9. 灯具	完好、有效；无灰尘、无污迹	5	5	4.5	4	2.5	4	4	3.6	3.2	2
10. 盆景、花木、艺术品	无枯枝败叶、修剪效果好；无灰尘、无异味、无昆虫	3	3	2.7	2.4	1.5	3	3	2.7	2.4	1.5
11. 前台及各种设备	有效、无破损；无污迹、无灰尘										
贵重物品保险箱		1	1	0.9	0.8	0.5	1	1	0.9	0.8	0.5
电话		1	1	0.9	0.8	0.5	1	1	0.9	0.8	0.5
宣传册及册架		1	1	0.9	0.8	0.5	1	1	0.9	0.8	0.5
分区标志	规范、无破损；无灰尘、无污迹	1	1	0.9	0.8	0.5	1	1	0.9	0.8	0.5
其他（每项1分）		1	1	0.9	0.8	0.5	1	1	0.9	0.8	0.5
12. 大堂休息处	整齐、布局合理；干净	5	5	4.5	4	2.5	2	2	1.8	1.6	1
13. 公共阅览处	完整、有效、无破损、整齐；干净	3	3	2.7	2.4	1.5	2	2	1.8	1.6	1
14. 客用品	完好、无损；无灰尘、无污迹										
伞架		1	1	0.9	0.8	0.5	1	1	0.9	0.8	0.5
衣架		1	1	0.9	0.8	0.5	1	1	0.9	0.8	0.5
行李车		1	1	0.9	0.8	0.5	1	1	0.9	0.8	0.5
垃圾筒		1	1	0.9	0.8	0.5	1	1	0.9	0.8	0.5
烟灰缸		1	1	0.9	0.8	0.5	1	1	0.9	0.8	0.5
其他（每项1分）		1	1	0.9	0.8	0.5	1	1	0.9	0.8	0.5
15. 计算机终端（含打印机）	快捷、准确；无污迹、无灰尘	10	10	9	8	5	10	10	9	8	5
16. 计算机系统（含网站）	即时维护、快速有效	10	10	9	8	5					
17. 其他		1	1	0.9	0.8	0.5	1	1	0.9	0.8	0.5

（资料来源：《旅游酒店星级的划分与评定 GB/T 1438—2003》）

供应用设施设备是指酒店经营管理所需，不直接和宾客见面的生产性设施设备，如制冷供暖设备等。供应用设施设备也称后台设施设备，要求做到安全运行，保证供应。否则也会影响服务质量。

酒店只有保证设施设备的质量，才能为客人提供多方面的感觉舒适的服务，进而提高酒店的声誉和服务质量。

8.2.3.3 前厅部服务水平质量管理

服务水平质量主要指无形产品质量，即指酒店提供的服务的使用价值的质量。服务的使用价值使用以后，其服务形态便消失了，仅给宾客留下不同的感受和满足程度。如前厅问讯员圆满地回答客人关于酒店内各种服务项目的询问，会使客人感到愉快和满意；大堂副理及时、有效处理客人投诉得到客人的认可等。

服务水平质量主要包括以下几个方面。

(1) 礼节礼貌

礼节礼貌是以一定的形式通过信息传输向对方表示尊重、谦虚、欢迎、友好等态度的一种方式。礼节偏重于仪式，礼貌偏重于语言行动。它表明了酒店的基本态度和意愿。前厅部员工的礼节礼貌主要要求服务人员具有端庄的仪表仪容，文雅的语言谈吐，得体的行为举止等。前厅服务员直接面对客人进行服务的特点使得礼节礼貌在前厅管理中备受重视，因为它直接关系着宾客满意度，是酒店提供优质服务的基本点。

(2) 职业道德

职业道德是人们在一定的职业活动范围内所遵守的行为规范的总和。前厅服务过程中，许多服务是否到位实际上取决于员工的事业心和责任感。因此，遵守职业道德也是前厅服务质量的最基本构成之一，它无可避免地影响着前厅部的服务质量。作为前厅员工，应遵循“热情友好、真诚公道，信誉第一、文明礼貌，不卑不亢、一视同仁，团结协作、顾全大局，遵纪守法、廉洁奉公，钻研业务、提高技能”的职业道德规范，真正做到敬业、乐业和勤业。

(3) 服务态度

服务态度是指前厅服务人员在对客服务中所体现出来的主观意向和心理状态，其好坏是由员工的主动性、创造性、积极性、责任感和素质高低决定的。因此，酒店要求前厅服务人员应具有“宾客至上”的服务意识，并能够主动、热情、耐心、周到地为宾客提供服务。前厅部员工服务态度的好坏是很多宾客关注的焦点，尤其当出现问题时，服务态度常常成为解决问题的关键。宾客可以原谅酒店的过错，但往往不能忍受服务人员恶劣的服务态度。因此，服务态度是无形产品质量的关键所在，直接影响前厅部的服务质量。

(4) 服务技能

服务技能是酒店提高服务质量的技术保证，是指酒店服务人员在不同场合、不同时间、对不同宾客提供服务时，能适应具体情况而灵活恰当地运用操作方法和作业技能以取得最佳的服务效果，从而所显现出的技巧和能力。前厅部员工服务技能的高低取决于服务人员的专业知识和操作技术，要求其掌握丰富的专业知识，具备娴熟的操作技术，并能根据具体情况灵活运用，从而达到给客人以美感和艺术享受的服务效果。也只有掌握好服务技能，才能使服务达到标准，保证前厅部的服务质量。

(5) 服务效率

服务效率是指员工在其服务过程中对时间和工作节奏的把握。它应根据宾客的实际需要灵活掌握，要求员工在宾客最需要某项服务时即时提供。因此，服务效率并非仅指快速，而是强调适时服务。酒店服务效率有3类：其一，是用工时定额来表示的固定服务效率，如清扫一间走客房用30分钟、宴会摆台用5分钟等；其二，是用时限来表示的服务效率，如前台入住登记每位宾客不超过3分钟、办理结账离店手续不超过3分钟、接听电话不超过三声等；其三，是指有时间概念，但没有明确的时限规定，是靠宾客的感觉来衡量的服务效率，如代购物品何时完成等，这类服务效率问题在酒店中大量存在着，若使客人等候时间过长，很容易让客人产生烦躁心理，并会引起不安定感，进而直接影响着客人对酒店的印象和对服务质量的评价。

(6) 安全卫生

酒店安全状况是宾客外出旅游时考虑的首要问题，因此，酒店必须保障宾客、员工及酒店本身的安全。酒店要制造出一种安全的气氛，给宾客心理上的安全感，但不是戒备森严，否则，更会令宾客感到不安。

前厅清洁卫生主要包括前厅各区域的清洁卫生、用品卫生、个人卫生等。前厅公共场所清洁卫生直接影响宾客主观印象与身心健康，是优质服务的基本要求，所以必须加强管理。

服务质量除上述内容外，还包括员工的劳动纪律、服务的方式方法、服务的规范化和程序化等内容，同样应为酒店管理者所关注。我国的星级评定标准中对前厅服务质量有明确的评分体系，见表8-4。

表8-4 前厅服务质量（态度、效率）

项目	标准	检查分数	实际得分			
			优	良	中	差
1. 门卫服务	态度好、礼节好、礼节周到、勤快主动	5	5	4.5	4	2.5
2. 行李服务	态度好、效率高、安全	20	20	18	16	10
3. 接待服务	态度好、效率高、周到	20	20	18	16	10
4. 预订服务	态度好、效率高、准确无差错、有保证	10	10	9	8	5
5. 问讯服务	态度好、效率高、准确无差错	10	10	9	8	5
6. 结账服务	态度好、效率高、准确无差错	15	15	13.5	12	7.5
7. 外币兑换服务	态度好、效率高、准确无差错	5	5	4.5	4	2.5
8. 票务服务	态度好、效率高、准确无差错	5	5	4.5	4	2.5
9. 观光服务	态度好、周到方便、业务水平高	5	5	4.5	4	2.5
10. 委托代办服务	态度好、效率高、准确无差错	5	5	4.5	4	2.5
11. 电话总机服务	接话快、态度好、业务熟、准确无差错	15	15	13.5	12	7.5
12. 留言服务	态度好、准确无差错、效率高	5	5	4.5	4	2.5
13. 大堂副理服务	态度好、效率高、协调应变能力强	5	5	4.5	4	2.5
14. 出租车服务	态度好、效率高、安全	5	5	4.5	4	2.5
15. 贵重物品保存服务	态度好、准确无差错、安全措施好	6	6	5.4	4.8	3
16. 前厅温度	23~25℃	10	10	9	8	5
17. 背景音乐质量	音质好、音量柔和和适度	10	10	9	8	5
18. 为残疾人的服务	态度好、效率高、周到	4	4	3.6	3.2	2

（续）

项　目	标　准	检查分数	实际得分			
			优	良	中	差
19. 其他服务（每项4分）		4	4	3.6	3.2	2
20. 前厅服务效果	以上20项平均得分95%以上为优，85%以上为良，70%以上为中，70%以上为差	20	20	18	16	10

（资料来源：《旅游酒店星级的划分与评定 GB/T 1438—2003》，附录C服务质量评定检查表。）

8.2.4 前厅服务质量管理的方法

8.2.4.1 PDCA循环法

PDCA循环的概念最早是由美国质量管理专家戴明提出来的，所以又称为“戴明环”。PDCA 4个英文字母及其在PDCA循环中所代表的含义如下：

P（Plan）——计划：找出所存在的问题，分析产生问题的原因，并找出影响问题的主要原因，针对这些主要原因制定相应的对策措施。

D（Do）——执行：按对策措施的要求予以实施。

C（Check）——检查：检查对策措施的实施结果是否达到预期目标。

A（Action）——处置：根据检查结果，采取必要的措施巩固已取得的成果，对未达到的预期目标进行进一步的改进。

PDCA循环法目的是明确工作思路，决定工作程序，确保工作形成闭环。PDCA循环实际上是有效进行任何一项工作的合乎逻辑的工作程序。在质量管理中，PDCA循环得到了广泛的应用，并取得了很好的效果，因此有人称PDCA循环是质量管理的基本方法。之所以将其称为PDCA循环，是因为这4个过程不是运行一次就完结，而是要周而复始地进行。一个循环完了，解决了一部分的问题，可能还有其他问题尚未解决，或者又出现了新的问题，再进行下一次循环，因此，PDCA管理法的核心在于通过持续不断的改进，使企业的各项事务在有效控制的状态下向预定目标发展，其基本模型如图8-1所示。

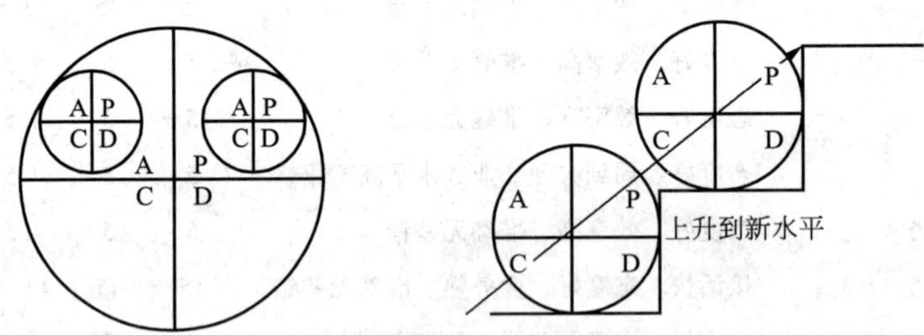

图8-1 PDCA循环基本模型示意图

PDCA循环有如下3个特点：① 大环带小环。如果把整个企业的工作作为一个大的PDCA循环，那么各个部门、小组还有各自小的PDCA循环，就像一个行星轮系一样，大环带动小环，一级带一级，有机地构成一个运转的体系；② 阶梯式上升。PDCA循环不是在同一水平上循环，每循环一次，就解决一部分问题，取得一部分成果，工作就前进一步，水平就提高一步。到了下一次循环，又有了新的目标和内容，更上一层楼。③ 科学管理方法的综合应用。PDCA循环应用以

QC 7 种工具为主的统计处理方法与研究的方法，作为进行工作和发现、解决问题的工具。

8.2.4.2　全面质量管理

全面质量管理（Total Quality Management，TQM）是为了能够在最经济的水平上并考虑到充分满足顾客要求的条件下进行市场研究、设计、制造和售后服务，把企业内各部门的研制质量、维持质量和提高质量的活动构成为一体的一种有效的体系。

其意义在于：提高产品质量；改善产品设计；加速生产流程；鼓舞员工的士气和增强质量意识；改进产品售后服务；提高市场的接受程度；降低经营质量成本；减少经营亏损；降低现场维修成本；减少责任事故。

全面质量管理强调为了取得真正的经济效益，管理必须始于识别顾客的质量要求，终于顾客对他手中的产品感到满意。全面质量管理就是为了实现这一目标而指导人、机器、信息的协调活动。

全面质量管理的精髓体现在以下 3 个方面。

（1）以顾客为导向

任何组织都要依存于他们的顾客，管理必须始于识别顾客的需求，满足并超越他们的需求，才能获得继续发展下去的动力和源泉。与过去相比，顾客们有更明确的质量期望值，正确理解顾客需要和识别潜在的顾客需要成为搞好质量管理的关键。

（2）全员参与

一个酒店的运作相当于一部机器的运转，任何一个零件出现质量问题，都会影响到产品整体的质量输出。组织内全体员工，从总经理层到员工层，都必须参与到质量管理的活动中来，其中，最为重要的是企业的决策层必须对质量管理给予足够的重视。

（3）持续改进

这是全面质量管理的核心思想和目标。顾客需求不断变化，酒店必须要持续改进才能持续获得顾客的支持，才能获得不断的利润进而持续发展。全面质量管理不只是一种管理方法，更是一种主动寻求不断和系统融合的改进理念。

8.2.4.3　6σ 管理方法

6σ 模式由摩托罗拉公司于 1993 年率先开发，采取 6σ 模式管理后，该公司平均每年提高生产率 12.3%，由于质量缺陷造成的费用消耗减少了 84%，运作过程中的失误率降低 99.7%。后来由于通用电气（GE）的积极推行，并取得市场价值第一的卓越业绩，使 6σ 管理的理论逐渐完善，并且应用实践不断推广。6σ 管理是保持和获得企业在经营上的成功并将其营业额最大化的综合管理体系和发展战略，它能够严格、集中、高效地改善企业流程管理质量的实施原则和技术，以“零缺陷”为完美追求目标，带动质量成本的大幅度降低，最终实现财务效益的显著提升和企业竞争力的重大突破。

什么是 6σ？西格玛原文为希腊字母 sigma，其含义为“标准偏差”，6σ 意为“6 倍标准差”，在质量上表示每百万坏品率少于 3.4。在不同的语意背景下，6σ 这个概念有着不同的意义。当我们谈到 6σ 管理法时，更主要指的是 6σ 所代表的管理哲学。

6σ 要求企业完全从客户角度看待企业内部的各种流程，用客户的要求来建立标准，以此来评估企业流程的有效性与合理性，并最终依此设立产品与服务的标准与规格。这种理念与许多企业在开发或改进产品与服务时忽视市场需求、自以为然的方法形成鲜明的对比。

6σ 追求的是最大限度地满足客户需求。客户是企业绩效的唯一评判人。客户的需求满足了，企业也就会得到相应的回报。

8.2.5 优质服务的含义

美国旅馆和汽车旅馆协会主席 W. P. 费希尔认为：优质服务指服务人员正确地预见宾客的需要和愿望，及时地做好服务工作，充分满足宾客的需要和愿望，尽量提高宾客的消费价值，使宾客愿意与酒店保持长期关系。

优质服务是标准化、规范化与个性化服务的结合。

8.2.5.1 标准化服务

标准化服务是酒店业对工业社会“用机器生产机器”的大生产方式的一次成功模仿。在工业生产领域，以标准化、程序化为特征的流水线生产方式为工业社会的产品生产带来了革命性的变化：产量倍数增长，质量的可控性大大增强。这一生产方式的另一结果就是产品的“同质性”或“无差异性”。因为唯有同质，才能实现规模生产，才能通过规模效应弥补机器投入的成本。但是这种同质是以消费者的接受为前提的，也就是说，只有当市场上有效需求数量足够大，采用机械化大生产方式来形成标准化的有效供给才是必要的。标准化是以规模经营为前提的，而规模经营又是大众心态和大众习性为前提的。

标准化可以达到设施统一、印象统一、管理统一、结算统一、服务统一。所有这些统一，对客人有这样的优点：① 识别简单。统一的标志和服务内容，客人无需为挑选酒店以及思考住宿后可能的事项增加心理成本。② 核算简单。由于统一性，所以对客人的总预算提供准确的数据，使客人有非常清晰的成本认识，同时可以横向比较。③ 行为简单。由于硬件设施和软件服务的统一，客人在认知上对诸如标准套房、办公桌的式样、电视机、空调的控制、厕所、酒吧、服务方式及内容等都是一清二楚，所以使客人行为变得简单和统一，这样会消除客人特别是远距离的旅游或商务活动在住宿方面的陌生感与紧张感。这些统一性对酒店管理者来说也同样存在诸多优点：① 管理方便。设施的统一性，可以大批量的购买和更换，操作熟练，工作效率高。标准化作业制度明确、责任清晰、奖励和惩罚有客观的依据。② 节省成本。统一性可以节省宣传广告在功能与项目上的沟通成本等。③ 容易沟通。客人与主人（酒店经营管理者）在酒店这个空间中要发生各种沟通活动，在沟通中可能在服务项目内容、方式、价格、态度、时间等发生争执。而标准化能使客人“习以为常”，这样可以大大减少沟通中的不理解和误会，甚至可以完全消除沟通上的矛盾。所有这两方面使酒店服务标准化成为一种竞相追逐的管理原则和经营模式。

但是，标准化是以规模经营为前提的，而规模经营又是大众心态和大众习性为前提的。今天这种前提正受到广泛的挑战。随着酒店业竞争的日趋激烈、人们的需求不断变化，个性化服务正为酒店业所推崇。

8.2.5.2 个性化服务

在市场竞争日益激烈的今天，酒店要留住客人赢得宾客，单纯靠规范的笑脸是远远不够的，更重要的是能给客人实实在在的帮助，也就是说服务要更有内涵。具体来说就是把客人当成朋友，提供的服务不仅满足客人的期望，更应“雪中送炭、锦上添花”，给客人一个意外的惊喜。满意加惊喜，这就是需要酒店通过运用各具特色的服务艺术所要达到的和所要追求的境界，这就是个性化服务。

个性化服务的基本含义是指为顾客提供具有个人特点的差异性服务，以便让接受服务的客人有一种自豪感、满足感，从而留下深刻的印象，并赢得他们的忠诚而成为回头客。个性化服务也可以指服务企业提供有自己个性和特色的服务项目。个性化服务理念的形成是服务业日益加剧的竞争带来的结果。酒店个性化的服务艺术是反映在该酒店细微化的服务艺术之中的。因为，酒店服务的精神在于细微，服务中没有什么大事，但每一件小事都是影响巨大的。因此，酒店必须设身处地地为客人着想。站在客人的立场上看问题，急客人之所急，想客人之所想，使服务做得更加到位、准确。

8.2.5.3 优质服务的实现

酒店是否提供了优质服务，必须以客人物质和精神满足程度作为最终评价标志。同时，在实施服务中应按客人的需要和要求做好服务工作。酒店的优质服务作为一种特殊商品，它的使用价值只有在为客人进行服务中才得以实现，酒店必须时时处处考虑到客人的存在，为客人的利益而工作，全面满足客人需求，这正是酒店服务的真实含义所在。

在酒店业中，100%的规范服务并不能换取100%客人的100%的满意，这是因为服务需求的随意性很大，尽管服务员已尽心尽责，但客人会因其自尊、情绪、个人嗜好等原因提出服务规范以外的各种要求。因此，酒店服务要规范化，但又不能囿于规范。中国有句古话“于细微处见精神”，酒店业中讲究“于细微处见个性”，这种个性化的服务，能使服务锦上添花，给客人一种超常服务的享受。所谓超常的服务，就是用超出常规方式满足客人偶然的、个别的、特殊的需求。这一点最容易打动客人的心，最容易给客人留下美好的印象，也理所当然最容易招徕回头客。个性化服务追求的是更为主动的服务和酒店的效益，所以，一方面服务人员要严格执行服务标准，培养自觉遵循规范的良好习惯；另一方面又要灵活运用规范与标准，使日常操作升华为个性服务。将规范服务、个性服务、超常服务、延伸服务相互交融，适时运用才能全面真正满足客人需求，做到优质服务。

用英文SERVICE（服务）一词诠释优质服务包括以下7点。

Smile：Smile for everyone，意指微笑待客。在酒店日常的经营过程中，要求每一位员工对待顾客要给以真诚的微笑。因为微笑是最简洁、最生动的欢迎辞，也是最有效的“通行证”。它需要员工进行长期的自我训练和调节以及组织的专门培训，最终形成职业型的微笑。也就是说，员工在服务时的微笑不受时间、地点、人数的多少、客人的态度、自身的心情等因素的影响。只有具备了专业型的微笑，顾客在接受服务时才能感到春天般的温暖。

Excellence：Excellence in everything you do，意指精通业务。要求员工对所从事工作的每一方面都应精通并能做得完美无缺。千里之行，始于足下。要想使自己精通业务，必须不断丰富自己的知识面，对工作精益求精，并且在实际操作中不断总结与反思，取长补短，做到一专多能，服务时才能游刃有余。

Ready：Ready at all times，意指随时准备为客人提供服务。“工欲善其事，必先利其器”。也就是说仅有服务意识是不够的，必须有事先的各种准备工作，比如，前厅接待员在接待客人前必须将当日预期抵店的客人资料准备齐全，检查各类单据是否齐全等，只有各项工作事先都准备好，为客人服务时不会手忙脚乱，才能得心应手。

Viewing：Viewing every customer as special，意指将每一位客人都视为特殊的和重要的人物。这一点是员工常常忽略的环节，经常有消极服务现象发生，主要是员工看客人穿戴比较随便、消费额较低、感觉没有派头等表面现象而产生的，这往往是导致客人投诉的直接原因。为避免这一现象的发生，就要求在日常培训时灌输给员工并且使员工牢牢记住：我们的工资、奖金和福利是由客人支付的，客人在我们这里消费次数多了，酒店的收入和利润增加了，我们的收入才能增加，福利才能得到改善。

Invitation：Inviting your customer to return，意指要真诚邀请每一位顾客下次再度光临。热情好客是中华民族的美德，当客人离开时受到邀请可能会再来小聚或光临，关键在于每次为客人服务即将结束时，员工是否发自真心并且通过适当的口头和体态语言来邀请客人再次光临，是给客人留下深刻美好印象的重要因素之一。

Creating：Creating a warm atmosphere，意指为客人创造一个温馨的气氛，形成积极健康的企业文化。这里关键在于强调服务前的环境布置，服务过程中节奏和谐、态度友善等，同时要尽可能掌握客人的偏好或特点，比如大堂背景音乐的选曲与音量大小，不同国家、地区客人的问候语等，以此为客人营造“家”的感觉。

Eye：Eye contact that shows we care，意指要用眼神表达对客人的关心。服务的细腻主要表现在对客服务中善于观察，揣摸客人心理，预测客人需求并及时提供服务；甚至在客人未提出要求之前，我们就能替客人做到，使客人倍感亲切，这也就是我们讲的超前服务意识。

“金钥匙”服务

(1) 顶着烈日找护照

今年7月的一天中午，天气热得让人难受。一位住在海情大酒店的客人反映护照不知何时丢失，希望“金钥匙”小徐帮助查找。在酒店找了半天没有结果。小徐请客人回忆了一下曾经去过什么地方，告诉客人，你放心吧，我会尽力帮你找到护照。整整一下午，他顶着烈日，骑着自行车，逐一到客人曾经去过的地方查找，终于在一家酒吧找到了客人的护照。

(2) 解下腰带给客人

一天上午，像往常一样，小徐正在酒店大堂巡视着，随时准备为有客人提供帮助。这时匆匆跑过来一位台湾客人。原来客人的腰带扣突然断了，想请小徐帮忙解决一下。考虑到客人马上要随团出门旅游，小徐将客人领到卫生间，将自己的皮带解下来，请客人先解燃眉之急。客人高兴地随旅游团旅游去了，小徐找了根绳当做腰带系上，又开始为客人忙碌起来。等晚上客人回到酒店，小徐已将客人的皮带扣修好，放到了客人的房间，令客人好不感动。

(3) 标准：满意加惊喜

小徐说，他理解的酒店前厅优质服务就是使客人“满意加惊喜”，让客人自踏入酒店到离开酒店，自始至终都感受到无微不至的关怀和照料，而他则努力成为一个客人旅途中可以信赖的朋友，一个可以帮助解决麻烦问题的知己，一个个性化服务专家。这也是国际酒店金钥匙组织对金钥匙的品质的要求：见多识广、经验丰富、谦虚谨慎，热情、善解人意。

8.3　前厅部与相关部门的协调与沟通

酒店对客服务是整体性的，并非靠某一部门、班组或某一个人的努力就可以获得成功。所以，酒店各部门之间的工作联系、信息沟通、团结协作就显得格外重要。各部门之间沟通的成功与失败，将直接影响到酒店运行与管理的成功与失败，影响到对客人的服务质量。

前厅部是酒店的“神经中枢”，是酒店信息的集散地，正是由于前厅部与酒店其他经营与管理部门的有效沟通，才使得酒店能够为客人提供干净的客房、运转良好的设备、安全的环境、美味的佳肴、快捷的服务、准确无误的结账……作为前厅部各级管理人员，更应了解自己肩负的责任，要有整体意识和团队精神，明确信息沟通的重要性。

8.3.1　前厅部与销售部的协调

前厅部与销售部都肩负着酒店的销售重任。前厅部主要针对零星散客，尤其是当天的客房的销售，而销售部则针对酒店长期的、整体的销售，尤其是对团队和会议的客房销售负责。因此，前厅部与销售部之间必须加强协作与信息沟通，提高酒店客房利用率，减少销售工作中的矛盾与冲突。销售部还依赖于前厅部为其提供客史档案及各类预订信息，以便更好地满足客人的需求。此外，前厅部通过为客人提供专业的、热情周到的服务而对销售部的工作予以支持。对于销售部而言，客史档案是进行市场营销的极有价值的资源。销售部利用客人登记卡上的相关资料进行各类市场营销和促销活动，邮寄促销信函，选择适当的广告媒体。因此，前厅部员工应当尽可能为销售部提供即时的、准确的信息。

客人与酒店销售部的第一次接触通常是通过酒店的前厅部总机进行的。一位热情友好、高素质而且对酒店各有关部门及其员工都比较熟悉的总机话务员，会给客人留下良好的第一印象，向这位潜在的客人留下这样一个信息：这家酒店相当不错。

发往销售部的信息应当快捷、准确、完整。为了实现有效地沟通，前厅部经理应当向前厅部每一位新员工介绍销售部每一位员工及个人所负责的工作（包括其他有关部门的有关人员）。

前厅部有关部门与销售部的协调沟通内容主要有以下几方面。

（1）接待处

- 与销售部进行下一年度客房销售预测前的磋商。
- 发生超额预订情况时，与销售部进行磋商与协调。
- 团队客人、VIP 客人抵店前，将团队客人的用房安排情况书面通知销售部。
- 团队客人、VIP 客人抵店后，将客人用房等变更情况书面通知销售部。
- 向销售部每日递交“在店贵宾/团队名单”“预期离店客人名单”“客房营业日报表”“营业情况对照表”等。

（2）预订处

- 为避免超额预订情况的发生，在旅游旺季，预订部应及时与销售部沟通，研究决定团队客人与散客的接待比例。

- 销售部将已获总经理室批准的各种订房合同副本交预订处。
- 销售部将团队客人的订房资料、“团队接待通知单”送达预订处。
- 预订处与销售部核对年度、月度客情预报。
- 每日递送“客情预测表”“贵宾接待通知单”“次日抵店客人名单”“房价及预订情况分析表”“客源比例分析表”。

为了便于协调，减少工作冲突，提高工作效率，酒店可考虑取消“预订处”，或将其划归销售部管理。

(3) 问讯处

销售部应将团队客人活动的日程安排等有关信息通知问讯处，以便回答客人的询问。

(4) 行李部（礼宾部）

从销售部了解离店团队、VIP 客人的发出行李时间及离店时间。

(5) 电话总机

- 了解团队客人、VIP 客人需要提供的叫醒服务时间。
- 了解团队客人、VIP 客人活动的日程安排。

8.3.2 前厅部与客房部的协调

酒店前厅部与客房部的联系最为密切，很多酒店的前厅部与客房部是合二为一的。正因如此，这两个部门之间的信息沟通也就最频繁，内容也最多。前厅部要与客房部就客房利用状况、安全问题、客人对设备用品的需求等信息进行沟通，这些信息的沟通要求十分及时、准确、快捷。客房部经理要依靠前厅部对客房的销售预测结果进行排班，及时地拿到发自前厅部的客房销售情况预测表可以使客房部经理科学、合理地安排和处理员工的请假和休假问题。对于出现在客房部的可能危害客人安全的任何异常情况，如服务员发现显然未经登记的来访者出现在楼层，或房间内出现异常声响，客房部员工都应向前台报告，而前台员工则会将这一问题反映给有关人员或部门。有时，前台会直接收到客人要求增加或提供客用品（如拖鞋、毛毯、洗发水、吹风机等）的请求，这时，前台员工必须立即将这一信息转达到客房部。

前厅部与客房部信息沟通的主要内容有以下几方面。

(1) 接待处

- 客房楼层应每日数次向前台接待处提交“楼层报告”，以便前台控制房态。这是协调客房销售与客房管理之间关系的重要环节，也是前厅部与客房部最重要的信息沟通内容之一。
- 团队客人抵店前，递交“团队用房分配表”。
- 用“特殊服务通知单”将客人提出的房内特殊服务要求通知客房部。
- 将客人入住及退房的情况及时通知客房部。
- 用“客房/房价变更通知单”把客人用房的变动情况通知客房部。
- 递交“预期离店客人名单”“住店贵宾/团队表”“待修客房一览表”。
- 客房楼层应将客人在房内小酒吧的消费情况通知前台接待处（或收银处）。

(2) 预订处

- 每日递交“客情预测表”。

● 书面通知房内鲜花布置的要求。

● 书面通知订房客人所需要的房内特殊服务要求。

● 贵宾抵店前，递交“贵宾接待通知单”。

● 贵宾抵店的当天，将准备好的欢迎信、欢迎卡送交客房部，以便客房部做好贵宾房布置（有的酒店该项工作直接由客房部做，大堂副理督查）。

（3）问讯处

客房部应将走房内所发现的遗留物品的情况通知问讯处。

（4）行李部（礼宾部）

● 递送报纸、邮件和有关文件，或将需递送的报纸及“报纸递送单”交客房部代为发放。

● 运送抵店的客人行李时，如客人不在客房内，请客房服务员打开房门，以便把行李送入客房。

（5）电话总机

如发现客人对电话叫醒服务无反应，应通知客房部上门人工叫醒。

8.3.3　前厅部与餐饮部的协调

餐饮是酒店营业收入的两大主要来源之一，前厅部必须重视与餐饮部的信息沟通，以加强管理与服务，提高效益。比如，一方面，前厅部要向餐饮部提供客人的信用信息，以便餐厅决定是否可以接受客人签单；向餐饮部提供住店客人信息，以便餐厅经理能够合理排班，预测营业收入（如上早班的餐厅经理可能需要了解有多少住店客人及可能在酒店餐厅用餐的人数，以便决定需要安排多少人上早班）。另一方面，餐饮部要将住店客人的消费信息及时、准确地提供给前台收银，以便记入客人的总账单。

前厅部与餐饮部的沟通还包括以下几方面的内容。

（1）接待处

● 书面通知餐饮部客房的布置要求，如在客房内放置水果、点心等。

● 发放团队用餐通知单。

● 每日递送“住店贵宾/团队表”“住店客人名单”“预期离店客人名单”。

（2）预订处

● 每月递送“客情预报表”。

● 每日递送“客情预测表”“贵宾接待通知单”。

● 书面通知订房客人的用餐要求及房内布置要求。

● 每日从餐饮部的宴会预订组取得“宴会、会议活动安排表”。

● 向客人散发餐饮活动的宣传资料。

● 随时掌握餐饮部各营业点的服务内容、服务时间及收费标准的变动情况。

（4）行李部（礼宾部）

更新每日宴会、饮食推广活动的布告牌。

（5）电话总机

随时掌握餐饮部各营业点的服务内容、服务时间及收费标准的变动情况。

8.3.4　前厅部与其他部门的协调

● 按规定为值班经理或经批准的有关职工安排用房。

- 给工程部递送大堂区域的“维修通知单”。
- 与工程、安全等部门进行沟通，做好客房钥匙遗失后的处理工作。
- 与保安部协调做好车辆的疏导及管理工作。

8.3.5 沟通、协调的主要障碍及纠正方法

前厅部与其他部门之间能否进行有效的沟通，不仅反映了管理者是否了解沟通的方法，也反映了管理者对团体协作精神是否具有足够的认识。因此，要时刻提防和避免阻碍信息沟通的障碍。

在酒店，阻碍信息沟通的障碍主要有以下几个。

- 本位主义，缺少团队意识和集体主义精神。
- 彼此缺乏尊重与体谅。
- 个人主义严重，互相拆台。
- 感情、意气用事。

克服及纠正的方法：

第一，抓紧对管理人员及服务人员进行有效的在职培训，使之充分了解“团结协作”的重要性，掌握进行有效沟通的方式方法；还应使员工在不断精通本职工作的同时，加强对酒店整体经营管理知识和各部门工作内容的了解。

第二，在日常工作中，注意检查部门内部与部门之间信息沟通的执行和反馈情况，不断总结、完善各个环节，对于沟通良好的部门和个人及时予以表扬，反之，则予以批评。

第三，组织集体活动，增进员工之间的相互了解，消除隔阂，加强团结。

错开两房，失误在谁？

一天上午，一位客人和他的朋友白先生来到A市某三星级酒店的收银处，办理退房手续。收银员小林热情地接待，并迅速打印出房费账单，递给客人。

白先生看罢疑惑不解地问：“我们只住了1间房间，为何要付2间房费?”

小林请客人稍等，立即核实这2间房。发现其中1间房这两天客人确实未曾入住过。小林向大堂值班经理汇报，值班经理通过了解，发现客人在开房时，前台小王在询问房间间数时，双方语言上表达误会，实际上客人只要1间房，但小王却为客人错开了2间房。

客人是在酒店主楼总服务台办理的入住手续，但住房是在别墅，前台给客人1把钥匙，另一间房的房卡已插在房间。情况已基本清楚，值班经理立即通知收银员只能收取1间房的费用，同时向客人表示歉意，取得客人谅解，客人满意地离店。

该案例说明什么问题呢?

首先，客人在办理入住登记时由于语言表达误会，前台小王没有与客人确认好住房情况，导致错开了2间房。

其次，客人领取钥匙时，前台服务员不细心，未按正常程序，只给客人只领取了1把钥匙，未通过语言技巧与客人再次确认住房情况，未起到弥补作用。

再次，客人入住后的第二天，客房清扫员将未住过客人的房间情况反馈给客房中心，并通知前台，前台核查后发现房间有押金且未退房，前台只考虑到费用足够，没有进一步追究房间未使用的原因，并且没有主动与客人联系沟通。如果酒店在接待客人的每一个环节中都能细心些，这个错开房的误会是完全可以避免的。

8.4 前厅部安全管理

8.4.1 前厅部安全管理的概述

酒店是为住店宾客及社会公众提供各种服务的场所，同时，又是酒店管理者组织和开展各项经营活动的场所。酒店的服务质量应以酒店提供给宾客的安全服务为基础和前提，离开这一前提谈服务质量毫无意义。只有在安全的环境里，各种服务活动才能得以开展，并确保其质量；也只有在安全的环境里，酒店的经营管理活动才能取得理想的社会效益及经济效益。因此，谈前厅服务质量也就必须谈前厅安全管理。

前厅部安全管理包含以下3层意思：

第一，酒店宾客人身、财物与信息，前厅部员工的人身、财物，以及前厅部的财产和财物，在所控制的范围内不受侵害。

第二，前厅内部的服务及经营活动秩序、工作及生产秩序、公共场所秩序保持良好的安全状态。

第三，前厅内不存在导致对酒店宾客及员工的人身和财物以及酒店财产造成侵害的各种潜在因素。

前厅部在安全方面有着致命的弱点。这主要因为：首先，酒店是一个公共场所，而且是招待服务性质的经营性企业，前厅部在这一背景下必然是开放性的。它一方面要向公众表示出热情欢迎的态度，另一方面又要防止居心不良分子或犯罪分子乘机混杂其间，并制止他们的不良行为或犯罪行为。要处理好这两者的关系是很不易的。其次，前厅部收银处是一个存放有大量财产和资金的场所，前厅行李部也是一个存放宾客物资的场所，这都很容易成为外来不良分子及酒店不法员工进行偷窃活动的目标。前厅部员工有很多机会直接接触到宾客的财物及酒店财产，而海外宾客的财物更有很大的诱惑力，因此要特别警惕酒店不法员工与社会上不法分子内外勾结的偷盗与欺骗行为，使宾客的财物或酒店的资金、财产蒙受损失。再次，在前厅大堂这一空间内人员密度很高，宾客、员工的生活、生产、服务、办公等各种活动频繁，其中难免有宾客伤病事故、员工工伤事故，甚至像火灾等这样致命的紧急事故发生。

因此，前厅部管理者必须十分认真地开展和实施安全保卫工作，并对安全保卫工作进行科学管理，把安全管理作为前厅部服务质量管理的自然、有机的组成部分。

8.4.1.1 前厅部安全管理的含义

安全是对酒店产品最基本的要求。“安全”，即酒店所提供的环境、设施、用品及服务必须保证客人人身、财产和心理的安全。所谓前厅部安全管理，可定义为保障在前厅活动的酒店宾客和前厅员工的人身及财物安全，以及酒店财产安全而进行的一系列计划、组织、指挥、协调、控制等管理活动。

8.4.1.2 前厅部安全管理的任务

根据国家及公安部门有关社会治安管理的法规和条例、社会治安防范责任条例、消防条例以及旅游行政管理部门有关旅游安全管理、旅馆业治安管理的条例和办法，结合前厅业务运行和经营管理的特点，前厅安全管理任务有以下几方面的内容。

（1）前厅护卫

前厅护卫属于酒店护卫内容之一。酒店护卫是指酒店组织专门力量，对酒店出入口、重要场所、重要目标进行守护、巡逻及监视，以维护公共秩序，预防违法犯罪和治安灾害事故发生的专项工作。酒店护卫的范围主要在酒店内部，必要时可扩大到酒店周围。涉及前厅的内容主要是：人行通道部分，护卫的主要目标通常有酒店的出入口、大堂、客房、楼面、行李房、商场等。护卫工作的内容是掌握人员、车辆进出的情况，控制违章物品，发现事故苗子，制止违法犯罪行为。

（2）前厅治安秩序管理

前厅治安秩序管理是指酒店在公安机关的指导下，对酒店内部的公共秩序进行管理，以保护宾客、员工和酒店的人身和财产安全。

前厅部应建立住宿和访客登记及管理制度，以维护客房内及客房楼层的治安秩序。宾客住宿要办理住宿登记，登记表须由宾客本人填写；前台人员应仔细核对有关证件，发现可疑情况向保安部报告。对于来访宾客，接待人员应先征得住宿宾客的同意，前厅部与客房部服务人员应注意动向。夜间访客滞留时间不得超过规定的时限。访客留宿应根据规定，去前台办理登记手续，并查验其证件。

维护大堂、商场、大堂酒吧等的治安秩序，处理各类治安问题，也是酒店治安秩序管理的另一个主要内容。营业场所的安全管理由酒店组织专门力量，进行守护、巡逻及监视，以维护公共秩序，预防违法犯罪和治安灾害事故的发生。必要时可扩大到酒店周围人行通道部分。治安专职人员应和相关部门及部门的人员配合，及时发现导致营业过程中各种妨碍治安秩序的因素和行为，并予以纠正。防止偷盗、打架斗殴、酗酒闹事等恶性事件的发生，以保障正常的经营秩序。对于违法人员进行处罚，情节严重的，移送公安机关处理。

前厅治安秩序还包括防止宾客携带动物、危险物品、易燃和易爆化学品等进入酒店，或对管辖权限内的物件进行管理。

（3）意外事件的处理

酒店配备有专职的保安人员，对在酒店内部发生的违法犯罪案件及意外事故进行调查、取证、提出处理意见，并报请公安机关审批。前厅部的任务是在管辖权限内进行相关处理或与相应部门进行沟通。

“意外事件”即意外发生的变故或灾害。酒店意外事件，是指发生在酒店内部造成人员伤亡或物质损失的意外变故或灾害。它的发生既可能是由疏忽大意或过失行为所致，也可能是由于犯罪分子蓄意破坏的原因。因此，为有效地防范和处理此类事件的发生，积极制定处理酒店各类不同意外事件的预案是十分必要的，这也是酒店保证优质服务的一个重要方面。

（4）酒店消防管理

在消防管理机关及酒店消防组织机构的指导、监督下，应认真贯彻“预防为主”的工作原则，具体做好酒店火情、火警、火灾的预防及日常的防火安全管理。

消防管理的内容有：贯彻执行国家消防法规，健全酒店内部消防管理制度；健全本部门消防组织机构，明确专门管理人员，落实防火岗位责任制；经常性地开展防火知识的宣传教育和培训工作；认真配置好消防设施、设备、器材，坚持定期检查，确保它们始终处于临战实用、完好有效的状态；制定好火灾发生时的应急处理方案，从报警、灭火、疏散到善后处理等各方面都有明确的程序，使本部门人员临危不乱，在统一的指挥下，按既定的程序做出相应的反应，各司其职，将人员和财产的损失减低到最小程度。

8.4.1.3 前厅部日常安全管理工作

（1）前厅大堂控制

前厅大堂是宾客集散的重要场所，酒店一般要安装大角度旋转的摄像镜头，以确保对大堂客流情况的控制，发现可疑人员及迹象，监控人员要及时通知楼层进行监视，一旦发现案情，应立即向保安部报告。

（2）钥匙控制

为保证酒店的安全，严格的钥匙控制系统是必不可少的。钥匙丢失、随意发放、私自复制或被偷盗等都会给酒店带来严重的安全问题及损失，因此酒店经营管理者必须认真对待。酒店钥匙等级分类见图 8－2。

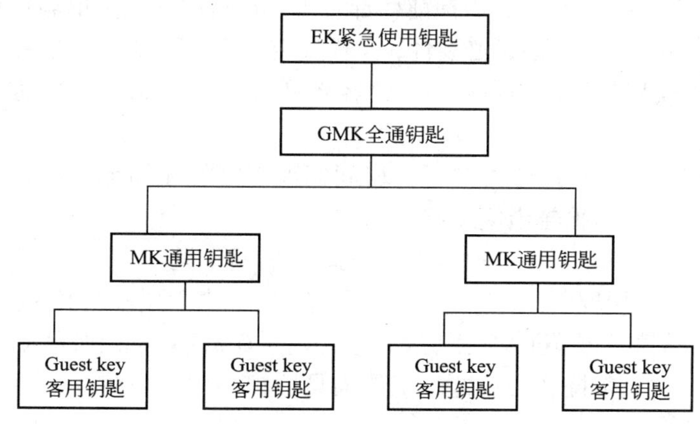

图 8－2　酒店钥匙等级分类

客房总万能钥匙　可以打开酒店所有客房及客房区域储藏室的门锁，一般情况下不随便使用，仅供客房部经理使用。

楼层万能钥匙　可以开启某楼层所有客房和库房，专供楼层领班使用。

工作钥匙　供客房卫生班服务员使用，专开十几个房间的钥匙。

厅堂总钥匙　可以打开各办公室和有关厅堂的门锁，供公共区域主管使用。

客用钥匙　供住店宾客使用，只能开启相应号的客房门，一般设置在前厅部或楼层服务台保管。

应急客房总万能钥匙　可以打开所有客房的门锁双保险开关，在一般情况下不得使用，每使用一次必须进行详细的登记。

酒店总万能钥匙　可以打开酒店所有的客房和客房区域储藏室的门锁，一般只供正、副总经理使用。此外，还有一把总万能钥匙放在前厅保险箱内，必要时可供大堂值班经理在紧急情况下使用，但必须在保卫人员陪同下，在前厅部收银处登记，写明理由备案。

房间钥匙的控制管理程序如下：

● 客人办理入住登记手续后，接待员负责把客人将要入住的房间钥匙交给行李员，行李员带领客人到房间；在没有行李员带客人的情况下，接待员须把房间的钥匙亲手交给客人并指引客人自行到客房。

● 客人若在外出时将房间钥匙存在接待处，接待员应该马上接过房间钥匙并与客人确认，提醒客人返回时来取，然后把房间钥匙存放在相应的钥匙架中。

● 客人若到接待处要求取回房间钥匙，接待员应该礼貌地请客人出示其酒店欢迎卡或有效的身份证件，并与计算机中的客人资料核对无误后方可把房间钥匙交给客人。

● 当前台收银员负责把已退房的房间钥匙交至接待处时，接待员应该把房间钥匙准确地放回钥匙架中，并利用前台收银处交退房钥匙的登记簿核对电脑资料，检查该房间是否退房。

● 客人在办理退房手续时如果报称房间钥匙遗失，前台收银处经查证后负责通知大堂经理跟办更换房间钥匙；如果退房客人是将房间钥匙遗留在房间内，前台收银处应负责通知管家部收回该钥匙，由管家部负责将房钥匙交至接待处。

● 如证实钥匙遗失，当班职员必须在房间控制表上的相应位置注明“钥匙遗失”（NO KEY）的标记，同时还应填写钥匙遗失的报告；报告的内容除证实该客房钥匙遗失外，还应填写遗失的原因，以便前厅部管理人员可以从遗失的客房钥匙数量及遗失的原因中，发现改善管理的必要性，从而决定应该采取何种安全措施。

● 每天晚上夜班接待员必须打印“住客名单”，核对钥匙架中的房间钥匙存放情况是否与客人入住情况一致。

● 接待员应保证存在接待处的每一房间钥匙都完好无损地交给客人；若房间钥匙有所损坏，应立即报告当值经理。

● 前台柜台严禁外人及无关人员出入及动用客房钥匙。

● 非住店客人若要取用客房钥匙，一定要有住客的书面授权或书面证明方可；非住店客人如有特殊情况必须进入客人房间时，一定要有大堂副理及保安人员在场陪伴。

此外，还要防止掌握客房钥匙的工作人员图谋不轨，应建立规章制度；适时更换客房锁的锁头。

多角色的诈骗

一天傍晚，上海某酒店服务前台的电话铃响了，服务员小姚马上接听，对方自称是住店的一位美籍华人的朋友，要求查询这位美籍华人。小姚迅速查阅了住房登记中的有关资料，向他报了几个姓名，对方确认其中一位就是他找的人，小姚未加思索，就把这位美籍华人所住房间的号码919告诉了他。

过了一会儿，酒店总服务台又接到一个电话，打电话者自称是919房的“美籍华人”，说他有一位谢姓侄子要来看他，此时他正在谈一笔生意，不能马上回来，请服务员把他房间的钥匙交给其侄子，让他在房间等候。接电话的小姚满口答应。

又过了一会儿，一位西装笔挺的男青年来到服务台前，自称小谢，要取钥匙。小姚见了，以为果然不错，就毫无顾虑地把919房钥匙交给了那男青年。

晚上，当那位真正的美籍华人回房时，发现一只高级密码箱不见了，其中包括一份护照、几千美元和若干首饰。

以上即是由一个犯罪青年分别扮演“美籍华人的朋友”“美籍华人”和“美籍华人的侄子”，而演出的诈骗酒店的丑剧。

几天后，当这位神秘的男青年又出现在另一家酒店用同样的手法搞诈骗活动时，被具有高度警惕性，严格按酒店规章制度、服务规程办事的前台服务员和前台保安员识破，当场被抓获。

评价：

冒名顶替是坏人在宾馆犯罪作案的惯用伎俩。相比之下，本案中的这位犯罪青年的诈骗手法实在不高明。前台服务员只要提高警惕，严格按规章制度办，罪犯的骗局完全是可以防范的。

首先，按酒店通常规定，为了保障入住客人的安全，其住处对外严格保密，即使是了解其姓名等情况的朋友、熟人，要打听其入住房号，前台服务员也应谢绝。变通的办法可为来访或来电者拨通客人房间的电话，由客人与来访或来电者直接通话；如客人不在，可让来访者留条或来电留言，由前台负责转送或转达给客人，这样既遵守了酒店的规章制度，保护了客人的安全，又沟通了客人与其朋友、熟人的联系。本案例中打电话者连朋友的姓名都叫不出，令人生疑，前台服务员更应谢绝要求。

其次，"美籍华人"电话要前台让其"侄子"领了钥匙进房等候，这个要求也是完全不能接受的。因为按酒店规定，任何人只有凭住宿证方能领取钥匙入房。凭一个来路不明的电话"委托"，如何证明来访者的合法性？前台服务员仅根据一个电话便轻易答应别人的"委托"，明显地违反了服务规程，是很不应该的。前台若能把好这第二关，犯罪的诈骗阴谋仍然来得及制止。

8.4.2 前厅部紧急事件的处理

8.4.2.1 治安安全事件处理

（1）防盗措施

酒店失盗现象很普遍，因此，一定要有严密的防盗控制，包括防范内盗和外盗。

防范内盗的根本措施是培养员工的主人公意识。大量调查证明，职工偷窃行为与其对企业的态度和情绪有关。管理人员与员工要建立良好的关系，要加强感情交流，工作满意、经常受到奖励的员工就能有效地遏制内盗。严格的规章制度，管理人员的模范带头作用，富有正义的士气，对任何偷窃行为的严肃、认真、及时的处理，都是防盗的有力措施。在酒店内安装监控电视是有效的。

防范外盗除了尽量完善安全设备（外警设备、带有威慑作用的监控设备）外，基层在控制管理中应发挥应有的作用，如探视记录、巡查制度等都是有效的措施。

服务人员要掌握相关知识，如报警、保护现场、注意保密等。

（2）住客报称有财物在客房内失窃的处理程序

● 员工若接到有关酒店范围内失窃之事，应马上通知保安部或前厅部经理或大堂副理，并保护好现场，现场环境绝不可移动。

● 前厅部经理或大堂副理与保安部之值班主管同时前往现场视察。

● 如有需要，用即有的相机或录像机对现场环境进行拍摄记录。

● 前厅部经理或大堂副理应向客人了解情况，如所失物是体积细小者，应征得客人之同意后，替客人搜索房间，试图寻找失物或其他资料。

● 如发觉只是客人之疏忽，把物件放错地方，则找到该失物还给住客时，绝不可表现不悦之色，只可庆幸客人失而复得。

● 如无法在房间内寻回失物，保安员应协助客人填报一份失物报告表，作为酒店的调查资料，存案备查。

● 前厅部经理或大堂副理与保安部值班主管各将事情记入记事本内，呈供总经理审阅。

● 保安部继续内部之调查，套取有关员工之口供，向前厅部经理报告详细经过。

● 如客人需要，应通报公安局或由前厅部经理指派保安员伴同事主前往公安部门。

● 将事件经过报告当天值班经理。

(3) 酒店本身的财物被盗的处理程序

● 前厅部经理与保安部当值主管前往现场视察。

● 如有需要，以即有的相机或录像机将现场环境拍摄记录。

● 保安部询问有关员工，了解情况，并录取口供，做进一步调查。

● 前厅部经理及保安部当值主管应把事情写于记录本中，让总经理审阅。

● 如有需要，由值班经理确定是否需要向公安局报告。

● 将事件经过报告当天值班经理。

(4) 对宾客违法的处理

宾客违法一般是指宾客在住店期间内犯有流氓、斗殴、嫖娼、盗窃、赌博、走私等违反我国法律的行为。前厅部员工在接到有关宾客违法的报告后，立即通知安全保卫部门值班人员前往，同时立即问明事情发生的时间、地点和经过，并且记录下当事人的姓名、国籍、性别、年龄、身份等，立即向大堂副理及值班经理汇报。大堂副理或值班经理接到报告以后，要立即派内保主管和警卫人员到现场了解情况，保护和维持现场秩序。对于较严重的事件，安全保卫部的经理需亲自到现场调查。同时要向值班总经理报告。

8.4.2.2 医疗安全事件处理

客人意外受伤、生病的处理制度：

● 员工若发现客人有任何意外发生，应马上通知保安部值班室或当值大堂副理。

● 值班室应传呼当值保安部主管及前堂部之大堂副理前往现场调查。

● 如客人的意外事态严重，在场经理应当立刻通知救护车送医院救治。

● 门前保安员应疏导交通，以便救护车停车方便，并指引救护人员至现场。

● 如客人是在酒店范围内受伤，经酒店的医生或护士处理好后，大堂副理及保安部主管应协助伤者填报一份意外受伤报告表，以便酒店进一步调查和记录。

8.4.2.3 设施安全事件处理

(1) 电梯卡人

● 接到电梯卡人的报告后，员工应立即通知大堂副理赶往现场，并与工程部联系，派人排除故障，把宾客接出电梯。

● 大堂副理代表酒店向宾客表示歉意；如果宾客受伤，应立即与医生联系，为其诊断治疗，在紧急情况下，叫救护车送宾客去医院，并代表总经理前往医院进行慰问。对伤愈的宾客，按酒店的有关规定，进行善后工作。

● 将处理过程详细记录在值班经理工作日志上备查。

(2) 处理酒店不能自控的各种原因造成的停电、停水

● 接到通知后，由大堂副理立即向总经理报告。

● 大堂副理代表酒店向宾客表示歉意及慰问。协助有关部门采取应急措施，尽量保证对客服务不受影响，督促有关部门与外界联系，争取尽早恢复供应。如果是外界停电，配合保安部在楼层、公共区域设安全岗，为宾客提供紧急服务。

- 如停水事故发生时，宾客正在洗浴，应安排服务员运水。
- 如停电事故恰好发生在贵宾接待等大型活动时，要督促工程部去供电部门坐镇解决。
- 在电、水恢复供应时，要督促有关部门对设备开关进行检查，防止漫水等事故发生。
- 将处理过程详细记入大堂副理工作日志。

8.4.2.4 火警处理

前厅部人员在发生火灾时，要把所有的电梯落下，告诫宾客不要返回房间取东西。把大厅所有通向外面的出口打开，迅速组织在大厅的人员疏散，协助维持好大厅的秩序。各岗位人员把本部位的重要资料准备好，接到疏散命令时，把这些资料带出去，比如前台的住客登记等，以便在撤离酒店后根据住客名单清点人数；收银人员整理好现款、资料，随时准备转移到安全地方。大堂副理处理火警程序在第6章中已作阐述。总机话务员报警电话的处理如下：

- 接到火警电话时，要了解清楚火情及具体地点；
- 通知大堂副理及保安部人员到火灾区域；
- 通知总经理到火灾区域；
- 通知驻店经理到火灾区域；
- 通知工程部到火灾区域；
- 通知保安部到火灾区域；
- 通知医务室到火灾区域；
- 通知火灾区域部门领导到火灾区域。

进行以上通知时，话务员必须说明火情及具体地点。

【思考题】

1. 服务的本质是什么？
2. 前厅部员工应当具备什么样的服务意识？
3. 作为前厅部员工应当如何贯彻服务宾客原则？
4. 服务质量的内涵是什么？如何评价前厅服务质量？
5. 前厅服务质量管理包括哪些内容？哪些方法可以运用？
6. 全面质量管理的含义是什么？
7. 优质服务的含义是什么？
8. 如何实现前厅的优质服务？
9. 什么是沟通协调？为什么要加强前厅部与相关部门的协调与沟通？其内容有哪些？
10. 前厅部安全管理含义与内容是什么？

【经验性训练】

对当地一家星级酒店前厅服务质量的评价

概述：为评价当地一家星级酒店前厅部的服务质量，学生们将分成若干个团队。

步骤：

1. 分成5人一组（人数为单数）。每一组都将成为一个酒店前厅星级服务质量评价委员会，独立于其他组而工作。团队的任务是运用本章所学知识及星级评定标准，结合质量管理方法来评价酒店的服务质量并提出改进办法与措施。

2. 团队成员共同商议服务质量评价得分要素，并制作成表格。

3. 依据评价表的内容，到酒店暗访，记录暗访结果。

4. 汇总暗访结果，团队成员共同商议，形成一份书面报告。

5. 在课堂上集中汇报各组的评价结果及结论（有严格的时间限制）。

6. 全班一起讨论各组在打分中的相同之处和不同之处，产生分歧时，找出可能的原因。

7. 讨论如何真正的提高酒店服务质量。

8. 查找资料，结合此次调查暗访的结果，撰写一份学期论文（每人1份，字数不少于2000字）。

【案例分析】

恼火变笑容

某一天，总台接待了一位荷兰籍华人张先生，进房以后张先生打电话给客房中心要求加快洗一条裤子，下午他要外出办事，楼层对客服务员很快就到了客人房间收取张先生的裤子，张先生特意关照服务员裤子需要干洗不要熨烫。在规定时间内服务员将裤子送到房间，张先生一看非常恼火，裤子的面绒被烫倒且发亮，而且还烫了2条挺括的裤缝，客人要求投诉。客房的服务员将此事告诉了值班的大堂副理，大堂副理将情况了解清楚以后就直接到客人房间，当面向客人道歉，张先生非常气愤地说："本来想你们是星级酒店服务水准很高，所以我事先与服务员讲过，这条裤子是从国外带回来的新面料，只要洗干净就可以了，根本不需熨烫，而且裤子用一根很粗的线缝着一个小布条，要是没有备用剪刀根本就无法取下，只有用牙去咬断，没想到会是这样。"大堂副理向张先生再次道歉，并感谢他给饭店提出的宝贵意见，请张先生放心地外出办事，将裤子交给大堂副理，他回来能看到一条完好如初的裤子。这样张先生才稍微地露出一点笑容，持着怀疑的目光看着大堂副理说："真的可以吗?"大堂副理微笑着对张先生说："您就放心吧。"大堂副理将裤子很快地送到客房中心告诉服务员："裤子洗好后将订在裤子上的编号剪下以后再给张先生送去。"又与洗衣房负责人联系将裤子重新洗一遍，再用软毛刷将裤面绒倒着刷一遍即可，还准备了一盆鲜花、水果给客人送去。请前厅做客史存档。张先生回房后打电话给大堂副理表示非常满意，并致谢！在此以后张先生经常入住这家饭店，并提出一些良好的建议，饭店也将张先生作为VIP客人来接待。

【案例思考题】

1. 这个案例说明什么问题?

2. 酒店的优质服务提供的基础何在?

【本章推荐阅读书目】

1. 前厅部的运转与管理．Michael L. Kasavana．中文第六版．中国旅游出版社，2002.

2. 前台与客房管理．刘伟．高等教育出版社，2002.

3. 旅游心理学．吕勤，郝春东．广东旅游出版社，2000.

4. 消费者行为．迈克尔·R·所罗门．经济科学出版社，1999.

5. 旅游心理学．吴正平，阎纲．旅游教育出版社，2003.

【相关链接】

1. 中国旅游酒店业协会 http://www.ctha.com.cn/

2. 旅游知识 http://www.linktrip.com

3. 美国酒店及住宿业协会 http://www.ahla.com/

第 9 章 客房部概述

【本章概要】

客房部又称管家部（House Keeping），是现代酒店的一个重要职能部门，是酒店经营管理的关键部门之一。作为酒店主要产品——“客房” 的管理部门，客房部服务的好坏直接关系到宾客对酒店的评价，客房部管理是酒店服务与管理极为重要的内容。本章在阐明客房部的地位、作用与任务的基础上，介绍了客房部的机构设置及主要岗位职能，以及客房部业务特点及人员素质要求，客房服务与管理的发展趋势。

【学习目标】

- 掌握客房部的地位、作用与任务；
- 熟悉客房部的机构设置及主要岗位职能，以及客房部业务特点及人员素质要求；
- 知晓客房服务与管理的发展趋势。

【关键性术语】

房务中心、楼层服务、公共区域、洗衣房、绿色客房、零干扰服务。

【章首案例】

“绿色”+“高科技”客房

苏州新城花园酒店最近引进了国际最新的环保科技——arc-flash（光触媒），使客房变成名副其实的绿色环保空间。

当你走进一些室内公共场所，往往有一股浑浊难闻的气息扑面而来，在抽烟者较多的地方更是如此，而目前的空调设备无法分解污染源气体。那么光触媒又有怎样的神奇功效呢？

概括地说，光触媒就是经过光的照射，自身虽不起什么变化，却可以促进化学反应的物质。举例来说，在植物光合作用中起重要作用的叶绿素，即为光触媒的一种。由二氧化钛产生的光触媒现象是由名为藤岛昭的日本科学家在一次实验中偶然发现的，特性与植物的光合作用很相似。其发现被命名为“本多藤岛效果”。苏州新城花园酒店引进的国外生产的 arc-flash（光触媒）就是使用的这一原理。据介绍，它是一种特殊的液体，由专门人员使用专用压缩喷涂工具喷涂在房间的墙壁和天花板上，形成一种看不见的薄膜。它们吸收光线使内部电子被激发，形成了活性氧类的超氧化物和羟基原子团，与其表面接触的有机物（导致发霉和发臭的物质）能迅速被氧化分解。

绿色环保、高科技运用等将成为酒店客房未来的发展趋势，而绿色环保还需要科技支持。

9.1 客房部的地位、作用及主要任务

客房部又称管家部（House Keeping），是现代酒店的一个重要职能部门。它的主要职责是组织生产客房产品，保证客房、办公场所及公共场所的卫生，给客人提供舒适满意的客房设备，为客人提供优质服务。客人投宿于酒店，客房则成为客人暂时的“家”，客房部要通过一系列管理手段和技巧，组织好客房员工管理好这个“家”，服务好这个“家”，使客人真切感受到“家”的温馨。当客人进入明亮清洁的房间时，便觉得温馨，产生一种宾至如归的感觉。因此，客房是客人的“家外之家”。

客房部是酒店经营管理的关键部位之一，负责管理酒店所有客房事务，为客人提供舒适、清洁的房间以及优良的服务产品。客房部是酒店的主要盈利部门、重要经济来源，它不但在酒店纷繁的日常工作中担任着重要的角色，而且在酒店的经营管理中起着重要的作用。客房收入的高低是酒店成败的关键。许多客人住进酒店，不一定经常在酒店就餐，但会天天使用客房；如果客房不整洁，或服务欠佳，客人便很少再次光临。

酒店客房是酒店最基本的物质基础，是宾客留住酒店时的主要活动场所，其服务活动也是酒店服务活动的主体。现代酒店服务功能的增加都是在满足宾客住宿需要这一最根本、最重要功能基础上的延伸。

客房部负责管理全店的客房事务，负责客房、公共区域、办公区域的清洁和保养，供应日常生活用品，为宾客提供礼貌、亲切、迅速、周到的服务。

9.1.1 客房部在酒店的地位和作用

9.1.1.1 客房是酒店的主要产品，客房是酒店建筑的主体

酒店是以建筑物为依托，通过向客人提供住宿、饮食、康体、娱乐、购物等服务产品而取得经营收入的服务性企业。在诸多的服务产品当中，客房是酒店的基本设施和主体部分，从建设面积来看，客房面积通常占酒店总面积的70%左右。无论是商务客人，还是观光旅游者，当他们经过长途跋涉来到一个陌生的地方，首先必须有地方住，否则商务活动、观光休闲旅游活动都不可能进行。住酒店就是住在客房，客房是住店客人的物质承担场所。

另外，酒店规模的大小是由客房的数量所决定的。例如，酒店规模的国际标准为：

小型酒店：客房数≤300间。

中型酒店：300间<客房数<600间。

大型酒店：客房数≥600间。

酒店的综合服务设施数量往往是由客房数量决定的。如果酒店综合服务设施不按客房数目比例配置，可能会造成设备设施的闲置，或是造成设施不够客人使用。

从整个酒店的人力资源配备来看，酒店的人员编制也是以客房数量为依据的，即每间客房须配1.2~1.5人。客房数量多，整个酒店人员的编制则大；反之，酒店人员的编制则小。如果加上客房商品营销活动所必需的前厅、洗衣房等部门的管理和服务人员，这将占酒店总从业人员的1/3以上。

由此可以看出，客房是酒店的主体部分和住店客人的物质承担场所，是酒店规模、酒店接待能力及接待水平的重要标志。

9.1.1.2 客房收入是酒店收入的主要经济来源

从整个酒店的经营收入来看，主要有3个方面的来源：客房收入、餐饮收入、综合服务设施收入。其中，客房收入是酒店收入的主要来源。据有关资料统计，不同地区、不同星级档次的酒店，客房收入占酒店总收入的比例是有区别的。比如，美国休斯顿大学希尔顿酒店管理学院于1998年对美国酒店营业收入构成统计显示，客房收入占酒店总收入的67.4%；日本酒店客房收入占酒店总收入的60%左右。在我国，四、五星级酒店客房收入占酒店总收入的60%以上，而低星级酒店由于引进了平价餐饮和大众娱乐项目等，使餐饮收入和综合服务设施收入达到酒店总收入的50%左右。随着人们生活水平的不断提高，这一趋势将会继续加大。

从世界范围来看，我国酒店业正处在发展阶段，比起酒店业发达国家还较落后，无论是经营项目还是综合服务都较少。在此情况下，客房收入在酒店营业总收入中大都超过60%，有的甚至超过70%或80%。从利润的角度分析，客房经营成本比餐饮部、娱乐部、商品部等都要小。

此外，在现代酒店经营管理中，只有消费者住进酒店，酒店客房出租率高，酒店餐饮、娱乐、康体等其他部门的综合服务产品才能实现其价值。在酒店的经营活动中，客房处于龙头位置，只有龙头摆动起来，整个龙身才能搞活。例如，客人住进了客房，除客房产品实现了自身价值外，客人还有可能在酒店内进行用餐、宴请、打电话、发电传、泡酒吧、洗桑拿、健身、购物、洗衣等消费活动，这就带动了餐饮部、娱乐部、商品部等其他部门产品的销售。

9.1.1.3 客房部服务质量是酒店服务质量的重要标志

如果说酒店是旅途在外客人临时的“家”，那么，客房则是客人在这个“家”中停留时间最长的地方。客人住店期间，除了进餐（有时也在房间里进餐）、娱乐、购物之外，绝大多数时间是逗留在房间里，如休息、看电视、听音乐、会客、谈生意、写东西、睡觉等，因而，客房产品质量的高低将直接影响到客人的情绪，影响到客人对整个酒店的评价和印象。例如，客房服务人员仪容是否整洁，礼貌修养程度高低，客房清洁卫生干净与否，服务效率快慢，等等，都代表着整个酒店的水准。例如，服务员清洁房间时见到客人未饮用完的罐装饮料，主动用杯盖盖好；在清洁卫生间时，客人有较多的梳洗用品，主动用小方巾铺垫在云石台上，将客人的物品摆放整齐……这些小小的举动，就能体现出酒店的优质服务，客人也会对这样周到的服务感到满意。又例如，工作中，服务语言技巧也很重要，相同的意思用不同的表达方式就会有不同的效果：客人叫服务员开房门，服务员按规定请客人出示有效证件，但客人说证件不在身边，要求服务员先开门给他进房间。这时服务员如果说：“我不能开房门给你，你要到前台取开门条才可帮你开门。”客人听了肯定会发火，跟你吵起来。表面看来，在这件事中服务员并没有做错，但是语言的表达生硬，没用礼貌用语。我们应当用婉转的语言向客人解释说：“对不起！先生，请您到前台办理开门条手续。在开门前我们必须确认您是此房的住客，这是酒店的规定。如果我们随便开房门给客人，您住在这里也会觉得很不安全，请您谅解，给您添麻烦了。”只要设身处地为客人着想，客人一定会乐于接受。

另外，除客房以外的公共区域，如前厅、中厅、电梯、商场、花园等区域的卫生，也是客房部服务人员所完成的。无论是住店客人还是非住店客人，他们都希望这些场所卫生清洁，布置优雅，环境舒适宜人。这些均代表着酒店总体的产品质量。

9.1.1.4 客房部的管理水平直接关系酒店的管理和运行

如前所述，客房部是酒店重要的职能部门之一，无论是从酒店的基本设施设备来讲，还是从酒店客房管理中直接关联到的部门来看（如前厅部、洗衣房、公共区域等），客房部从设施设备到人员配置都是最庞大的。“硬件”方面，管理范围广，对酒店成本控制计划的实现有直接的作用；“软件”方面涉及的人员多，对酒店人力资源成本控制、人力资源素质培养有直接的作用。这些设施设备分布在不同的楼层、不同的区域，这些人员处在不同的岗位，形成复杂的人际关系。要生产好、销售好客房产品，需要这些不同岗位、不同部门的相关员工齐心协力、互相协作方可完成。在生产、销售客房产品的过程中，任何一个岗位、任何一个环节出现瑕疵，都可能引起客人的投诉。

客人不会说客房产品不好，而是说酒店产品不合格，进而影响到酒店的声誉。这也就是酒店经营管理中特殊公式“100－1＜0”的真谛所在。

在管理中，客房部的员工要不断提高自身素质，加强培训力度，树立良好的对客服务意识，以提高个人服务技能和具有较强的处理突发事件的应变能力，从而保证客房服务产品的尽善尽美，不断提高客房乃至酒店的管理水平。

9.1.2 客房部的主要任务

客房部管辖的范围广，管理的人员多，任务重，要真正保质、保量完成好客房部的各项任务并非一件简单的事情，它是一项烦琐、复杂的一系列工作组合。简单地说，客房部的任务就是生产清洁、美观、舒适、安全的客房产品，创造一个优雅宜人的住宿环境。具体来讲，客房部的主要任务包括以下4个方面。

（1）负责酒店的清洁卫生，为客人提供舒适的环境

客房部负责的清洁卫生工作包括3部分：一部分是客房的清洁卫生；另一部分是酒店公共区域的清洁卫生；此外，还负责办公区域卫生。清洁卫生是客房商品质量的重要组成部分，也是体现客房价值的重要方面。因此，客房服务人员必须具备专业的清洁卫生知识和技能，不但要保证客房的卫生清洁，而且还要保证公共区域的卫生清洁，为客人提供清洁、舒适的房间和优雅、美丽的环境。由于工作量大且辛苦，所以有人称客房部的服务员为酒店的美容师。

（2）负责客房接待服务，为客人提供方便快捷的服务

酒店从根本上说，只销售一样东西，那就是服务。对客房来讲，服务是客房商品的核心部分，服务的好坏决定着酒店的好坏，服务质量是酒店的生命线。客房是住店客人停留时间最长的地方，也是客人接受服务项目最多、最细腻的地方。例如，在客房接待服务工作中，房间卫生清扫服务、小酒吧服务、会客服务、托婴服务、洗衣服务、缝纫服务、擦鞋服务、客房用餐服务、夜床服务等各项委托代办服务，看起来都是一些不起眼的生活琐事，但认真把每一件小事做好，让每一位住店客人都感到满意，则是一件十分了不起的大事。服务员必须热情、主动、礼貌、迅速、真心诚意、全身心地为客人提供专业的优质服务，使客人在住宿期间的各种合理需求得到满足，从而体现高品质的客房商品价值，提高客房商品的美誉度，提高酒店在社会上的声誉。

（3）控制客房部成本费用，确保客房部服务质量

酒店的一切经营活动都是为了取得经济效益。如果没有经济效益，酒店就要亏损，甚至要倒闭。客房部在组织生产客房产品的同时，必须切实抓好减少消耗、降低经营成本的工作。

降低成本主要从2个方面着手，一方面是科学的工作安排，合理的人员配制。在充分保证服务质量的前提下，最大限度地降低人力资源的消耗，定岗定编，杜绝因人设岗，人浮于事，重复劳动的官僚作风。大型酒店的客房部分工应细些，如楼层工作可划分为台班、卫生班和服务班，这既有利于提高工作效率，相对来说又用工较少；中、小型酒店的客房部分工则不宜划分得太细，楼层工作由三四名服务员负责包干即可，否则会增大人力的投入。另一方面是降低物资的消耗，杜绝浪费现象。例如，客用的低值易耗品、清洁用品、客房布草等用品每天用量大，无论是公还是私都可以用，管理稍有松懈，就有可能造成浪费流失。同时，要确保客房设施设备时刻处于良好的工作状态。为此，必须做好客房设施设备的日常保养工作，一旦设施设备出现故障，应立即通知酒店工程部维修，尽快恢复其使用价值，以便提高客房出租率。总之，客房部要降低成本，就应合理组织好人力、物力，充分调动员工的积极性，做到人尽其力，物尽其用，在保证服务产品质量的前提下，以最小的劳动消耗和物资消耗取得最大的经济效益。

（4）搞好与有关部门的协调关系，保证客房部的正常运转

酒店作为一个经营整体，其各部门如餐饮部、客房部、康乐部、商务中心等，都不可能孤立地单独进行营销。每个部门必须围绕着酒店总体的经营策略，与其他部门默契合作，在进行本部门经营活动的同时，带动其他相关部门的经营；各部门的经营同样也离不开其他部门的支持。客房部也不例外，客房部要与前厅部密切配合，酒店才能更有效地销售客房产品。因为客房的销售工作主要是由酒店前厅部和销售部进行的，房间的状况随时要与前厅部和销售部保持联系，尤其是在旅游旺季，这样才能更好地提高客房的出租率。除此之外，客房部还要与餐饮部、康乐部、商品部等部门密切配合，在客人住店期间，可以积极向客人推荐酒店的餐饮产品、娱乐项目及旅游纪念品。这样既丰富了客人的生活，满足客人多方面的需求，体现酒店对客人的细心关怀；同时，又能带动其他部门的经营效益，从而从整体上提高酒店的经济收入。客房部还要与工程部、保安部保持密切联系。客房内的家私、电器等设备，其日常的清洁保养由客房服务人员进行，而一旦出现故障或损坏，则必须及时请工程部马上修复，否则将直接影响到该房的出租使用。客房的防火、防盗及安全保卫工作都离不开保安部的支持与指导。酒店工作是个整体，客房部要有整体利益观念和长远的战略眼光，积极、主动地与各部门搞好配合，这既是客房部经营所必备的，又是酒店总体经营所必须的。

9.2 客房部的机构设置及主要岗位职能

9.2.1 客房部机构设置的原则

酒店规模大小不同、性质不同、特点不同及管理者的管理意图不同，客房部组织机构也会有所不同。客房部组织机构的设置同样要从实际出发，贯彻机构精简、分工明确的原则。

(1) 实用原则

客房部组织机构设置应该从酒店的规模、档次、设施设备、管理思想及服务项目等实际出发，不要生搬硬套。一个优秀的企业应当有自己独特的管理模式。一般而言，大型酒店组织机构内容多，而小型酒店内容少。例如，大型酒店客房部可能设有洗衣房、花房等，而小型酒店则没有。考虑到酒店前厅部与客房部的联系极为密切，大多数酒店将其前厅部和客房部合二为一，称为“客务部”或“房务部”。也有的酒店考虑到前厅部的销售功能，将前厅部划归为酒店的公关销售部，而将客房部设置为独立的部门。

(2) 效率原则

客房部机构设置应根据实际需要，合理配员，以方便管理，提高对客服务效率。通常，大型酒店管理层次多，而小型酒店管理层次少。例如，大型酒店可能有客房部经理—主管—领班—服务员4个层次，而小型酒店可能只有经理—领班—服务员3个层次。但进入21世纪，酒店各部门将尽可能地减少管理层次，以提高沟通和管理效率，降低管理费用。

(3) 分工明确原则

应明确各岗位人员的职责和任务，上下级隶属关系及信息传达的渠道和途径，做到分工明确，以明析权责；同时，应当防止机构臃肿和人浮于事的现象，特别注意要“因事设人”，而不能“因人设事”或“因人设岗”；还要注意“分工明确、机构精简”并不意味着机构的过分简单化，以致出现职能空缺的现象。

9.2.2　客房部的机构设置

酒店正常运转依赖于合理的组织。客房部是酒店中直接为客人服务的重要职能部门，其机构设置应因地制宜，合理配员，以方便管理，提高服务效率。事实上，目前尚无客房部组织的统一理想模式，组织中指挥链究竟应该怎样设计，要根据酒店的具体情况来定。图9－1是中型酒店的客房部组织机构图。

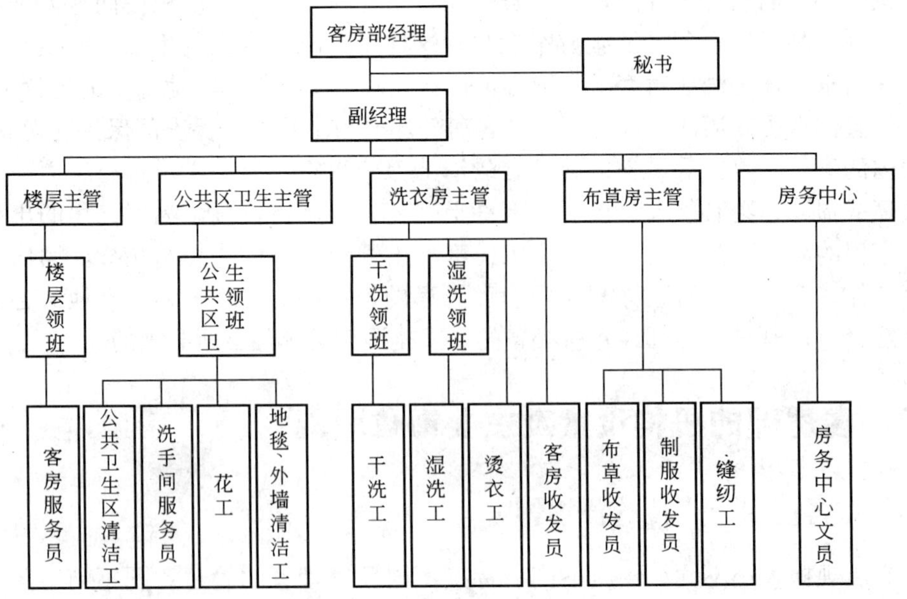

图9－1　客房部组织机构图

9.2.3 客房部的各部门职能及主要岗位职责

客房部的主要职能是：认真执行最高管理层的工作指令，切实贯彻酒店的经营管理方针和“让客人完全满意”的服务宗旨，强调服务现场管理，实行规范服务，强化质量管理，保证优质高效地对客服务；广泛搜集住店客人的信息，沟通与协调酒店和客人之间的关系，赢得良好的形象和声誉；贯彻落实酒店制订的经营目标，加强预算管理和成本核算，严格控制成本费用，保证预算目标的实现；坚持“群防群治”的安全工作路线，推行“谁主管，谁负责”的安全责任制；不断提高员工素质。具体到各主要分部门的工作职责有以下几方面。

9.2.3.1 客房部经理

客房部经理直接管理所有客房部员工并确保正确履行客房职责。负责对楼层、公共区域卫生、洗衣、布草、房务中心各区域和各项对客服务进行指挥协调。

客房部经理的岗位职责

● 贯彻执行酒店副总经理的经营管理指令，向副总经理负责并报告工作。

● 根据酒店确定的经营方针和目标，负责编制客房部预算，制订各项业务计划，并有效组织实施与监控，实现预期目标。

● 研究并掌握市场的变化和发展情况，适时调整经营策略，努力创收，坚持以部门为成本中心的方针，严格控制成本，降低消耗，以最小的成本获取最大的经济效益。

● 主持部门工作例会，听取汇报，督促工作进度，解决工作中的问题。

● 负责客房部的安全管理工作，督促本部门各管区落实各项安全管理制度，切实做好安全防范工作。

● 负责客房部的日常质量管理，检查督促各管区严格按照工作规范和质量要求进行工作，实行规范作业，每日巡视本部门各管区1次以上，抽查各类客房10间以上。

● 负责本部门员工的服务宗旨教育和岗位业务培训，提高全员业务素质。

● 沟通本部门与酒店其他部门的联系，配合协调各项工作。

● 建立良好的客户关系，广泛听取和搜集客人意见，处理投诉，不断改进工作。

● 审阅各管区每天的业务报表，密切注意客情，掌握重要接待任务情况，及时检查和督促各管区认真做好接待服务及迎送工作。

● 负责客房设施设备的使用管理工作，督促各管区做好日常的维护保养和清洁工作，定期进行考核检查；参与客房的改造和更新装修工作，研究和改进客房的设备设施。

● 考核各管区经理、主管的工作业绩，激励员工的积极性，不断提高管理效能。

9.2.3.2 房务中心

中外合资酒店及由外方管理的酒店通常都设有房务中心，又称宾客服务中心。它既是客房部的信息中心，又是对客服务中心，负责统一调度对客服务工作，掌握和控制客房状况；同时负责失物招领，发放客房用品，管理楼层钥匙，并与其他部门进行联络、协调等。

房务中心文员的岗位职责

● 服从客房主管的工作安排。

● 负责掌握房态，每天定时编发房态表，并通知客房楼层。

● 负责接听客人电话和掌握客情信息，根据需要及时通知服务员和有关部门提供服务，并做好记录。

● 做好信息收集和资料积累工作，准确回答客人问询，主动做好对客服务工作。

● 负责客房所有钥匙的管理和收发工作。

● 负责捡拾物品和遗留物品的登记、存放和处理。

● 负责整个酒店鲜花的预订和鲜花质量把关工作。

● 负责部门考勤和餐卡统计工作，领发员工工资、奖金、补贴。

● 负责每日楼层人员的统筹安排及休班。

● 负责对客药品的出售。

● 负责对讲机、值台电话的管理。

● 掌握VIP和行政客人抵离情况，并按客房布置要求通知楼层做好各类礼品和物品的配备工作。

● 做好工作室的日常清洁工作，保持干净整洁。

9.2.3.3 楼层服务

客房楼面由各种类型的客房组成，是客人休息的场所。每一层楼都设有供服务员使用的工作间。楼面人员负责全部客房及楼层走廊的清洁卫生，同时还负责客房内用品的替换、设备的简易维修和保养，并为住客和来访客人提供必要的服务。

我国的大部分酒店，特别是传统国有酒店，一般都设有楼层服务台，配备专职的楼层服务员，对客人提供面对面的服务，同时加强对楼层的安全管理。不过，设有宾客服务中心的酒店可不设楼层服务台。

客房楼层的岗位职责

楼层主管的职责：

● 执行客房部经理的工作指令，向其负责和报告工作。

● 了解当天住客情况，掌握当天客房情况，监督楼层与前台的联系和协调，确保房间正常及时地出租。

● 合理安排人力，组织和指挥员工严格按照工作规范和质量要求做好客人迎送和服务以及客房和环境的清洁卫生工作。

● 认真做好员工的服务宗旨教育和岗位业务培训，保证优质规范服务。

● 坚持服务现场的督导和管理，每天巡视楼层，检查管区内30%住客房和OK房，督导领班、服务员的工作情况，发现问题及时指导和纠正。

● 计划、组织、控制每周的计划卫生。

● 负责处理客人的遗留物品。

● 处理客人特殊要求及投诉。

● 主持领班每天的例会和组织员工全会，并做好记录。

● 负责管区的成本费用控制，督导和检查库房保管员做好财产物料的管理，建立财产三级账，定期检查部门财产物料的领用、调拨、转移等情况，做到日清日盘，账物相符。

● 教育和督导员工做好维护保养和报修工作，定期安排设备维修、用品添置和更新改造计划。

● 负责客房服务中心的日常管理工作组织指挥员工，严格按照服务工作规范的质量标准，做好客房服务中心的各项工作，认真查阅每天的各种业务报表和工作记录。

● 坚持现场督导和管理，保证客房服务中心24小时电话接听和监控值台的服务质量，发现问题及时指导和纠正。
● 做好与其他部门的沟通协调工作。
● 负责落实部门安全管理制度确保安全。
● 了解员工思想状况，做好思想。

房务员的职责：
● 清洁整理客房，补充客用消耗品。
● 填写做房报告，登记房态。
● 为住客提供日常接待服务和委托代办服务。
● 报告客房小酒吧的消耗情况并按规定补充。
● 熟悉住客姓名、相貌特征，留心观察并报告特殊情况。
● 检查及报告客房设备、物品遗失损坏情况。
● 当有关部门员工需进房工作时为其开门并在旁边照看。
● 完成领班安排的各项任务。

9.2.3.4 公共区域

负责酒店各部门办公室、餐厅（不包括厨房）、公共洗手间、衣帽间、大堂、电梯厅、各通道、楼梯、花园和门窗等公共区域的清洁卫生工作。保证酒店公共区域的清洁及绿化工作的质量管理。

9.2.3.5 洗衣房

负责收洗客衣、洗涤员工制服和对客服务的所有布草（布件）。洗衣房的归属，在不同的酒店有不同的管理模式。大部分酒店的洗衣房都归客房部管理，但有的大酒店，洗衣房则独立成为一个部门，而且对外服务。而小酒店则可不设洗衣房，酒店的洗涤业务委托社会上的洗衣公司负责。

9.3 客房部业务特点及人员素质与服务礼仪要求

9.3.1 客房部的业务特点

（1）有形产品与无形服务相结合

有形设施指的是客房向入住客人提供的设备、用品等看得见、摸得着的物质产品，如客房内的床、地毯、电视、音响、卫生间等“硬件”设施。设备设施、用品的多与少、质量的好与坏，与酒店档次、星级成正比。客房有了这些有形设施还不能称其为客房商品，必须配以无形的服务。无形服务指的是客房服务与管理人员在客人入住期间按程序为客人所做的一系列具体服务。这里既包括生活上的服务，如客房的清扫、做夜床、洗衣、照看婴儿、擦皮鞋等工作；又包括精神上的服务，如对客人真挚的慰问、礼貌的称呼、热情的问候、耐心的安抚等。服务产品的无形性，简单地说，就是服务产品质量指标不能像其他产品那样用物理或机械性能指标去衡量或测试。客房商品的有形设施与无形服务缺一不可，只有设施而没服务，客房商品就是一个空壳而缺少内容；反之，如果离开了客房设备设施，服务也就显得毫无意义。因此，只有将设施与服务完美地结合在一起，客房商品才能真正实现它的价值。也就是说，既要让入住客人得到物质上的享受，又要让客人在接受具体的服务中得到精神上的愉悦，这才是真正意义上的现代酒店客房商品。

（2）随机性强

客房部所涉及的工作内容繁多，工作空间广泛，在对客服务过程中具有很大的不可控性。在这种情况下，为了保证服务质量，客房管理除了按照传统的管理模式外，还需有自己的管理特色，即管理的随机性。但在管理过程中，管理的随机性应该避免突击抽查的形式，以免造成员工的抵触情绪。

（3）服务琐碎，管理复杂，不易控制

客房部的工作范围广，涉及服务内容复杂、繁多、琐碎。除了要保持客房的清洁安全外，还要对整个酒店的环境卫生、装饰绿化、设备保养、布件制服的洗涤保管及式样设计负责。客房部拥有的员工数量、管理的物质设备、开支的成本费用也比酒店其他部门高，因此管理起来也相当复杂。另外，客房的服务对象是来自世界各地的千差万别的客人，要使他们在住店的简短时间内保持满意的困难相当大，因此，客房管理是一件相当复杂的事情。

客房部管辖的人、财、物及工作岗位之多在酒店是位居首位的。首先，大多数工作人员的工作环境具有相对的独立性，不利于管理人员的督察；其次，客房物资用品皆为日常生活用品，如果管理不善，极易流失。所以，客房部加强对员工素质和自我管理的培训尤为重要。

9.3.2 客房部人员素质要求

客房部人员素质包括思想、业务及身体素质3个方面。客房部主要岗位员工素质、能力要求见表9-1。

表9-1 客房部主要岗位员工素质要求一览表

岗位	知识要求	能力要求	经历要求
客房部经理	1. 大专毕业以上或具有同等学力 2. 掌握酒店管理理论知识；熟悉酒店客房经营管理专业知识及全面质量管理知识，懂得成本管理与核算，了解市场营销和公共关系知识；熟悉经济合同法、旅游法规、消防、治安管理条例、宗教常识和风俗习惯	1. 具有组织、指挥和控制、协调所辖部门完成工作目标的能力 2. 具有协调各方关系、特别是客房部的管理计划和经营预算，并有调动和激励下属工作积极性、提高服务质量和经济效益的能力 3. 能保持与客户良好的关系和与其他部门的协作关系 4. 能果断灵活处理突发事件和客人投诉 5. 有较强的文字和语言表达能力 6. 外语会话流利 7. 熟悉电脑操作	曾任客房部经理助理1年或主管3年以上
公区主管	1. 中专职业学校或高中毕业 2. 掌握客房管理知识，熟悉公共卫生及绿化的工作规范 3. 了解旅游法规、治安和消防管理条例	1. 能组织和指挥班组按规范要求和质量标准完成布草房的各项工作 2. 能与酒店各部门保持良好的工作关系 3. 能对员工进行思想教育和业务培训 4. 能书写工作报告 5. 外语会话流利	从事公共卫生组或绿化组领班工作1年或客房工作3年以上

（续）

岗位	知识要求	能力要求	经历要求
保洁领班	1. 中等职业学校或高中毕业 2. 熟悉公共卫生和绿化的清洁服务规程和质量标准，掌握清洁剂的性能、操作及保养方法	1. 能安排和督导员工按照规范要求和质量标准完成所属公共区域的各项清洁服务工作 2. 能正确使用和保养清洁机械和用品 3. 能书写一般工作报告 4. 掌握简单的外语会话	从事公共卫生清洁工作2年以上
洗衣房领班	1. 中专职业学校或高中毕业 2. 掌握客房管理知识，了解织物质地及使用保管常识，熟悉布草房工作规范，熟悉各种洗涤设备性能及操作方法 3. 了解安全消防和卫生防疫法规	1. 能组织和指挥班组按规范要求和质量标准完成布草房的各项工作 2. 能与酒店各部门保持良好的工作关系 3. 能对员工进行思想教育和业务培训 4. 能书写工作报告	从事布草房领班工作1年或客房工作3年以上
干水洗熨烫工	1. 中等职业学校或高中毕业 2. 掌握各类织物的特点及洗涤知识，熟知洗涤规程及质量标准，了解各种洗烫设备和洗涤剂的性能及使用保养知识，知晓安全消防知识	1. 能按工作规范和质量标准完成洗涤熨烫任务 2. 能正确使用和保养洗熨设备及用品 3. 能正确填写工作报表	
布草保管员	1. 中等职业学校或高中毕业 2. 掌握各类布草的品种、规格及使用知识，熟悉操作规程，使用要求及质量标准，知晓安全消防知识	1. 能按工作规范和质量标准，做好各类布草的分类、检验、收调和保管工作 2. 能正确填写工作报表 3. 掌握简单的外语会话	
工服房服务员	1. 中等职业学校或高中毕业 2. 掌握各类工作服的品种、规格和质地，了解质量标准和使用要求，熟悉缝纫知识、操作技术和安全消防知识	1. 能按工作规范和质量标准做好各类工作服的分类、检验、收调和保管工作，及做好各类布草工作服务和客衣的修整工作 2. 能正确填写报表，正确使用和保养缝纫设备及用品	
客衣收发员兼文员	1. 高中毕业或同等学力 2. 掌握一定的会计和统计知识，熟悉应用文写作和文本档案管理 3. 了解治安和消防管理条例	1. 具有文书档案工作的能力 2. 能操作现代化办公设备，自理办公室日常事务 3. 外语会话流利	
客房楼层主管	1. 大专以上毕业或同等学力 2. 掌握客房管理知识，懂得管理心理学和公共关系学知识，熟悉客房的服务规范和接待礼仪，知晓急救、消防、安保知识 3. 了解旅游法规、治安和消防管理条例	1. 能带领和组织属下完成本管区各项工作 2. 能与有关部门和管区保持良好的合作关系 3. 能对员工进行思想教育和业务培训 4. 能处理客人投诉和各类特殊情况 5. 能撰写工作报告，有较好的语言表达能力 6. 外语会话流利	从事客房领班1年或客房服务工作3年以上

（续）

岗位	知识要求	能力要求	经历要求
房务中心文员	1. 中等职业学校或高中毕业 2. 熟悉客房中心服务工作规范、接待礼仪，知晓急救、消防、安保知识	1. 能按客房中心工作服务规范和质量标准，独立完成各项工作 2. 能协作好与有关岗位的工作关系 3. 有较好的语言和文字表达能力 4. 外语会话流利 5. 熟悉电脑操作	从事客房工作2年以上
楼层领班	1. 中等职业学校或高中毕业 2. 熟悉客房服务、清洁和设备、物料管理规程和标准，懂得接待礼仪和各国风俗，知晓急救、消防、安保知识	1. 能安排和督导班组员工按照服务规范和质量标准，完成楼层各项工作 2. 能书写一般工作报告 3. 外语会话较流利	从事客户服务工作2年以上
客房清洁员	1. 中等职业学校或高中毕业 2. 熟悉客房清洁服务规程和质量标准，掌握客房设施设备的使用和保养方法，知晓安全消防及劳动保护常识	1. 能按工作规程和质量标准完成客房清扫任务 2. 能正确使用和保养清洁设备及用品 3. 能正确填写工作报表 4. 外语会话较流利	
中班、夜班服务员、楼层值班员、替班服务员	1. 中等职业学校或高中毕业 2. 熟悉客房服务工作规程、质量标准和接待礼仪，掌握客房设施设备的使用和保养方法，了解各国风俗和接待礼仪，懂得急救、消防和安保知识 3. 熟悉楼层的清洁服务规程和质量标准，分寸，掌握电梯间门的关启方法，知晓安全消防、急救、安保知识	1. 能按客房接待服务工作规范和质量标准为客人提供服务 2. 能按工作规程和质量标准完成公共卫生的清洁和布草的点取、点送 3. 能正确使用和保养清洁机械和用品 4. 能书写一般工作报告 5. 外语会话较流利	

（1）思想素质

所有员工都应树立正确的世界观和人生观，具有敬业精神、高尚的职业道德，具有良好的组织纪律观念。客房部管理人员必须具备优秀的个人品质及强烈的事业心和工作动力，有管理意识和创新精神。

（2）业务素质

客房部员工应具有较好的语言表达能力，有一定的文化知识和社会知识，良好的服务技能技巧，具有较强的应变能力和观察能力。客房部管理人员则应具有一定的房务工作经验和管理经验，熟悉客房业务知识及相关学科的知识。有基本的电脑知识和电脑操作能力，有一定的外语水平，有良好的个人修养。客房管理人员必须具有良好的人际关系和沟通能力、组织协调能力。

（3）身体素质

客房部员工身体健康，具有良好的仪容仪表，能承担劳动量较大的客房清扫工作。客房部管理人员则应有良好的体魄和旺盛的精力，能胜任客房工作的劳动强度。

9.3.3 客房服务礼仪规范

2007年中国旅游酒店业协会依据《星级酒店访查规范》和《中国旅游酒店行

业规范》，特制定《中国酒店行业服务礼仪规范》，其中对客房服务礼仪作了5大方面的要求。

9.3.3.1 客房清洁及维修服务礼仪规范

● 清洁客房或进行简单客房维修时，应选择在客人外出时进行，并尊重客人的住宿习惯。进入客房前应按铃3次并报告本人身份，等候客人开门或确定房内无人再用工作钥匙开门。清洁房间时应开启客房房门。如需当着客人清洁客房，应尽量避免打扰客人，并严格按操作标准提供迅速、快捷的服务。提供相关服务时，应尊重客人隐私和住宿习惯，不翻看客人的文件，不对客人的物品和活动表示好奇。一般不宜改变客人物品的摆放位置。

● 酒店装修或维修客房时，应用敬启信或通告的方式真诚地向客人致歉，感谢客人的理解和支持，并及时为客人提供附加值服务。

● 维修人员应着装干净，维修物品应摆放有序。提拿动作轻缓，尽量不影响客人休息。给客人造成不便时，应主动向客人致歉。维修时，宜使用维修专用物品和设备，不应随意使用客房物品和设备。

● 维修完毕，维修人员应主动清扫维修垃圾，及时通知客房部整理客房，使客房尽快恢复原状。客房部应及时回访客人，对给客人造成的不便再次向客人致歉。

9.3.3.2 客房其他对客服务礼仪规范

● 酒店应按客人要求和相关程序提供擦皮鞋服务，遵守承诺，按时送还。

● 客人需要洗涤或熨烫衣服时，客房服务员应及时收取客衣，并按时送还，按规定将洗涤好或熨烫好的衣物挂放整齐。

● 客人租借用品时，酒店应热情受理。服务员应向客人礼貌申明相关租借规定。如果无法提供租借用品，应主动提供建议，尽量帮助客人解决问题。

● 提供房内免费饮品服务时，应尊重客人的需求和偏好，按时将有免费标志的饮品送至客房。

9.3.3.3 客房送餐服务礼仪规范

● 送餐车应干净整洁，符合卫生要求。车轮转动灵活，推动方便，无噪声。餐具应与食物匹配，干净、整齐、完好。

● 送餐员应站在离餐车一定距离处介绍菜品。送餐完毕，祝客人用餐愉快。

● 送餐时，如遇客人着装不整，送餐员应在门外等候，等客人穿好衣服后再进房送餐。

9.3.3.4 公共区域清洁服务礼仪规范

● 公共区域卫生间应干净无异味。服务员见到客人应礼貌问候，适时回避。因清洁工作给客人带来不便时，应向客人致歉。客人离开时，服务员应主动为客人开门。

● 清洁公共区域时，服务员应保持专业的工作状态，步履轻盈，动作熟练。遇到客人应暂停工作，礼貌问候，礼让客人。客人在工作区域谈话时，清洁员应礼貌回避。

● 使用清洁设备时，服务员应保证设备整洁完好，不乱堆乱放。提拿工具应注意避让客人，提拿方式安全、得当，并符合礼仪规范。

9.3.3.5 特殊情况客房服务礼仪规范

● 住店客人生病时，酒店应派人及时探访，应真诚询问客人状况，按工作程序及时提供必要的帮助。探访人应把握探望时间，尽量不打扰客人休息。

● 客人财物在客房内丢失时，酒店应派人及时到达现场，安抚客人，表示同情，及时为客人提供帮助，并尽快将调查、处理结果通知客人。

● 客人损坏酒店物品时，酒店应派人及时到达现场，首先查看客人是否受伤，然后再检查物品的损坏情况。及时修补或更换被损坏物品，查明物品损坏原因，根据实际情况处理索赔事宜，做到索赔有度。

● 员工损坏客人物品时，酒店应派人及时到达现场，赔礼道歉，安抚客人，然后认真查看物品损坏状况。分清责任后，应就员工的过失再次向客人诚恳致歉，及时与客人协商赔偿事宜，跟踪处理结果。

9.4 客房服务与管理的发展趋势

随着酒店业竞争的加剧，酒店越来越多地注重客人需求的满足程度以及对运转成本的控制。而对顾客需求的进一步调查发现，酒店提供的相当一部分服务和客用品并非是客人所期望得到的。因此，许多酒店开始调整酒店的对客服务项目，提供的客用品品种以及客房的硬件设施。以下是酒店业在客房服务与管理方面的发展趋势。

9.4.1 绿色客房的普及

近年来，人们对全球环境的关注程度明显提高。国际社会越来越意识到，人类为了其自身及后代的利益，必须明智地管理自然资源，但工业化时代的到来导致了环境的污染和破坏。面对接踵而来的诸如全球空气变暖、土地污染、热带雨林减少、物种灭绝等严重问题，人类逐渐意识到，可持续发展需要人类和环境建立一种彼此相互照顾的关系，因此倡导绿色消费，推行绿色管理，为社会环保做出贡献，将成为现代酒店发展的必然趋势。美国著名管理大师乔治·温特在其《企业与环境》一书中指出："总经理可以不理会环境的时代已经过去了，将来公司必须善于管理生态环境才能赚钱。"

早在20世纪80年代末期，欧洲的一些酒店意识到酒店对环境的保护作用，逐步开展了酒店环境的管理工作，建立了自成体系的环境标准，并以"绿色"喻为保护环境之意。随后，世界各国都广泛开展了这项活动。它不仅推动了酒店业的环境管理，同时有利于全社会的环境保护运动。可以说，绿色客房是21世纪酒店客房产品的发展方向。

绿色客房有以下几方面的要求：节约能源；环保的设施设备；健康的客房环境；可回收的客房物品等。同时，要设置绿色告示和绿色环境的宣传资料。我国《绿色旅游酒店》标准（LB/T 007—2006）明确指出"绿色客房（Green Room）"指无建筑、装修、噪声污染，室内环境符合人体健康要求的客房；客房内所有物品、用具及对它们的使用都符合环保要求，具体要求见表9-2。

表 9-2 绿色客房评定具体要求

4	提供绿色产品与服务	各分项得分汇总栏	各次分项得分汇总栏	各小项得分汇总栏
4.1	绿色客房	36		
4.1.1	设有无烟客房楼层或无烟小楼		3	
	其中：a. 有控制客房内抽烟的措施			1
	b. 有清除客房内烟味的措施			1
	c. 设置吸烟区域			1
4.1.2	客房楼层的新风系统		4	
	其中：a. 有完善的送风控制制度及运行记录			4
	b. 新风系统完善，有送风控制制度但无运行记录			2
	c. 新风系统完善，但无送风控制制度及运行记录			1
4.1.3	配备有用于客房内空气清洁、清新的设备		2	
4.1.4	客房内配备饮用水洁净设备		2	
4.1.5	客房及卫生间内放置对人体有益的绿色植物		2	
4.1.6	有隔音设计与措施，客房隔音效果良好		2	
4.1.7	降低客房物资消耗		15	
	其中：a. 有征询宾客意见牌，牙刷、梳子、拖鞋、浴帽等客用品可做到多次使用，减少消耗量			2
	b. 有征询宾客意见牌，毛巾、被套、床单、浴衣等客用棉制品可做到一客一换，重复使用，减少洗涤次数			2
	c. 客房客用品使用环保包装（每项 1 分，最多 4 分）			4
	d. 不使用一次性洗衣袋			2
	e. 有其他降低客房消耗品用量的措施（每项 1 分，最多 5 分）			5
4.1.8	客房服务指南中有相关说明		2	
4.1.9	有绿色服务规范，服务程序或岗位职责中有具体规范要求		2	
4.1.10	在倡导绿色消费过程中，能主动与宾客沟通，得到理解、支持与配合（有宾客意见反馈书）		2	

[资料来源：《绿色旅游酒店》标准（LB/T 007—2006）]

9.4.2 零干扰服务的推广

所谓零干扰服务，就是指服务人员与顾客保持适当的距离，当顾客浏览商品时，服务人员不必贴近，不必招呼；而当顾客对某种商品有询问要求或表示需要购买时，服务人员则迅速来到顾客面前提供相应服务。这种零干扰服务实质上是给顾客留点“自由空间”，让顾客在一种轻松、自在的环境中浏览商品、选择商品，由顾客自己决定是否购买商品而不受销售人员的干扰。

这项服务运用到酒店业中，则是强调凡事都有个度，过度的热情服务只会适得其反。消费者大都不喜欢服务员喋喋不休，服务员只有当消费者示意需要服务或帮助时招之即来，才会令消费者满意。而“零干扰服务”正满足了消费者这种心理需求，因而值得肯定与推广。较之“微笑服务”，“零干扰服务”是市场经济条件下消费者向旅游企业提出的更高层次的要求，是消费者进行消费时趋向理性之后的一种迫切需要，也是企业对消费者更为真切的尊重。

是什么让客人感动?

进入一间客房，房间状态是这样的：有一台手提电脑和打印机放在咖啡桌上，书桌上有很多较凌乱的文件，书桌下有很多卷成团的面巾纸，没有开冷气，电视机上有客人的身份证，床头柜上有4瓶开了口但没喝完的啤酒和一份精美的礼品，客房服务员清理完房间后让客人非常感动，她做了些什么？

服务员做了如下判断和服务：

1. 一张咖啡桌上放打印机和手提电脑太挤，为客人增配一张咖啡桌，将打印机调整位置；
2. 书桌上的文件没有打乱顺序，整理好；
3. 将垃圾桶调整位置（标准位置不是在书桌下方的）；
4. 客人可能感冒了，增配一盒纸巾；
5. 为客人烧好一壶开水；
6. 礼品和啤酒说明有小聚会，刚好客人的身份证放在电视机上，果然是客人的生日，请示上级，赠送鲜花和生日蛋糕；
7. 增加配置一床毛毯；
8. 迷你吧增配两瓶啤酒，提高销售收入；
9. 留下一张温馨提示卡片，提醒客人注意休息，并建议客人感冒严重的话可以到酒店医务室就诊。

9.4.3 客房服务更追求个性化和人性化

标准化、程序化和规范化的服务是酒店客房服务质量的基本保证。但是，只有标准化而没有个性化的服务是不完善的，是不能够真正满足客人的需求，令客人完全满意的。因此，应尽力为客人提供个性化服务，取得客人的忠诚，并根据客人需求的变化不断调整服务的规程和标准。

例如，为特殊客人准备的特殊客房。酒店的少数客人因先天缺陷或后天意外残疾、或年龄差别，在心理与生理方面的要求不同于常人，行为能力受到客观约束，他们的有些要求尽管在常人眼里完全不必，但在特殊人眼里却是最基本的和必备的需要。如老年人市场，近几年呈扩大之势。为此，总部设在亚特兰大市的假日酒店集团市场部认为，酒店在本世纪末和下世纪的主要客源将是中老年市场，并据此推出一项“假日老友俱乐部”优惠计划，客房服务强调安全性与舒适性，还安排员工对咖啡、客房免费早餐提供上门奉送服务。针对盲人市场，美国酒店业推出了盲人套房，客房布置与众不同，书架上摆放声频的、用大号铅字排印的书籍与杂志，摆放有大型转拨电话机、会说话的温度自动调节器和闹钟，用盲文印刷的说明书摆在小厨房的炉子上。

想客人所想则是一种更高要求的特殊化，有些虽不是急迫要求，但已上升为一种基本需求。女性客人在酒店客源中占有越来越大的份额，美国30年前商务旅行者中女性仅占1%，现在将近40%。如何满足女性客人需要，是酒店业一个很现实的课题。女性商务者最需要的，一是安全；二是健康；三是妥善安排孩童（目前，美国约有19%的商务旅行者携带孩子，因此要提供相应服务，如孩童照管及食品选择、儿童录像带租用）；四是附属设施丰富多彩（包括头发吹风机、熨斗和熨衣板，浴室中方便化妆的大平台、大晾衣架、落地镜、留言电话等。）

希尔顿集团睡得香客房

希尔顿集团在美国洛杉矶富豪区的比华利山酒店推出自己的特色概念——睡得香客房。客房中有加厚的床垫，高雅而又不透光的艺术窗帘，闹钟铃响时台灯自动开启，按各人生活习惯设置的生物钟可调灯箱等。希尔顿还推出两个新概念客房，即健身客房和精神放松客房。客房内增设了按摩椅、放松泉池、瑜珈术教学录像带等。

残疾人客房

在我国的《旅游涉外酒店星级评定及划分》规则中，对残疾人的设施要求作了基本的规定。

电梯：电梯的设置与安装应该考虑到更多的残疾人的方便使用。如宜安装横排按钮，高度不宜超过1.5m；在正对电梯进门的壁上安装大大的镜子；使用报声器等。

客房：出入无障碍，门的宽度不宜小于0.9m；门上不同的高度分别安装窥视器；床的两侧应该有扶手，但不宜过长；窗帘安有电动装置或遥控装置。房内各电器按钮或插座不得高于1.2m；如果没有特殊残疾人楼层的酒店，对于残疾人客房位置的选择不宜离电梯出口太远。

卫生间：卫生间门的要求和客房一样，出入一样无障碍；门与厕位间的距离不小于1.05m，云石台高度在0.7m左右且下面不宜有任何障碍物。坐便器和浴缸两侧装有扶手，且扶手能承受100kg左右的拉力或压力，等等。

在酒店的发展过程中，酒店管理者越来越重视客人的需要，应该说市场上有多少客房类型的需求，酒店就有多少类型的特殊客房。这是现代酒店在经营过程中走个性化服务的一个重要手段，也是市场发展的必然规律。

9.4.4 客房的设计变得多样化

随着酒店业的发展，一些有远见的酒店已经开始营造自己的特色，而客房的类型是其区别于其他酒店宾馆的一个重要的方面。因此，使得客房类型呈现多样化发展的趋势，酒店宾馆客房也逐渐形成了自己的特色，并尽力使自己所特有的细分市场上的客人满意。

酒店产品发展到今天，已经明显感觉到“标准房”的乏味。为了满足客人的需求，主题客房成为客人的新宠。主题酒店具有独特性、浓郁的文化气息、针对性等特点，有很多种分类方法，比如以某种时尚、兴趣爱好为主题，可分为汽车客房、足球客房、邮票客房、电影客房等。还有以某种特定环境为主题的客房，如监狱客房、梦幻客房、海底世界客房、太空客房等。

在酒店客房各类变化中，浴室的变化带有革命性和根本性。主要变化趋势有：一是浴室面积扩大，“三大件”（浴缸、面盆、马桶）向“四大件”（加上净身盆）或“五大件”（加上淋浴）的方向转变，或是向分室布置发展；二是浴室内梳妆台镜子采取防结露措施，镜子后面敷设电热丝，与洗涤同步进行，并增设带放大功能的小镜子，方便女士化妆及男士刮胡须；三是卫生间内除装有电话分机外，还增加小电视，方便客人随时收看经济行情、重要新闻和球赛；四是增设美发设备和秤称装置；五是增加紧急呼叫按钮，预防客人意外；六是地面及墙面向大理石装饰过渡，为克服冰凉感，地面满铺地毯；七是为降低噪声，卫生间排风不采用排风扇，而采用管井集中排风。香港半岛酒店的冲浪浴室面向外景的墙使用玻璃屏障，浴缸另一面墙上设有内嵌电视机及选台、音量控制器等，客人沐浴的同时，既可欣赏丰富的电视节目，又能鸟瞰港湾怡人的景色。

9.4.5 高科技在客房服务与管理中的广泛应用

进入21世纪，随着高科技时代的到来，客人，尤其是一些商务客人，对酒店的各种设施都提出了更高的要求，促使客房的设施向着智能化的方向发展，高科技在客房服务和管理中得到广泛的应用。如客房锁钥系统使用智能IC卡锁钥系统，甚至是感应门锁、指纹门锁系统；客房内的自动控制系统，使用感应器控制，人进灯亮，人出灯灭等。还有先进的通讯系统，可以上宽带网的接口，e客房内可为客人提供网络浏览、E-mail收发、FTP文件下载、Telnet远程登陆、网络游戏等多项服务，以及能够提供客人在酒店消费情况、预订房内用膳、订购商品、选看电影等信息的电视系统。

法国雅高集团在巴黎正在尝试"高科技客房"这一新概念客房。客房中床很宽，卫生间更大，照明也更好，采用可旋转的液晶显示电视屏幕，遥控芳香治疗系统，环绕音响系统等。雅高的市场研究部指出，客人离家出门，在心理上和生理上都会变得脆弱，因此会特别留意细节。

酒店门锁系统

智能化酒店提出了酒店一卡通的需求。它是指在一个或几个建筑群内或在酒店集团内实行一卡消费、身份认证及客房电子门锁的并用。由于酒店信息系统的集成度越来越高，"一卡通"的概念不是几个独立系统的单个功能的组合，而是一种集成。也就是说，在集成系统中，要有一个统一的发卡体系，在整个集成系统中所有客人的信息均是共享的，它们是在同一个协议下工作的。各个系统各司其职，共同完成酒店对客人的各种服务功能。由于酒店的经营是以追求效益为原动力，因此，电子卡的选择是在提供最优质的服务、最大限度地利用资源、降低成本、有利管理的前提下进行的。员工磁卡要分级别，日常的管理由客房服务中心负责。

客房服务中心负责客房部全部磁卡的管理工作，包括各个班次的磁卡发放、收回、登记、报失、检查等工作，并有一套完善的登记制度。

未来的酒店客房

近年来，世界酒店业日益感到来自旅游者和新技术的双重压力——如何使酒店业更加适应旅游者的需要和科技的发展，是新世纪酒店业最重要的课题之一。作为世界最负盛名的旅游院校之一，美国休斯敦大学希尔顿酒店和餐饮管理学院一直致力于研究符合酒店市场发展新趋势的产品。由于拥有一家提供全套服务的希尔顿酒店，该学院可以十分方便地试验与评估各种新的酒店技术，并随时了解真正的住店客人的感受和建议。现在，他们正在其酒店内设计安装三套"21世纪的酒店客房"虚拟现实、生物测定、"白色噪音"等先进技术，将赋予酒店客房传统的"舒适""安全"等标准以全新的含义。著名酒店专家、希尔顿学院院长Alan T. Stutts博士介绍说，持续的科技进步和酒店业日益普遍使用的"常住客计划"使新世纪的酒店客房更趋向于由客人设计而不是酒店来设计。由于"常住客信息库"已经记录了每一位客人的喜好，新的客房程序将与该信息库配合运作，从而使以下产品和技术在"未来客房"中成为可能：

● 光线唤醒，由于许多人习惯根据光线而不是闹铃声来调整起床时间，新的唤醒系统将会在客人设定的唤醒时间前半小时逐渐增强房间内的灯光，直到唤醒时刻的灯光亮得像白天一样；

● 无匙门锁系统，以指纹或视网膜鉴定客人身份；

● 虚拟现实的窗户，提供由客人自己选择的窗外风景；

● 自动感应系统，光线、声音和温度都可以根据每个客人的喜好来自动调节；

●“白色噪音”，客人可选择能使自己感到最舒服的背景声音；

● 客房内虚拟娱乐中心，客人可在房间内参加高尔夫球、篮球等任何自己喜爱的娱乐活动；

● 客房内健身设备，以供喜爱单独锻炼的客人使用；

● 电子控制的床垫，可使不同的客人都得到最舒服的床上感受；

● 营养学家根据客人身体状况专门设计的食谱。

总之，“未来客房”的目标是尽量满足所有客人（他们可以有不同的旅行目的，不同的年龄，不同的健康状况，不同的职业）对客房的要求。

【思考题】

1. 客房部在酒店中处于何种地位？
2. 为什么说客房部的管理水平直接关系酒店的管理和运行？
3. 客房部的主要任务有哪些？
4. 客房部机构设置的基本原则有哪些？
5. 客房部有哪些主要岗位？它们的职责是什么？
6. 客房部的业务特点是什么？
7. 要成为客房部经理，需要具备什么素质？
8. 客房服务与管理的发展趋势是什么？
9. 什么是绿色客房？

【经验性训练】

对当地一家星级酒店客房部组织机构设置的评价

概述：为评价当地一家星级酒店客房部组织机构设置，学生们将分成若干个团队，训练步骤是：

1. 分成5人一组（人数为单数）。各团队的任务是运用本章所学知识评价酒店的客房部组织机构设置，对不合理的机构设置提出改进办法与措施。
2. 做出该酒店组织机构图，团队成员共同商议评价结果，形成一份书面报告。
3. 在课堂上集中汇报各组的评价结果及结论（有严格的时间限制）。
4. 全班一起讨论各组成果，产生分歧时，找出可能的原因。

【案例分析】

高科技客房

现在，亚洲许多大酒店房间内添置了不少高科技设备，商务客人在室内就可以尽情体验“网络冲浪”的乐趣。房间内设有香港I-Quest公司提供的宽带因特网和一台笔记本电脑。这种因特网的速度极快，达到每秒1兆字节，用户在网上可自由驰骋。一年来，与I-Quest公司签订使用宽带网的亚洲酒店有爱侣湾国际酒店、大鹰国际酒店的连锁店、设在吉隆坡的希尔顿、马尼拉的东方等几十家单独酒店。

互动电视神奇无穷。在亚洲，包括温德姆、马里奥特、威斯汀在内的100多家酒店已在房间安放了互动电视。这种21世纪的高科技设备，由一台电视、一台笔记本电脑、宽带因特网、遥控键盘等组成。客人在床上就可看市场上有的任何一部电影或录像片，玩各类游戏，点酒点菜，甚至退房结账。

“世界工作平台”十分安全。为满足那些工作狂的商务旅行者的需求，亚洲一些酒店开始在客房内装备了“世界工作平台”。这种平台提供多媒体服务和微软办公软件，并装有一台激光打印机。它的安全性能很好，用户可不经过储存而将个人信息立即发到自己的因特网服务器上。

技术服务员为您服务。鉴于客房内新添了许多高科技装备，酒店专门培训了一批技术服务员。他们会调试房内设备，知道连接线该连哪儿，了解转换器怎么用等。一旦客人需要，他们可随时出现在房间。香港的里兹·卡尔顿酒店中心秘书米歇尔·安称，酒店平均每天有2名客人要求提供这种服务。

【案例思考题】

结合案例说明高科技如何运用到酒店之中？

（资料来源：http://www.tianya.cn/new/TechForum）

【本章推荐阅读书目】

1. 酒店客房部的运行与管理．余炳炎，王培来．旅游教育出版社，2002.

2. 酒店客房管理（第四版）．（美）Margaret M. kappa，Aleta Nitschke，Patricia B. Schappert著．潘之东主译．中国旅游出版社，2002.

3. 前厅与客房细微服务．孔永生．中国旅游出版社，2007.

4. 客房服务与管理案例选析．范运铭．旅游教育出版社，2005.

【相关链接】

1. 中国旅游酒店业协会 http://www.ctha.com.cn/
2. 中国酒店人才网 http://www.triphr.com/
3. 我爱酒店网 http://www.hotel520.com/

第 10 章

客房产品设计及创新

【本章概要】

客人在酒店的大部分时间是在客房度过的，因此，客房产品空间布局设计的科学合理性，设施设备、可用品的摆放是否合适，是否方便客人使用，能否在客房产品设计中突出自身特色，避免千店一面，以提高酒店自身的竞争实力，吸引更多的客源，是客房产品设计及创新要解决的问题，也是每一位酒店管理者必须面对的问题。有鉴于此，本章围绕客房产品设计及创新这一主题，探讨了客房楼层的建筑规划问题，研究了客房楼层类型、客房产品的功能设计及陈设布置时应该遵循的几个设计原则，并探讨了关于商务楼层、无烟楼层、女宾楼层、全套房楼层及残疾人客房等特色楼层客房的设计。

【学习目标】

- 掌握客房产品设计的基本知识与主要内容；
- 懂得客房设计的基本原则；
- 学会在客房产品设计中正确运用这些原理；
- 了解特色楼层设计。

【关键性术语】

客房区域、疏散区、服务区、睡眠空间、盥洗空间、起居空间、书写空间、特殊楼层、商务楼层、女宾楼层、无烟楼层、残疾人客房。

【章首案例】

遥控器可以减肥

张先生因工作需要常年出差在外。有一次，他入住在某星级酒店。进房后，他往床上一躺，便习惯性地把手伸向床头柜，想拿起电视机的遥控器。他摸了半天也没有找到。偶一抬头，发现遥控器放在电视机上，于是，他就起身去拿，并躺回床上。当他拿起遥控器一按，发现电视机没有图像，张先生想当然地认为电视机的电源开关没开，便又起身去开，当他再按遥控器时，电视机还是没有图像。张先生记起床头控制板上还有一个电视机的电源开关，便弯腰打开电源。当再一次按下遥控器时，电视机仍然没有反应。他刚想抓起电话机投诉电视机时，忽然记得刚才自己动过电视机的电源开关，便再次起身去打开电视机的电源。等他回到床上再按遥控器时，久等的图像终于显现，张先生已没有了看电视的兴致。张先生索性下床，在整个客房转了一圈后，打电话找来了客房部经理，开始诉说客房的种种不是：

遥控器可以减肥：来回三趟才能看上电视——放在电视机上；

卫生间的烟灰缸：客人倒坐在恭桶上才能使用——放得太靠里；

电话副机：光着身子出来才能接听（洗澡时）——安装在恭桶与面盆台面之间；
卷纸架：扭曲身子才能找到（或瞎子摸象般乱摸）——安装在恭桶后面的墙上；
……

10.1 客房楼层的建筑规划

客房楼层面积一般占整个酒店总面积的65%～85%。如果能在楼层设计中节省面积，给整个酒店带来的效益是十分可观的。如何在客房楼层设计中千方百计增加客房数量，提高客房楼层的有效使用面积，是酒店客房产品设计中极为重要的一环。

不同的国家和地区，其不同等级的酒店客房的建筑面积占总建筑面积的比例是不同的。有的酒店因提供众多出租场地或社交活动场所而减少客房部分的面积比例；有的酒店因服务项目简单而相对增加客房部分的面积。客房楼层区域的规划，涉及合理规划楼层建筑结构、客房单元类型及楼层交通与服务区等。

10.1.1 客房楼层类型

客房楼层的建筑结构主要有板式、塔式和内天井式3种，每一种形式又衍生出多种平面设计。客房楼层的建筑结构是酒店设计要研究的主要问题。它不仅要考虑酒店的场地环境、内部布局等因素，还要考虑楼层结构对酒店的能源消耗、客房服务员行走的距离以及对客人活动的影响。

10.1.1.1 板式建筑

板式建筑形式基本为条形结构，包括客房依走道单向或双向排列结构，即外走廊或内走廊型。这种形式变化不多，或呈直条形或呈“L”形，与后勤服务区和疏散楼梯呈平面布置。

在板式建筑形式中，内走廊型建筑的设计指标最高，客房层的有效率（客房单元面积之和与客房楼层面积之比）可达到70%。同样数量的客房，依走道单向排列的结构（即外走廊型）所需楼层面积要比双向排列结构（内走廊型）多4%～6%。因此，除非因外部地形环境特殊，如酒店所处地段狭长，无法做双向排列，或是为充分利用某一自然景现等，一般是不会采用单向排列结构的。

板式建筑结构固然是最有效的设计，但经验丰富的建筑师与酒店经营者发现了更为紧凑的结构，他们把酒店的电梯与后勤服务区移到楼层的转角处。这种安排的好处是相应减少了非客房面积，大大缩小了客房大楼的周长，并且增强了建筑物外形的美观度。以错开式的板式建筑为例，这种结构将公共场所与后勤服务区放在一起，面积安排就显得很经济，客房的位置也能恰到好处。错开的板式结构还弥补了一般板式结构走廊过长的缺点（图10－1）。

10.1.1.2 塔式建筑

客房楼层的第二种主要结构形式是塔式。其特点是以服务区为中心，客房与走廊围绕中心。这种建筑的平面布置与立面处理手法多种多样，从正方形到十字形，从圆形到三角形（图10－2）。

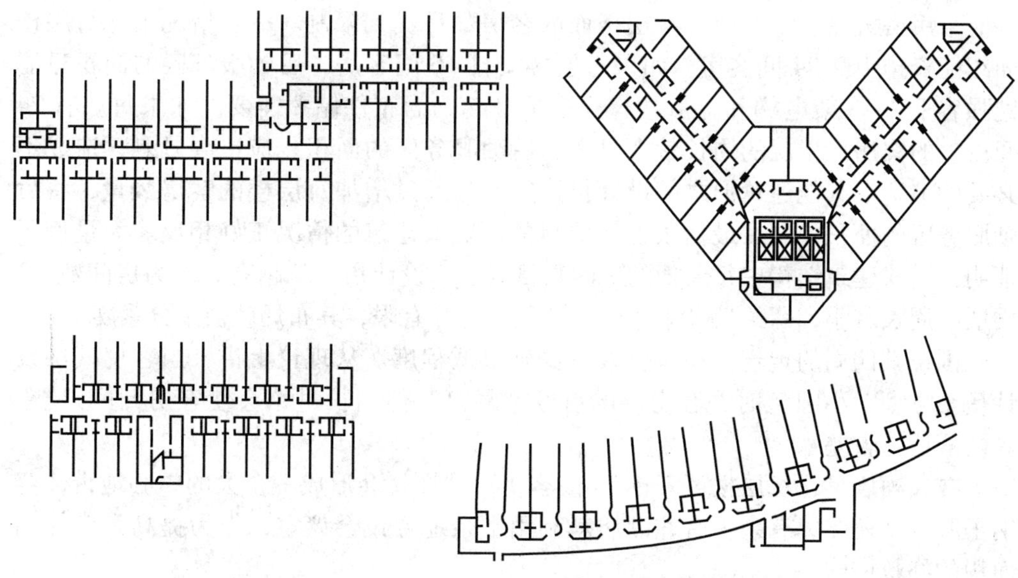

图 10-1 板式建筑的平面布置

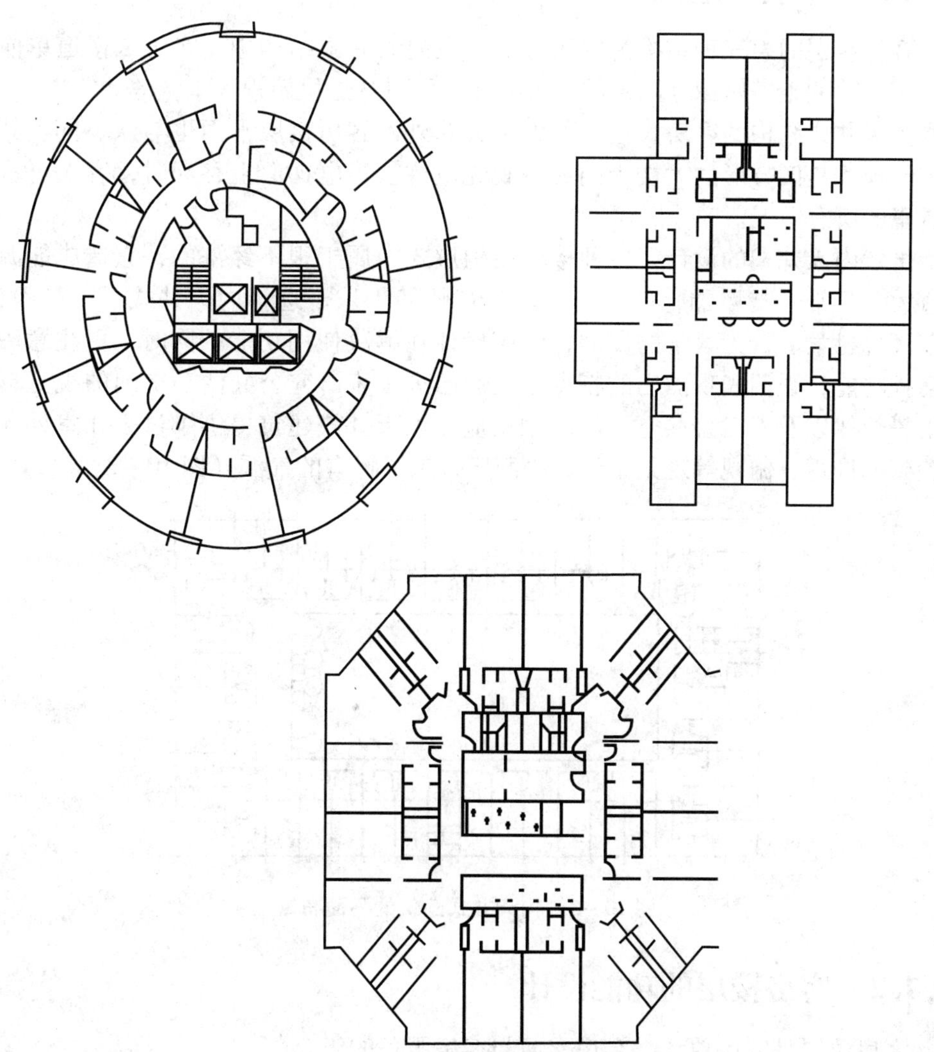

图 10-2 塔式建筑的平面布置

采用塔式建筑结构会使每层楼面的客房数目受到限制。一般情况下，每层楼面约能安排16～24间客房。如果每层楼安排16间客房，后勤服务区的面积只能勉强容下2～3架电梯和疏散楼梯，满足最起码的布件储藏需要。如果每层有24间以上的客房，楼层的周长就会过大，后勤服务区的面积相应也会过剩，造成不必要的浪费。其他建筑形式的设计指标较高是通过增加每层楼的客房数量，将后勤服务区的面积控制在最低限度而取得的。塔式建筑的情况正好相反。大量例子证明，塔式建筑结构中每层楼的房间数目越少，设计指标就越高。因为房间数少，楼层的周长就小，留给后勤服务区的面积就十分有限，其布局就会十分紧凑，

围绕其四周的走道面积也会被减少到最低程度。从理论上讲，当客房楼层设计呈小方型、小圆型时，客房层的有效率最高，但周长过小会使客房开间过狭，室内舒适感较差。

在大酒店里，每层楼可安排24间客房，这样就会形成一个大的中心地带，容纳了服务区还绰绰有余。有些酒店就利用空余地方设会议室，作为提高客房使用面积的补救措施。

10.1.1.3 内天井式建筑

客房楼层的第三种结构为内天井式。在内天井式结构中，客房依楼道单向排列，客房前的走道好像开敞式的阳台，客人可以从这里俯视大堂。

内天井式结构的客房大楼，除无顶大堂外，客房楼层平面也与众不同。其最基本的模式是四方形的大楼中间装有观光电梯。当电梯向上移动时，客人可看到大堂里的所有情况。

虽然内天井式的设计在各种楼层结构形式中属于很不经济的，它造成能源消耗过大，日常开支增加，但投资者与建筑师们仍乐于选择内天井式。这是因为，随着环境科学、行为科学的发展，酒店设计在解决使用功能的同时，更注意酒店的精神功能，强调表现酒店的特点。人们已进一步研究公共活动空间的视觉形象与组景规律以及人对公共空间的心理反应。内天井式建筑提供了过去在室外才能体验到的仰视、俯视等观景条件，给酒店带来了特有的气派（图10－3）。

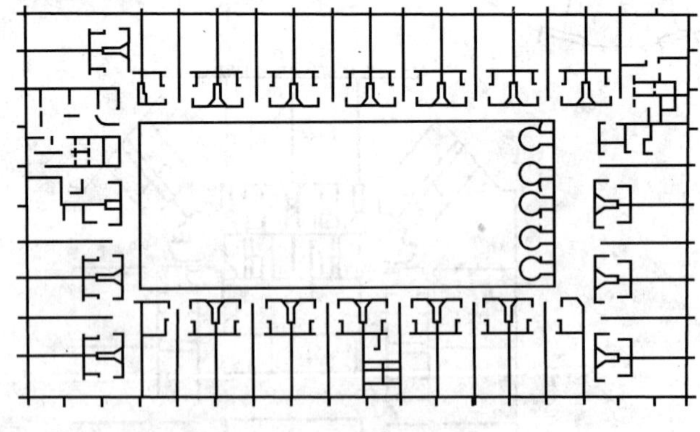

图10－3 内天井式建筑的平面布置

10.1.2 客房楼层的功能设计

客房楼层是客房单元、客房交通与客房服务的组合。

客房单元是客房楼层中的盈利部分。它由客房、客房内小走道、卫生间、墙

体等组成，即进客房门后的所有面积。

客房交通与疏散是客人进出及安全疏散的部分。主要由走廊、电梯间和安全疏散通道组成。

客房服务工作区主要是楼层服务人员工作及活动的区域。一般设置服务台、工作室、清洁工具室、部件备品仓库、配电机房与员工卫生间等。有些酒店设楼层服务台进行客房服务，有些酒店则不设楼层服务台，只设清洁工具间、小仓库、配电间、风机房等。

10.1.2.1 客房区域

只有本着科学合理、以人为本的理念来进行客房区域的功能设计，才能营造出为客人提供至尊服务的酒店客房。

（1）客房内小走道

一般情况下，入口通道部分设有衣柜、酒柜、穿衣镜等。在功能设计上要注意如下几个问题：

● 地面最好使用耐水、耐脏的石材。因为某些宾客会开着卫生间的门冲凉或洗手，水会溅出或由客人的头发等带出。

● 衣柜的门不要发出开启或滑动的噪声，轨道要用铝质或钢质的。因为噪声往往来自于合页或滑轨的变形。

● 目前流行采用“一开衣柜门，衣柜内的灯就亮”的设计手法，其实这是危险的，衣柜内的灯最好有独立的控制开关，不然，会留下火灾或触电的隐患。

● 保险箱如在衣柜里，不宜设计得太高，以客人完全下蹲能使用为宜，千万不要设计在弯腰的地方，不然客人会感到疲劳。

● 穿衣镜最好不要设在门上，因为镜子会增加门的重量，而使门的开启显得不那么轻巧，时间长了，也会导致门的变形。穿衣镜最好设计在卫生间门边的墙上。

● 酒柜烧开水的插座不要离台面太近，起码要有50～60cm的距离，否则电源插入插座时，由于插座的尾线是硬质的不能弯曲而不能使用。

● 柜后的镜子要选用防雾镜，因为烧开的水会产生雾气。

● 天花板上的灯最好选用带磨砂玻璃罩的节能筒灯，这样不会产生眩光。

（2）卫生间

● 进入卫生间的门下地面设一防水石材板，以免卫生间的水流入房间通道。

● 选用抽水力大的静音恭桶，淋浴的设施不要选用太复杂的，而要选用客人常用的和易于操作的设备，有的因为太复杂或太新奇，客人不会使用或使用不当而造成伤害。

● 设淋浴玻璃房的卫生间，一定要选用安全玻璃，玻璃门边最好设有胶条，既防水渗出，也能使玻璃门开启时更轻柔舒适。

● 洗面盆水龙头的水冲力不要太大，要选用轻柔出水、出水面较宽的水龙头。有时，水流太猛会溅到客人的裤子上，而造成一时的不便和不悦。

● 镜子要防雾，并且镜面要大，因为卫生间一般较小，由于镜面反射的缘故，而使空间在视觉上和心理上显得宽敞。卫生间巧用镜子会收到意想不到的效果。

● 卫生间的地砖要防滑、耐污。地砖与墙砖的收边外最后打上白色或其他颜色的防水胶，而让污物无处藏身。

● 卫生间的电话要安放在恭桶与洗面盆之间，以免被淋浴的水冲湿。

● 镜前灯要有防眩光的装置，天花板中间的筒灯最好选用有磨砂玻璃罩的。

● 卫生间的门及门套离地200cm左右的地方要做防水设计，可以设计为石材或砂钢饰面等。

● 淋浴房的地面要做防滑设计；浴缸可选择有防滑设计的，防滑垫也是必须配备的。

（3）客房

● 床离卫生间的门起码不得小于200cm，因为服务员需要一定的操作空间。

● 客房的地毯要耐用、防污，甚至防火，尽可能不要用浅色或纯色的，现今，有很多的客房地面是复合木地板，既实用又卫生而且温馨舒适，是值得推广的材料。

● 客房家具的角最好都是钝角或圆角的，这样不会给年龄小、个子不高的客人带来伤害。

● 窗帘的轨道一定要选耐用的材料，遮光布要选较厚的，帘布的皱折要适当，而且要选用能水洗的材料；若只能干洗的话，运营成本会增加，得不偿失。

● 电视机下设可旋转的隔板，因为很多客人在沙发上看电视时需要调整电视的角度。

● 房间的灯光控制，当前较流行的是各个按钮控制，而不是从前的触摸式电子控制板。

● 插座的设计要考虑手机的充电使用，这往往是很多酒店客房设计所忽略的。

● 床头灯的选择要精心，既要防眩光，也要耐用。

● 行李台的设计往往不受重视，很多的酒店客房的行李台的木质台边的漆被撞得凹凸不平，若采用这样的行李台，其软包部分最好能由平面转到立面上来，并且有50cm左右的厚度，可防止行李箱的碰撞；也可采用活动式的行李架，但墙壁上要做好防撞的设计。有的酒店的防撞板是18mm厚的玻璃，既新颖有个性，又实用。

● 电脑上网线路的布置要考虑周到，其插座的位置不要离写字台太远，拖得太长的连接线也显得不是那么雅观。

（4）墙体

现在流行不压角线的施工工艺，即墙面的墙纸和天花板直接连接。采用这样设计，要考虑在墙纸与天花板交接处做凹入1.2cm左右的缝，以避免时间长了墙与天花板乳胶漆的收边会由于热胀冷缩的不同而产生裂痕。另外，天花板不宜做得太复杂，空高也不宜太高或过矮，一般不要高于2.6m、低于2.1m。

10.1.2.2 交通枢纽

客房区域的交通枢纽主要由走廊、电梯厅构成。

（1）走廊

客房楼层的走廊最好给客人营造一种安静、安全的气氛。走廊的门可以凹入墙面，凹入的地方可以使客人开门驻留时而不影响其他客人的行走；但凹入不要太深，最好在45cm左右，太深了，若有客人出门时，恰好别的客人由门前经过时反而会受到惊吓，而失去安全感；灯光既不可太明亮，也不能昏暗，要柔和并且没有眩光。可以考虑采用壁光或墙边光反射照明。在门的上方最好设计一个开门灯，而使客人感觉服务的周到。

客房楼层走廊地面、墙面的材料要考虑易于维护和使用寿命长。有的新酒店使用不到半年就旧了、脏了，除了管理清洁的因素，也有设计师选材不考虑其使用性的因素。客房的走廊尽量不要选用浅色的地毯，而要选择耐脏、耐用的地毯；墙边的踢脚板可以适当地做高一些，可以做到20cm高度左右，以免行李推车的边撞到墙纸；有的酒店客房走廊甚至还设计了防撞的护墙板，也起到扶手的作用。这样，既防止了使用过程中的无意损坏，也为老年人提供了行走上的方便。

客房楼层走廊的宽度，应满足停放服务车时人可通行的要求，一般为1.4～2.0m，从交通枢纽电梯厅（或主楼梯）到最远客房距离最好小于60m。

酒店客房楼层走廊两边客房的房门要错开，以利隔音，减少干扰，增加客房的私密性。

（2）电梯厅

电梯对于高层、超高层酒店是十分重要的垂直交通工具。

客房层电梯厅是高层客房楼的交通枢纽，应安排在适中位置。电梯厅应保证人流畅通，不宜兼作休息厅。

电梯排列4台以下一般以一字形排列，可平行于走廊或垂直于走廊；有4、6、8台电梯时一般呈巷道式相对排列，可采用内凹或贯通。巷道式的电梯厅宽一般在3.5～4.5m，过于狭小，会影响使用；过于宽大，在电梯采用群控方式后，客人会因电梯门开启时间短暂需来回奔跑而感到不便。

为缩短等候电梯的时间，提高电梯输送能力，需恰当确定电梯的速度。

10.1.2.3 疏散区

安全是酒店应该重视的大问题。酒店失火的因素多，客人又都处于陌生环境之中，一旦失火，容易因惊慌失措而造成重大损失，所以客房层的疏散设计十分重要。

疏散楼梯与消防电梯的设计应符合我国现行消防规范，疏散楼梯的位置应考虑人在火灾发生时可能疏散的方向。常见的位置有两种：一种是客人习惯的常用的交通线路，靠近交通枢纽；另一种是使客人有双向疏散条件，布置在客房层的两端。疏散楼梯靠外墙有利于排烟、防火。

高层酒店的客房层还需设置有排烟前室的消防电梯，以供消防人员在火灾发生、普通客梯停止运行后，可乘用消防电梯迅速抵达火灾现场施救。

疏散楼梯均上通顶层、下达首层，并有直接通至室外的出口。超高层建筑设置避难层时，疏散楼梯可向避难层疏散。

我国消防规范规定，高层疏散楼梯的宽度不小于1.1m；低层、多层建筑疏散楼梯的宽度不小于1.0m。

10.1.2.4 服务区

我国酒店的客房服务工作区一般设置服务台、工作间（供应清洁工具、开水、储备布件备品、冰块或兼作小备餐间）、配电室、机房与厕所等。这些服务用房常与疏散楼梯（或服务电梯）结合一起，形成一个组团。

客房服务工作区的设计既要保证工作效率，又不干扰客人休息，服务的路线宜与客人的人流路线分开。

服务区应保证有停放手推工作小车的位置及布件管道与垃圾管道的位置。

客房内更换下来的布件以及清扫客房后的垃圾，可以采用管道抛投方式分别送至洗衣房与垃圾间，也可以采用专用小车由服务电梯运送。采用专用小车方式时需有停放专用小车的位置。

由于酒店管理方式的不同，客房楼层服务的内容与方式也不同。国外一般不设客房楼层服务台。客房服务内容分别安排，如客房布件更换、打扫整理常采用外包工方式；客房用餐服务由餐饮部负责，按客人要求将早餐送至客房。按西方习惯，欧美酒店一般不供应开水。有特殊需要的客人可以要求将开水送至客房。日本、新加坡等国酒店在客房内放置电烧水壶，客人可在客房内自己烧开水。其他客房服务，客人均可以通过电话找客房服务中心解决。

10.1.2.5 其他

客房楼层其他区域包括会议室、公用厕所。会议室里需配置相应的多功能长桌、白板、话筒和会议所需的音响设备，如投影仪，放录像设备，扩音设备和先进的通信、视听设备；接待国际会议的酒店还需配置同声翻译装置。

10.2 客房产品的功能设计

10.2.1 客房产品设计的原则

客房是客人生活的室内环境。综合反映客房室内环境的设计原则是安全、环保、舒适与效率等。

10.2.1.1 安全性原则

安全是客人对酒店的最基本要求，是“环保、舒适、效率”的前提。因此，对客房产品的功能设计要充分考虑其安全特性，并应具有相应的应急设施。酒店客房的安全主要表现在防火、治安和保持客房私密性等方面。

(1) 防火

根据资料统计，城市公共建筑中以酒店的火灾率最高，造成死亡人数也多。酒店火灾有很多是因客人在床上吸烟引起的。客房各自独立，从火灾发生到报警需一定时间。客房空间小，失火后室内易充满烟雾而使人窒息。因此，把火灾消灭在早期是酒店消防的重要环节。

现代高层酒店客房的防火措施如下：

● 设置可靠的火灾早期报警系统。如安装烟感报警器、自动喷淋装置等。

● 减少火荷载。火荷载系指易燃烧的建筑材料、家具、陈设、布件和客人带来的可燃衣物等荷载的总和。客房内应尽量减少可燃性建筑材料及易燃性织物。

● 紧急疏散规划。客房门后张贴《疏散路线指南》，房内备有应急照明手电，客房通道保持畅通。

● 在放置用品时还应考虑其安全性，如烟灰缸、火柴不宜摆放在床头柜上。

(2) 治安

酒店客房治安的重点之一是加强门锁控制。客人的人身与财产安全与否，很大程度上取决于酒店的钥匙控制是否严格。配备电子暗码锁及与之相匹配的电子磁卡钥匙，可大大提高客房安全程度。因为电子暗码锁既便于日常钥匙使用控制，又具有防撬及记录使用者的功能。同时，需重视房内安全设施的配备，并应具有防盗和呼救的功能。

（3）客房私密性

酒店客房是私密性场所，要求安静，不受他人干扰。因此，建筑设计应采取走廊中客房门相错开的手法，以加强客房的私密性；也可采取葫芦型走廊的手法，拉大客房门之间的距离，使客房门前形成一个较安静的空间。同时，在客房服务程序设计方面应避免干扰客人休息。

10.2.1.2 环保原则

酒店经营中的环境保护意识已经得到消费者的认可。人们把讲究环保的酒店称为“绿色酒店（Green Hotel）”，“绿色酒店”的概念成为旅游者评价一座酒店是否优良的一项重要标准，更日益成为全球酒店业所普遍接受和实践的理念。

要成为“绿色酒店”，首先要减少消耗和重复利用资源。因此，酒店应尽可能购买节能、低耗、低噪音等有益于环境和健康的客房设备和用品，尽可能购买可再生利用的产品，避免使用含氯、氟、烃的产品。并通过宣传、告知等方式，逐渐减少放在客房内的一些并非每个客人都需要的一次性用品的数量，为绿色环保行动尽一份力。其次还要注意室内空间自然化。既注重室内空间的自然风格，在设计中要求充分考虑酒店自然采光、通风、观景等因素，通过对结构、空间的科学处理与借景方法的使用，力争将室外景观间接或直接引入建筑内，使室内外空间延伸合并，形成酒店主体建筑内的小环境与周边大环境的相互呼应，空间共享的结构体系。通过室内的设计布置，充分借助和展示自然的魅力，使客人在入住期间仿佛置身于自然山水之中，得到良好的感受。

三张环保卡片

某酒店的客房里放有三张环保卡片。

其一，是一张非常具有人情味的卡片，上面写着：

“尊敬的宾客：

如果您在打点行李时忘带了洗漱用品（牙刷、牙膏、剃须刀、须后膏、梳子等），只要给客房部打个电话（分机55），我们将立刻免费给您送来。”

其二，是放在卫生间里的一张卡片，上面写着：

“尊敬的宾客：

您可曾想过，每天世界各地的酒店有多少吨毛巾毫无必要地更换洗涤，因此而耗用的数量巨大的洗涤剂对我们的水资源造成多大的污染？为了我们共同的环境，请您做出决定，将毛巾投入浴缸表明您要求将其更换；否则，则意味着您愿意继续使用，我们将为您挂放整齐。谢谢您对环保的支持！”

其三，是放在床头柜上的卡片，上面写着：

“尊敬的宾客：

通常我们每天都对客人的床单进行换洗，如果您觉得没必要时，请于清晨将此卡放在床上，这一天您的床单将不再更换。感谢您对酒店绿色行动的支持！”

10.2.1.3 服务性原则

凡是直接或间接为客人使用的设备、用品，除了满足客人的需求，切实可用、耐用，避免一些多余、不方便使用或不被客人所接受而易被闲置的设备功能外，还应考虑到员工的操作方便，以提高工作效率和服务质量。如酒店呼唤系统使酒店客人能方便地找到服务员，不仅设置在客房床头，有的还设置在浴室里，以便淋浴的客人通知服务员。

10.2.1.4 享受性原则

客房的享受性是业主和建筑师共同追求的目标。来自不同国家、地区的客人因生活习惯不同，对客房享受性的主观评价也不同，因此，需要以国际客人的习惯进行设计与评价，尊重客人的宗教信仰、风俗习惯，避免客人所忌讳的东西。客房产品设计的享受性主要体现在客房空间的大小、装修风格及客房设备用品选择及摆放上。

10.2.1.5 适用、经济、美观原则

客房产品设计要以适用、经济、美观为原则，要选择与酒店的星级、档次相适应的，并在同类酒店中较为超前、质量优良的客房设备、用品。客房设备档次过低会影响酒店档次，过高则加重酒店的负担，都不利于酒店的经营。所以，客房管理者应通过多方比较，并可参考我国的星级评定标准，选择最适应本酒店要求的客房设备和用品。另外，客用设备和用品的选择应以切实可以满足客人需求为标准，有些设备和用品并不是大多数客人所需要的，就没有必要配备或没有必要在所有的客房内配备，如有些酒店摆放的纸制指甲挫等。另外，客用品的质量必须有一定保证，如有些酒店也有梳子，但是一梳就断齿，这种客用品显然不能满足客人的需求。

客房产品设计还要注意恰到好处地利用空间，既方便客人室内的起居生活，又方便服务员的清洁操作。

客房的装饰布置是一门艺术，在注意适用、经济的基础上，还要强调和谐、美观，要使客房内的设施、设备、用品及其色彩成为一个和谐的整体。为此，一些大酒店还专门设有专职的室内装饰员，负责房间内部的装饰、家具的摆设，室内颜色的搭配，窗帘、壁画、灯光之间的调节等。

有没有多齿的梳子

夏季的一个晚上，入住某酒店406房间的高小姐将去参加一个重要的宴会。她洗澡后，在卫生间里想把头发吹干、定型，但由于客房里的小梳子十分的不顺手，所以难以将头发整理至她如意的状态。在没办法情况下，她打电话到客房中心问："你们有没有多齿的梳子?"客房中心的文员小黄听了客人的要求后，说："高小姐，我们客房这里没有多齿的梳子，我想想办法，找到后立刻给您送到房间里。"放下电话后，小黄立刻与酒店的美容室联系，很快借了一把多齿的梳子送到高小姐的房间，高小姐非常高兴，打电话到客房中心致谢。

第二天早上，客房部陈经理照例阅读客房中心的工作记录要点，发现了小黄关于客人需要多齿梳子的记录，并称曾经碰到过多次，许多客人都有这种需求，因此建议客房部租借物品服务中应增加这种梳子，以方便客人；或者客房内配备的小梳子略微变化，设计成多齿的梳子，以适应客房内增加了电吹风后，客人自己吹头发较多的需求变化。

陈经理看后，批示：好建议。然后立刻通知相关部门采购一些方便客人吹头发用的多齿梳子，提供给需要的客人使用。并与酒店采购部门联系，寻找厂家设计一种可以充当客用品的价格低廉的小小的多齿梳子。

10.2.1.6 特色原则

现代酒店面对激烈的市场竞争，都在寻求自身的竞争优势；而寻求差异化就是其中的重要策略之一。寻求差异化需要酒店在进行客房产品设计时遵循特色原则。

求新求异是人类的基本心理需求，人在审美观中有一种“以新立美”的潜在意识。凡是自身文化体系中不具备的东西，往往被认为有一定的美感。客人通常对自己将要入住的酒店特色性有一种期待，这种特色性的期待对于客房表现得十分具体和敏感。特色性可以通过客房的空间、形式、陈设品、家具来体现。如客房中一个意想不到的简洁实用的电视柜、一组精美松软的大枕头、一个具有民族特色得精巧的小书架等，只要是客人没见过的，就能体现出特色性。当然，特色性需要融入地域性特性和各地人文传统，显示其独特的文化和特色性方能显示酒店不同于其他酒店的独特神韵。

10.2.2 客房功能空间设计及陈设布置

一个成功的酒店客房产品设计及陈设布置，其关键就是要在深入了解酒店设计特殊性的基础上，科学地运用各种设计原则与方法，在满足建筑需要的同时，突出酒店的经济功能性和文化独特性，同时考虑到客人的需求，才能给客人带来极大地满足和愉悦，从而形成自身的特色，塑造出自己的品牌。

10.2.2.1 功能空间设计布局

客房是客人在酒店逗留期间的生活场所，这就要求合理地设计客房布局并配备相应的家具用品来满足客人在客房中的睡眠、盥洗、起居、书写和储存等生活需要。图 10－4 为客房设备及功能空间设计图。

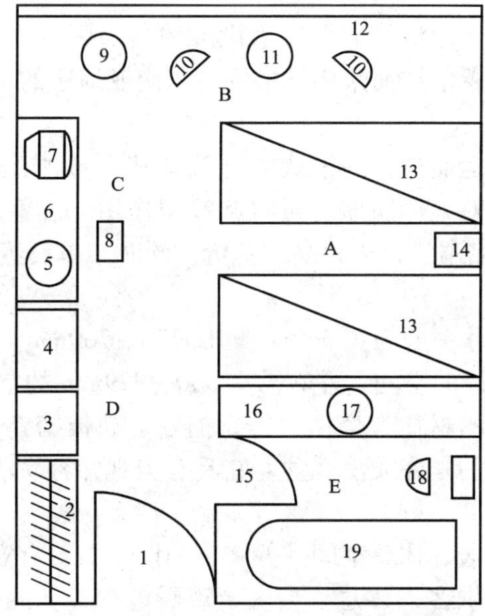

图 10－4 客房设备及功能空间设计

1. 房门 2. 衣柜 3. 小酒吧和小冰箱 4. 行李架 5. 台灯 6. 写字台 7. 电视机 8. 软座椅 9. 落地灯 10. 扶手椅 11. 小圆桌 12. 窗帘 13. 床 14. 床头柜 15. 卫生间门 16. 云石台 17. 洗面盆 18. 恭桶 19. 浴缸

A. 睡眠空间 B. 起居空间 C. 书写空间 D. 储存空间 E. 盥洗空间

（1）睡眠空间

睡眠空间是客房最基本、最主要的空间，其中最主要的家具是床、床头柜和床头灯等。这一空间是客人使用最多的地方，其舒适程度直接影响到客人对酒店的选择。

睡眠空间中最主要的家具是床。床的质量直接影响客人的睡眠。床的质量要求是床垫与弹性底座有合适的弹性，牢度好，使用时不发出吱嘎声，可以方便移动又有优美的造型。因此，目前国际酒店集团都加强了对睡眠空间的改善。2000年喜达屋集团推出"仙境床"，将床的舒适度推向一个全新的水平。其他酒店也不示弱，纷纷相继推出自己精心设计出的更舒适、更豪华的床。

床头柜也是这个空间内的重要家具。现代酒店床头柜的功能已可满足客人的各种基本需求，如广播选频、音量调节，床头灯、脚灯、房间灯的开关，时钟、定时呼叫、市内电话与国际电话等，向客人提供极为方便的服务。

（2）盥洗空间

客房卫生间是客人的盥洗空间。卫生间是客房不可缺少的部分，是显示酒店等级的一个重要方面。客人在卫生间通过沐浴消除一天旅游或工作的劳累，以恢复体力。卫生间主要的设备有面盆、浴缸、恭桶、巾架、纸架、电话分机、吹风筒、换气装置、壁灯、防水雾面镜、化妆镜等。目前，越来越多的酒店采用开敞式卫生间，让干、湿区享受到自然风光，其设计更人性化。

酒店在设置浴缸、恭桶与洗面盆三件卫生设备时应注意以下几点：

- 浴缸：浴缸有铸铁搪瓷、铁板搪瓷、工程塑料与人造大理石等多种。以表面耐冲击、易清洁与保温性良好为最佳。

浴缸底部的防滑问题值得注意。不少制造厂为了防止客人在洗澡时滑跌，在浴缸底部采取了凹凸的或光面毛面相间的防滑措施。有的酒店对无防滑措施的浴缸增设了橡胶防滑垫。

有的客人习惯淋浴，故浴缸上多数附设淋浴器与固定喷头，以满足客人的需要。经济酒店也有不设置浴缸而采用淋浴的。东南亚地区的客人喜欢"冲凉"，往往爱使用淋浴。

近年来高级浴缸应运而生，冲浪式浴缸就是其中一种。这种浴缸四周与下部设置喷头，当喷射水流对人体肌肤冲击时起按摩作用。一些高级豪华酒店竞相在豪华套房内装置"冲浪浴缸"，以提高其身价。同时，单设蒸汽淋浴房，以方便客人使用。

- 恭桶：恭桶的尺寸一般为宽360mm、长720～760mm。为满足使用要求，恭桶前方需有450～600mm的空间，左右需有300～329mm的空间。
- 洗面盆：洗面盆的材质有瓷质、铸铁搪瓷、铁板搪瓷、人造大理石或工程塑料等多种。使用最多的是瓷质洗面盆，它具有美观并容易清洁的优点。

（3）起居空间

标准双人客房的起居、休息空间一般在窗前区，放置有安乐椅（或沙发）、小餐桌或茶几、落地灯，供客人休息、会客、观看电视等。此外，还兼有供客人饮食的功能，客人在此饮茶、吃水果及简易食品等。

酒店的等级不同，客房的起居休息空间也不同。套间中有独立的起居室，沙发数量增加以用于会客。在豪华套间、总统套间内，还单独设置会议空间。在会议空间则提供十余人开会用的会议桌、椅。

(4) 书写空间

标准双人客房的书写、阅读空间在床的对面，也有设在窗前的。在这个空间里，有条形多功能长桌、方凳、电视机、冰箱、台灯、电话、大面镜、行李架等。近几年来，随着商务客人的不断增加，对书写空间的改善受到全球酒店业的普遍重视，如办公桌的配置、灯光亮度的加大、因特网接口的增加等。

在豪华套间、总统套间内，还单独设置读书空间，在读书空间备有大型书桌及文房四宝。书柜中应放有工具书与具有本国特点的书籍。

(5) 储存空间

储存空间设壁柜或箱子间。壁柜一般设在客房小过道侧面，也有设在卫生间侧面墙处的。壁柜可存放衣帽、箱子。壁柜门在小走道开启，由于外开门会有碍走道交通，故设计做成推拉门或折叠门更好。高级别酒店的客房中还设置迷你吧（Minibar），酒店一般免费提供茶叶，也在冰箱中提供各种收费的饮料、小瓶酒、杯具。这种微型酒吧一般设在小走道旁或壁柜边。

10.2.2.2 客房室内陈设布置

酒店客房室内设计的内容有色彩运用、家具陈设、用品配置、照明设计等几个方面。酒店客房管理者要根据客人的文化修养、习惯和爱好，创造舒适的、符合客人生理和心理要求的、能获得精神享受的室内环境。

(1) 家具陈设

家具是酒店客房室内布置的主要内容。在室内除了建筑部分外，不论从功能、数量和所占空间来看，家具都占有主导地位。现代酒店的客房室内装饰，对家具在尺度、数量、位置以及风格上都经过精心的策划。

客房家具的选择 选择家具是客房家具布置的准备工作。选择客房家具既要考虑功能，又要注意美观。家具功能选择的原则是：实用舒适，尺度合理，质地坚实，易于清洁。家具美观选择的原则是：格调统一，色彩协调，式样美观。客房家具选择还要考虑酒店客房的不同等级和规格。不同规格的客房对家具的数量、质量、类型的要求都不相同。例如，标准客房功能全，集睡眠、会客、阅读、书写于一体，在这一室之内，家具的配置只求满足必要的功能。与此相比，套间客房的配置就显得较为充裕，卧室、起居空分别选配不同的家具。至于豪华套房，除了考虑功能外，在质量和艺术方面也要与众不同，形成一种独特的风格。

客房家具布置 为了创造良好的氛围，酒店客房家具都是成套成组配置的，以构成合理的空间。各种单件家具，随环境要求做不同的组合，可形成不同效果的空间。家具布置设计的原则，一是要有疏有密，疏者，留出客人出入的活动空间；密者，以家具组成人的休息、使用空间。二是要有主有次，即突出主要家具、设备或陈设，其余做陪衬。以标准房为例，家具的摆放通常分为宁静区、明亮区和通道区 3 个区域。宁静区布置卧床和床头柜，明亮区布置会客、起居用的沙发和茶几，通道区布置长形多功能柜，见图 10－5。

(2) 用品陈设

酒店在客房中除配备各种家具、设施设备之外，还应配置各种用品，供客人使用。星级越高的酒店，其客用品的设计越精致优雅，质量越好；客用品的配备亦可体现对客人的礼遇规格，如在贵宾房或一些特殊客房（如套房、商务房）内

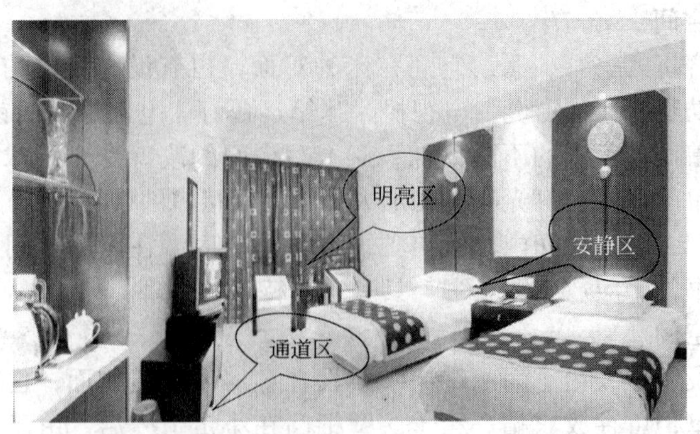

图10-5 杭州千岛湖大厦酒店客房家具布置

配置比标准间更好的用品，让客人感到自身的与众不同，也更容易接受酒店的房价，有物超所值之感。另外，酒店通常在客用品上印有酒店名称、标志及地址、电话等，一方面，可加深客人对酒店的印象和了解；另一方面，当客人带走某些客用品时，也可起到宣传酒店的作用。

客房正常配备的客用品通常可分为3大类，即客房备品、客用低值易耗品和客用租借物品。

客房备品 客房备品也称客用固定物品或多次性消耗用品，是指客房内所配备的可供多批客人使用、正常情况下不会在短期内损坏或消耗的物品。这类物品仅供客人在住店期间使用，但不能被损坏、消耗或在离店时带走，如布件、衣架、水杯等。

客用低值易耗品 客用低值易耗品也称客房日耗品、客用消耗物品、一次性消耗品或供应品等，是指在客房内配备的供客人住店期间使用消耗，也可在离店时带走的物品。这类物品价格相对较低、易于消耗，如香皂、浴帽、梳子等。

客用租借物品 客房备品和低值易耗品通常只能满足住客的一般、基本需要，而不能满足客人个别的特殊的需要。有些酒店为能给客人提供一些个性化的服务，通常还备有一些特殊用品，如接线板、加床、婴儿床等，以供客人消费需要时租借，通常称为客用租借物品。

（3）布件及装饰物陈设

布件主要指客房内的棉织品，有床上棉织品和放在卫生间棉织品两类。床上棉织品主要有床单、毛毯、枕芯、枕套、床罩、丝棉被等。这些物品虽属生活用品，但也要重视色彩、花样的选择，要与周围环境相协调，并要注意其规格、质量与酒店的等级相称。卫生间里的棉织品主要有浴巾、面巾、脚垫巾等。这些用品应遵循美观、整洁、方便、安全和尊重客人的宗教信仰、风俗习惯等来摆放。

客房装饰品包括艺术品、墙饰、雕塑、绿色植物等。酒店室内设施应根据酒店的档次和定位，选用与之相对应的材料，确定式样、色彩和制作质量、工艺标准，并高度注意与酒店文化主题、周围环境的协调性。工艺品的陈设可以起到弥补空间和色彩设计中的缺陷，烘托与提升酒店文化主题的作用。工艺装饰品的选择一定要考虑文化性、地域性、特色性以及具体的质量、工艺技术特点、制作水平等因素，应与周围环境密切吻合，共同构成一个视觉中心，并且要掌握摆设或悬挂的位置。

（4）色彩运用

总体而言，酒店装修的色彩设计中必须合理分析并利用色彩的生理效应、心理效应、民族效应。要取得这种效果，在色彩处理上一定要体现出酒店的高雅性、舒适性和文化内涵。

因此，酒店装修色彩处理的一般原则是：其一，色彩宜单不宜繁，即不要采用过多的色彩，通常不超过 3 种色彩的搭配；其二，颜色宜淡不宜浓，即颜色的纯度应低，不要过于鲜艳；其三，明度宜明不宜暗，即应采用视觉效果好的明度色。

色彩设计中还要考虑色彩的搭配。同类色的组合给人以单纯大方、简洁朴素的感觉，多用于卧室、办公室等处；邻近色的组合在大面积处理中可以形成层次；对比色组合目的在于起到点缀作用，消除视觉精神疲劳，因此应注意不要等面积使用，否则人们长期注视会感到单调、厌倦。

色彩设计的舒适性应考虑不同顾客的生理、心理需要。客房采用暖色调，给人家庭般的温馨感；色彩设计还必须考虑民族、区域的要求。根据酒店客源市场定位，注意目标客源的色彩喜好和颜色禁忌等因素，结合酒店不同客房产品的特色进行色彩的处理。

（5）照明

光是创造室内视觉效果的必要条件，为了创造良好的客房室内视觉效果，增加客人对客房室内环境的舒适感，必须对客房照明进行设计。照明可以起到扩展或压缩空间，丰富或压抑色彩效果，满足顾客视觉需要的目的。照明分为自然照明和人工照明。酒店在照明处理中不应单纯追求灯光效应，而应合理地组织自然采光和灯具照明。

照明设计应把握以下原则：照明应首先满足顾客活动的需要，再兼顾美观的要意；灯具的选择应与酒店风格、环境匹配；应尽量采用自然光；人工照明设计要考虑不同民族、区域顾客的习惯；避免眩光。

人工照明选择：客房照明一般采用局部照明手法，即局限于某个部分的固定的或移动的照明，它只照亮一个有限的工作区域。对客房内的不同部位，照明的要求也不同。客房卧室一般选用低强度的普通光，做扩散照明。在床头、写字台、座椅旁、衣柜处、过道顶都设有局部照明的专用灯。客房浴室一般采用中强度的普通光，在穿衣镜和修面镜前设置能清楚照明的灯具。

灯具以安装位置状态分类，主要有以下几种：天花板灯具，有吸顶灯、吊灯、柔光灯等，现代式吊灯简洁、别致；古典式吊灯繁复、精致。墙壁灯具，有壁灯、窗灯等，其中壁灯的形式繁多，有现代的，也有古典式的；有民族式的，也有西式的。便携式灯具，有落地灯和台灯，通常由灯座、灯头和灯罩几个部分构成。

10.3　特殊楼层设计

越来越多的客人已经厌倦了千篇一律的“标准”客房模式，他们希望在客房内也能够有一些新奇的享受和经历，能有一些与众不同的收获和感受。因此，酒店应开发各类具有个性特色的新概念主题客房和各种特色客房楼层，如商务楼层、无烟楼层、女宾楼层、全套房楼层和残疾人客房等。为了满足不同客人的偏好，塑造客房卖点，一些酒店还推出了奥运冠军房、明星客房、高考用房等特色客房楼层，取得了很好的效果。

10.3.1 商务楼层

目前，客房商务化的趋势仍有增无减，越来越多的酒店在所有的客房内都开始安装传真机、两条以上的电话线、与电话接线的打印机、互联网。商务楼层因其在面积、装潢、设施上的优势，明显高出一筹，对大公司或有专门需要的客人，商务楼层所拥有的针对性的客源市场仍会长盛不衰。

住商务楼层的客人一般受教育较好，讲究礼仪，注意仪表，应酬活动多，因此要求该楼层的服务质量较高，服务人员素质较好。这类客人对下榻的酒店，通常选择市中心或离业务地点较近的酒店；他们通常要求酒店交通便捷，签进签出手续简便，通信邮件服务高效，预订方便。另外，他们希望酒店能保障其财物安全，能保密。由于业务在身，往往希望酒店为他们单独办理入住登记和离店结账的手续。那么，如何才能满足客人的需求，设计出成功的商务楼层呢？具体表现在以下几点。

(1) 设备设施的配置

虽然商务楼层的客房样式、大小与普通客房无异，但提供的日用品及商务楼层的客房室内装修应较为高级。现代商务楼酒店层的象征不仅是“豪华”，它还须与电子技术和计算机设备紧密联系起来。

● 商务楼层提供商务设备设施，如语言信箱、信息网络、视听设备、电话答录设备以及复印、传真等设备。楼层上的商务中心服务功能要全，环境要好，服务时间要长。

● 提供各种先进的会议设施。入住商务楼层的客人可能有各种会议，如研讨会、论坛、讲座、培训、会谈等，因此，商务楼层应设置相应的大小不同的会议场所及配备相应的设施设备。例如，会场有各种信源接口，具有同声翻译系统、电子投票系统、多媒体咨询系统、声像播放系统和电子白板系统等。

● 客房设备设施的配置：客房的写字台和床头照明应更亮一些，从照明来看，一间标准商务客房的光源以5盏为宜（不含卫生间），且应达到便于工作的足够亮度。客房内办公桌越大越好，美国凯悦酒店办公桌长和宽分别比正常的办公桌增加了15cm和10cm。由于便携式个人电脑（笔记本电脑）的流行，桌面高度又开始降低，方便操作。一些大酒店的办公桌极大，上面放置传真机和打印机，并配有调制解调器和安装了更多的插座。条桌前有靠背椅子，在写字台上有电话和国际互联网接口。这样，客人在客房里办公时，就可以很方便地使用笔记本电脑发电子邮件，在互联网上交流信息。在伏案写字时也不必再起身到床头去接听电话。玛里奥特将集团属下的“工作客房”内设计了可伸缩的写字台。坐椅是可调节高度的靠背旋椅。床头柜成为集空调、电视、灯光到窗帘启闭于一体的电子控制中心。客房应安放两张大的双人床。注重通过客用品、材料、色调等来增强家居感。客房内家具成套化、组合化，多用木质材料，多暖色调，多采用棉织品、手工织品和舒适的纤维编织品。Minibar发展成一个小的“购物中心”。房内娱乐、电视和音乐选择，均可通过CD资料库或互联网进行。

(2) 卫生间的布局、设置

卫生间要有宽大的盥洗台，由大理石砌成的优质地面和台面，供各种用途的更多的镜子，更良好的照明和通风等，其布局分为3个区域，第一区是梳妆台和可容人进入的壁橱；第二区是封闭的沐浴，浴缸和恭桶；第三区是洗脸池，大、小镜子，并配以明亮的灯光。有的卫生间还把恭桶单独隔离，这样既照顾隐私，又提高了卫生间的利用效率。配备新型设备设施——旋涡造浪浴缸、温泉浴盆、按摩浴缸。喷淋头的水量可以从喷细雾到冲力按摩，客人通过电脑可自由调节高度，如不想把头发弄湿的客人可把喷淋头调到头下的高度，更有趣的是，电脑将“记住”客人的任何选择。

（3）对客房面积的要求

商务楼层应尽可能为客人提供宽敞的活动空间，一般来说，标准间的面积为 $20m^2$ 左右，如凯悦豪华间的面积在 $31m^2$ 左右。Radisson 集团属下酒店的单人间面积为 $29m^2$，双人间 $31m^2$。另外，明显的变化，一是减少抽屉的数量；二是取消大壁橱，把节约的面积还给客房。与之相协调的是客房中装置大挂钩，供客人挂行李袋，或是行李架台面放大，以便客人放置轮箱。

10.3.2 无烟楼层

无烟楼层，为不吸烟的客人提供了绿色环保的居住环境。无烟楼层的设计与普通楼层的区别不是很大。最大的区别在于无烟楼层贴有禁烟标志，客房内不向客人提供烟缸、打火机等吸烟设备，即使该楼层的公共区域也不提供吸烟场所。

10.3.3 女宾楼层

近年来，随着妇女就业比例的日益提高，女性商务逐渐引起人们的重视，不少酒店设立女性行政层的做法很受女商务客的欢迎。澳大利亚酒店业悉尼 BOND STREET 公寓酒店，为女性旅行者特设两层楼。房间内的用品包括浴袍、拖鞋、各类杂志以及女性用品和礼物。针对商务的性质，公寓对客人提供全套酒店式服务，直拨电话、留言系统、个人传真、互联网、电视、录像机、音响及付费闭路电视等设施一应俱全。

“安全、卫生、温馨、方便”，是女性客人入住酒店时最为关心的问题。因此，女性楼层必须体现以上特点。

女性大多比较胆小、敏感，加之单身女性独来独往的习惯，更需要酒店尽量为她们提供一个安心、称心、舒心的住宿环境，确保其个人人身、财物、心理与隐私等各个方面的安全，并在接待服务的各个细节上感受到尊重和理解。为照顾到女性的生理和心理特点，房间内的摆设均为女士特别设计。

（1）装修、装饰、设计女性客房时应考虑的做法

- 客房内设置紧急呼叫按钮。
- 客房具备良好的隔音效果。
- 客房内放置针对女性的安全提示说明。
- 保持客房干净、整洁。相对而言，女性客人对客房的整洁有序更为关注，因为拥有一尘不染与一丝不乱的居住环境不仅是女性的天性，更有助于她们拥有一份惬意、良好的心境。
- 客房内放置精美的时尚杂志，供客人休闲翻阅。
- 客房中每日准备各种鲜花、干花，视需要提供时令水果。
- 浴室内配备品牌洗浴用品及女性专用卫生包，以体现对女性客人的照顾体贴。

● 客房中放置女性“度身定制”的送餐菜单，为不愿到餐厅用餐的单身女性客人提供方便。

（2）女性客房布置的具体要求

● 女性客房内配置高档的品牌家具，彩壳电器、环绕音响系统（配时装光碟等）、互联网接口、宽大舒适的床、色彩明快的沙发和靠垫、明亮时尚的走入式衣柜（内备熨衣板）、电熨斗、宽大的全身镜、家居化的高品质床上用品、精致的饮具和花草茶等饮品及薰香等。

● 卫生间要宽敞、明亮、装饰典雅，最好摆放一些盆栽花木或鲜花，室内还需配置光源调节器、化妆镜与化妆凳及品牌卫生用品，以满足女性化妆及生理方面的需要。图10－6即是一套女性楼层客房图。

图10－6 深圳999丹枫白露酒店女性楼层客房

10.3.4 全套房楼层

自从引进了全套房的概念，酒店套房的意义就发生了变化。传统的套房是带一间或几间卧室的客厅（起居室）。较大的套房增加了第二间和第三间卧室以及额外的接待面积。较豪华的套房包括厨房、正式餐厅、桑拿浴室或游泳池，甚至还有图书馆。几乎每个大套房都有一个家庭小酒吧。阳台和露台（夏威夷式阳台套房）也是常见的服务设施。在适当的气候环境下，套房还生有壁炉。一些真正豪华的酒店，还提供两层套房，如卡仙奴酒店。美国的中心地带也是如此，从尼德兰广场酒店的两层套房可以看见辛辛提那市的全景。

特色套房都有名称，尽管它们也可能像标准套房一样编号。新娘套房、总统套房和复式套房是常用的名称。突出酒店主题的历史人物或者当地名人也是选择名称的依据，如基特·卡森套房（Kit Carson Suite）。

全套房楼层一般采用1923年埃尔斯华斯·斯达特勒发明的建筑技巧，背靠背的多用途井状通道可以缩短管线、电线、供暖管道以及通信线，这对前期建设和后续维修都非常经济。有时无法做到这一点，但室内厨房、浴室和家庭小酒吧都是如此建造的。

10.3.5 残疾人客房

残疾人客房的设计与普通的客房区别不是很大。最大的区别在于卫生间和客房的地面。残疾人用的客房，所有的地面设计一定不能光滑，特别是卫生间，因为光滑容易令残疾客人摔跤。客房房门上需有2个猫眼，高低各一。另外，卫生间最好是设计成能坐的恭桶；洗浴的设计，一般要有一把专门供残疾人在洗浴时能坐的椅子，或是有浴缸扶手，以方便腿脚不方便的客人。而对于聋哑人，房间的设计要注意的就是门铃，最好是有人在客房外按门铃的时候房间里有指示灯，而且要方便聋哑人看到。

【思考题】

1. 客房楼层的建筑结构主要有哪几种类型？
2. 客房室内设计应考虑哪些问题？
3. 客房的安全设计需要考虑哪些因素？
4. 如何创造协调的客房室内色彩效果？
5. 客房设计的原则有哪些？
6. 谈谈你对特色楼层的看法。

【经验性训练】

对健康客房进行设计

概述：

为设计一间健康客房，学生们分成若干个团队，分步进行。

步骤：

1. 分成5人一组（人数为单数）。每一组都将成为一个健康客房设计委员会，独立于其他组而工作。团队的任务是运用客房产品设计原则，结合健康客房的特色来对健康客房进行设计。

2. 在课堂上集中汇报各组的设计结果（有严格的时间限制），设计结果以两种形式体现：PPT演示、书面设计文本。

3. 全班一起讨论各组设计结果的优劣之处，并找出相关原因。

【案例分析】

客房设计带给酒店什么好处

杭州萧山国际酒店刚刚装修完毕的新客房，就给人带来耳目一新的感觉。所有的家具都从人性化、个性化、简约化的角度出发进行了设计和摆放。房间的主色调呈乳白色，地毯为淡青色，配以灯光、空间的整体专业设计，使整个房间显得格外宽敞、明亮、简洁、柔美。房内所有开关、插座在设计上都经过独特用心，充分考虑到各种不同类型客人的需要。每间房的门框上都安装了隔音条，防止外界噪声传入，衣橱也从原来的门后背“搬”入了卧室内，改变了以往的“隔墙有耳”，杜绝噪声互扰，从细微处真正做到为宾客着想，体现了现代客房的设计和布局。更值得一提的是，床靠背上方的床幔设计更是犹如画龙点睛，给整个房间的休闲风格添上了浪漫而又唯美的一笔，明快、温馨在这里再一次得到了体现。另外，卫生间的变动也很大，侧面墙壁由实墙变成了隐约朦胧的玻璃砖块墙；一改以往卫生间开门见恭桶的弊病，恭桶位置被移到了侧面，打开门满眼是晶莹透亮，原来是梳妆镜镶嵌在墙纸上，谁又能说卫生间里只能用瓷砖？更大胆的是，浴缸墙面安装了大幅的防水雾镜子，前卫而又朦胧，且很好地延伸了卫生间的空间，给人以无限的遐想。玄关处全身镜旁安装了干身器，可供宾客沐浴后悠闲地坐着干发爽肤，打破了干身器只有装在卫生间内的观念；体重秤也从卫生间内移到了全身镜前，宾客不必像以往需从洗脸台台板下拉出来，使用后还得推回去，宾客只需往上一站即可，同时也方便了清扫员的清扫，避免了卫生间各种水迹、污迹的沾染，人性化的布置既方便了宾客，又保护了设施，更是一种新观念的拓展。装修后的新客房吸引了无数的商务客人，杭州萧山国际酒店尝到了突破旧观念，走特色化、个性化的“甜头”。

【案例思考题】

1. 杭州萧山国际酒店运用了哪些客房产品设计原则对客房进行装修，使得刚装修完毕的新客房令人耳目一新，吸引了无数的商务客人？

2. 此案例对你有何启示？

【本章推荐阅读书目】

1. 酒店业理论与前沿问题．奚晏平．中国旅游出版社，2007.

2. 酒店规划与设计．王捷二．湖南大学出版社，2006.

【相关链接】

1. 中外酒店杂志社 http://www. info-hotel. net/

2. 中国旅游报 http://www. ctnews. com. cn/

第 11 章

客房部清洁管理

【本章概要】

客房是宾客休息、睡眠的地方，宾客对客房的整洁状况要求很高。根据调查机构所做的市场研究表明，旅游者选择酒店时考虑的诸要素中，清洁卫生居第一位。因此，清洁管理是客房部的一项重要任务。本章主要介绍客房清洁的基本知识；客房部清洁管理的质量标准；客房部清洁的方法；客房部清洁的工作程序及要求。

【学习目标】

- 了解客房清洁卫生质量标准；
- 掌握客房的日常清洁整理的准备工作、基本程序、方法及要求；
- 掌握客房的计划卫生的项目内容；
- 掌握客房清洁卫生质量的控制方法；
- 掌握公共区域的业务范围及主要职能；
- 正确理解公共区域的业务特点；
- 了解公共区域的岗位设置及工作职责；
- 了解公共区域的清洁卫生要求；
- 掌握公共区域的清洁卫生质量控制方法。

【关键性术语】

日常清洁整理、小整理服务、夜床服务、计划卫生、公共区域。

【章首案例】

一副假牙的命运

某涉外宾馆内，一位香港客人坐在沙发上，服务员在做床和清理卫生工作。客人客气地说："小姐辛苦了，今天我不出去。你简单整理一下就行了。"服务员对客人报以微笑。服务员做完客房，便来到卫生间进行清理。

在卫生间，服务员擦浴缸揩墙面，当清理到洗面盆时，她转身随手将洗面盆上一个杯子中的水倒入了马桶，然后清洁台面，最后抽掉马桶里的水，再对马桶进行洗刷……打扫完卫生间，服务员退出了客房。

大约半小时后，香港客人发现卫生间洗面盆上茶杯中的一副假牙不见了，便匆忙找到服务员询问："小姐，你刚才整理卫生间时，看没看见茶杯中的假牙?"

"没有见到。"服务员答道。

"那杯子里的水你倒哪里了?"客人忙问。

"可能倒进马桶里了。"小姐想了想说。

"我的上帝，你把我的假牙倒进了马桶!"

客人和服务员一起来到卫生间察看马桶，已经没有假牙的踪影。

客人来回踱步，服务员立于一旁，手足无措。

客人拿起电话，向大堂副理投诉。

大堂副理闻讯赶到。

“请你们看看我的牙齿，我真是有假牙的。”港客指着自己的嘴，急不可耐地申诉。

“会不会放在了别的地方?”大堂副理问。

“绝对不会，没有一点可能性，每天晚上睡觉前我都会取下来放在卫生间里，这是我多年的习惯。”港客口气坚决。

大堂副理从卫生间察看了卧室，没有发现客人的假牙。

“先生，这件事您看如何解决为妥?”大堂副理诚恳地问。

“我要我的假牙，你们要想方设法。”港客答道。

“我们充分相信先生的投诉，只是没有见到这副假牙之前，我们比较难以处理，请先生不要误解，我们没有不相信先生的意思……”大堂副理感到十分棘手。

“我的意思，你们把马桶挖开，就可以证实，但我有言在先，进了马桶的假牙我是不会再用的。”港客说道。

大堂副理考虑了一会儿，说：“这样吧，我与有关部门商量一下，尽快给先生一个满意的处理答复。”

大堂副理来到工程部，请求工程部派人挖开马桶。

工程部经理说：“挖开马桶，瞎子点灯白费蜡。挖开之后找到了假牙，客人也不会再用。还有可能就是已经被水冲走，即使挖开也无法找到。”

大堂副理说：“没有别的选择，我们谁也没有见到假牙，单凭客人一面之词，不足为据，就是赔偿也没有尺度。挖开马桶一来为了取证，二来也是向客人表示我们的诚意。”

工程部派出了两名工人，开始了拆除马桶的工作。港客怏怏不乐，坐在客房内等待。

大堂副理走进客房，对港客说：“先生，这间客房的马桶拆卸之后要重新安装，要等固定底座的水泥干，这样起码两天之后才能使用。因此，我们已经为先生安排好隔壁的房间。”

“那好嘛，遵从你的安排。”港客同意换房。

终于在拆卸下马桶之后找到了那副假牙。

看到失而复得的假牙，港客一时语塞。大堂副理说：“发生了这件不愉快的事情，我们非常抱歉，对于客人的东西，只能稍加整理，不能随便移位，更不能想当然丢弃。发生今天这样的事，责任全在我们，服务员没有严格按照规范操作，粗枝大叶，我们一定改进，并愿意全额赔偿。”

“没有了假牙我吃东西很不方便，但看在副理的面子上，我只有克服。你们的善后工作做得还是很认真的。”港客苦涩地笑着说。

大堂副理取出手帕将这副假牙包了起来，装进了自己的口袋，并说：“这是一次教训，我们将把它作为今后对员工教育的实物教具，尽管它的代价太大了，但是也值得。”

11.1 楼层客房清洁整理与保养

楼层客房清洁是酒店每天要进行的工作。楼层客房的清洁程度是客人入住酒店最关心的问题之一，同时也是客人选择酒店的标准之一。整洁的房间、优雅的环境，能使客人心情舒畅、轻松愉快，因此服务员必须按时、按服务规程和按标准的要求，认真、高效地清扫客房。

清洁楼层客房时要注意有些项目是每天都要进行的工作，如床铺的整理、地毯的除尘、写字台的干擦等；而有些项目则是隔一段时间才进行的工作，如翻转褥垫、换床罩、除污、维修等，其间隔有的是周期性的，有的则是不定期的，视具体情况而定。

11.1.1 客房清洁卫生质量标准

客房清洁卫生质量是很多客人关心的主要问题，它直接影响到客人的心情，甚至影响到对酒店所在地的投资环境的看法。客房清洁卫生质量的控制必须坚持以“预防为主”，就是要将客房清洁卫生质量的“事后把关”变为以“事前预防”为主，把管结果变为管“过程”和管“因素”，使客房清洁卫生的质量问题消除在质量的形成过程中，做到防患于未然。

为了使客房部工作能够有条不紊地进行，避免服务操作人员过多的体力消耗和意外事故的发生，同时也便于提高工作的速度与质量，酒店应有自己的客房清洁卫生标准与操作程序，并定期予以修改和补充。

（1）清洁卫生质量标准

客房清洁卫生质量总的要求是：眼看到的地方无污迹；手摸到的地方无灰尘；房间优雅安静无噪声；卫生间空气清新无异味。其质量标准，一般来说包括2个方面：一是视觉标准，即客人和员工凭视觉或嗅觉等感受到的标准；二是生化标准，即防止生物、化学及放射性物质污染的标准——往往由专业卫生防疫人员来定期或临时抽样测试与检验。

视觉标准 视觉标准因人而异。要确定这一标准，应首先站在客人的立场上来衡量，更多地了解客人的需求。不少酒店将其规定为“十无”和“六净”。

“十无”和“六净”

- 十无

四壁无灰尘、蜘蛛网
地面无杂物、纸屑、果皮
床单、被套、枕套无污迹和破损
卫生间清洁、无异味
金属把手无污渍
家具无污渍
灯具无灰尘、破损
茶具、其他用具无污痕
楼面整洁，无“六害”（老鼠、蚊子、苍蝇、蟑螂、臭虫、蚂蚁）
房间卫生无死角

- 六净

四壁净
地面净
家具净
床上净
卫生洁具净
物品净

生化标准 茶水具每平方厘米的细菌总数不得超过5个。脸盆、浴缸、拖鞋每平方厘米的细菌总数不得超过500个。卫生间不得查出大肠杆菌群。

空气质量标准 一氧化碳含量每立方米不得超过10mg。二氧化碳含量每立方米不得超过0.07%。细菌总数每立方米不得超过2000个；可吸入灰尘每立方米不得超过0.15mg。氧气含量应不低于21%。

气候质量标准 夏天：室内适宜温度为22～24℃；相对湿度为50%；适宜风速为0.1～0.15m/s。冬天：室内适宜温度为20～22℃；相对湿度为40%；适宜风速不得大于0.25m/s。其他季节：室内适宜温度为23～25℃；相对湿度为45%；适宜风速为0.15～0.2m/s。

采光照明质量标准 客房室内照明度为50～100lx。楼梯、楼道照明度不得低于25lx。

环境噪声允许值 客房室内噪声最高不得超过40dB，走廊噪声不超过45dB。

采用中央空调系统的酒店对客房内的温度、湿度、采光度、噪声、通风量、气流速度等均有较严格的规定，能较全面地满足人体对舒适和卫生的要求。有的酒店还为空调器配有杀菌灯、空气净化器和空气负离子发生器，使客房的清洁卫生质量更符合生化标准。

（2）制定标准应遵循的原则

客房清扫卫生标准的制定，既要考虑客人的因素，又要考虑酒店的利益，同时也应有利于管理者和员工的工作执行。一般来说，要注意以下3个原则。

以酒店需要为原则 酒店的档次和星级的高低，主要是满足不同层次客人的需要；酒店的档次和星级不同，其服务规格的高低和服务项目的多少必然有所区别。因此，客房部在制定客房清洁卫生标准和具体规格时，应考虑自身的实际情况，要以酒店的经营方针和市场行情为依据。

以不打扰客人为原则 客房是客人的私有区域，应是安静、安全、整洁舒适的场所。客人大部分时间待在房间内生活、工作或休息，客房服务员在进房为客人清洁房间或提供服务、保证客房干净整洁的同时，也要考虑服务中是否会干扰客人。因此，尽量少打扰客人应是制定有关客房清洁卫生标准的一条重要原则。

以“三方便”为原则 所谓“三方便”原则，是指制定有关标准和程序时，必须依照方便客人、方便操作和方便管理的原则来进行。

（3）制定标准应考虑的因素

清洁标准 它包含生化标准和视觉标准2个方面的内容。前者由卫生防疫人员进行定期或临时抽样测试，其尺度应是相同的；后者主要由酒店自己来把握。由于各个酒店的规格档次不同，客人和员工的素质条件有差异，对视觉标准的尺度就有差异，不能统一标准。当然，客房整洁与否，主要看客人的评价。只有更多地了解客人的要求，从中总结出规律，不断改进和完善，才能让每一个客人感到满意，才能制定出实用有效的客房清洁标准。

操作规范程度 操作标准一般在各项服务工作程序中予以说明。它包括对操作细节的研究和单项操作的标准时间。具体的操作标准可用文字和图片张贴出来。并通过系统的培训，达到客房操作的规范化。如西式铺床的具体程序及时间要求。

客房布置规格 不同类型的客房应设置哪些客房用品，数量多少及如何摆放，这些应有图文说明，以确保规格一致、标准统一。布置应讲求美观、实用、方便员工操作和客人使用。

进房次数 进房次数是指进客房进行清洁整理的次数，是客房服务规格高低的重要标志。我国许多酒店服务的传统做法是每天三进房甚至四进房，现在大多数酒店引用外国的二进房制（即白天的大清扫和晚间的夜床服务）。一般而言，进房次数适当增多表示服务规格较高，但也往往带来经营成本的增加，也不可避免地会干扰到客人。因此，客房部究竟实行几进房制，应考虑本酒店的档次、客房的等级和房价的高低、客源对象、客人的习俗以及营业费用等。对于 VIP 和特殊类型客人可提供更高的服务规格，采取三进房制或多进房制。当然一切还应以客人为中心，只要客人提出需要，我们就应随时准备进房为客人服务。

速度与工作量 客房服务员操作速度有快有慢，但熟练者的平均操作速度（按标准房计）应达到如表 11 - 1 所示的标准。

表 11 - 1 客房部分工作效率标准

序号	工作内容	标准	序号	工作内容	标准
1	走　房	30 分钟/间	4	住房卫生	25 分钟/间
2	空房卫生	5 分钟/间	5	清洁地毯	30 分钟/间
3	接 电 话	5 秒/个			

当然，在实际工作中常常会有一些因素影响到员工的清扫速度，主要有以下几点。

工作职责的要求 现在许多酒店为了节省人力费用开支或缓解人力紧张的压力，客房服务员往往既要值台接待服务，又要清洁客房卫生，这必然会影响到整理清洁客房的速度和质量。只有员工职责相对单一，才能提高工作效率，提高服务质量。

是否跨楼层工作 楼层客房的多少和合理程度会对员工多做或少做客房产生影响。从节省时间、减少员工体力消耗和提高功效的角度来考虑，最好不要让员工跨楼层清扫客房，应固定在某一楼层集中清扫。

工作区域的状况 客房面积的大小、家具摆设的繁简程度、外界环境影响等，都对员工的工作量构成影响。

住店客人的特点 来自不同国家和地区的不同类型的客人，由于他们的身份、地位不同，生活习惯的差异以及文化修养的高低，对客房使用价值破坏的程度往往相差很大。客人的配合程度、客人的素质会在很大程度上影响客房的清扫速度和工作定额。

员工的素质 经过正规训练并形成良好工作习惯的员工能完成正常的工作量。员工的素质和熟练程度也将直接影响到客房清扫的速度和定额。

工作器具的配备 员工是否配备工作车，是否配齐和配好各种清洁剂、清洁用品和机械设备，也会在一定程度上影响员工的工作效率。

11.1.2 客房的日常清洁整理

11.1.2.1 客房清洁整理的准备工作

为了保证客房清扫整理工作的效率和质量，负责客房清扫整理的服务员在清扫整理客房之前，必须充分做好各项准备工作。这些准备工作可以分为 2 个部分，即到岗前的准备工作和到岗后的准备工作。

(1) 到岗前的准备工作

服务员进入楼层之前，通常需要做好下列几项工作：

更换工作服 与酒店其他服务员一样，客房服务员来到酒店后，首先必须到服务员更衣室更换工作服。具体要求是换好工作服，并按规定穿着，佩戴好工牌，整理仪表仪容，将私人物品存放在自己的更衣柜内。

接受检查 更衣后到规定的地方，接受值班经理或主管的检查。目前，在很多酒店流行的做法是由一名值班经理或主管在上下班时间问候服务员，在问候的同时，实际上也在检查。这种方法更容易被员工接受。值班经理或主管对上班服务员的检查内容主要是仪表仪容。如果服务员的仪表仪容不符合要求，是不可以进入工作岗位的。

签到 经值班经理或主管检查认可后，服务员即可签到，也就是登记上班时间。签到的方式包括手工签到和机器打卡，大多数酒店采用的是机器打卡。

接受任务 服务员签到后，值班经理或主管要给每位服务员分配具体的工作任务。分配任务的方法包括书面和口头2种。给客房服务员分配任务主要是用书面形式，通常是给每位服务员一张工作单。工作单由客房中心联络员提前填好，上面注明服务员的姓名、当班楼层、负责打扫哪些客房、客房状况、特殊要求和当日的其他工作任务等。填好的工作单经值班经理或主管检查后发给有关服务员。另外，很多酒店都有各部门分别召开班前会的要求，这实际上也是总结安排工作的一种形式。

领取钥匙和呼叫机 服务员要在离开客房中心之前领取所在楼层的工作钥匙和呼叫机等。客房部的工作钥匙和呼叫机等通常都由客房中心联络员保管和收发。收发时必须履行规定的手续，一般是填表签字，即当事人必须在专用表格上填写有关内容并签名，也有的酒店规定客房服务员必须用自己更衣柜的钥匙交换工作钥匙。

进入楼层 以上几项任务完成后，客房服务员即可进入各自的客房楼层。进入楼层必须乘工作电梯或通过楼梯步行，而不能乘客用电梯。

（2）到岗后的准备工作

服务员进入楼层后，除了要做好有关工作外，还要为清扫整理客房做必要的准备，具体内容有以下几项。

准备器具用品 清扫整理客房，必须有相应的器具和用品。常用的器具和用品主要有以下几种：

工作车 正常情况下，工作车都在用后整理布置，因此，此时的工作车应该是已经布置好的，但服务员还应检查用品是否齐全，整理布置是否符合要求。工作车的整理布置必须做到以下要求：一是清洁整齐，工作车要擦拭干净，用品摆放整齐；二是物品摆放有序，工作车上的各种物品要按重物在下、轻物在上的原则摆放，以保证使用方便和工作车的平稳性；三是重要物品不能过于暴露，要有一定的隐蔽性，通常放在专门用的盒子里，防止别人顺手牵羊，以减少物品的流失；四是将布件袋挂牢，套上垃圾袋。如果用品不全或不足，要补充补足，如果工作车整理布置得不合要求，要重新整理布置。

吸尘器 服务员要检查吸尘器是否清洁，电线、插头是否完好，集尘袋是否倒空或换过，附件是否齐全完好，同时要把电线绕好，不可散乱。

清洁桶 清洁桶是用于存放清洁卫生间所需的工具和清洁剂的小型提桶，包括便器刷、脸盆浴缸刷、专用抹布、洁厕剂等。清洁桶必须里外清洁，工具和清洁剂要摆放整齐有序，清洁便器的工具应和其他工具分开摆放。

其他工具和清洁剂　清扫整理房间所需的工具和清洁剂除了上述几种外，还有其他一些，如专用抹布、小刷子、多功能清洁剂、玻璃清洁刑、空气清新剂等。

布件　清扫整理客房所需的布件一般包括床单、枕套、被套、“四巾”、浴衣等。布件的品种要齐全，数量要充足，折叠要整齐。通常一辆工作车所配置的布件要足够用于更换补充，以免工作中间添加而浪费时间，影响工作效率。

消耗物品　工作车要备齐备足多种消耗物品，并按规定的标准和要求摆放。

其他物品　有时，客房里的一些客房固定物品等可能缺少或损坏，需要更换和补充，工作车上也应有适当配置，如烟灰碟、衣架等。

了解核实客房状态　服务员在清扫整理客房之前，必须了解和核实每间客房的状况，包括住客和总台的特殊要求，以便合理安排客房的清扫整理顺序，确定清扫整理的标准；了解核实客房状况的方法是看工作单和实地查房。通常工作单上已经标明每间客房的状况，服务员只要看工作单就可以了解。

确定客房清扫整理的顺序　客房服务员在了解和掌握每间客房的状况及总台和住客的要求后，就应该合理地安排清扫整理的先后顺序。确定其顺序时，应考虑以下几点因素：一是满足住客的需要；二是有利于客房的销售，提高客房的出租率；三是方便工作、提高效率；四是有利于客房设备用品的维护保养。由于要综合考虑以上四点，客房清扫整理的顺序也就没有绝对的标准，往往是根据具体情况临时制订、灵活调整。一般情况下，可以参考下列安排。

请即打扫房　一般情况下，如果住客要求“请即打扫”，应优先安排清扫整理，满足客人的要求。

可以先打扫810房间吗

住在810房的两位客人来自浙江温州，他们今天上午刚抵达杭州，经朋友介绍下榻到这家酒店。离午餐还有近2个小时，他们去苏堤、白堤转了转，下午便开始工作。第二天，上午用完早餐后回到房里，一位原定下午来与他们商谈一宗出口业务的杭州市某大公司副总经理来电，因故欲将会谈改到上午进行。由于这宗买卖关系到温州客人半个年度的经营计划，同这位副总经理洽谈是他们此次来杭的首要目标，所以尽管上午已有安排。他们还是一口答应。挂上电话，马上与另外两家公司联系，把原定上午会面的计划推迟到下午。“那副总还有半小时便要到达，房里还是乱七八糟的，请服务员快来打扫吧。”年纪较大的那位营业部经理对助手说道。经理的助手开门出去找楼层值台服务员时发觉，一辆服务车已停在801房外面，801房的门敞开，显然服务员已经开始在那儿做客房清洁卫生。助手到801房，十分斯文地请两位服务员立即打扫810房，最后没有忘记说声“谢谢”。两位服务员听到他的要求面面相觑，似乎有什么难处。“是否我的要求会给你们带来什么困难?”助手还是彬彬有礼地询问。一位年纪稍大的服务员开口了，她说：“我们每天打扫房间都必须按规定的顺序进行，早上8点半开始打扫801房，然后是803、805等，先打扫单号，接着才是双号，打扫到810房估计在10:00左右……”“那么能不能临时改变一下顺序，先打扫810房呢?”助手十分耐心地问道。“当然可以。”显然服务员能理解客人的心情，也很愿意满足他的要求。

干净的空房　由于这种房间随时会被出租，所以为了防止出现质量问题，要对这种房间进行检查。如有必要，应做简单的清扫整理，特别对较长时间没有出租的干净空房，更应注意。

脏的空房 任何时候，脏的空房都应及时予以清扫整理，尤其是在住客率很高、可供出租的空房很少时。一方面是为了提高客房的出租率，另一方面是因为让客房长时间处于入住状态，不利于设备用品的清洁和保养。

总台急需房 总台有时因排房需要，会指定某间客房在什么时候必须清扫整理好，对此，服务员必须遵照执行。

续住房：对普通的续住房，服务员要尽早安排清扫整理，争取在客人外出回来之前清扫整理好。如果住客是VIP，其房间可优先安排清扫整理。

11.1.2.2 客房清洁整理的基本程序、方法及要求

(1) 基本程序

住房 住房清扫一般要求先清理房间，后清理卫生间，这是因为住客可能回来，甚至带来访客。所以，应先将房间整理好，使房间外观整洁，给客人以舒适感。这时服务员在清理卫生间，也不会有互相干扰之嫌。具体程序如下：进房；撤床；整理器皿；收拾垃圾；铺床；抹尘；补充房间用品；清理卫生间；吸尘；检查；关灯、关门；登记客房清洁整理情况。

在清扫住客房时应特别的注意事项有以下几个方面：

客人在房间 礼貌问好，询问客人是否可以清扫房间；操作要轻，程序要熟练，不能与客人长谈；若遇到有来访客人，应询问是否继续；清洁完毕，向客人致歉，并询问是否有其他吩咐，然后向客人行礼，退出房间，关房门。

客人中途回房 应征求客人意见，是否继续打扫清洁。可以说："先生，您好，请问可以打扫房间吗?"如未获允许应立即离开，待客人外出后再继续进行清扫，若客人同意，应迅速地将房间清扫好。离开时，对客人说："对不起，打扰您了，谢谢。"

房间电话 在清洁过程中，如电话铃响了，也不应该接听。

损坏客人的物品 不小心损坏客人的物品，应如实反映，向客人赔礼道歉。

走房 对客人刚结账退房的房间进行清扫，称为走房的清扫，其清扫程序可概括为9个字，即九字决，它们是：进、撤、铺、抹、洗、补、吸、检、登。

走房清扫程序及内容

进：

● 做房前检查布件车上的备品是否齐全，布件车应备4间房的布件和杯具，5条抹布，1只清洁篮和1块小垫毯，并系好布件袋和垃圾袋。

● 将布件车停放在待清洁房间一侧的房门口，吸尘器放在布件车一侧。

● 轻轻敲门2次，每次隔3秒钟，每次敲击3下，并按门铃1次，声音要准确。

● 确认房间无人，缓缓把房门推开，随手把"正在清洁房间"牌挂在房门把手上。

● 在"房间清洁日报表"上填写所要清洁房号的进房时间。

撤：

● 带上清洁篮和小垫毯，小垫毯摆放在卫生间门口外的地板上，以保护卫生间门外的房间地毯。

● 将清洁篮摆放卫生间靠门口一侧的台面上，并在面盆、浴缸、马桶"三缸"上均匀地喷洒清洁剂，同时要把面盆和浴缸的活塞提起关上。

● 将卫生间内客人使用过的、并确认是酒店的各类毛巾收出，卷成一团与垃圾袋一起放在卫生间门口一侧的地板上。注意不要把客人有用的物品收出。

● 将客人使用过的物品，如洗发液、香皂等及纸盒收出（住房除VIP外，香皂以使用至酒店标志模糊时进行更换）。

● 面巾纸以使用至1/4和卷纸使用至1/3为标准进行撤换。

● 进房撤物品时，首先要把房间空调的风速调至最大，温度调至最冷的位置，以加速房间空气的循环流通。

● 检查房间的衣柜、组合柜抽屉及边角位置是否有客人的遗留物品，如发现有遗留物品应第一时间报告并上交。

● 把房间的窗帘、窗纱全部拉开，采集充足的光线，以利于房间清洁工作的需要。

● 撤床上物品，从B床做起（靠卫生间一侧的床称为A床，而另一张床则为B床），首先用双手把床垫（软硬垫一起）拖窝床头板约50cm，然后在撤床单、枕套时要逐张进行，收出使用过的浴衣时要检查口袋，以防客人的东西夹带布件一起收出（住房客人如有要求不更换床单或毛巾类，可不撤换，但要整理并做好记录）。

● 如住房客人放了一些衣服和物品在床上，则先将物品移到椅子上。

● 把收集的脏杯子、垃圾袋及脏布件一起收出，按要求分放在布件车上。注意脏杯内的水和杂物要倒掉；所有垃圾杂物要倒入垃圾袋内，垃圾不能超出垃圾袋口；脏布件放到布件袋内且不能超出布件袋口。

● 撤出的餐具或鲜花、水果等物品必须整齐分放至楼层指定的回收位置，不得摆放在布件车上。另外，客人的遗留物随发现随上交，不得在布件车上停留摆放。

● 脏布件、脏杯和垃圾收出后的房间呈待清洁状态，A床的床上物品，如毛毯、枕芯放在B床上，而B床上的物品及凌乱的棉被则放在靠B床一侧的椅子上。

铺：

● 在进行铺床前，凌乱的棉被按要求折叠（折叠前必须确认棉被套无污渍，否则立即更换），具体操作是先把棉被抖松，让被套与被芯分布均匀，然后进行外三折。外三折完成后进行内三折，注意要平整、对齐。把折叠好的两张棉被平整地摆放在电视柜最底层的抽屉里，要求平整、对齐。

● 铺床前首先要检查软垫是否对齐，并整理好保护垫，注意如发现污渍和破损要立即清洁或更换。

● 从A床开始铺床，站在床头中间进行操作，甩第一张床单（底单）前注意床单的正面和中线，身体向前靠，一只手拿着床单的两条边线一端的顶点，而另一端用手散开且呈直线型抛到床尾。然后，双手各执床单头两条边线的点拾起并利用手腕力向外均匀地甩单，使床单向前扬起张开覆盖在床垫上，要求中线对中，不得偏离。

● 床单甩开到位后，按照先内后外的要求把床头露出的部分床单塞进床的软硬垫内，同时将床头的两个床角包成直角型。完成后的底单床头包角要平整、紧贴。

● 甩第二张单（托单）前要选好反面，注意中线，其操作要求与第一张单的操作方法相同，且单头要拉至与硬垫的底端平衡的位置。选好毛毯的正面（毛毯的商标朝上且在床尾），站在床头双手拿着毛毯一端，然后把毛毯拿起向床后方向甩出，使毛毯张开平稳自然地落在床垫上，同时把毛毯的顶端拉至离床头20cm的位置，不得偏离。

● 甩第三张单（面单）时要选好正面，注意中线，其操作要求与第一张单的操作方法相同，但单头位置与毛毯的顶端相吻合。

● 以毛毯的顶端为对折位，将托单多出部分翻至面单上，注意三线合一及床面平整，托单复折部分的尺寸标准为60cm，然后站在床头的两侧，分别用左右手交换，一只手固定床头部分，而另一只手把床的侧面托单覆盖部分塞进床的软硬垫之间。完成塞单后的床头部分要求平滑、紧括。

● 站在床后的两侧，先把床尾的床单和毛毯塞入软硬垫之间，紧贴床垫，然后左右手转换拿起，以床层向内30°角的床侧床单和毛毯并平衡靠在床侧，把剩余的床单和毛毯塞入软硬垫内。把靠近床尾两侧的部分床单和毛毯自然放下，一只手理顺尾角的顶部，把同一侧的床单和毛毯塞入床的软硬垫内形成直角。完成后的床尾2个包角要求平滑、紧括并且是直角。

● 铺床罩。将床罩打开至两角与末尾的两角正对。床罩打开后的裙脚自然下垂，并将床头部分的床罩复折至离床头20cm的位置，要求床罩的线条对齐且床罩对中。

● 套枕套。用双手撑开枕套，将枕芯套进去，并把枕套多余部分向内折进。套好的枕头要求外形平整挺括、四角饱满，枕芯不外露，两个枕头重叠摆放在床头中间位置，枕头开门处与床头柜方向相反。

● 把复折的床罩覆盖后，线条要对齐，两边要均匀。整理床头两侧的床罩，一只手以对称于床罩塞入枕头的部分将侧面的床罩理顺，而另一只手则同时把上方枕头轻轻托起成角。将床推回至靠床头板位置，完成后的床铺要求整齐，美观平滑和饱满。

● 客人原来放在床上的物品整齐地理放在原位，衣服要叠好。

● 铺B床的操作方法与A床操作程序相同，整理后的两床要求正对床头板，床罩平整对中，床脚裙自然下垂。

抹：

● 九成干的抹布上喷上家具清洁保养蜡，并把抹布轻揉几下以使蜡水均匀分布在抹布上，用于抹家具和物品，并带入一条干抹布，用于电视荧光屏的清洁。

● 按自上而下，从左到右，环形清扫的原则，先抹门铃和门框，注意在操作过程中要暗记所要补充的物品。

● 分别使用清洁保养蜡和干抹布抹空调柜门、衣柜门（包括衣柜内的格层板木条、挂衣杆及衣架等）、百叶板和玻璃镜，要彻底地逐一认真擦抹。

● 抹电视柜。用干布抹电视荧光屏，顺便打开电视机检查遥控器的使用和电视机频道是否正常，并把电视机调至所要求的频道和音量后关上，同时检查电视机转盘摆动是否正常。然后抹电视机柜抽屉及电视机饰板和脚线。

● 用干布抹梳妆镜玻璃、镜框，从上至下清洁干净。

● 用带有清洁保养蜡的抹布擦抹书桌的木器部分，并清洁文具夹、电话机，同时检查文具夹及夹内物品的耗用情况。

● 清洁梳妆椅、酒水柜，同时检查酒水是否耗用。

● 清洁冰箱。从内到外清洁，并检查冰箱各类酒水是否齐。

● 清洁窗台木板，注意要逐一认真细抹。

● 抹落地灯并注意用干布抹灯泡，然后把灯开亮。

● 用干布抹茶几、两张圈椅。

● 抹地脚线。

● 抹床头板、床头柜（从内到外）、床头灯，清洁电话机，注意检查房间音响设备是否正常，检查房内电灯照明。

● 抹房间挂画。

● 抹卫生间门框及门板。

洗：

● 清洁卫生间，先戴上面盆、浴缸专用手套，把清洁剂均匀喷洒在“三缸”上。

● 先清洁面盆，要用清洁刷由里到外进行清洗。同时擦洗台面及皂碟，然后用清水将面盆、台面及皂碟冲洗干净。

● 用清洁刷擦洗浴缸侧面墙壁、皂盒、浴缸底部及浴缸内外壁，擦洗时注意要到位和用力均匀。使用专用清洁刷擦洗浴缸防滑垫的面部和底部。用花洒头冲洗浴缸和墙壁瓷砖，同时冲洗浴帘，注意浴帘的脚部要用手轻揉清洗，洗好后拧干并挂放在浴缸的内侧。

● 用干布把防滑垫的水吸干，以防发霉。

● 注意清洁卫生间内的植物，并适当浇水。

● 对客人放在卫生间的私人用品在原位做适当的清洁整理工作。

● 用干抹布由上至下抹玻璃镜，使之明亮照人。

● 用干布把卫生间的小五金擦干净，确保其明亮发光。

● 把卫生间电话挂机及墙壁抹干净。

● 用抹布抹干浴帘的水渍。

● 脱下清洁面盆、浴缸的专用手套，然后戴上清洁马桶的专用手套。使用专用长毛刷和清洁剂由上而下清洗水箱、马桶面盖、座板和马桶外壁，用清水冲洗干净。使用专用抹布依次抹马桶座板、面盖、水箱和马桶外壁，注意边角的清洁；将地面抹干净，注意边角的清洁；最后脱去清洁马桶的专用手套。

● 把清洁篮和小垫毯撤离卫生间。

补：

● 补充卫生间的“四巾”及备品，并按规格标准摆放好。

● 将卫生间卷纸折叠成三角形状，面巾纸折叠成梯形状。

● 补充房间物品并按规格标准摆放好。

● 如住房客人使用了房间的易耗品要及时做好更换和补充。

吸：

● 房间地毯吸尘。先从窗台处开始，注意把吸尘器的耙头调整至毛刷凸出，以免磨花地板及损坏耙头。

● 在房间地毯吸尘时，要注意统一方向，理顺地毯毛，不要忽视边角位及床底的吸尘。

● 吸卫生间地板的毛发及尘粒，注意先把吸尘器的耙头调整至毛刷凸出，以免磨花地板及损坏耙头。

● 完成吸尘后，要注意电源线理顺绕好并摆放整齐。

检：

● 喷空气清新剂，注意朝上风口向上喷洒。

● 把窗纱扣合。

● 根据客人的习惯把放在房内的鞋子整齐地成双摆放，并把报纸、杂志整理摆放好。

● 把空调调至规定的位置上，并环视一周，检查房间、卫生间的整理情况。

● 关闭房间总开关，取走“正在清洁房间”挂牌并将房间轻轻锁上。

登：

● 登记进离房的时间和做房的内容。

目前，不少酒店的客房已经用被子替代毛毯。因此做床时，先铺好第一张床单（垫单），接着将被子用被套套好。平铺在床上，放好枕头，罩上床罩即可（有的酒店则不用床罩，直接用被子替代）。套被套的方法是：先将被套反而朝外平放在床上，再把被子放在被套上；应注意上下对齐，然后从被套开口处将手伸进，抓住被套和被子其中的两角，顺势将被套连同被子一起翻转，使被套正而朝外，套好。

半卷卫生纸

一位日本客商刚刚住进浙江宁波的亚洲华园宾馆一会儿，该宾馆客房部便接到他从房间打来的电话，要求派人去其房间，有事相烦。服务员小陈被派前往。小陈来到客人门前，轻轻敲门，只听客人大喊一声：“进来。”小陈轻轻推开房门，不料，一卷卫生纸突然朝她脸上飞来，不偏不倚打个正着，小陈顿时被打蒙了，定睛一看，日商怒容满面，像只好斗的公鸡。原来他刚跨进卫生间发现卫生纸只剩半卷，顿觉受了慢待，便大发脾气。小陈捡起卫生纸，心想这是清洁员粗心造成的，忙向客人道歉：“对不起，先生，是我们工作失误。”小陈回到工作间，想着自己所受的委屈，泪水不禁夺眶而出，但她很快冷静下来。一手拿着一卷完整的卫生纸，一手端着一盆鲜花，带着笑容重新跨进这位日本客商的房间，将鲜花与卫生纸分别安放妥当。面对突如其来的打击，小陈考虑再三，认定客人发火事出有因，错在酒店，清洁员不该疏忽将用过的半卷卫生纸留给新到的客人使用。后来，这位日本客商也自知有错，遂向酒店总经理正式表示道歉，对服务员良好的服务态度给予了高度的评价，并拿出美金若干，诚恳地请总经理为服务员发委屈奖，同时决定在酒店住下，成了一个长住户。

空房 空房打扫相对较为简单，只需擦拭家具，检查各类用品是否齐全即可。如果有不符合要求的情况，要在客人入住前换好。设施设备如果有故障，应及时报修。不能修复时，应及时通知前厅部。

空房清扫程序

● 通风换气：每天进房开窗、开空调进行通风换气。

● 除尘：每天用干布除去家具、设备及物品上的浮灰。

● 放水：浴缸、面盆、马桶每天要放水一两分钟。

● 吸尘：连续空着的客房，隔几天要用吸尘器吸尘一次。

● 检查：检查房间有无异常情况，卫生间“四巾”是否因干燥而失去弹性和柔软度。

VIP 房 贵宾（VIP）是酒店的重要客人，要给予特别关照。

VIP 房清扫程序

● 铺床：铺床时应选用新的或较新的床单、枕套，并使用床裙，以显示其不同于普通客房。根据酒店规定的品种数量补充全新的卫生间用品。

● 做计划卫生：在一般日常清洁的基础上，还要把平时不易做到或不易做彻底的清洁项目全部做一遍。

● 布置：应按酒店规定的标准布置贵宾房。一般放置鲜花、水果（包括果盘、刀叉、餐巾、洗手盅）、点心、总经理名片、礼品等。

小整理服务 小整理服务是指对住房或 VIP 房进行临时整理的特别服务，不是客房清扫，内容简单，程序也相对从简。

小整理服务内容

● 整理床铺：一般对于客人用过的床要重新整理好，不更换床单、枕套等床上用品。如果住客是特别重要的贵宾，或者床上用品脏了，才予以更换。

● 除尘除迹：将房内家具设备下的灰尘、污渍清除干净。

● 清除垃圾：将房间的垃圾杂物清除干净。

● 更换茶杯和烟灰缸：将用过的茶杯和烟灰缸撤出，换上干净的。

● 整理卫生间：如果卫生间被用过，则进行简单的清洁整理，使之干净整洁。一般不需更换毛巾。

● 添补消耗品：如果房内的一次性消耗品已被用完，或者所剩不多，可能不够当天使用，则予以添补。

● 调节空调：调节空调开关，使客房内保持理想的温湿度。

夜床服务 为方便客人休息，夜床服务通常利用客人晚上就餐或外出活动时进行，一般在18:00以后开始，为不打扰客人，通常到21:30左右结束。其他时间应根据客人要求及时提供服务。夜床服务的主要内容包括关闭厚窗帘、收拾垃圾、开夜床、检查小酒吧、铺地巾、放拖鞋等工作。开夜床时应特别注意双床间。如果住一位客人，无论是男士还是女士都不要同时开两张床（尤其是住一位女士时），以免引起客人误解。一般开内床（即靠卫生间墙壁的一张）或按客人习惯开床。双床间住的是夫妇客人，则对角开床，即两张床都开靠近床头柜一侧。大床间，若住的是夫妇客人，应从床两侧开床。如果床上放着许多物品，服务员不能挪动客人的物品。

（2）客房清洁卫生规定

- 在客房内作业时，必须将房门开着。
- 不得使用或接听住客房内的电话。
- 不得翻阅客人的书报杂志和文件及翻动住客的抽屉和行李。
- 不得随便挪动客人的化妆品及触动客人的贵重物品。
- 不得使用房内设备，如卫生间、床、椅子等，不得在客房内休息。
- 不能让闲杂人员进入客房。
- 不许在客房更衣、吸烟、吃东西、看书报杂志及用客人的食品、饮料。
- 不得将客用布件当做抹布使用。
- 不宜与客人长谈。

丢了一包黄土

一位台湾客人住进一家大酒店，在即将离店时找到客房部经理投诉，说他在客房丢了一包黄土。这包土对他很重要，是专程到大陆他家的祖坟上取来要带回台湾的。客人即将登机返台，黄土丢了，怎么办？客房部经理接到投诉，立即找当班服务员进行调查。服务员回想起在打扫那位客人的房间时，看到过一包黄土，以为是没用的东西，就随手扔掉了。客房部经理了解了情况后，再次向客人致歉，并请客人留下通信地址，然后马上带领多名员工，到垃圾堆去寻找那包黄土。客房部经理和服务员在臭气熏天的垃圾堆里一点一点扒开污物。细心查找了3个多小时，终于找到了那不起眼的纸包，并按地址寄给了台湾客人。

（3）发现下列问题需立即报告

- 客人损坏设施、设备和用具。
- 客人的遗留物品。
- 已通知是走房，但房间内留有行李。
- 客人生病。
- 水电设备发生故障。
- 房内有异常情况。
- 房间内发现有害虫和鼠类。
- 客人携带违禁物品。
- 客人开了房但未使用过。
- 空房有人住过。
- 损坏了客人的物品。
- 住客人数、性别等和入住记录不符。
- “请勿打扰”房超过14:00。

11.1.3 客房的计划卫生

11.1.3.1 客房计划卫生的必要性

客房计划卫生是指在日常做客房的清洁卫生的基础上，拟定一个周期性清洁计划，采取定期循环的方式，将客房中平时不易清扫或清扫不彻底的地方全部清扫一遍。客房计划卫生的必要性在于：

第一，保证客房的清洁卫生质量。客房服务员每天的清洁整理工作，一般工作量都比较大。例如，一个卫生班服务员的工作量每天平均10～12间，到了旅游旺季甚至更多，所以对客房的某些部位，像通风口、排气扇、天花板、门窗玻璃、窗帘、床罩等，不可能每天清扫或彻底清扫。为了坚持清洁卫生的质量标准，使客人不仅对客房那些易接触部位的卫生感到满意，而且对客房的每一处卫生都放心，同时又不致造成人力浪费或时间的紧张，客房部必须通过定期对卫生死角或容易忽视部位进行彻底的清扫整理，来保证客房内外环境的卫生质量。

第二，维持客房设施设备的良好状态。不论客房楼层还是公共区域，有些家具设备不需要每天都进行清扫整理，但又必须定期进行清洁保养。例如，电冰箱除霜一般是半个月进行一次，每季度对地毯彻底清洗等，以维持客房设备家具的良好状态，保证客房的正常运转。

11.1.3.2　客房计划卫生的项目

计划卫生的内容及时间安排，各酒店要根据自己的设施设备情况和淡旺季进行合理的安排。

(1) 计划卫生的分类

每天大扫除　除日常的清扫整理工作外，规定每天对某一部位或区域进行彻底的大扫除。例如，客房清洁员在其所负责的12间客房中，每天彻底大扫除1间客房，12天即可完成其负责的所有客房的清洁打扫。也可以采取每天对12个房间的某一个部位进行彻底清扫的办法。例如，对日常清扫不到的地方排定日程，每天或隔天清扫一部分，经过若干天的对不同部位的彻底清扫，也可以完成全部房间的大扫除。其日程安排可参考表11－2。

表11－2　客房计划卫生日程表

星期	一	二	三	四	五	六
日程安排	门窗玻璃	墙角	天花板	阳台	卫生间	其他

季节性大扫除或年度性大扫除　这种大扫除不仅包括家具，还包括设备和床上用品。一个楼层通常要进行1周，因而只能在淡季进行。客房部应和前厅部、工程部取得联系，以便对某一楼层实行封房，维修人员对设备进行定期检查和维修保养。

(2) 楼层周期性计划卫生项目

下面介绍某酒店楼层计划卫生项目及时间安排（表11－3）。

表11－3　某酒店楼层计划卫生项目及时间安排表

每天	3天	5天
1. 清洁地毯、墙纸污迹 2. 清洁冰箱、清洁灯具 3.（空房）放水	1. 地漏喷药（长住逢五） 2. 清洁阳台、房间窗和卫生间玻璃 3. 清洁壁画	1. 清洁卫生间抽风机机罩 2. 清洁吸尘器真空器保护罩 3. 职工卫生间水箱、磨洗地面

（续）

10天	15天	20天
1. 空房马桶水箱 2. 清洁走廊出风口 3. 清洁卫生间抽风主机网	1. 清洁热水器、洗杯机 2. 冰箱除霜 3. 用酒精球清洁电话机 4. 清洁空调风口、百叶窗	1. 清洁房间回风过滤网 2. 擦家具、烟灰缸、房间指示牌
25天	30天	一季度
1. 清洁制冰机 2. 清洁阳台地板和阳台内侧面 3. 墙纸、遮光帘吸尘	1. 翻床垫 2. 抹消防水龙带、喷水枪和胶管 3. 清洁被套	1. 干洗地毯、沙发、床头板 2. 干（湿）洗毛毯 3. 吸尘器加油
半年	一年	
1. 清洁窗纱、灯罩、床罩△ 2. 清洁保护垫 △	1. 清洁遮光布 △ 2. 红木家具打蜡 3. 湿洗地毯	注：有△项目由财产主管具体计划，组织财管班具体完成，注意与楼层主管在实际工作中协调

11.1.3.3 计划卫生的管理

计划卫生涉及范围广，一般又以高空作业居多，因此客房部必须加强对计划卫生的管理。

（1）做好计划卫生的安排和检查记录

客房部拟定好客房的计划卫生后，应做好计划卫生的落实和检查工作（表11－4）。

表11－4　客房计划卫生项目检查记分表

项　　目	得分
房间	
门（面、框、锁眼、房号、把手、窥视镜、防火通道图）无积灰和污迹	6
门吸无积灰	2
鞋篓、小酒篮无灰尘	6
过道顶板无灰尘	4
新风口无灰尘	6
冰箱柜内外无积灰和杂物	4
电视及转盘无积灰	4
窗玻璃、窗帘无灰尘和污迹	4
垃圾桶内外无污垢、斑迹	4
组合柜抽屉内外无积灰和杂物	6
茶具、茶叶缸底部无污垢、斑迹	6
家具缝、沙发缝内清洁无杂物	8
地毯边缘（含家具四周）无积灰	12
墙纸、地毯无斑迹	4
床底无灰尘、杂物	8
窗帘整齐、不脱钩、床脚无积灰	4
壁橱顶无积灰	2

（续）

项　　目	得分
卫生间	
门（面、框、锁眼、把手）无积灰和污迹	6
皂碟无污迹	8
金属器（晾衣绳盒、龙头、开关）无斑迹和水渍	12
马桶内外无污垢	12
水箱内外无泥沙，外部无斑迹	8
镜框除锈、上油	6
浴帘无污迹、边缘无破损	8
天花板无黄迹	6
取暖灯无斑迹	8
装饰板无斑迹	14
体重秤套无污垢、斑迹	6
垃圾桶内外无污垢、斑迹	6

首先，将客房的周期性清洁卫生计划表贴在楼层工作间的告示栏内或门背后。楼层领班还可在服务员做房报告表上每天写上计划卫生的项目，以便督促服务员完成当天的计划卫生任务。

其次，服务员每完成一个项目或房间后，填上完成的日期和本人的签名。

再次，领班等检查，以保证质量。

最后，客房服务中心根据各楼层计划卫生的完成情况绘制柱形图，显示各楼层状况，以引起各楼层和客房部管理人员的重视。

（2）注意安全

客房的计划卫生中，有许多工作是需要高空作业的项目，如通风口、玻璃窗、天花板等。因此，清扫天花板、墙角、通风口、窗帘盒或其他高处物体，要用脚手架或凳子；站在窗台上擦外层玻璃要系好安全带。总之，要处处注意安全，防止事故发生。

（3）准备好清洁工具和清洁剂

要做好客房的计划卫生，就要重视清洁工具及清洁剂的准备工作。如果这一环节没抓好，不仅会浪费清洁剂和降低工作效率，而且往往达不到预期的清洁、保养效果，甚至带来额外的麻烦。例如，给木质地板上蜡，本应用油性蜡，如误用水性地面蜡，不仅不美观，而且会给木质地板造成损坏。因此，根据计划卫生的内容，选择适合的清洁工具和清洁剂，是搞好计划卫生的重要一环。

11.1.4 客房清洁卫生质量的控制

11.1.4.1 检查制度

客房清洁卫生标准的制定使客房的清扫工作有了明确的标准和规范。但这些标准和规范是否能得到执行，是否奏效呢？同时，我国一些酒店客房部员工的总体素质水平不是很高，这就要求客房部的管理人员必须抽出 2/3 以上的时间深入现场，加强督促检查，这是客房质量控制的关键所在。

检查客房又称查房。客房的逐级检查制度主要是指对客房的清洁卫生质量检查实行领班、主管及部门经理三级责任制，也包括服务员的自查和上级的抽查。由于员工的检查方法和标准会有差异，采用逐级检查制度是确保客房清洁质量的有效方法。

（1）服务员自查

服务员每整理完一间客房，应对客房的清洁卫生状况、物品的摆放和设备家具是否需要维修等做自我检查。服务员自查应在客房清扫程序中加以规定。

检查的侧重点 客人直接使用和能看到的部位和用品、消耗品及家具设备是否按布置规格定量、定价。

检查的方式 采用边擦拭灰尘边检查的方式，同时在清扫房间完毕准备关门前，应对整个房间进行一次回顾式检查。

自查的意义 加强服务员的责任心和检查意识；减轻领班查房的工作量；提高客房的合格率。

（2）领班普查

领班普查是服务员自查之后的第一关，常常也是最后一关。因为领班负责已经整理完成房的报告，总台据此就可以将该客房向客人出租。客房部必须加强领班的监督职能，让其从事专职的客房某楼面的检查和协调工作。有的酒店既让楼层领班负责客房清扫的检查工作，又给其规定一定数量的客房清扫任务，使其检查的职能往往流于形式。

领班查房数量 领班查房数量，不同的酒店有不同的规定。例如，有的酒店规定，日班领班一般应负责60~80间房的工作区域，每天要对负责的全部客房进行检查并保证清洁质量合格。有的酒店领班工作量较重，要负责带6~8个服务员，检查80~100间客房，至少也要检查90%以上的房间。夜班领班的工作量一般为日班领班数量的2倍，要负责120~160间客房的工作区域。

普查与抽查的房间 日班领班必查的房间：首先检查那些已列入预订出租的房间；尽快对每一间整理完毕的走客房进行检查，合格后尽快向总台报告；检查每一间空房和VIP房；检查每一间维修房，了解维修进度和家具设备状况；检查每一间外宿房并报告总台。

日班领班抽查的房间：日班领班原则上应对其所负责的全部房间进行普查，在特殊的情况下才对住人房间进行抽查；检查优秀员工所负责清扫的房间，以示鞭策和鼓励。

夜班领班的查房：夜班领班查房的重点是对其负责的区域的每一间空房和夜间清扫完毕的走客房以及维修房进行检查，同时抽查夜床服务情况。夜班领班还要负责对楼面公共卫生、安全情况及夜班服务员工作状况进行检查。客房部经理要充分发挥夜班领班的作用。

检查的方法 查房时应按环形路线循序渐进，发现问题及时记录和解决；注意对新员工进行跟踪检查。只要领班工作方法得当，这种检查可以起到在职培训的效果；领班查房时，对服务员清扫客房的漏项和错误，应开出返工单，令其返工。

领班查房的意义 领班查房是客房清扫质量控制的关键。通过现场督促指挥，反馈信息，拾遗补漏。

(3) 主管抽查

客房主管是客房清洁卫生任务的主要指挥者。主管只说不做不行，只做不说也不行。加强服务现场的督导和检查，是客房主管的主要职责之一。

主管抽查数量 楼层主管对客房清洁卫生质量实行抽查，数量一般为领班数量的15% ~20%。

检查的重点 主管检查的重点是：检查领班实际完成的查房数量和质量；抽查领班查过的房间，以观察其是否贯彻了上级的管理意图；检查领班掌握检查标准和项目的宽严尺度是否得当。主管在抽查客房卫生的同时，还应对客房楼层公共区域的清洁、员工的劳动纪律、礼节礼貌、服务规范进行检查，确保所管辖区域的正常运转。

检查的方法 检查每一间VIP房；抽查长住房、已经整理完成房、住客房和计划卫生的大清洁房。检查每一间维修房，促使其尽快投入使用。

主管抽查的意义 抽查的意义在于事先并未通知，是一种突然袭击，所以检查的结果往往比较真实。这种检查方法能有效地促进本部门各项基础管理，让领班扎扎实实地做好工作。具体意义有以下几个方面：

第一，检查督促领班工作，建立楼层合格的骨干队伍。

第二，保证客房部经理管理方案的执行。

第三，为客房部管理收集信息。

(4) 经理抽查

楼层服务是客房部工作的主体。客房部经理也应拿出一半以上的时间到楼面巡视和抽查客房的清洁卫生质量。这对于掌握员工的工作状况，改进管理方法，修订操作标准，更多地了解客人的意见，都具有十分重要的意义。

抽查数量 经理抽查房间每天应保持一定的数量，并特别注意对VIP客房的检查；同时，客房部经理还应定期协同酒店其他有关部门经理，例如房务总监和工程部经理等，对客房内的设施进行检查。

检查方法 客房的逐级检查制度应一级比一级严格，所以经理的查房要高标准、严要求，亦即被称为“白手套”式的检查。经理的检查宜不定期、不定时，检查房间的重点是房间清洁整理的整体效果、服务工作的整体水平，以及是否体现了自己的管理意图。同时，客房部还应建立与之相关的领班查房每周小结的例会制度。

(5) 总经理抽查

酒店总经理要控制客房的服务质量，也必须充分运用检查这一职能。其检查的形式为不定期和不定时，或总经理亲自抽查，或派大堂副理或值班经理代表自己进行抽查，以获得客房部管理水平和服务质量信息，督导客房部经理的工作。

(6) 定期检查

定期检查是一种有计划的公开检查，一般事先布置，有明确的检查时间和检查内容，目的是制造声势，创造气氛，促进工作。酒店对客房的定期检查，一般采取由总经理办公室主任、质检部经理、工程部经理、前厅部经理和大堂副理组成检查小组，由总经理带领的方式，每月定期对客房清洁卫生进行检查，或选择重要任务来临前进行检查。

(7) 其他检查

邀请第三者检查 酒店聘请店外专家、同行、住店客人，检查客房的清洁卫生质量乃至整个酒店的服务质量。这种检查看问题比较客观，能发现一些酒店自己不易觉察的问题，有利于找到问题的症结。这是值得推广的一种有效方法。

拜访客人　客房部经理定期或不定期地拜访住店客人，可以及时发现客房服务中存在的问题，了解客人的需求，便于进一步制定和修改有关清洁卫生的标准和计划。

放置意见表　为了及时征求客人意见，让客人有机会对客房质量发表意见，客房部可在客房放置意见表。客房意见表应简单易填，统一编号，月底收集汇总，禁止乱撕乱扔，并以此作为考核服务员工作好坏的重要依据。

11.1.4.2　检查标准

查房程序与整理客房的程序和标准基本一致。查房时应按顺时针或逆时针方向循序渐进，发现问题应及时记录，及时解决，以防耽搁和疏漏。客房检查的内容一般包括4个方面：清洁卫生质量、物品摆放、设备状况和整理效果。日常查房的具体项目内容和标准如表11－5所示。

表11－5　客房清洁卫生检查标准

项目	内容和标准
1. 房间	
门	是否擦洗干净，把手上有无污迹 门转动是否灵活，有无吱呀声 房间号码是否清楚，窥镜、安全链是否好用、安全 门锁后是否挂有“请勿打扰”（请速打扫）牌 门后磁吸是否起作用
壁柜	有无灰尘，衣架及衣架杆是否有积尘 门轨有无损坏，柜门是否好开 衣架、衣刷、鞋刷以及洗衣袋、洗衣清单是否配备齐全 柜内的自动开关电灯是否正常
天花板	有无蜘蛛网 有无裂纹和小水泡（如有，说明天花板漏水，应及时报修）
墙壁	墙纸有无不洁或脱落之处 墙上挂的画是否摆正，有无灰尘
窗户	窗框、窗台有无灰尘，窗玻璃是否已擦干净 窗帘有无破损，是否干净，窗帘轨、钩是否完好
灯	天花板灯、台灯及壁灯等灯具有无落灰 开关是否完好
空调	运转是否正常 开关上有无污迹
床	床是否铺得均匀、平展 床罩、床单、毛毯、枕套、床头板及床架是否干净 床角是否稳固
床头柜	有无灰尘 音响、灯光以及电视等的开关是否灵用 叫醒钟是否准时，电话机是否正常、干净 台面上有无放置禁止在床上吸烟的卡片

（续）

项目	内容和标准
茶几	茶几部位是否擦净，烟灰缸有无清洁 火柴、茶叶有无配备，茶杯是否干净、足数 冷热水有无备好
写字台	桌椅及沙发各部位有无灰尘，抽屉内外是否干净 文件夹内的欢迎词、征求意见表、电报纸、酒店简介、疏散图、明信片、信封、信纸、圆珠笔等是否配齐 电话号码簿以及电视节目单等是否按规定放置
电视机	荧光屏、外壳及电视机架是否干净 音响是否完好，图像是否清晰、稳定
电冰箱	内外是否干净，工作是否正常 饮料是否按规定配齐，是否已备好饮料签单及开瓶器
行李架	是否干净、稳固
垃圾桶	垃圾有无处理，桶内外是否清洗干净
地毯	是否干净，有无污迹或破损
2. 卫生间	
门	正反面干净无划痕、把手洁亮，状态完好
灯	天花板灯、镜灯有无落灰 开关、插头是否灵用，有无损坏
地板	是否清洁，有无打蜡
墙壁	瓷砖是否干净，有无破损
浴缸	缸内是否擦洗干净，有无污迹或毛发 冷、热水龙头及浴缸放水用的塞子是否正常（由服务员检查）
淋浴帘	是否干净，有无异味 杆、钩是否好用
毛巾架	是否牢固、干净
抽水马桶	有无消毒、有无封条、有无异味 马桶盖、坐圈及桶内外是否刷洗干净
垃圾桶	垃圾有无处理，桶内外是否已清洗干净
洗面池	内、外侧有无污迹、水珠
化妆台	台面有无落灰，镜面有无污迹或水珠
排风口	是否干净
用品配备	手巾、脸巾、脚巾、浴巾、洗澡巾、香皂、卫生纸、卫生帽、浴帽、牙刷、牙膏、漱口杯、刀片盒等卫生用品是否配备齐全，并按规定位置放置

11.2 公共区域清洁卫生与保养

11.2.1 公共区域的概念与特点

公共区域（Public Area，PA），是指公众共有共享的活动区域。通常，人们习惯把酒店的公共区域分为室外与室内两部分。室外又称为外围，它包括外墙、花园、前后门广场及停车场等。室内又分为前台和后台。前台区域是指专供客人活动而设计的场所，如大厅（Lobby）、休息室（Lounge）、康乐中心（Entertainment Center）、餐厅（Dinning Room）、舞厅（Ball Room）、会议室（Meeting Room）、电梯（Elevator）、楼梯（Stair-way）、公共洗手间（WC）等；后台区域即为酒店员工而划出的工作和生活区域，如员工更衣室（Staff Cloak Room）、员工餐厅（Staff Dinning Room）、员工活动室（Staff Amusement）、员工公寓（Staff Flat）、员工阅览室（Staff Reading Room）、员工通道（Staff Passage）、员工电梯（Staff Elevator）等。

公共区域与客房清洁卫生相比，有其自身的特点：

第一，客流量大，对酒店声誉影响大。

第二，管辖范围广，工作内容繁杂琐碎。

第三，工作条件差，人员变动大，而专业性、技术性较强。

11.2.2 公共区域的业务范围

公共区域清洁卫生的业务范围，是根据酒店的档次、规模和其他情况而定的。有的酒店根据公共区域所在位置，分别划归相应的部门管理；有的酒店则将前台公共区域划归客房部或前厅部负责，而将后台公共区域划归行政后勤部管理。但最有效的做法是在客房部下设置一个公共区域组，专门负责除厨房以外的所有公共区域的清洁与保养。这样做不但可以节省人力、提高工作效率，还有助于统一控制和协调其清洁质量和标准。其主要业务如下：

第一，负责大厅、门厅、花园、楼梯、电梯及酒店周围的清洁保养工作。

第二，负责餐厅、咖啡厅、宴会厅、舞厅等营业场所的清洁保养工作。

第三，负责酒店公共洗手间的清洁工作。

第四，负责行政办公区域、员工通道、员工更衣室等员工使用区域的清洁卫生。

第五，负责酒店所有下水道、排水、排污等管道系统和垃圾箱的清疏工作。

11.2.3 公共区域的岗位设置及工作职责

11.2.3.1 公共区域的岗位设置

公共区域清洁班是属于房务部门中的一个单位，负责公共区域的维护。由于此区位大部分为客人熙来攘往的场所，其清洁很容易为来店内消费的客人注意，因此其责任的重大不言而喻。常见的公共区域清洁班岗位设置如图 11 -1 所示。

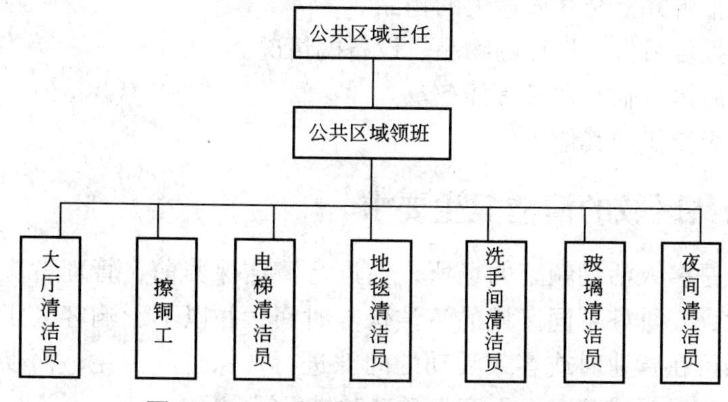

图 11 -1 客房部公共区域清洁班设置图

11.2.3.2 公共区域的岗位工作职责

(1) 公共区域主管的职责

● 制定所负责工作的每月计划和目标。

● 安排下属班次，分派任务进行分工。

● 检查下属仪表仪容、行为规范及出勤情况。

● 监督、检查各岗位工作状况，协调各环节的运作。

● 记录、报告所有区域的工程问题并落实检查。

● 检查各班次的交班日记和仓库的清洁管理。

● 负责传达客房部经理下达的指令，并向其汇报每日特殊事件等情况。

● 与其他部门经常沟通、协调，密切合作。

● 定期对下属进行成绩考核，向客房部经理上报奖惩，并组织、实施负责部门员工培训，提高员工素质。

● 完成上级安排的其他任务。

(2) 公共区域领班的职责

● 制定每月公共区域清洁计划。

● 检查下属仪表仪容、行为规范及出勤状况。

● 处理有关清洁服务和设备损坏的投诉并采取措施，加以纠正。

● 每天巡查所有负责区域，确保工作能达到要求的标准。

● 控制物品的消耗及设备工具的保养，并进行成本控制。

● 确定需维修的工程项目，并向上级提出建议。

● 安排下属班次，分派任务并进行分工。

● 完成上级分派的其他任务。

(3) 公共区域清洁员的职责

● 根据工作程序和标准，清洁和保养所分派的办公区、服务区、员工区域，包括：扫地、吸尘、拖地；给家具、装饰物等设施擦拭灰尘；擦拭墙面、玻璃和镜子；地面的打蜡磨光；清理垃圾桶及烟灰缸；各种电镀物件表面的上光。

● 定期参加所分配的公共区域大清洁。

● 处理全店送至垃圾集中室的垃圾，并每日清洁室内，保持干净无异味。

● 在规定的日期内领取清洁用品。

● 向主管报告并上交客人遗失的物品。

● 向主管报告丢失、损坏的物品、设备的情况。

● 于宴会后执行临时和日常任务。

● 完成上级交代的其他工作。

11.2.4 公共区域的清洁卫生要求

公共区域是客人活动频繁的场所，在进行清洁保养前，管理者应根据客人活动的时间规律，安排好不同区域的清洁保养时间，并以不影响客人正常活动为原则。日常清洁可在营业时或客人活动的间隙进行，保持其卫生；而彻底的清洁保养应在营业结束以后或基本上无客人活动时进行。

（1）大厅

大厅几乎没有休息的时间，所以需要得到24小时的清洁保养。通常大厅清洁工作有3个方面：倒烟灰缸、整理座位和除尘。如果厅内有水池，服务员还应用夹子清除池中的垃圾、杂物。在活动频繁的白天，服务员要能及时、不易被人察觉地不断清除地面上的污迹和水迹。对于那些在营业高峰期间不便做的工作，往往安排在客人活动较少的夜晚或清晨进行，如吸尘、洗地、抛光打蜡、彻底清洁家具、地面除迹、设备维修等。

烟灰缸必须放在茶几的中间

几位客人坐在某酒店大厅休息处的沙发上聊天，其中一位客人沈先生从口袋里掏出一盒三五牌香烟，抽出一支烟，点燃后，便顺手将放在茶几上的烟灰缸移至靠自己的一侧。客人们谈得十分融洽，沈先生也一支接着一支抽烟。负责大厅清洁的公共区域保洁员小叶看到烟灰缸中已经有了三四只烟蒂，便迅速前来为客人换烟灰缸，她将干净的烟灰缸叠放在脏烟灰缸上，将两只烟灰缸一起撤下，然后按标准将干净烟灰缸放回到茶几的中间位置。沈先生刚要弹烟灰，却发现烟灰缸已不在他方便的位置，便又一次将烟灰缸移至自己的身旁。在沈先生继续抽了三支烟后，小叶再次前来换烟灰缸，她还是将干净烟灰缸放到了茶几的中间，这次，沈先生对小叶说："小姐，能不能将烟灰缸放在我旁边？"小叶回答说："对不起，先生，酒店的服务标准要求我们将烟灰缸放在茶几的中间。"

（2）餐厅、舞厅和多功能厅的清洁

餐厅营业时间长短不一，客房部要妥善处理餐厅的清洁时间并主动与餐厅员工搞好配合。如营业时间有清洁需要，应及时予以处理。但许多酒店考虑到工作的方便和快捷，在营业时间内需要清洁时，由餐厅自行解决，客房部只是做好配合工作。餐厅的全面清洁保养一般在夜晚停业之后至次日开餐前进行，其工作主要有：

- 清除餐椅上的食物碎屑及污迹。
- 清洁桌椅腿、窗沿及通风口等。
- 清洁咨询台、账台及电话机等。
- 擦亮金属器件。
- 地面吸尘或磨光。
- 有计划地为家具、灯具等清洁打蜡。
- 有计划地分批进行坐椅和墙面的清洗。

舞厅和多功能厅的清洁任务和要求基本与餐厅相同，只是舞厅通常安排在上午清扫，而多功能厅的清扫往往在活动前后进行。

（3）洗手间的清洁

在一些高级酒店里，洗手间有专职服务员负责随时进行清洁和为客人放洗手水、递毛巾、开门等工作。酒店要根据自己的档次、客流量的大小和洗手间的设备状况确定一个清扫频率，以保证最基本的规格水平。一般的清扫主要包括：对洗手间进行清洁消毒，保持干净、无异味；将香水、香皂、小方巾、鲜花等摆放整齐，并及时补充更换；擦干不锈钢或镀铬器具，使之光亮、无水迹；热情为客人递送香皂、小毛巾、定时喷洒香水等。全面的清洗工作主要是洗刷地面及地面打蜡、清除水箱水垢、洗刷墙理等，这种工作一般在夜间或白天客人较少时进行。

(4) 电梯的清洁

酒店的电梯有客用电梯、员工电梯和货运电梯等。客用电梯的清洁尤其重要，必须保持其清洁卫生。由于客用电梯使用频率高，白天只是对其进行清洁维护，让其保持干净整洁，晚间客人少时才能进行仔细清洁。电梯内的地毯容易脏，可采用更换星期地毯的办法来保持其干净无尘；电梯内的烟头、纸屑、杂物等，应随时清理干净；电梯的厢壁、镜面、按钮、电话机、栏杆及地面等应经常进行清洁和保养。

(5) 垃圾的处理

酒店每天都产生许多垃圾，如果不能及时清理干净，会直接影响到酒店的环境。酒店的垃圾要集中堆放到垃圾箱，然后统一处理。要经常对垃圾喷洒药物，并加盖，以便杀死害虫和细菌，同时将垃圾运往垃圾处理场，减少垃圾的存放时间。

11.2.5 公共区域的清洁卫生质量控制

酒店公共区域卫生范围广泛，又是最容易影响酒店环境质量和形象与声誉的地方。为此，酒店客房部经理、公共区域卫生主管每天要坚持巡视检查，加强公共卫生的质量控制。

(1) 定岗划片，包干自责

由于公共区域范围广，工作又繁杂，需要实行定岗划片、包干负责的方法，使每个员工每天需要完成的工作相对固定，每人都有明确的责任范围，各负其责，以达到卫生质量的控制与管理。

(2) 制定卫生制度

为了保证卫生质量的稳定性，控制成本和合理地调配人力和物力，必须对公共区域的清洁保养工作采用计划卫生管理的办法，制定卫生制度。如公共区域的墙面、灯具、地毯的洗涤，地面的打蜡等。不能每天清扫的，需制定一份详细的卫生计划，循环清洁。

(3) 加强巡视检查

公共卫生检查应包括5个层次：服务员每天的自我检查；公共区域领班每天的全面检查；公共区域主管的重点检查；客房部经理的巡视检查；必要时主管总经理或副总经理也要巡视抽查。各级在检查工作中发现问题，都应通过主管责任人逐级纠正，重新整理，保证质量。

【思考题】

1. 客房清洁卫生质量标准包括哪些内容？制定标准应遵循哪些原则？考虑哪些因素？
2. 客房的日常清洁整理的准备工作包括哪些方面？
3. 客房清洁整理的基本程序是什么？
4. 试述走房清扫程序的九字决。
5. 客房清洁卫生有什么规定？清洁人员发现下列哪些问题需立即报告？
6. 什么是客房计划卫生？包括哪些内容？
7. 客房清洁卫生质量的控制方法有哪些？
8. 试述公共区域的概念与特点。
9. 公共区域的岗位如何进行设置？每个岗位有什么样的岗位职责和工作内容？
10. 公共区域的清洁卫生要求有哪些？如何对共区域的清洁卫生质量控制？

【经验性训练】

在客房模拟室将清扫房间的内容、程序、标准和要求进行模拟训练，特别是熟练的铺床技巧，并会正确使用各种卫生清洁器具。

【案例分析】

到底该不该帮忙?

今天可真够忙的，退房的客人刚刚走，新入住的客人就来了，可房间还未打扫好呢。服务员小卢负责打扫的房间，有2/3处在这种状态之中，“怎么办呢？总不能让客人老在大堂等候吧。”小卢焦急地对今天比较空闲的服务员小郑说。小郑想了想，对小卢说道：“这么办吧，我先帮你做，然后你再帮我做，那不就解决了。”于是两人一起迅速地行动起来，终于让客人顺顺当当地住进了房间。“小郑，你怎么搞的，客人挂牌20分钟你也未打扫房间，客人现在投诉了。”领班过来批评小郑。“领班，刚才有许多客人忙着住进小卢的那几个房间，她来不及，我便去帮忙了，所以没照顾到我管的房间。”她沮丧地说道。“你帮小卢做房？谁批准了？现在可好，出事了吧。”领班大声训斥道，“记着，以后没有命令，不要去帮别人，先管好自己再说。”小郑点了点头，很后悔。第二天，客房情况仍如昨天一样，只不过今天是小郑忙得不可开交，小卢的工作量却不大。她看着小郑忙个不停，很想去帮忙，但想起昨天的事，不得不改变主意。今天当班的是另一位领班，只见她一个箭步来到小卢的面前：“小卢，你先帮小郑做房，等会儿让小郑再帮助你，那儿的客人等急了，快要投诉了。”“这样行吗?”小卢想起昨天领班对小郑的训斥便犹豫道。“什么行不行，记着，以后遇到这样的事，不用问马上去帮忙。”领班斩钉截铁地说道。小卢去帮忙了，可她还是不明白：到底该不该帮忙?

【案例思考题】

如果你是小卢，你到底该不该去帮忙？为什么？

【本章推荐阅读书目】

1. 酒店前厅与客房管理. 余炳炎，朱承强. 南开大学出版社，2002.
2. 酒店管理原理与实务. 丁林. 经济科学出版社，2004.
3. 酒店前厅客房服务与管理. 陈乃法，吴梅. 高等教育出版社，2003.

第 12 章

客房部对客服务管理

【本章概要】

客房部对客服务是酒店服务的重要组成部分。酒店不仅应向客人提供规范、标准的服务，还应为客人提供个性化的服务，以满足客人的各种符合情理的要求，使住店客人完全满意。因此，本章首先介绍了3种对客服务模式及设立相应的客房常规和特殊服务项目，然后阐述客房部对客服务质量控制和客房部的个性化服务。

【学习目标】

- 熟悉客房部对客服务的模式；
- 掌握对客服务的程序规范；
- 熟悉客房常规和特殊服务项目；
- 掌握客房服务质量的控制方法；
- 了解客房个性化服务内容。

【关键性术语】

对客服务、常规对客服务、洗衣服务、客房小酒吧服务、留言服务、借用物品服务、加床服务、托婴服务、电子保险箱服务、擦鞋服务、送餐服务、夜床服务、个性化服务。

【章首案例】

访客深夜未走

“我是7楼服务员小郝，刚才我发现712房的客人马先生回店时带了一个朋友进房，现在都快12点了，他们在房里已经呆了3个多小时了，估计这个朋友很可能今晚会在酒店住宿，请您查一下712房客人今天有否办理过访客住宿手续?”上海某宾馆客房部小郝是个极心细的服务员，由于她认真负责的态度，酒店避免了9次潜在的事故。今夜又是她值班，发现了712房异常情况后马上与总台联系。

接待处接电话的是有4年店龄的老员工小凌。他翻开今天的入住登记，没有发现712房的新记录，再查看3天前马先生来办理入住手续时，也只有他一个人的名字，以后再不见这房有第二个登记者。显然，今天来访的朋友并没有到接待处登记过。

小凌忽然想起，近日市公安局向各酒店发过一份治安内部通报，今天712房来的那位不速之客要好好查问一下。于是他一面打电话给小郝，要求她提供客人的年龄、相貌和特征，另一方面则向保安部报告，请他们密切注视712房的动态。

“叮咚……”小郝按响了712房的门铃。

“马先生，根据我们酒店的规定，来访客人须在12点以前离开房间，望您能谅解，予以配合。”小郝说话的态度十分诚恳。“我有个建议，如果您的朋友今天打算住在这儿的话也可以，不过请到总台办一下登记手续。”小郝讲到此时，稍许停顿了一会，同时又打量一下马先生的朋友。接着她还是很亲切地说："如果他不打算留宿，而你们的谈话还没有结束，那么可以到咖啡厅去边喝饮料边谈话。"

马先生欲留朋友过夜，对方也没有异议，于是两人便下楼到大堂接待处。就在他们出示身份证和填写表格时，旁边一位酒店保安人员在旁暗中观察，他发现，马先生的朋友并非公安局的通缉对象，经核验，他的身份证也是真的，这便排除了他的可疑身份。

12.1 客房部服务模式

客房部服务是酒店服务工作的重要组成部分。客房部服务工作能否做到高效、优质，取决于多方面的因素，其中，服务的模式是一个极为重要的因素。客房管理者首先应根据酒店的具体情况选择合适的客房部服务模式。客房部服务模式不同，岗位设置、人员配备以及服务规程上自然也有所区别。因此，确定客房部服务模式是客房服务管理工作的前提和基础。

12.1.1 楼层服务台模式

所谓楼层服务台就是在客房楼层的适当位置（如电梯厅出入口等处）设置专门的服务台，配备专职的服务员值台，负责本楼层的各项服务工作。这是目前我国酒店客房服务的一种常见模式。例如，一些酒店设立行政楼层、商务楼层，在这些楼层设立多功能服务台，为客人提供多种类、全方位的服务，包括办理客人的进店、离店、结账手续，为客人提供商务服务和贴身管家服务等。采用这样一种服务模式，服务员能够及时地、直接地了解客人的需求，为客人提供规范性与针对性相结合的面对面服务，使服务工作快捷高效，富有人情味，有利于加强客房楼层的安全管理。但由于楼层服务台需要专人照看，人力投入就会较多，而且对专职值台员素质要求也很高，他们必须能够胜任楼层的各项服务工作。

（1）设置楼层服务台优点

能为客人提供更加热情、周到的服务　楼层服务台是为本楼层客人提供服务的基地，能够随时解决客人的各种不便，如提供问讯服务，接待来访的客人等。在这方面，它起着总服务台难以替代的作用。

有利于增加酒店为客人提供服务的"人情味"　这在注重人情味的东方国家更具现实意义，对于增加客人的满意度能够起到积极的作用。

能够减少客人投诉　楼层服务台的设立，增加了服务项目，同时也增加了酒店与客人之间进行沟通、交流和接触的机会。在服务员和客人之间建起了一座友谊的桥梁，相互理解的枢纽，服务员一张善意的笑脸，一句问候，往往会使客人对酒店服务的不满情绪减少到最低程度。

能够有效地保障楼层安全　楼层服务台一般位于楼层中间较为显眼的地方，服务台24小时有人值班，可以随时观察楼层动静，注意来往行人。因而在一定程度上保障楼层及客人的安全。

（2）设置楼层服务台的缺点

占用空间，减少客房营业面积　酒店每层楼都设置服务台，势必要减少客房营业面积，这在"每一块土地都要挖金"的酒店，势必要带来相当大的经济损失。

增加开支 设置楼层服务台必然要安排值台人员，从而会增加人事开支，这笔开支在一些劳动力稀缺的发达国家是相当可观的。

楼层服务台的设置往往会影响楼层安静 楼层客房是客人休息的场所，要求绝对安静，楼层服务台的设置往往会破坏这种气氛，尤其是在一些管理不善的酒店更是如此。服务台的打电话声、嬉笑声、吵闹声等不绝于耳，影响了客人的休息，同时也会给客人留下不好的印象。

使客人有受监视的感觉 特别是西方客人对此很不习惯，感觉受到监视，是对客人隐私权的侵犯。正是由于上述原因，欧美等西方国家以及日本等国家的部分酒店都不设置楼层服务台，而用客房服务中心取而代之。

12.1.2 客房服务中心模式

目前，国内很多酒店，尤其是高档酒店，不设客房楼层服务台，而是设立客房服务中心。这种模式可减少客房服务人员的编制，降低劳动力成本支出，有利于客房对客服务工作进行集中统一调控，强化客房管理。但采用这种模式使得面对面的服务相对减少，随机性服务差，服务缺乏亲切感和针对性。客房服务中心配备专职联络员，负责客房对服务工作的联络协调。客人需要服务时，可用客房内的内线电话通知客房服务中心，联络员进行详细记录，并迅速将客人的需求通知有关楼层的服务员，服务员则根据有关要求和标准完成对客服务工作。必要时，联络员可以跟踪、了解、观察服务员服务工作的效率和质量如何。客房服务中心大多24小时运行。如果夜间客房楼层没有服务员，可以安排专职夜班服务员，负责夜间的对客服务工作，从而保证全天24小时的对客服务。客房服务中心的联络员必须知识全面、反应敏捷，能熟练地处理各种情况。

酒店要设立客房服务中心，必须具备一定的硬件条件和软件条件。

（1）安全保障

客房楼层要有很好的安全保障。一方面，客房楼层需与其他区域分开；另一方面楼层出入口等关键部位应有安全监控设备。

（2）方便客人

客房内的设备用品配置要方便客人进行自我服务，一般问题客人可以自行解决，如烧开水等。

（3）服务指南

服务指南上要把各种服务设施和服务项目详细说明，以便客人联系和安排。

（4）通信联络

客房中心要有先进的通信联络设备，一般至少具备同时接听2个以上电话的能力，最好具有小型转换机的功能，以保证信息的畅通。在对内联络方面，要求有快速灵活的呼叫系统。因而建立一个独立的呼叫系统是许多现代化大中型酒店所采用的有效方法。

12.1.3 客房服务中心和楼层服务台并设

既设立客房服务中心，又设立楼层服务台，这种模式可以吸取前2种模式的优点，克服前2种模式的部分缺点。其具体的做法有以下2种。

（1）专职的楼层值台员

在客人活动的高峰时间安排专职的楼层值台员负责对客服务。客人外出或夜间休息时，对客服务工作相对较少，可以不安排专职楼层值台员，否则会出现人力浪费现象，客人需要服务时，可通过客房服务中心安排。

（2）服务台

在部分楼层设立服务台，安排专职值台员负责对客服务工作。这些楼层主要用于接待内宾或需要特别关照的客人，其他楼层的对客服务工作由客房中心统一调控。

由于客房对客服务的模式与酒店经营管理的指导思想及酒店的设施设备、人力，酒店的客源结构等多方面的条件有直接的关系，因而酒店在选择确定客房对客服务模式时，不能盲目行动、简单照搬，必须根据自身条件，综合分析各种利弊，做出正确选择。

12.1.4 选择客房服务模式应考虑的因素

楼层服务台模式和客房服务中心模式各有利弊，在具体的设置过程中由于各个酒店具体情况的不同也有诸多变化。总体而言，在选择客房服务模式时应着重考虑以下几个方面的因素的影响。

（1）既定模式的限制

既定模式是指一些加入著名管理集团的酒店，由于酒店集团本身有一整套的管理模式，其中自然包括特定的客房服务模式，因此，酒店在选择客房服务模式的时候必须考虑到集团的既定模式的标准和要求。

（2）客源对象的不同

客房服务从根本上说是为了迎合客人的需求和习惯，因而在选择客房服务模式时应充分分析本酒店客源市场，需要考虑到主要客源的消费水平、出外旅游的动机、类型以及客人的年龄结构等。不同的客源对客房服务模式自然有不同的偏好。例如，年轻人比较喜欢无拘无束的客房中心模式，而年龄比较大的客人则比较喜欢有人情味、随叫随到、周到的楼层服务台的服务。

（3）建筑结构的特点

酒店的建筑结构也是管理者在选择客房服务模式时应考虑的一个因素。一般来说，分散的楼群宜采用楼层服务台的方式，可以保护楼层区域的安全，提供高效率的夜间对客服务；而进出口较少的大厦型高层建筑采用客房服务中心则更具优势，节省人力。

（4）人力资源的费用

在选择客房服务模式时，还应考虑到当地的劳动力提供状况。在人力资源的费用比较低的地区，选择楼层服务台模式的酒店比较多；而人力资源费用比较高的地区，则大多数酒店会选样比较节约人力的客房中心服务模式。

（5）资金状况的约束

选择客房服务模式还会受到酒店的资金状况的制约。如选择客房服务中心模式的酒店，则必须购置相应的设备才能保证服务的高效率提供和客人的安全。因此，是否有购置一整套现代化通信设备、监控设施、电脑管理系统等设施设备能力也成为选择客房服务模式应考虑的一个重要因素。

（6）风格特色的体现

选择哪个对客服务模式还必须考虑酒店的管理风格和服务特色。如有些酒店为追求富有人情味的服务特色和体现酒店高档次的服务水准，专门设立商务楼层，在部分楼层设立楼层服务台，并配备一些素质非常好的员工为客人进行面对面的服务。

(7) 其他部门的要求

选择客房对客服务模式还必须考虑其他一些相关部门的规定和要求。如有些地方的公安部门要求一些酒店必须设置楼层服务台，否则应有监控系统等。酒店是社会的一部分，而且对社会是敞开大门的，因而必须能够适应这些规定和要求。在有些情况下，这类规定甚至是选择客房服务模式的关键因素，起着决定性的作用。

总之，酒店应根据自身情况选择合适的客房部对客服务模式，其原则为既能够保证安全，又能及时为客人提供服务；既保证服务质量，同时又能节约人力。客房管理者应随着酒店的发展，不断地改进、完善甚至创新客房服务模式，以便提供使客人满意的客房服务。

12.2 客房部对客服务的内容

随着社会生活水平的提高和工作节奏的加快，住店客人不仅期望酒店能够为其提供一个清洁、美观、舒适、安全的住宿环境，而且还希望享受到其他各项优质的对客服务。为此，酒店需要根据实际情况以及客源市场的需求，综合考虑各方面的因素，为客人提供其所需要的客房服务项目和服务内容。

12.2.1 常规对客服务

12.2.1.1 洗衣服务

为住客提供洗衣服务是一项比较细致的工作，有关员工必须认真对待，不能因缺乏常识或粗心大意而出现差错。洗衣服务的要点如下所述。

① 当客人要求收取衣服湿洗、干洗或熨衣时，楼层服务员应马上到房间收取，注意检查有否洗衣单（表 12－1、表 12－2)，有洗衣单的应让客人自己填写。

表 12－1 湿 洗 衣 单

客人姓名：__________　　日期：__________

客人签名：__________　　房号：__________

特别提示：

请在适当位置作［√］号

正常服务（　　）　　快洗服务（50% 额外收费）（　　）

正常服务——在上午 10 时前所收取客人的衣物，将于同日送还到客房。

快洗服务——在上午 10 时至下午 3 时收取客人的衣物，将于同日送还到客房。

恤衫/手帕需要浆洗　　是（　　）　　否（　　）

女装	单价	数量	总额	男装	单价	数量	总额
女恤	4.00			宴会恤衫	4.00		
半截裙	6.00			普通恤衫	3.50		
百褶裙	12.00			运动恤衫	4.50		
裙（棉质）	4.00			运动套装	8.00		
长裙	6.00			牛仔裤	6.00		
毛衣	6.00			内裤	2.50		
长裤	5.00			内衣	3.00		
外套	7.00			羊毛内裤	3.00		
太空服	14.00			羊毛内衣	3.00		

（续）

女装	单价	数量	总额	男装	单价	数量	总额
围巾	2.70			袜（双）	1.50		
牛仔裤	6.00			手帕	1.20		
牛仔衣	8.00			睡衣	5.00		
内裤	2.50			睡袍	6.00		
内衣	3.00			衬衣	6.00		
衬裙	2.00			短裤	3.00		
丝袜（双）	2.00			长裤	5.00		
手帕	1.20			西裤	5.00		
睡袍	6.00			毛衣	5.00		
运动衫	8.00			外套	10.00		
短裤	2.50						
文胸	2.50						
时装套裙	15.00						
另加50%的额外收费：				总额：			

表12－2 干洗/熨烫衣单

客人姓名：____________ 日期：____________

客人签名：____________ 房号：____________

特别提示：

请在适当位置作［√］号

正常服务（　　）　　快洗服务（50%额外收费）（　　）

正常服务——在上午10时前所收取客人的衣物，将于同日送还到客房。

快洗服务——在上午10时至下午3时收取客人的衣物，将于同日送还到客房。

恤衫/手帕需要浆洗　　是（　　）　　否（　　）

女装	单价	数量	账目	男装	单价	数量	账目
女恤	4.00			宴会恤衫	4.00		
半截裙	6.00			普通恤衫	3.50		
百褶裙	12.00			运动恤衫	4.50		
裙（棉质）	4.00			运动套装	8.00		
长裙	6.00			牛仔裤	6.00		
毛衣	6.00			内裤	2.50		
长裤	5.00			内衣	3.00		
外套	7.00			羊毛内裤	3.00		
太空服	14.00			羊毛内衣	3.00		
围巾	2.70			袜（双）	1.50		
牛仔裤	6.00			手帕	1.20		
牛仔衣	8.00			睡衣	5.00		
内裤	2.50			睡袍	6.00		
内衣	3.00			衬衣	6.00		
衬裙	2.00			短裤	3.00		
丝袜（双）	2.00			长裤	5.00		
手帕	1.20			西裤	5.00		
睡袍	6.00			毛衣	5.00		

（续）

女装	单价	数量	账目	男装	单价	数量	账目
运动衫	8.00			外套	10.00		
短裤	2.50						
文胸	2.50						
时装套裙	15.00						
另加50%的额外收费：				总额：			

② 服务员要认真核对衣物的件数，检查衣物口袋内是否有物品，纽扣有无脱落，有无严重污渍或破损，能否按客人的要求洗熨，客人在洗衣单上填写的内容与衣物是否相符等。有问题时，应当面向客人说明，并在洗衣单上注明，免去不必要的麻烦。

③ 如发现口袋里有遗留物品应马上送回给客人；如客人不在房间，可把遗留物品放在梳妆台上；如是贵重物品或现金，应马上送到客房部办公室。

④ 如洗衣单上没有填上洗涤要求，则做普通洗衣。

⑤ 服务员要填写洗衣记录，内容包括房号、数量、名字、时间等。

⑥ 送回衣物。10：00前收的衣服，通常在19：00前送回。超过10：00交洗的如要求当天送回，则按加急处理且加收50%的费用。这些要向客人解释清楚，以免误会。送回客人衣物时，应将衣物放在房内显眼处；如果客人在房内，应请客人当面检查。如遇门外挂“请勿打扰”标志，可将洗衣通知单从门缝塞进房内，通知客人衣物已洗烫好，并请客人在洗衣账单上签字。

⑦ 如遇洗衣投诉，要通知主管并与洗衣房做好协调工作。

⑧ 洗衣账单应及时转交前台收银处，记入客人的总账单内统一结算。

4万日元的西服

江苏省某市一家酒店住着某台湾公司的一批长住客。一天，一位台湾客人的一件名贵西装弄脏了，需要清洗，当见服务员小江进房送开水时，便招呼他说：“小姐，我要洗这件西装，请帮我填一张洗衣单。”小江想客人也许是累了，就爽快地答应了，随即按她所领会的客人的意思帮客人在洗衣单湿洗一栏中填上，然后将西装和单子送进洗衣房。接手的洗衣工恰恰是刚进洗衣房工作不久的新员工，她毫不犹豫地按单上的要求对这件名贵西装进行了湿洗，不料在口袋盖背面造成了一点破损。

台湾客人收到西装发现有破损，十分恼火，责备小江说：“这件西装价值4万日元，理应干洗，为何湿洗？”小江连忙解释说：“先生真对不起，不过，我是照您交代填写湿洗的，没想到会……”客人更加气愤，打断她的话说：“我明明告诉你要干洗，怎么硬说我要湿洗呢？”小江感到很委屈，不由分辩说：“先生，实在抱歉，可我确实……”客人气愤之极，抢过话头，大声嚷道：“这真不讲理，我要向你上司投诉！”

客房部曹经理接到台湾客人投诉——要求赔偿西装价格的一半2万日元。他吃了一惊，立刻找小江了解事情原委，但究竟是交代干洗还是湿洗，双方各执一词，无法查证。曹经理十分为难，他感到问题的严重性，便向主持酒店工作的蒋副总经理作了汇报。蒋副总也感到事情十分棘手，召集酒店领导作了反复研究。考虑到这家台湾公司在酒店有一批长住客，尽管客人索取的赔款大大超出了酒店规定的赔偿标准，但为了彻底平息这场风波，稳住这批长住客，最后他们还是接受了客人过分的要求，赔偿2万日元，并留下了这套西装。

12.2.1.2 客房小酒吧服务

为了方便住客在客房饮用酒、饮料和食用小食品，较高档的酒店都在客房内设有小酒吧，按规定的品种及数量配备烈酒、啤酒、汽水、果汁及佐酒的小食品等，并提供配套的酒杯、水杯、开瓶器、调酒棒、纸巾等用具用品。小酒吧里面还要放上饮料账单（表12－3），账单列出所供应的饮料食品的品种、定额存量、价格及小酒吧的管理说明。

表12－3 客房小酒吧点算单

第一联：客房中心

敬爱的贵宾：

希望您能尽情享用房内小酒吧的饮品。

客房部服务员将每日核对您所饮用的饮品数量，并把清单送到会计部转入您的账目内。如您需要其他特别饮品服务，请拨内线电话2167。

为了能准确地计算您的账目，请您在结账离店时，将此单带到收款处。谢谢！

品类	点存	耗量	单价	小计
人头马VSOP	1		40.00	
人头马特级	1		45.00	
君度威雀苏格兰威士忌	1		44.00	
健尼路金酒	1		45.00	
芬兰伏特加	1		40.00	
加利亚诺力娇酒	1		35.00	
占边美国威士忌	1		36.00	
青岛啤酒	1		30.00	
可口可乐	2		8.00	
矿泉水	2		8.00	
粒粒橙	2		6.00	
椰子汁	2		8.00	
果茶	2		8.00	
健力宝	2		6.00	
八宝粥	2		8.00	
合计： 10%的服务费： 总计：				

小酒吧的管理一般由客房部服务员负责，每天须定时清点，及时补充。检查时要认真仔细，以免出差错。检查后将客人的耗用量填在核查单上，并按规定的品种和数量补足补齐；用过的杯子及其他用品应撤换，并放上新账单。

12.2.1.3 留言服务

客人外出时，通常会有关于他们行踪去向的留言，以便对来访者及时做好记录，在交接班时要交代清楚。若是由前台询问处记录的留言（表12－4），应尽快放入房间明显的位置上，如梳妆台上。当客人回来时还应口头提醒一下客人，以表示重视。

表12－4 ××酒店留言单

日期：__________ 时间：__________

先生/女士/小姐：__________

房号：__________

曾电访/到访的先生/女士/小姐：__________

□ 将再电访/到访 □ 请复电话

请与接待处联络有关：

□ 换房 □ 收取包裹

□ 退房 □ 其他

□ 收取信函/电传/电报

____

12.2.1.4 来客服务

来访服务直接影响客人（包括出客）对酒店服务水准的看法，而且客人会根据来访服务的好坏，决定是否成为酒店的“回头客”。客房服务员对此项服务必须热情有礼，并引起足够的重视。访客来访，在楼层服务台办理来访登记手续。在接待来访客人时，要特别注意如下几点：

● 未经住客同意，不可将来访者引进客房，同时不得随便将住客的姓名、房号告知来访者。

● 根据来访人数，可提供茶水和坐椅服务，使访客和住客都满意。

● 如果客人不在房间，应请访客留言或到酒店大堂等候，不可让访客在楼层逗留，未经住客同意，访客不能在房间等候。

● 来访期间，服务员应勤巡视楼层，检查有否异常情况，并注意访客是否在没有陪同下带走贵重物品。

● 探访时间超过酒店规定，要让访客离开住客房间。

● 要做好访客进离店的时间记录（表12－5）。

表12－5 ××酒店来访人员登记表

年 月 日

来访人姓名	性别	年龄	工作单位或住址	证件名称	证件号
被访者姓名		房号		备注	
来 访 时 间		来访值班服务员			
离 访 时 间		离访值班服务员			

12.2.1.5 借用物品服务

一些酒店免费向客人租借用品，如电吹风、电动剃须刀、万能插座、熨斗、熨衣板、各类文具用品等。在客人借用电器时，须向客人说明本酒店使用的是

220V 的电压，并请客人使用完后归还。此外，还免费提供应急用的婴儿纸尿片及女士卫生巾、婴儿床、热水袋、椅子、全国电话簿等。

外借物品的规程是：客人外借物品由客房部办公室登记清楚后交给楼层服务员送至客人房间。登记的内容包括外借物品名称、编号、借出时间、房号、经手人及归还的时间等（表 12－6）。客人用完所借物品后或在离店的当天，楼层服务员应在下班时将其交还办公室注销，以免积压在楼层，影响物品的周转。

表 12－6　××酒店物品借用登记表

日期：
房号：
客人姓名：
物品名称
客人签名：
归还日期：
接受人：
客人所借上述物品，如果离开时仍未交还，酒店将会向客人索取与物品价值等同的费用

有的客人还会因特别需要借用毛巾、毛毯、枕头等物品，台班服务员应做好登记和交班记录，查房时多加留意。

12.2.1.6　加床服务

客人若需加床时，请客人到前台办理加床手续然后按通知（表 12－7）向客人提供加床服务。加床服务需注意以下问题；

表 12－7　××酒店加床通知单

日期：

编号	数量	管家员	接待员

填表人：

● 加床的同时，须按床位数配套增加毛巾、浴巾，方巾、洗发液、洗浴液、香皂、杯具、茶杯、牙具等物品。

● 如果客人临时取消加床，要立即通知客房服务中心及前台，并在交班本上做好记录。

12.2.1.7　托婴服务

有些客人在入住酒店期间不方便带婴儿外出，要求客房部看护婴儿。如客人有这个要求，一定要提前 24h 通知客房服务中心，具体的看护工作由当值主管根据工作需要做适当的调整安排。

看护婴儿的服务员在工作中务必小心谨慎，注意客人的有关吩咐，不要随便给小孩吃东西，不把小孩带离指定的地方，以确保小孩安全。同时，服务员必须有责任心，认真做好看护婴儿的工作，让客人放心。

12.2.1.8 电子保险箱服务

有些客房内设有电子保险箱，是免费为客人提供的。使用时客人可任意输入4个数字的密码；如果保险柜发生故障或客人一时忘记密码，可通知值班经理协助解决。

12.2.1.9 擦鞋服务

擦皮鞋这项服务在大多数酒店是免费提供的。一般在房间内放有擦鞋服务的鞋篮，若客人需要就会把鞋置放于鞋篮之上，或把鞋放于房间门外。台班服务员发现之后应在第一时间取回工作间，并通知值班服务员或主管安排人员把鞋擦干净，尽量在客人回来之前把鞋放于房间适当的位置，切忌在服务台附近帮客人擦皮鞋。

皮鞋恢复了原貌

初夏，哈尔滨市一连下了数天大雨，然而，大庆宾馆崭新的大堂地面却洁净如常。某晚9时许，宾馆总台接到504房客人来电，“有件事想麻烦一下，”一位操着山东口音的客人十分客气地说道：“我们下午到郊外去游览，遇上了大雨，皮鞋被淋湿了，明天还要去运输公司谈生意，却没有备用的鞋子，不知您有没有办法把我们的皮鞋弄干？”“没问题，你们的困难就是我们的困难，我立即与客房部联系，他们会派人去处理的。”总台接待处人员的坚定口吻，使山东客人放下心来了。电话挂后才2分钟，504房的电铃响起，一位服务员出现在门前，“两位先生的皮鞋湿了，交给我吧，听说你们明天要办事，我明晨8时送来不会太迟吧？”这位看上去才十七八岁的男服务员还未摆脱稚气。当他被告知客人要到10时才离店，心就定了。他提着两双由于浸透水分而变得沉重的皮鞋来到楼层值班室。服务员望着这两双皮鞋，真傻了眼，不但湿透了，而且还脏极了，缝隙内、针脚处沾满了泥，黑颜色成了斑斑驳驳的黄褐色。他用一块布，蘸水后擦去表面的泥，再用旧牙刷除去缝隙中的污垢，足足花了半个小时才使皮鞋再现黑色。由于鞋子实在太湿，他只得去洗衣房求助，用烘干机把皮鞋慢慢烘干，再放在风口吹冷，鞋子的重量几乎减轻了一半。他提了两双皮鞋回到值班室，找出黑鞋油，三下五除二地擦起来，没多久，皮鞋又恢复了原貌，乌黑铿亮了。第二天早晨8时，服务员按响504房间的电铃，当客人看到皮鞋整洁如新时又惊又喜，简直不相信这竟是自己的皮鞋。

12.2.1.10 送餐服务

客房送餐服务是按客人预订要求，将餐食送进房间的一种服务。这种服务体现了酒店的档次、等级及豪华的程度。

如果客人需要在房内用餐，只需打电话到客房餐饮服务部就可以了。如果宾客把早餐牌挂在房门外把手，客房服务员应及时收取，并检查有否填写上房号、姓名、食品种类、日期等。将收集到的早餐牌，做好记录后，统一交到客房服务中心转送到客房餐饮服务部。客人用餐完毕，客房服务员应主动地协助客房餐饮服务部做好客房用餐的善后工作。

12.2.1.11 夜床服务

在三星或三星级以上的酒店都会向宾客提供这项服务，以保持酒店豪华的等级标准。夜床服务包括3项工作：房间的整理、做夜床、卫生间的整理。最佳时间是18：00～20：00。

（1）房间的整理

用抹布将房间柜面的污渍、水渍抹干净，将家具、物品摆整齐（尽量放回原位），绝对不可触摸客人的物品；倒垃圾也要看清楚是否有贵重物品或较有价值的物品，若发现应征询当班主管意见。拿报纸和热水瓶进房，报纸整齐摆放于文具夹旁边，把热水瓶和用过的茶杯、水杯撤出，并给予补充。

（2）做夜床

根据住客人数开床，标准房住1人时，一般情况下开靠卫生间的A床。大床房、睡2人时左右两边开，也可以同方向开。有的客人行李物品较多，会提出不做夜床。如果客人不需要做夜床，需在做夜床报告表上记录。

（3）卫生间的整理

将客人使用过的“三缸”用布抹干净，遇到较脏的应重新擦洗。将客人使用过的“四巾”更换，补充物品，并按规格摆放整齐。清理垃圾，抹干地板，放好脚垫巾。关灯，卫生间门半掩。最后，除夜灯、廊灯外，其余应全部关闭；如是套房，客厅灯应开着，其卧室与标准房要求相同。退出房间前，还应自我检查一下，确认无不妥之处，将房门关上一并锁好。若客人在房内，离开时，应向客人表示谢意，并祝客人晚安，然后退出房门，将门轻轻关上。

12.2.2 特殊对客服务

12.2.2.1 贵宾接待服务

贵宾（VIP）因身份特殊，酒店会在对其接待礼仪和服务规格上区别于普通客人（表12－8）。

表12－8 VIP的接待规格

接待规格	迎送规格	房内用品配备规格	餐饮规格	安全保卫规格
A等	总经理率酒店管理人员及部分员工在大厅门口列队迎送客人	1. 房内摆放盆花、插花和瓶花 2. 送酒店纪念品、工艺品 3. 每天放一篮四色水果和4种小糕饼及水果刀叉等物品 4. 房内放总经理亲笔签名的致敬卡及名片 5. 每天放2种以上报纸	1. 客人抵店第一餐由总经理引领进餐厅 2. 使用专门贵宾餐厅 3. 每餐开出专用菜单 4. 高级服务员专人服务 5. 厨房设专人烹制菜点	1. 事先预留车位 2. 酒店四周有警卫巡视 3. 为客人设专用电梯 4. 楼梯、公共区域设固定岗位
B等	总经理、大堂副理在大厅门口迎送客人	1. 房内摆放盆花和瓶花 2. 送酒店特别纪念品 3. 每天放一篮两色水果和2种糕点及水果刀叉等物品 4. 房内放总经理欢迎信及名片 5. 每天放2种报纸	1. 客人抵店第一餐由总经理或副总经理引领 2. 使用专门贵宾餐厅 3. 每餐开出专用菜单 4. 中级服务员专人服务	1. 事先预留车位 2. 视情况设专用电梯 3. 视情况设安全岗

（续）

接待规格	迎送规格	房内用品配备规格	餐饮规格	安全保卫规格
C等	视情况总经理或副总经理、大堂副理在大厅门口迎送客人	1. 房内摆放鲜花和瓶花 2. 做夜床时赠送一枝鲜花或一块巧克力 3. 每天放一篮两色水果及水果刀叉等物品 4. 房内放总经理欢迎信及名片 5. 每天放一两种报纸	1. 客人抵店第一餐由总经理或大堂副迎引领 2. 有专门的厅或餐厅留座 3. 每餐开出专用菜单或根据总经理要求而定	

贵宾的身份和知名度较高，店外的社会活动多，店内的会客活动多，因而经常会出现一些即时需要，要求酒店尽快做出反应。特别重要的贵宾对安全和保密工作要求很高。

贵宾服务在客房部对客服务工作中包括贵宾抵店的准备工作、迎接和服务、离店的欢送3个环节。

（1）贵宾抵店前的准备工作

客房部接到贵宾接待通知单后，要详细了解客情及接待规格和标准，预先制订接待方案，以便做好服务。调动最有力的业务能手，一班到底。同时服务员要彻底清扫房间，认真检查房间的设施设备。按接待规格配备好客房物品。贵宾等级不同，相应客房内的物品配备也不同。通常在客房内应摆放有总经理签名的欢迎信、鲜花、水果等。对清扫布置完毕的贵宾房，需经领班、主管、前厅部经理或大堂副理、客房部经理等按接待规格标准实施层层严格检查，符合标准后封闭客房。在必要的情况，有时还可以将一个楼层或区域进行封闭，到完成接待任务时再解除。

（2）抵达后的迎接和服务

贵宾在酒店有关人员的陪同下抵达楼面时，服务员必须在电梯口迎接问候，根据情况进行适当引领，及时为客人提供茶水等服务，视情况向客人介绍客房设施及服务项目。贵宾享有在房间办理登记入住的特权，由总台负责办理。

客人住店期间，客房部应选派有经验、责任心强的服务员为客人提供优质高效的服务。对特别重要的贵宾，应提供专人服务，随叫随到，注意如没有客人的吩咐，不允许宾客在房间时进房进行小整理和做一些服务性的工作。在接待服务中，服务员要能用姓名或职务尊称客人，主动问候。要善于通过观察捕捉服务信息、把握服务时机，及时为客人提供服务。同时要配合保安部做好安全工作，以确保贵宾的安全。

里根夫人的缎子晨衣

1984年美国总统里根到上海访问，下榻锦江酒店。里根总统和夫人南希早上起来，服务人员已经准备好了晨衣，里根和夫人穿上一试，不由得惊讶起来：“哦，这么合身！就像为我们量了尺寸定做的。”里根和夫人没有想到，“锦江”早已留有他们这方面的档案资料，而且还知道南希喜欢鲜艳的红色服饰，事先专门为她定做了大红缎子的晨衣。为了感谢“锦江”出色的服务，里根在离开锦江酒店时，除在留言簿上留下他的赞誉之词外，还特地将他们夫妇的合影照片夹在留言簿内，并在背面签有赠给锦江酒店留念字样。

(3) 贵宾离店送行

楼层服务员接到贵宾离店通知单后，应主动向客人表示问候，征求客人意见，询问有无需要帮助的事宜。客人离开楼层时，应向客人道别并为客人按下电梯按钮，等电梯门关闭并运行到下一楼层后方可离开。客人离店后，要及时做好客史档案，为下一次接待积累经验。

12.2.2.2 商务客人服务

商务客人是酒店的主要客源之一。这类客人多以散客为主，由于出行率高，喜欢选择熟悉的酒店和曾住过的房间。他们对价格不太敏感，但对酒店的设施设备、服务项目、服务质量、娱乐健身设施等都有较高的要求，并希望得到更多的尊重。

针对商务客人的需求特点，许多中高档酒店都开设了商务楼层，提供针对性服务，如派专人负责办理客人的入住、离店手续；配备完善的商务中心；客房内设置有语音信箱、传真机、专线插座，大办公桌上备有常用的文具用品；提供便利的交通服务；选派素质高、业务精、外语好的服务员为商务客人提供高质高效的服务。

12.2.2.3 观光旅游者服务

这类客人以游览观光为外出的主要目的，其活动一般有组织、有计划，日程安排紧凑、活动时间统一。他们对房间的价格比较敏感，对房间内的设施设备要求不高，但对酒店的服务质量及娱乐设施有较高要求，委托服务较多。

这类客人一般以团体为主，分配的房间要集中；行李员要做好行李的分发工作；对团体成员要一视同仁，公平对待；根据他们的作息时间，注意做好早晚服务工作；委托服务要主动热情，保质保量；主动介绍当地的风景名胜、地方风味、土特产品等。

罗杰先生生病了

早晨8:00，南京玄武酒店10楼一个客房里，从澳大利亚墨尔本来的一支团队的几名主要负责人在商量一件大事。这支团队共有40多人，大多是退休教师，是应我国有关单位邀请前来上海、南京等地旅游考察的。3天前到达南京后，已先后参观了中山陵、明孝陵等名胜古迹和四五所中小学，预订今天上午10:00离店乘机去北京。不巧的是，团中有一位名叫罗杰斯的客人前天患了重感冒发高烧，酒店医生陪他去过医院，虽打针服药，但仍不见明显好转，体温还是38.5℃。显然，摆在他们面前仅有3种选择：要么整个团队留下，待罗杰斯先生康复后一起北上；要么团队按计划去北京，让罗杰斯先生随团前往；再就是把罗杰斯先生留在南京，其余成员都去北京继续旅行考察。第一方案立刻遭到大家的反对，因为这不仅要大大增加团队在中国的费用，而且北京那儿已做了接待的安排，何况罗杰斯先生何时病愈也是个未知数。第二个方案符合原订计划，一切可以如期进行，但途中的劳累会加剧罗杰斯先生的病情，罗杰斯先生毕竟已是60多岁的人了。这样就只剩下第三个方案了。但大家认为，团队无权向酒店提出这样的苛求，因为这可能会给酒店带来许多预料不到的麻烦，而且罗杰斯先生年事已高，万一……正当大伙儿苦于无奈之时，门铃响了，酒店客房部经理前来拜访。“诸位一定在为罗杰斯先生的病情犯愁，”客房部经理简短寒暄之后开门见山地说道：“酒店也在研究贵团的去留问题。总经理要我转告各位，你们的困难便是我们的困难，你们有什么要求尽管提出，我们一定尽力协助。”澳大利亚旅游团的领队见酒店同志如此热诚，也就坦率地谈出了他们只有让罗杰斯先生留下来这一种选择的问题。话刚开头，客房部经理便接口道："这也正是我们的意思，英雄所见略同嘛。"一句话顿时把沉闷的气氛冲得烟消云散，房内所有澳大利亚客人都争着与客房部经理握手。上午10:00，团队准时离店，酒店韩总经理亲自为他们送行，并再安慰他们放心前去。随后，韩总经理亲临罗杰斯先生房间慰问，还送来鲜花、水果。此后，在罗杰斯先生病留玄武酒店的4天里，客房部特地安排了3名服务员，一天3班轮流护理，把穿衣、梳洗、熬粥、烹制清淡菜肴和陪同看病、打针、服药等工作统统给包了下来。在酒店医生的精心治疗和3名员工的细心看护下，罗杰斯先生很快便康复了。第五天，酒店派车把他送上了去北京的飞机，罗杰斯先生感动得泪流满面。

12.2.2.4 华侨、港澳台同胞服务

这类客人是我国旅游市场的重要客源，出行目的一般为商务活动、观光旅游、探亲访友和个人事务。他们对祖国的建设成就和家乡的一切事物感兴趣，希望回国后在各方面能得到一视同仁的待遇，在情感上找到"回家"的感觉。

服务员要主动亲切地为客人服务，在生活上多关心他们，特别是老年客人更要多方关照；做好问讯、会客、留言服务；热情地帮助客人寻找失散多年的亲友；向客人多介绍家乡的发展变化、名胜古迹、土特产品及特效中药等。

12.2.2.5 老弱病残客人服务

住客中会有一些老、弱、病、残的客人，他们往往行动不便、生活自理能力差、比较难以沟通交流，需要得到特别的关爱和帮助。

对年老体弱者，服务时要细心周到，要有耐心地倾听和讲解，尽量满足他们的合理要求，要特别注意他们的安全。对病残客人要根据情况提供必要的帮助；同时，要防止言行不当而伤害客人的自尊心。

塞勒先生的感动

辽宁凤凰酒店即将接待一位下肢瘫痪、坐着轮椅的法国残疾客人——记者塞勒先生。某日早晨，酒店总台接到通知后，便立即安排专人到机场迎接。塞勒先生到达酒店后，行李员直接把他送到早已安排妥当的客房里；总台接待处派人到房间办理入住手续……塞勒先生到达沈阳总共才半个多小时就已经切身体验到凤凰酒店待客的热情。入住后受到的一系列其他特殊待遇，更使他深受感动。塞勒先生进房后，稍许整理了一下行李便躺到床上考虑自己的日程安排和一些可能会遇到的忧心事。不一会儿，门铃响了，负责他这个楼层的服务员小傅走了进来，经过自我介绍和一番问候之后，小傅诚恳地向塞勒先生表示，虽然他行动不便，但在这儿却不必有任何忧虑，酒店每个员工不仅会随时听候他的吩咐，还愿意满足他的一切特殊要求。塞勒先生坦诚地告诉小傅，来沈阳之前，他确实有不少担忧，但从下飞机开始就受到凤凰酒店员工那么多超乎意料的关怀和照顾，现在一切顾虑都打消了。接着他说了此次来沈阳的具体计划：第一天，他将出席一次规模盛大的贸易恳谈会；第二天下午，要到市郊某轻纺工厂去了解支持希望工程的情况；第三天准备拜访若干位服务明星；最后一天……话未出口，塞勒先生停住了，似乎还有话要说，却又有点犹豫。小傅请他但说无妨，酒店一定会尽力使他圆满完成这次沈阳之行的任务。服务员的诚恳态度，终于使塞勒先生吐露了自己的心事。原来，他在北京时就曾听说沈阳有个故宫，还有一个北陵，都与满清的历史有着密切的关系，他想去参观，却又不好意思提出，因为这将给酒店带来太多的麻烦。"塞勒先生，谢谢您对我们的信任，"小傅接着说："我们酒店虽没有陪客人游览的服务项目，但您的情况比较特殊，我将向领导汇报。我们将尽可能使您

满意。”半个小时后，客房部经理来到塞勒先生的房间，全心全意地表示酒店对他所有的工作和活动计划都将给予全力支持。另外，客房部委派小傅和另一名服务员小冯专门负责他在沈阳的一切活动。塞勒先生听后，紧紧握住客房部经理的手，泪花在眼眶内闪烁。客房部经理告辞不久，小傅又来到塞勒先生的房间，询问他是否要在客房用餐。晚饭后，小冯值班，帮助塞勒先生脱衣、洗澡、穿衣…… 塞勒先生在凤凰酒店住了4天。临别的那天上午，他请小傅陪同去天主教堂，用最虔诚的态度感谢上帝让他在沈阳遇到了“世界上最善良的人”，他祈祷上帝赐福给在沈阳所有善待他的人们。

12.2.2.6 新婚夫妇服务

越来越多的新婚夫妇会选择外出旅行欢度蜜月，这样不但能欣赏优美的自然风光、名胜古迹，又能得到一次难忘的经历。他们希望能拥有一个安静、浪漫的客房，能得到别人的关注与祝福。

应向这类客人出售安静、明亮的大床间客房；在居间内贴上大红喜字，摆放鲜花，向新婚客人赠送礼品；见面要祝福客人；客人白天外出时抓紧时间打扫房间，客人回房后要少进房打扰。

特别的新房

一天下午，客房服务员小范在为一对刚刚入住的年轻夫妇送水时了解到，这是一对新婚夫妇，他们准备第二天乘飞机到外市度蜜月。小范知道这一情况后，马上通知了客房办公室。当客人外出用晚餐时，客房部在客人的房内贴上大红喜字，写字台摆上一束鲜花，开夜床时，在两位客人的枕边各放一枝红玫瑰，同时夜床采取全开放式，方便客人入睡。当客人返回房间看到这一切时，又惊喜又感动，对酒店提供的服务非常满意，临别时在留言簿上写下这样几句话：你们酒店的服务真诚、热情，让我们在这里度过了一个难忘的夜晚。

12.2.2.7 长住客人服务

在酒店入住时间超过一个月的客人称长住客人。他们大多为国内或国外的公司、商社或长驻机构在酒店长期包租客房作为办事处，也有外国公司雇员携带家属长期居住的。为了方便客人，酒店往往会根据客人的要求，对房间设施的摆设和安装做一些调整，有的酒店还设立了公寓楼层。

长住客人工作繁忙，清理房间的时间要与客人协商，尽量安排在客人的非工作时间。清扫时对客人的文件物品要特别注意，不能随便翻动丢弃；对于客人的生活用品，应清扫后原样放回；日常服务中要注意检查有无安全隐患，随时提醒客人要注意安全；对客人要以诚相待，融洽相处。

12.3 客房部对客服务质量控制

客房部对客服务是酒店销售的主要产品。在酒店竞争日益激烈的今天，客房部对客服务质量的优劣，无疑将成为客人选择酒店的重要标准。为此，酒店必须加强对客房部对客服务质量的管理，防止服务差错，努力提高顾客感觉中的整体服务质量，树立酒店良好的市场形象，增强酒店的市场竞争力。

12.3.1 客房部对客服务质量的含义

关于客房部对客服务质量这个问题，学术界争议颇多，目前尚无定论。由于服务产品具有一些不同于有形产品的特殊性，因此，与有形产品比较，传统的质量观念很难用来解释服务产品质量。显然，客房部对客服务质量也属于服务质量的范畴。必须明确一点，那就是客房部对客服务是一种特殊的商品，也是酒店销售的主要产品。换句话说，客房部对客服务质量就是指客房产品的质量。客房产品是由客房设施设备的使用价值、客房物品的使用价值、客房服务员劳务服务的使用价值以及客房服务环境等共同构成的。客房部对客服务质量就是指组成客房部对客服务产品各部分的质量水准。从市场导向的角度出发，客房部对客服务质量是指客房部对客服务产品在质量上、物质上、精神上适合和满足客人需求的程度。显然，客房部对客服务适合和满足客人需求的程度越高，服务质量就越好。

12.3.2 客房部对客服务质量的构成

12.3.2.1 客房有形产品的质量

客房有形产品的质量可以用客观的指标来度量，包括客房家具、地毯、电器设备、卫生间设备、安全装置、客房备品及供应品、室内的装饰等的质量。客房有形产品是客房部提供对客服务的物质基础。客房有形产品质量的高低决定着酒店接待能力的大小，直接影响着客房部对客服务的质量。因此，客房部必须加强对设备物品的管理，配合有关部门做好设备物品的维护保养和更新改造等工作，确保客房有形产品始终符合酒店的档次和形象。

12.3.2.2 客房无形服务的质量

客房无形服务的质量是指客房服务员提供的劳务服务的质量，包括服务态度、服务技巧、服务方式、服务效率、服务语言、礼仪礼貌、安全保卫、清洁卫生等。如果说客房有形产品是生产客房服务的凭借或依托，是客房服务的载体，那么客房服务员的劳务服务则是客房部的直接表现形式。客房服务员劳务质量的高低，极大地影响着客人对客房部乃至整个酒店服务质量的感知。著名的酒店大王斯塔特勒就曾精辟地指出：酒店只生产一个产品，这个产品就是服务，生产优质服务的酒店就是优质酒店，生产劣质服务的酒店就是劣质酒店。

必须指出2点：第一，客房有形产品可以说是为服务员提供客房服务搭建的一个平台，而服务员的劳务服务才是客房部对客服务的灵魂，离开了优质的劳务服务，硬件质量再好，也将失去意义；第二，客房部对客服务质量是一个综合概念。组成客房部对客服务质量的每一个方面没有主次之分，必须给予同等的重视。无论忽视了哪一方面，都将损害客人的消费利益和消费价值，而带给酒店的将是“100－1＝0”的恶果。

12.3.3 客房部对客服务质量的标准

12.3.3.1 建立对客服务质量标准的必要性

对客服务质量标准是质量控制的依据，服务质量的保障。为了保证客房部对客服务质量，就要实行服务规程管理。服务规程规定了服务过程的内容、顺序、规格和标准。它告诉员工做什么，怎么做，应达到什么样的效果。服务规程通过规定服务质量标准、规范服务操作来保证服务质量。

12.3.3.2 对客服务质量标准设计的依据

(1) 服务质量标准必须与酒店的星级档次、客房的等级相匹配

酒店的星级越高、客房的等级越高，客房设施设备越完善、越豪华舒适，客房物品越齐备、质量越好。显然，客房部对客服务质量标准应有不同的层次，层次相差越大，服务质量标准差别越大。

(2) 服务质量标准必须和产品价值相吻合

制定客房部对客服务质量标准应把握3点：第一，体现客房产品的价值；第二，符合“物有所值”的要求；第三，保证客店双方的利益。否则，标准过高，酒店会亏本；而标准过低，又会损害客人的消费利益和消费价值，进而影响酒店的声誉和形象。

(3) 建立服务质量标准必须从客人的需求出发

服务营销学家经过大量的研究证明：“服务质量是由客人说了算。”服务质量的高低取决于客人接受服务时的心理感受。因此，酒店必须站在客人的立场上，制定客房部对客服务质量标准，任何脱离客人需求的服务质量标准都是毫无意义的。

12.3.3.3 设计服务质量标准的要点

● 服务质量标准的制定，必须从客人的需求出发，满足客人的期望。为此，酒店应进行深入的市场调研，认真研究本酒店目标客源对客房各类服务属性的期望，并据此制定各类服务属性的质量标准。

● 服务质量标准必须明确具体、利于员工操作、便于衡量，切忌含糊不清。如“客房服务中心接到客人要求服务的电话，应尽快为客人服务”“客人要求快洗的衣物，必须在当天尽快交还给客人”等，这样的标准就不十分恰当。如果改为“客房服务中心接到客人要求服务的电话，3分钟内要为客人提供服务”“客人衣物快洗一般不超过4小时”，这样的标准既清楚明了、利于服务员执行，又便于管理者控制考核。

● 管理者的意图是靠一线员工去实现的，服务质量标准的制定一定要吸引一线员工参与，因为他们最了解一线的实际，而且他们是标准的执行者。吸引员工参与服务质量标准的制定，必然会使他们更易于理解标准、接受标准。

● 烦琐的服务质量标准，必然会使员工感到不得要领，难于把握。因此，制定服务质量标准一定要具体可行，突出重点，易于掌握，同时，又不要忽视细节。

● 服务质量标准不是一成不变的，应根据目标市场需求的不断变化和服务员反馈的情况，及时修正不合理的部分，以使标准更加科学合理。

● 服务质量标准应该既有可行性又有挑战性。如果标准过高，员工无论怎样努力都无法实现，这样的标准必将挫伤员工的积极性；反之，如果标准过低，又可能造成员工浪费。因此，既切实可行又富有一定挑战性的服务标准，才能激励服务员努力做好各项客房部对客服务工作。

12.3.3.4 建立服务质量标准的范围

客房部对客服务质量是一个综合概念。为了保障客房部对客服务质量，必须建立科学合理的客房部对客服务质量标准体系。主要包括客房设施设备的质量标准、客房物品的标准、服务工作标准、服务程序标准、服务效率标准、服务状态标准、服务技能标准、服务语言标准、服务规格标准、服务质量检查标准、事故处理标准等。

12.3.4 客房部对客服务质量工作的落实

12.3.4.1 强化员工的质量意识和标准意识

客房部对客服务质量管理始于制定标准，落实服务质量标准是保证客房服务质量的关键环节。客房员工是服务质量标准的执行者，管理者的意图最终要靠他们去实现，因此，管理者必须加强对员工的教育。一方面，强化员工的质量意识，使人人都要深刻地认识到服务质量是酒店的立身之本；换句话说，未来酒店服务质量将成为我国酒店参与国际竞手的人场券。另一方面，管理者应对员工加强质量管理知识教育、质量技能教育与培训等。帮助员工更好地理解把握服务质量标准，明确自己在服务质量管理中的职责，自觉提高业务水平。

12.3.4.2 建立服务质量岗位责任制

建立服务质量岗位责任制，是落实客房部对客服务质量标准的保证。客房部必须按照责、权、利相结合的原则，按岗位和人员分别制定科学详细的服务质量岗位责任，使客房服务质量工作切实落实到岗位和个人，使每位员工都清楚自己在保证客房部对客服务质量的工作中，应该做什么，怎么做，要达到什么标准，出了问题应承担什么责任等。从而使客房部对客服务质量管理工作形成事事有人管，人人有专责，办事有标准，工作有检查的良性循环。

12.3.4.3 建立服务质量信息反馈系统

建立服务质量信息反馈系统，目的是为了通过收集服务质量信息，找出服务缺憾，制定进一步的改进措施，不断改善服务质量。客房部对客服务质量信息来源不外乎有以下几个渠道。

（1）客人信息渠道

客人的投诉、抱怨、批评、表扬、建议等，都是客房部改善服务质量的重要信息。这些来自客人的声音最能够反映客人的需求，暴露客房部对客服务的弱点。为此，客房部对客服务质量管理，应确保信息畅通，方便客人投诉，鼓励客人投诉，主动征求客人的意见，恳请客人对客房部对客服务提建议。高度重视客人意见表，确保客人意见及时传达。东京帝国酒店的客房都备有印着“总经理亲展”字样的淡蓝色信封和信纸，供顾客给酒店写批评、表扬和提建议等。总经理绝对过目从客房收集来的“蓝信”，特别是接到客人批评或提意见的信后，一定召集有关方面，一起协商改善方法。帝国酒店的服务管理理念是：“把一封来信，当做100位顾客的心声来听!”

(2) 员工信息渠道

来自一线的员工，最了解客人的需求和意见，同时，他们又是服务质量标准的实践者，对服务质量标准的合理性和实践意义他们最清楚。因此，管理者应经常征求他们的意见，认真听取他们的反映和建议，鼓励他们为改善酒店服务质量献计献策。

(3) 其他渠道

酒店对完成各种服务质量指标的考核、内部的检查评比、上级的检查、同行的评价等，也是客房部对客服务质量重要的信息来源。

总之，在客房部对客服务质量管理工作中，客房部应尽可能地搜集有关信息，高度重视对服务质量信息的管理，定期写出分析报告，找出服务质量热点问题，及时召集有关方面商讨解决，以不断改善服务质量。

12.3.5 客房部对客服务质量的控制

客房部对客服务围绕着客人迁入、居住、迁出等3个环节进行。为了使客人"来时高兴，住时愉快，走时满意"，客房部必须加强对客人入住前的准备过程、住店期间的接待服务过程以及客人离店后的服务结束工作等3个阶段的服务质量控制。

12.3.5.1 准备阶段的服务质量控制

做好客人抵店前的准备工作，是保证服务质量的前提条件。服务员必须做好充分的精神准备和物质准备，为客人住店期间客房部为其提供客房服务工作打下良好的基础。

(1) 精神准备

服务员必须精神饱满，集中精力，着装整洁，规范上岗。尽可能详细了解客人的风俗习惯、宗教信仰、生活特点等有关情况，做到心中有数，以便为客人提供有针对性的个性化服务。

(2) 物质准备

客人抵店前，客房部必须要求服务员根据掌握的客情信息，按接待规格和标准备好房间。为了确保房间符合酒店规定的质量标准，对待出租房客房部必须严格执行查房制度。

12.3.5.2 接待服务过程的质量控制

这一阶段由于客人的参与给客房部对客服务质量控制带来了很多难以预料的随机因素，客人参与服务过程扩大了他们与酒店的接触面。尤其，在服务过程中涉及的服务环节越多，客人与酒店接触的面越广，服务的失败点就越多，服务质量就越难控制。更为严重的是，根据研究，在面对面服务过程中，客人一旦对服务的某一方面不满，可能会导致他们对整个酒店的全盘否定。显然，加强客房部对客服务过程的质量管理，能够尽可能地减少服务差错，做到防微杜渐，从而提高客人对整个酒店服务质量的感知。客房部对客服务过程质量控制，应着重做好以下2方面的工作。

(1) 加强现场管理

客房部必须加强服务现场管理，要求客房部各岗位、各类人员必须严格执行岗位责任制和服务规程。尤其要对关键部门、关键岗位、关键环节进行重点控制。

各级管理者应严格按照服务质量标准，对服务过程的各个环节实施监督和检查，发现问题，及时处理，确保对客服务过程正常进行。

（2）充分发挥服务质量反馈信息系统的作用

及时收集有关服务质量方面的信息，进行信息分析处理，找出质量问题的症结所在，采取有效措施，予以纠正。如果发现服务质量标准存在问题，应召集有关方面进行认真商讨，对服务质量标准加以修正。

12.3.5.3 服务结束过程的质量控制

（1）客人离店前的准备

认真检查客人委托代办事项，是否均以完成。主动征求客人的意见，对客人住店期间服务不周的地方表示歉意，对客人的投诉要高度重视及时处理。了解客人费用是否结清，确保客人离店前将其消费客房服务的各种账单送到前厅收银处，防止漏账、跑账。客人离店时，主动向客人道别，真诚地感谢客人光顾本店，欢迎客人再次光临。

（2）客人离店后的工作

掌握客人离店时间，迅速查房。如果客人落下东西，应立即派人追送，来不及送还的，交客房服务中心登记并妥善保管。仔细检查客房设施设备是否损坏，各种物品是否齐全，客人离店前是否消费过饮品又没有签单等。如果有上述情况发生，应及时通知有关方面，以便妥善处理。安排服务员清扫整理房间，为新一轮接待服务工作做好准备。

12.4 客房部的个性化服务

12.4.1 个性化服务的定义

个性化服务就是有针对性地满足不同宾客合理的个别要求的服务。个性化服务起源于海外发达国家，称为 Personalized Service 或 Individualized Service。因为西方酒店业在百年发展过程中发现为宾客服务时，仅有规范服务不能使每个宾客完全满意。最主要的原因就是宾客的需求实在是千差万别且变化莫测，既有共性的部分，又有个性化的部分。而标准化的规范服务只能满足大多数宾客的基本需求，对于每个宾客更深层次的特定的个别需求则难以满足，并且这些需求都是即时的、复杂多样的。于是，酒店经营者开始意识到，服务员在做好规范服务的同时，还应站在宾客的角度因宾客之需而随机应变，为宾客提供个性化服务，从而更好地满足不同宾客的个性需求。

12.4.2 个性化服务的内容

要能提供个性化服务，服务员就应多加观察，多研究宾客心理，主动、真诚地与宾客交流，以使了解宾客的特定需求，及时提供个性化服务。个性化服务的内容广泛、琐碎，归纳起来，大体可分为以下4个方面。

（1）灵活的服务

这是服务员经常会碰到的最普遍的个性化服务。简单地说，就是不管酒店是否有相应的规范，只要宾客提出要求，且是合情合理的，酒店就应尽最大可能去满足他们。比如，服务员应按一定顺序打扫房间，但有宾客提出立即为其先整理房间以接待来访宾客，服务员就应提前进行。餐厅服务员热情为宾客斟酒，但宾客为了更随意些愿意自己添酒，服务员可尊重宾客的要求。面对诸如此类情况，服务员应灵活处理，不能墨守成规。

（2）满足癖好的服务

这是最具体、最有针对性的服务。宾客的需求各有不同，有些宾客的有些需求还非常独特。比如某宾客，特别注重清洁卫生，要求房间布置全是白颜色的，见服务员打扫房间还必须戴着手套当着她的面完成。这需要服务员细心观察，做好记录，建立规范化的档案存储起来，更好地主动满足这类宾客的需求。

史密斯先生的怪癖

王府酒店有一位常客，是酒店上下众所周知的洁癖绅士。在全世界享有盛誉的王府酒店之所以能赢得中外客人的青睐，是因为酒店能够针对每位客人的特殊需求提供个性服务。而个性服务需要熟悉每位客人的习惯、性格、信仰、爱好、脾气等，因此必须建立详细的客史档案。该店客史档案中有这么一条：史密斯先生，美国加州旧金山人，45岁，爱好清洁，经常住408房……有一次，前厅部接到史密斯先生预订房间的传真，他将于下周二抵达北京。于是，客房部立即着手准备接待工作。这位美国客人每次来北京都住在王府酒店，先后已有10次之多。客房部内几乎每个服务员都知道他对清洁卫生的苛求，所以接待他时特别小心，唯恐稍有不慎惹他生气。在史密斯先生到达前两天，楼层服务员开始忙碌起来。大家都知道，这位客人对白色有着独特的偏爱，房内布件必须清一色洁白。这两天里，408房不再接待别的客人，窗帘、毛巾、浴巾、睡衣……统统换成白色的。沙发的面子不是白色的。怎么办？酒店早已专门为他定制了纯白色的沙发套，此时房内变成了一个白色的世界。深色的地毯与周围一片白色形成了明显的反差。客房部为购买白色地毯曾走遍了北京城，竟没有找到一条，据说走到天涯海角都难找到白地毯。一位服务员提议买块厚实的白布把地毯包起来，这个意见得到领导的认可。这样一来，408房从上到下白得无懈可击。史密斯先生深知王府酒店极其尊重他的这一怪癖，他发来预订传真就是希望酒店能早些按“老规矩”准备。即使如此，他一踏进408房还是立刻在屋角、床边、桌脚旁细细检查起来。史密斯先生容不得房里有一粒肉眼可辨的尘埃，也不许有一丝毛发。他在四周察看一番后才肯在沙发上坐下。客房部还为他的房间制订了特殊的打扫制度：每天增加数次扫除，而且必须当着他的面。经理把最细心、最负责的服务员分配到408房，沙发套、窗帘、桌布每天都得更换，他的私人物品绝不容许他人触摸或挪动位置……史密斯先生说，他在国外住过许多酒店，服务质量都不能与王府酒店相比。没有专用沙发套，只是用一块白布罩一下而已，也没有专门服务员，只有常规的打扫……

（3）意外服务

旅游过程中有时可能会发生难以预料的意外，宾客急需解决有关问题。遇到这种情况，服务员“雪中送炭”式的个性化服务会让宾客倍感亲切和温暖。如宾客住店期间生病，服务员嘘寒问暖、陪伴诊疗；宾客临时急需重要物品，服务员放弃休息帮助购买。在宾客最需要关心和帮助时，服务员急宾客之所急，想宾客之所想，宾客会对酒店留下难忘而良好的印象。

客人喝醉了

凌晨2:00，南京双门楼宾馆的电梯在5层停住。“叮咚”一声门开了，一位客人踉跄而出，喃喃自语：“我喝得好痛快啊！”口里喷出一股浓烈的酒气。这时服务员小丁恰好走近5楼电梯口。见到客人的模样，断定是喝醉了，连忙跑上去扶住他，一步一步把客人搀进房间，扶他躺在床上，又泡了一杯醒酒茶，然后将衬有塑料袋的清洁桶放在客人床头旁。这时，客人开始呻吟起来，小丁一面赶紧把客人稍稍扶起，将沏好的茶水端到他嘴边，一面安慰说："您没事的，渴完茶躺下歇歇就会好的。"随后她又到洗手间拿来一块湿毛巾敷在客人额头上，说道："您躺一会，我马上就来。"不一会儿，小丁取来一些用湿毛巾裹着的冰块，换下客人额上的湿毛巾。突然，"哇"的一声，客人开始呕吐了。说时迟，那是快，已有准备的小丁迅速拿起清洁桶接住，等醉客痛快地吐完后，又轻轻托起他的下颚，用湿毛巾擦去其嘴边的脏物。此后，小丁静静地观察了一会儿，发现客人脸色渐渐转红，就对他说："您好多了，好好睡上一觉，明天就能复原了。"边说边帮客人盖好被子，在床头柜上留下一杯开水和一条湿毛巾，又补充一句："您若需要帮助，请拨09，这是楼层服务台的电话。"然后，调节好空调，换上新的垃圾袋，轻轻关上门离房。

（4）心理服务

凡能满足宾客的心理需求（特别是宾客有这样的需求但并未事先提出）的任何个性化服务都可能给宾客带来极大的惊喜。这要求酒店服务员要有强烈的服务意识，主动揣摩宾客的心理活动，以提供相应服务，尤其要能做到服务于宾客开口之前。

由此可见，规范的客房部对客服务是酒店服务质量的基础保证，大多数宾客的普遍、共同要求需要通过规范服务来加以保证。个性化服务则是服务质量的灵魂，通过为宾客提供更加富有人情味的、突破标准与规范的个性化服务，让每位宾客的个别需求也能得以满足。

【思考题】

1. 客房部对客服务的模式有哪些？分别有哪些要求？
2. 客房部对客常规服务的项目有哪些？
3. 如何做好夜床服务？
4. 试述VIP客人服务的规格标准。
5. 如何接待好旅游团体客人？
6. 客房部对客服务质量的构成是什么？
7. 建立客房部对客服务质量标准的主要依据有哪些？
8. 客房部对客服务质量控制分哪几个阶段？
9. 什么是个性化服务？包括哪些方面？

【经验性训练】

在客房模拟室将对客服务的主要内容进行模拟训练，注意将个性化服务融入对客服务中。

【案例分析】

小龚的迷茫

服务员小龚第一天上班，被分在酒店主楼12层做值台，由于她刚经过3个月的岗位培训，对做好这项工作充满信心，自我感觉良好，一个上午的接待工作确也颇为顺手。

午后，电梯门打开，"叮当"一声走出2位港客，小龚立刻迎上前去，微笑着说："先生，您好!"她看过客人的住宿证，然后接过他们的行李，一边说："欢迎入住本酒店，请跟我来。"一边领他们走进客房，随手给他们沏了两杯茶放在茶几上，说道："先生，请用茶。”接着她又用手示意，一一介绍客房设备设施：“这是床头控制柜，这是空调开关……”这时，其中一位客人用粤语打断她的话头，说：“知道了。”但小龚仍然继续说：“这是电冰箱，桌上文件夹内有‘入住须知’和‘电话指南’……”未等她说完，另一位客人又掏出钱包抽出一张面值10元的外汇券不耐烦地给她。霎时，小龚愣住了，一片好意被拒绝甚至误解，使她感到既沮丧又委屈，她涨红着脸对客人说：“对不起，先生，我们不收小费，谢谢您！如果没有别的事，那我就告退了。”说完便退出房间回到服务台。

此刻，小龚心里乱极了，她实在想不通：自己按服务规程给客人耐心介绍客房设备设施，为什么会不受客人欢迎。

【案例思考题】

小龚按服务规程给客人耐心介绍客房设备设施，为什么会不受客人欢迎？

【本章推荐阅读书目】

1. 酒店前厅与客房管理．余炳炎，朱承强．南开大学出版社，2002.
2. 酒店管理原理与实务．丁林．经济科学出版社，2004.
3. 酒店前厅客房服务与管理．陈乃法，吴梅．高等教育出版社，2003.

第 13 章

客房部物资设备管理

【本章概要】

物资设备是客房部的重要资产，是客房部正常运转的物质保证，也是客房部为客人提供服务的保障。加强客房部物资设备的管理，既可以为客人提供满意服务，同时也可以节约运转中的成本消耗，是酒店提升利润空间的重要环节。本章主要介绍了客房部物资设备的种类、配置及管理方法，同时对洗衣房的管理进行了介绍。

【学习目标】

- 了解客房物资用品管理的任务与方法；
- 熟悉客房设备的分类和维护保养；
- 掌握客房布件的保养和贮存方法；
- 了解洗衣房的业务特点和工作要求。

【关键性术语】

客房设备、物资用品分类、客房用品、物品日常管理、标准配备量、消费定额洗衣房。

【章首案例】

困惑的住店客人

小张是一家大型机电设备制造企业的技术服务工程师，由于工作的需要，小张一年中大部分时间都在各地奔波为客户解决技术难题，在各地酒店住宿就成了家常便饭，可四海为家的小张在酒店客房遇到的一些事却一直困扰着他。

每天晚上，忙了一天的小张回到酒店，只想舒舒服服地洗个热水澡，躺到床上看看电视，放松一下疲惫的身心。可天冷时调个温水洗澡却经常不顺心，因为有些酒店浴室水龙头的左边是热水，而有些酒店右边是热水，由于看不到清楚的标志，经常忙乎半天还调不出合适的水温。晚上要刷牙休息，早上刚用过的牙刷不见了，只好打开酒店准备的包装得严严实实的新牙具，挤出那一次就用得差不多的小牙膏。这不仅有点麻烦，而且让从小在农村长大的小张觉得太浪费了。洗完澡想洗脏衣服，可浴室里就只有那小小的香皂，用得不方便，洗得也不干净。有时小张也试着向服务人员要些洗衣粉，可大都回答没有，不得已只好到店外的商店去买。小张寻思，酒店浴室里如果放桶洗衣粉，那客人使用就会很方便，也可以节省小香皂。

13.1 客房部物资用品管理

13.1.1 客房部物资用品分类

酒店客房部物资用品种类很多，从不同的角度考虑有不同的种类。

13.1.1.1　按客房物品的用途分类

按客房物品的用途分类，有客用物品、服务用品、清洁用品、办公用品等。客房物品管理主要是指供客人使用的各种物品。

13.1.1.2　按客房物品的消耗方式分类

按客房物品的消耗方式分类，可分为一次性消耗物品和多次性消耗物品。

（1）一次性消耗物品

如茶叶、牙刷、沐浴露、香皂、鞋擦等，这类物品是一次消耗完毕，价值补偿是一次性完成的。

（2）多次性消耗物品

如棉织品、酒店宣传用品、玻璃器皿、衣架等，这类物品可连续多次供客人使用，其价值补偿实际上是在一定的时间内渐进完成的。这种分类有利于客房分类用品消耗定额的制定和成本费用的计算，加强客房部物资用品的控制。

13.1.1.3　按供应形式分类

（1）客房备品

客房备品是指客房内所配备的可供多批客人使用、正常情况下不会在短期损耗的物品。这类物品仅供客人在住店期间使用，但不能被破坏或离开酒店时带走。如棉织品、衣架、水杯、酒具、服务夹等。

（2）客房消耗品

客房消耗品是指在客房内配备的供客人住店期间使用消耗，也可以用于馈赠客人，离店时可以带走的物品。这类物品价格相对较低，易于消耗。如一次性的洗浴用品、牙刷、牙膏、香皂、礼品袋等。

（3）客用租借物品

客房备品和客房供应品通常只能满足住客的一般、基本需要，而不能满足客人的个别特殊需要。为了满足某些宾客的特殊需要，常会在客房服务中心配备有供客人临时需要借用的物品，如接线板、婴儿床，电熨斗、冰袋等。

客房备品和客房租借物品都属于多次性消耗物品。这种分类方法有助于客房用品的分类配备和保管，提高对客服务的规范化。

13.1.2　客房部物资用品管理的任务

客房物品是客房部从事客房商品生产的物质凭证和技术保证，也是酒店生产水平、接待能力、服务档次的体现。客房物品主要是供客人使用的生活用品，这类物品数量大，品种多，消耗快，难以控制。加强客房物品的管理，确保客人需要，降低消耗，是客房管理的一项重要工作。

13.1.2.1　制定客房物品的选购计划

国家旅游局于1997年颁布的星级酒店客房物品的配备和规格的行业标准和2002年颁布的《酒店星级的划分及评定》国家标准，是酒店选择客房物品的基本依据。必须根据本酒店的星级和档次要求，选择适当的客房物品，并不是越豪华越好，也不是越多越好。在客房物品选购的数量决策上必须充分考虑未来的营业状况、仓储条件、供应商及时供货的能力、资金占用的成本等多种因素，既保证客房营业的有效供应，又保证酒店资金周转的效率。

13.1.2.2 编制科学、严密的物品管理制度

依据星级酒店客房物品的配备和规格的行业标准，在客用物品配备的品种、数量、规格、放置方位等方面制定统一的书面规定，保证服务规格的一致；制定客房物品的岗位管理制度，层层负责，责任落实到人，减少物品的流失、损耗等无谓浪费，提高物品利用效率，降低客房运营成本。制度一经制定，就要严格执行。

13.1.2.3 加强客房物品的日常管理

加强对客房物品保管、领用、发放、使用等各个环节的过程管理，确保各楼层严格遵守部门关于客用品控制的各项制度，杜绝挪用、送人等现象。在一些酒店，为严格控制客房物品的流失，客房部甚至可以要求对每间房的补充进行统计，并要求楼层根据使用情况每日申领客房物品，对于楼层服务员的申领，管理者必须在查看其消耗和领用量是否合理后，方可签字。

13.1.2.4 研究跟踪客人不断变化的消费需求和动机

随着人们消费水平的提高和生活节奏的加快，客房物品的提供和配备也是在不断地改进，以期使客人的使用更舒适、便利、更具人性化，也使得物品使用更节省、更符合资源节约和环境保护的要求。如今的商务客人显现出一个显著特点，即这个群体越来越年轻化，也喜欢追求时尚、追求品位、追求温馨享受。例如，商务散客都对酒店客房内布件有要求，希望可以拥有全棉织品，织品、毛巾类的纤维支数要高，这样会感觉舒适；多数人喜欢用被子，而反感毛毯；80%的商务客人对客房内摆放水果、矿泉水这一类物品认为是应该的，但对于摆放的内容有不同意见；多数人并不喜欢也没有时间将水果削皮、洗干净后再吃，他们宁愿酒店提供给他们的是巧克力、精致俏皮点心或饼干、盒装牛奶，甚至还有口香糖；他们更喜欢浴室内有一支娇艳欲滴的玫瑰，尤其是女性商务客人。

13.1.3 客房部物资用品管理的方法

客房内配备的客房物品，一方面要求品种、数量、规格、质量必须与酒店客房的规格档次相一致，符合星级标准要求；另一方面在不影响服务质量前提下，应控制消耗，尤其是防止浪费和流失。

13.1.3.1 确定标准配备量

准确地设定每种客房物品的标准配备量是客用品管理过程中最基本、最重要任务之一，也是客房物品管理的基础。

(1) 客房备品与一次性消耗物品的标准配备量确定方式的区别

可再次使用的客房备品与一次性消耗物品的标准配备量的确定方式不一样，主要区别在于可再次使用的客用备品的配备主要与酒店其他功能有关，如棉织品的配备量取决于酒店是否设洗衣房以及酒店洗衣房的洗涤量。而一次性消耗物品则与各种物品在运转中的消耗率有关，如清洁剂的标准配备量取决于其在清洁工作中消耗的速度；客用沐浴露则取决于客人的使用量和喜好程度等。

可再次使用的客房备品的配备量通常用套数来表示，除日常周转所需外，还应在仓库中配备一定数量备用。而一次性消耗物品的配备量则用最高和最低库存量来表示，当某种客用品的数量降至最低库存量时，就需申请采购，其所申请的数量应使库存总量回到最高库存量。

（2）客房物品消费定额制定

● 一次性消耗品的消耗定额制定

一次性消耗品消耗定额的制定方法，是以单房配备量为基础，确定每天需要量，然后根据预测的年平均出租率来制订年度消耗定额。

计算公式为： $A = b \times x \times f \times 365$

其中：A 为每项日用品的年度消耗定额；b 为每间客房每天配备额；x 为酒店客房总数；f 为预测的年平均出租率。

例题：某酒店有客房 400 间，年平均出租率为 85%，牙膏、圆珠笔的单间客房每天配备额为 2 支、1 支。求该酒店牙膏、圆珠笔的年度消耗定额。

根据上述公式计算得：

牙膏的年度消耗定额 = $b \times x \times f \times 365$ = 2 支 ×400×85%×365 = 24.82（万支）

圆珠笔的年度消耗定额 = $b \times x \times f \times 365$ = 1 支 ×400×85%×365 = 12.41（万支）

● 客房备品的消耗定额制定

客房备品定额的制定基于客房备品的年度更新率的确定。其定额的确定方法，应根据酒店的星级或档次规格，确定单房配备数量，然后确定其损耗率，即可制定出消耗定额。

计算公式为： $A = b \times x \times f \times r$

其中：A 为每项日用品的年度消耗定额；b 为每间客房每天配备额；x 为酒店客房总数；f 为预测的年平均出租率；r 为用品的损耗率。

例题：某酒店有客房 400 间，床单单房配备 3 套（每套 4 张）。预计客房平均出租率为 75%。在更新周期内，床单的年度损耗率为 35%，求其年度消耗定额。

根据上述公式计算得：

床单的年度消耗定额 = $b \times x \times f \times r$ = 3 套 ×400×75%×35% = 315（套）

（3）确定工作间、工作车等存放用品处的配备标准

建立标准的配备量是对客房物品进行控制的首要条件；在此基础上，管理者应规定各工作车、工作间的客用品的配备标准，甚至包括各工作间内货架上的用品品种和数量也应加以规定。可以采用图片和表格的形式将工作车和工作间的配备标准贴在工作间的门后或墙上，以方便客房员工熟知这些配备标准。

13.1.3.2 客用消耗品的控制

客用消耗品的控制是降低客房经营费用的一个重要环节。

（1）预测每月需求量

客房管理者在确定了部门库房各种客用消耗品的最低和最高配备量后，应根据出租率的变化，对每月客用消耗品的需求量做出预测。由于消耗率是影响库存量的首要因素，因此需注意消耗率的变化。客用消耗品需求量预测和实际使用量的比较表就是根据当月出租率的预报对几种客用消耗品需求量进行预测，同时也列出了当月的实际消耗量；通过对需求量的预测和实际消耗量的比较，可以看到消耗率的变化，从而对预计需求量进行调整。

(2) 关注对过程的控制

作为客用消耗品控制的直接实施者，客房管理者应特别关注对过程的控制，确保各楼层严格遵守部门关于客用消耗品控制的各项制度，杜绝私自拿用、浪费等现象。部门应根据本酒店客用消耗品的消耗和流失情况把握控制尺度。

(3) 激励员工进行费用控制

为激励员工更加注意费用的控制，有的酒店专门统计各楼层的平均间天消耗，并将其公布，同时根据不同的消耗进行适当的奖惩。当然，采取这种方式时应充分考虑到各楼层的客源结构等方面的实际情况。

(4) 采取措施，减少客用消耗品的流失

有相当一部分酒店，存在着客人及其他部门员工私拿客房物品的现象。因此，客房部在客房物品管理中应尽量做到有物必有锁，领用必须登记，这对物品的控制能起到很大的作用。另外，酒店还应加强对员工更衣柜及浴室的检查，以及时发现问题并采取相应的措施。

(5) 利用环保趋势节约客用品费用

随着绿色酒店成为酒店业的时尚，客用消耗品的控制还可以从环境保护的角度采取一些有效的措施。如鼓励住宿超过一天的客人重复使用一些可以反复使用的牙具、香皂、拖鞋等客用消耗品；使用简单包装的客用消耗品；安装液体（洗发液，沐浴露）分发器等。引导客人进行绿色消费，在方便客人的同时达到控制客用消耗品费用的目的。

13.1.3.3 客用租借品的控制

随着酒店业的发展、客人需求的不断变化，对客用租借品的品种和数量也应该进行相应的调整。同时，客房部应建立相关的程序，减少客用租借品流失，并使之时刻处于完好无损的状态，以供客人使用。通常，客用租借品的控制包括以下几个方面。

(1) 完整、准确的记录

客房所有客用租借品都应有完整、准确的记录。项目内容包括租借物品的名称、生产厂家、经销商、购买日期、价格、保修期及存放地点、配备量等。随着客用租借品的补充和更换，客房部的客用租借用品盘存总表也应随着物品的报废与补充进行同步修改，以确保记录最新的信息，反映真实的情况。

(2) 制定具体、合理的租借程序

客房部根据酒店主要客源的类型以及以往所借出物品的归还情况，制定具体的物品的借出和归还政策和程序。无论采用什么方式收回借出的物品，客房部要兼顾为客人提供合乎酒店星级标准的服务以及减少酒店物品的流失两个方面的问题。例如，应尽量给借用物品的客人打个电话，确认客人已收到用品，同时询问是否需要进一步的帮助。当物品送到客人房间时，应请客人在用完后给客房中心回个电话以便安排收回。如果客人几小时后不回电，应给客人回个电话以了解借出物品的使用情况。一般情况下，借出物品不宜过夜。

(3) 定期检查和更换

为能够提供高质量的租借服务，客房部应定期检查租借品是否处于正常工作状态。每件物品在租借前都应检查，每件电器用品都应试用。对于陈旧或损坏的租借用品应及时更换，这是客用品控制的另一个重要内容。

13.1.3.4 清洁用品的控制

清洁用品主要包括清洁剂和一些小件的清洁用具，因为在使用中一次或几次就会被消耗掉，所以被视为一次性消耗物品的范畴。其管理的重点在于建立严格的物品发放制度和对库房用品的准确盘点。

（1）制定清洁用品的标准配备量

客房管理者应根据在不同出租率下各种物品的消耗量，确定楼层清洁用品的标准配备量。通常应以保证各楼层的清洁用品能足够使用一周为基础。库房员工每周根据各楼层的标准配备量给予相应的补充。客房部管理人员可以从库房发出的数量掌握用品的用量，并发现过多或过少使用的情况。他们还可定期对楼层的存量进行检查，以确保楼层配备量的准确性。标准配备量被确定后，客房部管理者还应定期对其评估和调整，以保证适应运转和出租率的变化。

（2）做好库房管理，并按顺序发放清洁用品

客房管理者应确保所有库房及物品柜的安全，并确保所有员工按标准的程序发放物品。对每种清洁用品规定的最高和最低库存量应贴在库房内各相应物品的货架上，从而管理人员可以一眼看出库房内的清洁用品是否充足。

（3）定期对库房及各楼层工作间进行实地盘点

客房管理者应定期对库房及工作间进行实地盘点，通常每月 2 次。管理者根据最低和最高库存量及各点所剩物品的总和，测算出需申购数量，以使总量达到最高库存量。为使实地盘点简单快速，提高工作效率，应设计专门用以盘点的表格，并将盘点表上物品的排列次序与货架上的排列次序相同。

（4）统计分析清洁用品的控制情况

根据各用品进库和发出数量的记录，客房部管理人员可以得到各用品的实际消耗量。客房部管理人员可以使用客房部用品、设备盘存统计表计算出各用品的消耗量，上月的实际结存数将列在本月的上期盘存数一栏。本月的进货数与盘存数相加，再减去本月的发放数，结果为本月库房结存数。本月结存数款就应该是本月库房各种物品的盘存数。实际的盘存数与本月结存数的差就是库房用品的流失。如果这个数字很大，客房部管理人员就应调查，检查本部门库房的物品发放、保管及记录等方面是否按程序正常进行。

对于成本较高的听装清洁剂，在控制中可以实行以旧换新的原则，即在领取听装清洁剂时要交上旧瓶，这往往能够起到一定的控制作用。

13.2 布件的管理

13.2.1 布件的分类

布件是酒店客房、餐厅、康乐等经营部门的重要客用物品。酒店的布件按用途来划分，一般分为 2 大类。

13.2.1.1 消耗性布件

它是指酒店免费提供给客人在酒店消费中使用的各种布件。主要有以下几种。

(1) 客房布件

包括客房卧室的床单、枕套，卫生间的方巾、面巾、浴巾、地巾、浴袍等。

(2) 餐厅布件

包括各餐厅、宴会厅、咖啡厅、酒吧等使用的台布、口布、餐巾、台裙等。

(3) 康乐布件

包括游泳池、桑拿浴池、按摩室、美容室等使用的毛巾、浴巾、垫巾、床单、枕套等。

消耗性布件原则上"一客/一日一换"，但考虑到节能节水的问题，现在许多酒店的客房已将"一客/一日一换"的布件洗涤方式改为"一客一换"，或按照客人的要求而换洗。

13.2.1.2 装饰性布件

它是指酒店用来美化环境、烘托气氛、点缀所使用的各种布件。如客房、餐厅、前厅、会议室等各个部门使用的窗帘、沙发套、椅套、裙边、桌布、盖布等。

为了保持良好的装饰效果和清洁美观的视觉效果，装饰性布件也要定期更换和洗涤，必要时更新淘汰。

13.2.2 布件的流转管理

布件是客房、餐饮等部门对客服务提供的重要物质保证。布件的内在质量和外观清洁程度，往往会直接影响到酒店的服务质量和规格。同时，由于酒店布件使用量大，容易损耗，因此，搞好布件管理，增强布件的使用效率，是酒店增收节支的重要内容。

13.2.2.1 布件需要量的核定

各种布件的需要量，应当根据每个酒店的等级，以及各类客房的床位数量以及替换率来核定。在此基础上，应本着既要满足服务经营需要，又要保证最低消耗和减少库存周转量的原则，来确定各类布件配置的件数和套数。对于布件需要量的核定，主要通过在用布件和备用布件的核定来实现。

(1) 在用布件的核定

在用布件是指已经投入日常使用的处于周转环节的布件。在确定其数量时，要考虑如下要求：① 必须能够满足客房出租率达到100%时的周转要求；② 必须满足酒店客房一天24小时运营的使用；③ 必须适应洗衣房的工作时间安排对布件周转造成的影响；④ 必须适应酒店关于客用布件换洗的规定和要求；⑤ 必须考虑到布件的调整、补充周期及可能发生的周转差额、损耗流失量等。

(2) 备用布件的核定

备用布件是指存放在新布件库房的准备用于更新和补充的布件，也可称为库存布件。备用布件量要根据以下因素考虑决定：① 预计更新的速度和数量；② 预计流失布件的补充情况；③ 是否有更换布件品种、规格的计划；④ 定制或购买新布件所需要的时间；⑤ 现有的库房贮存条件；⑥ 资金占用的损益分析等。

对以上情况进行逐一分析后，最终要购买的布件数就基本上确定了。

客房的布件数量是以"套"来表示的。以中式铺床的服务规格为例，一套床上布件是指一张床单、一件被罩、两条枕套。等级高的酒店客房的在用布件要求一张客床配备4套以上的布件，它们分别在客房、洗衣房、中心布件房、楼层布件房周转；其余的存放在新布件库房。

13.2.2.2 布件消耗数量和质量的控制

为了更好地进行布件的管理，有必要建立工作制度，确定工作方法，控制好布件的数量和质量。

（1）布件存放要定点定量

布件除了客房使用的一套之外，应规定其余的布件数量，如在楼层布件房存放多少，工作车上放置多少，中心布件房要存放多少，各个仓库里布件的摆放位置和格式等，都应有统一的规定，使员工有章可循。在布件的流动使用过程中，要经常核对数量，及时发现差错。

（2）建立布件收发制度

布件收发制度包括数量控制和质量控制2个方面内容。

● 客房部领用布件，必须填写换洗单（表13-1），原则上是送洗多少换领多少干净布件。通常由楼层杂工将脏的布件送交洗衣房，由洗衣房收发员清点复核，在布件换洗单上签字认可。楼层杂工凭此单到中心库房领取相应数量的干净布件。

表13-1 客房布件换洗单

项目 数量	床单（大）	床单（小）	面巾	方巾	浴巾	地巾	枕套			收发员
收到数										
发放数										值台员
备注										

● 如果使用部门需超额领用，应填写借物申请，并经有关人员批准。如果中心布件房发放布件有短缺，也应开出欠单，作为以后补领的依据。

● 对布件折叠和摆放，应有一个统一的规定。如餐巾应每10条一叠，枕套10个一叠，床单的折口码应统一方向，以方便发放和存货清点。

● 在保证进出的布件数量正确的同时，要把好质量关，在清点布件时，凡是有污点的及时送还重洗，有破损的应与完好的布件分开堆放，送缝纫室处理或报损，并做好登记。

（3）布件报废和再利用管理

对破损或有无法清除的污迹，以及使用年限已满的布件应分批、定期进行报废处理。

● 布件报损的条件

布件在采购库存并投入使用后，在使用过程中的质量保证一般由洗衣房来控制。洗衣房人员在洗涤中发现严重污渍的床单后应对其进行单独去渍处理，在折叠熨烫过程中发现有破损应抽出进行处理。归纳起来，布件的报损条件有以下几点：

旧布件 旧布件是指布件由于超期使用，经过洗涤、熨烫而变薄、变黄，并出现毛边。对于这种布件，洗衣房人员应将其挑出单独堆放，进行清点，登记报损。

污渍报损 由于各种原因，如客人使用不当、服务员使用不当造成布件污染，经过正常高温和洗涤后，污渍无法去除的布件应报损。

破损布件 这里指的破损是指布件在使用、运输、洗涤过程中被刮破、绞破或有烟头烧痕等情况。应做报损处理。但是一般的开线、开口的破损应送交缝纫组进行修补，不必做报损处理。毛巾类如果出现个别绒头，应剪掉绒头继续使用。

褪色报损 这里主要指的是餐厅用的各色桌布、餐巾、餐垫等，由于长期使用和洗涤作用严重褪色的应进行报损。

● 报损布件的处理

报损布件的再利用 床单如有破洞或脏迹不容易去掉，可将它剪成小块做成枕套。当枕套报损后改作抹布，因为用报损的枕套来擦尘，其纤维少，擦尘效果好。大毛巾可改小手巾，小毛巾可改为抹布，这样可以节省一些开支。

划价卖出 无论是新的布件还是报损的布件，都需要相应的空间来贮存。为尽可能少占有空间，应经常对报损布件进行处理，最好通过寻价，以便将破损布件以最好的价格卖出。

（4）定期进行存货盘点

布件房应在布件分类的基础上，登记布件的数量和金额，并设置“在库布件”和“在用布件”科目，以便分别控制仓库和楼面的布件使用数量。在设立账卡的基础上，布件房要每月或每季进行一次存货盘点。这个制度一是为了控制布件的数量，二是为了方便会计核算，三是能及时帮助客房部管理人员发现存在的问题，以便堵塞漏洞，改进管理工作。

13.2.3 布件的保管

13.2.3.1 布件的保养

布件的保养应贯穿于使用和贮存的全过程。

● 尽量减少备用布件库存时间，因为存放时间过长会使得布件老化而质量下降，所以应控制好采购数量，同时应遵循“先进先出”的原则使用。

● 新布件应该洗涤后再使用，这不仅是卫生清洁的需要，也有利于提高布件的强度，方便使用后的第一次洗涤。

● 洗涤好的布件应在货架上搁置一段时间再使用，这样可以散热透气，从而延长布件的使用寿命。

● 要消除污染或损坏布件的一切隐患，如不要将布件随意丢在地上，防止践踏布件；不能将在用布件充当抹布使用；收送布件时不要有粗鲁动作；布件中不要夹带别的东西；布件车架和其他货架的表面要光滑，防止勾刺刮破布件等。

13.2.3.2 布件的贮存

布件的贮存条件主要有以下几个要求：

● 具有良好的温湿度条件，用做贮存的库房其温度最好保持在20℃以下，相对湿度不大于50%，最好能控制在40%以下。

● 库房通风良好，并放入干燥剂和防虫剂，以防止蚊虫和微生物滋生。

● 在安全上，应专人管理，防止无关人员随意出入，并做经常的清洁整理，定期进行安全检查。

● 布件要分类上架，布件房不应存放其他物品，特别是化学药剂、食品等。

● 对长期不用的布件应用布兜罩起来，以防止积尘、变色。

13.3 洗衣房的管理

13.3.1 洗衣房的业务范围及主要职能

酒店洗衣房主要负责酒店客房部、餐饮部（厨房、餐厅、酒吧）、康乐部等使用的布件和酒店员工制服的洗涤、熨烫，以及为住店客人提供洗衣服务，从而确保酒店经营活动的正常进行。有些大型酒店的洗衣房也向酒店所在社区居民及单位提供洗衣服务。

（1）负责酒店各部门布件和制服收调、保管及洗涤

洗衣房的工作人员应树立为前台使用部门服务的观念，积极主动地做好各项服务工作。布件和制服的收调、保管和报损，应严格按照规定的工作流程进行操作，做到收调及时准确，保管存放有序，数物相符，有防霉、防蛀、防火等措施，无责任事故发生。洗涤与熨烫严格按照规定的工作流程操作，做到收洗时交点清楚，洗涤洁净，熨烫平整，送交验收及时，无差错。

（2）提供客衣洗涤服务

为住店客人提供衣物洗涤服务是星级酒店基本的一项服务项目。收洗的客衣应严格按照洗涤及熨烫工作流程进行操作，做到洗涤洁净，熨烫平挺、松柔，包装规范，无质量事故发生。

（3）搞好工作设备、用品及成本控制

各种设备和用具实行“谁使用，谁负责”的责任制，严格按照使用说明和工作规程进行操作，并做好日常的清洁、保养和检查工作，做到物尽其用，提高设备物品使用效率，节约成本。

（4）搞好酒店布件质量的控制

洗衣房人员在洗涤中发现有严重污渍的布件，应对其进行单独去渍处理；在折叠熨烫过程中发现有破损，应抽出另行处理；在洗涤过程中严格遵守操作规程，防止由于操作失误损害布件质量。

13.3.2 洗衣房的业务特点

（1）洗衣房的工作直接关系到前台部门的正常运营

由于考虑到库存能力、资金占用成本、布件存放的自然老化等多方面原因，酒店客房、餐饮、康乐等部门所配备的布件数量都是有限的，如果由于洗衣房工作失误造成布件不能及时洗涤，将直接影响到前台部门的服务运营的正常进行，所以，洗衣房的工作要保证有条不紊地开展，不可出现差错。

（2）影响着对客服务质量

布件清洁、完好程度是酒店服务产品质量的重要标志，不管是在客房还是餐饮部门，客人都要求酒店提供的床单、餐巾等布件是整洁、柔软、使用舒适的。洗衣房的洗涤、保管是控制客用布件质量最主要的环节。

（3）技术性强，业务技能要求高

洗衣房多种专用洗涤、熨烫等设备的操作，各种布件污渍的识别和清除方法，各种化学洗涤剂的使用等都涉及专门业务技术和技能，工作人员必须接受严格的技术培训，掌握过硬的业务技能，才能适应洗衣房工作的要求。

13.3.3 洗衣房的岗位设置及主要职责

13.3.3.1 洗衣房的岗位设置

酒店规模大小不同就决定了各自洗衣房的规模及人员数量不尽相同，一般中型酒店洗衣房设置的岗位包括洗衣房主管或领班、客衣收发员、工服房服务员、干洗水洗熨烫工、布件房保管员等多个岗位。

13.3.3.2 洗衣房岗位的主要职责

（1）洗衣房主管的职责

● 对客房部经理负责，全面抓好洗衣房经营管理工作。

● 检查、督促、考核洗衣房各岗位领班的工作，协调好各工种的关系。

● 负责制订洗衣房各项规章制度、工作流程和质量标准。

● 制订员工培训计划并亲自参与员工业务培训，提高员工素质。

● 对员工做好思想、政治、纪律教育工作。

● 接受和调查所有对洗衣房业务的投诉，负责处理布件洗烫、收发差错和损坏问题。

● 制订工作计划，合理安排人力、物力、控制成本、减少费用及各项开支，提高经济效益。

● 与布件使用部门沟通，调整工作计划，确保布件洗涤质量和及时供应。

● 协同采购部门对布件、制服的定购、洗涤提出管理意见。

● 与工程部协作共同搞好设备的维修保养工作。

● 搞好消防保卫工作，确保员工人身和财产安全。

（2）干洗、水洗、熨烫工的职责

● 服从洗涤组领班的工作安排。

● 按照洗熨工作规范的质量标准，保质、保量地完成各种布件、制服及客衣的洗涤、洗熨工作。

● 做好各类机器设备的日常检查和维护保养工作，节约使用各种物料用品。

● 做好工作场所的清洁卫生和安全工作。

● 如实填写工作记录。

（3）客衣收发员的职责

● 服从收发组领班的工作安排，准确及时收取和送回客衣。

● 认真收检客衣，核对品种、件数及洗涤要求，检查客衣中是否有遗留物品，并做好记录及签收。

● 负责客衣洗熨后的质量检验。

● 做好客衣洗涤记录、客人洗衣账目的入账和生产记录的整理和统计。

● 具备一般的洗烫知识和英语交流能力。

● 接听电话，传达信息，做好记录，保持办公室干净和整洁。

● 负责编制洗衣房工作报表，领取办公用具。

● 认真做好其他交办工作。

（4）制服收发员的职责

● 服从布件房领班的工作安排，做好制服的质量检查、贮存保管、收发和修补工作。

● 认真检查和验收洗净的制服，对不符合质量要求的制服提出处理意见。

● 认真做好制服的分类、清点和计数登记工作，手续完备，准确无误。

● 贮存保管的制服账物相符。

● 保持工服房的整洁，做好清洁卫生和财产设备的保养工作。

（5）布件保管员的职责

● 服从布件房领班的工作安排，做好布件的质量检查、贮存保管和收调工作。

● 认真检查和验收洗净的布件，洗烫的质量，收调和检验废旧的布件，对不符合质量要求的布件提出处理意见和建议。

● 贮存保管的布件应账物相符，收领、发放布件手续完备，登记清楚。

● 负责布件的分类清点和计数登记工作，手续完备，准确无误。

● 保持布件房的整洁，做好清洁卫生和财产设备的保养工作。

13.3.4　制服的清洗及保管

13.3.4.1　制服洗涤质量标准

● 洗衣房应将不同种类和布料的制服分类进行洗涤。

● 洗涤时要选择适当的洗涤方式、温度、压力和洗涤时间等。

● 各个程序都要按相关的操作规程来进行，以规范的操作来保证洗涤质量。

● 洗涤后的制服，要做到清洁美观，无污迹、开线等现象发生。

13.3.4.2　制服清洗及保管工作规范

● 布件房设立专用窗口收取和发放制服。

● 员工将脏制服拿到布件房，填写“制服收发登记表”，写上自己的部门、姓名、制服号码、件数及送洗时间等，交给制服收发员核收。

● 制服收发员对员工的脏制服进行检查、分类，并根据制服上的号码、种类、件数填写制服洗衣单。将送来的脏制服分为衬衫、长裤、西装、领带各类工衣，挑出特殊处理的制服，尤其是厨房员工的制服。

● 各类制服分水洗与干洗送至有关洗衣房分别清洗。

● 洗涤烘干后的制服以部门为单位分别挂上架，注意防止积尘。

13.3.5　客衣的清洗及保管

13.3.5.1　客衣洗涤质量标准

（1）湿洗

● 在洗涤之前，要先检查衣服的袖口、衣领等容易脏的地方，喷洒污药水。

● 10～15 分钟之后，按照衣服的不同类型选择正确的洗涤剂，投入水洗机中进行洗涤。衣物的质量要与机器的容量相适。

● 准确掌握水温、冲洗时间及气压。一般来说，深色和杂色的衣服应在 35℃

以下的水温中洗涤10分钟左右；白色的衣物则应在60℃以下的水温中洗涤，时间最好在10分钟以上。

● 将洗好的衣服进行烘干，将烘干温度控制在60℃以下。

（2）干洗

● 干洗之前，认真检查客衣的质地、颜色、弄脏的程度等，如果发现有较重的污渍，要先用手洗去污。

● 将检查过的衣服投入干洗机中进行冲洗、投油，洗涤3～5分钟，然后再加入四氯乙烯进行冲洗。

● 将洗好的衣服烘干。

（3）手洗

● 对于丝绸、丝袜等一些有特殊要求的客衣，要坚持手洗。

● 洗涤时要根据特定的洗涤要求和衣物脏污程度来确定选择什么样的洗涤剂是最合适的，另外，还要掌握适当的水温。

● 将衣服进行揉搓，然后用清水冲洗干净。

● 对于容易掉色的衣物，应装袋洗涤。

（4）熨烫

● 洗好的衣服要根据其种类和部位的不同，选择不同的熨烫衣机。

● 熨烫时部位选放要准确，开放适量蒸汽，要掌握好喷汽与熨烫的时间。

13.3.5.2 客衣收发保管要求

● 收取客衣时，认真细致地检查客人待洗衣物的状况，如衣服各部位配件是否齐全，拉链、纽扣是否损坏，发现可能洗不净的特别污渍，衣服破旧可能洗坏，口袋内有物品等事先告知客人或做好记录。

● 分类处理，结合客人提供的洗衣单上要求，确认衣物是干洗还是水洗。

● 客衣洗涤、熨烫要严格按照操作规程办事。

● 将洗好的衣物按不同的楼层、客房进行分拣。

● 工作细致，做好质量检查，分号装袋不发生差错。

● 为了防止丢失衣物或出现其他差错，明确洗涤责任，客衣在流通过程中要做好交接记录，控制客衣的数量及质量。

附：水洗织物常见污渍及其处理

使用任何一种化学品之前，应对织物的褪色性能和耐久性能进行试验。切勿使用温度高于普通洗涤织物说明表要求的热水，应使用所推荐的漂白剂。

酒精饮料：在斑渍形成前浸入冷水中，然后用海绵蘸上液态清洁剂擦洗，并漂洗。在漂洗水中加入若干滴醋。如果斑渍难以去除，可用海绵蘸上酒精和水的溶液（酒精:水＝1:2）擦洗，如果仍不见效，可使用纯酒精擦拭。

血渍：浸入冷水，然后用温水加清洁剂洗涤。如果斑渍难以去除，可浸入含有阿摩尼亚的微温水中，至少浸泡半小时，然后再用清洁剂洗涤。

化妆品：用海绵蘸上较强的清洁剂、肥皂液擦洗，反复擦洗直至所有斑渍去除。某些织物在两次使用清洁剂之间使其干燥也许效果更好。如果是油性化妆品，去除方法可参照油脂斑渍的去除方法。

鸡蛋：应注意切勿使用热水，否则斑渍将难以去除。如果斑渍已干，应尽可能地将其刮去，然后再用海绵蘸上冷水擦洗。将清洁剂倒在斑渍上，然后用普通洗涤方法擦洗。如果适用，可使用漂白剂。某些织面较特殊的织物要用水洗织物斑渍去除剂做进一步的处理。食物汤汁可用同样方法去除。

水果：先用海绵蘸上冷水擦洗。如果斑渍难以去除，沸水又不会损坏织物的话，可将衣物在碗口上铺开，倒入沸水，穿过衣物。如果斑渍仍难以去除，可用海绵蘸上过氧化氢或柠檬汁溶液擦洗。如果不能使用沸水，可浸入冷水中，用甘油擦洗斑渍，并让它在织物上最少停留3小时。然后用含有少量白醋的清水彻底漂洗，然后再熨烫。

植物性污渍：在斑渍上倒上清洁剂洗涤，并使用适合于该种织物的漂白剂。如果斑渍难以去除，可让织物干燥，用海绵蘸上酒精擦洗，彩色织物可按1份酒精加2份水的比例配制溶液擦洗（应在碎片条上试一下溶液）。

油脂：先将油脂尽可能地刮干净，用海绵蘸上液体清洁剂擦洗，然后用普通方法洗涤，免熨织物也许还可用碱水处理。溶液可按2汤匙洗涤用苏打和1量杯温水的比例配制，揉擦已浸湿的斑点，溶液停留时间不超过5分钟。如果两种方法都难以奏效，可用海绵蘸上清洁剂擦洗，然后让其干燥，反复进行，直至斑点去除。另一种方法是用一种新的去斑喷剂喷在斑渍上，并按包装上的说明洗涤，这对那些织面特殊的织物特别有用（尽管这类织物具有防污性能，但一旦污渍渗入织物内部就很难去除）。

圆珠笔墨水：普通洗涤（如果适用，可采用漂白剂）可以洗去某些种类的圆珠笔墨水，其他则需要特殊处理。为确定斑渍的种类，可在同一块相同的织物上蘸上墨汁然后洗涤。如果不能去除墨迹，可倒入变性酒精，让其浸透衣物（先在碎布条上试验）；或使用白凡士林在斑渍上摩擦，并浸入清洁剂溶液，然后洗涤。也可使用理发用的喷雾器喷散溶液，直至浸湿，然后用手擦洗，并使用较浓的液体清洁剂溶液，如果织物不会受少量磨蚀剂的损害，可使用专门为去除圆珠笔墨水设计的一种擦除药水摩擦斑渍，在试用其他任何方法前也许可先采用这种方法。

一般墨水：用冷水冲洗直至墨渍变淡，然后再在浓清洁剂、肥皂溶液中擦洗。让其停留一下，然后洗涤。如果适宜，可使用漂白剂。如果墨渍难以去除，可用海绵蘸上含氯漂白剂或过氧化氢擦洗，或在墨渍上撒上过氧化氢糊和小苏打并蒸煮。不过，所有这些过程也许都会影响衣物的色彩。还可以试用一种酒精溶液（酒精与水的比例是1:2），然后再用纯酒精进行擦洗。有些墨水是永久性的，无法去除。

颜料：斑渍必须在干结前尽快加以处理。如果是油性颜料，可用海绵蘸上松节油擦洗（先在织物上试一下），然后再洗；如果织物适用，可采用漂白剂。如果是水性颜料，可采用海绵蘸上液体清洁剂擦洗和洗涤。不论哪一种，如果仍留斑渍，可将衣物在溶液清洁剂中浸泡过夜后再洗。

汗渍：新的汗渍可用海绵蘸上阿摩尼亚擦洗，老的汗渍可用海绵蘸上醋擦洗，然后在织物所能承受的热水中漂淋清洗；如果适用，可采用漂白剂。如果留有汗渍残余斑点，可用海绵蘸上清洁剂擦洗。由于汗水有可能损害织物或使其变色，因此不太可能完全清除汗渍的痕迹。

13.4　客房部设备管理

13.4.1　客房部设备的分类

客房系统的设备种类繁多，给设备的管理带来了一定的难度。进行科学合理的分类，有助于更好地使用和管理客房设备。客房设备一般可分为客房客用设备、客房清洁设备和其他设备。

13.4.1.1 客房客用设备

客房客用设备是为了满足客人的住宿需求，在客房里必须配备的与酒店档次相适应的一定数量的设备。主要客用设备有以下几个种类。

（1）家具

家具是人们日常生活中不可缺少的主要生活用品。从功能上划分，有实用性家具和陈设性家具两大类，其中以实用性家具为主。客房使用的家具主要有卧床、床头控制柜、写字台、坐椅、电视柜、行李柜、沙发、小圆桌、衣柜等。

客房家具按制作材料区分，有木制、竹制、藤制、金属制、塑料制以及各种软垫家具等。木制家具造型丰富，木质纹理优美，导热性小，有亲切感，档次较高，在客房中使用最广泛。客房木制家具要严防受潮、曝晒，平时应经常用干布揩擦，并定期打蜡保护。

（2）地毯

地毯是客房的高档装饰品。地毯的品种有纯羊毛地毯、混纺地毯、化纤地毯3种。羊毛地毯高雅华贵、柔软舒适、色泽美观，装饰性和保温性是其他任何地毯不能比拟的，但造价较高，维护保养困难，多用于豪华级房间。目前，国内外大多数酒店都使用化纤地毯，这种地毯美观、价廉、易洗，但规格档次较低，多用于经济性酒店。混纺地毯是以羊毛纤维和化学纤维按照一定比例混合织成的地毯，弥补了羊毛地毯、化纤地毯的某些缺陷和不足。因此，混纺地毯具有良好的观赏价值和使用价值，经济实惠，是酒店比较普遍使用的地毯。应注意使用科学的方法保养地毯，尽量延长其使用寿命。

（3）电器设备

照明灯具 酒店客房照明都采用局部采光，客房内的照明灯具主要有门厅灯、地灯、顶灯、台灯、吊灯、镜灯、床头灯等，它们既是照明设备又是房间的装饰品。平时要加强灯具的维护和保养，要定期检修，确保灯具的照明效果和使用安全。目前，酒店多使用节能灯具，既节约了电能，又提高灯具使用寿命，减少检修、更换的人工成本开支。

电视机 电视机是生活起居的必需设备，可以丰富客人的生活。电视机不应放在光线直射的位置，每天清扫房间时，要用干布擦净外壳上的灰尘，并定期检修。目前，许多酒店使用电视机作为多媒体终端显示器，为客人提供个性化的定制服务带来方便。

空调 保持客房微小气候的舒适是客人的基本要求，空调是使客房一年四季都能保持适当温度和调换新鲜空气的设备。一般中高级酒店都采用中央空调系统，为了满足客人对温度的不同需求，每个客房都有空调旋钮或开关，分“强、中、弱、停”4挡，客人可根据需要自己调节。平时要保持空调风口的清洁，并定期检修。

电冰箱 在中高级别酒店的客房中，为保证饮料供应，常设有客房小酒吧，并配有电冰箱，在冰箱内放置酒品、饮料，客人可根据需要随意饮用。目前，有条件的酒店多选择无霜冰箱，节省了除霜维护费用。

电话 客房内一般设有两部电话，一部放在床头柜上，另一部装在卫生间。

这样，客人就不会因在卫生间而影响接电话。服务员每天要对电话机进行抹尘，经常用消毒水对话筒消毒，并定期检修。

卫生设备 卫生间的设备主要有洗脸台、淋浴房、坐便器等。洗脸台上一般装有面镜。洗脸台、浴缸、坐便器要每天清洁消毒，保持干净。水龙头、喷淋器和水箱扳手等金属设备每天要用干布抹净、擦亮。定期检修上、下水道和水箱，以免发生堵塞或水箱漏水的事故。由于住客的流动性特点，客人一般不使用浴缸沐浴，现在普通客房卫生间里大多配备淋浴房，有水流按摩功能的则更受欢迎，只有高级客房服务规格高才使用盆浴设备。

13.4.1.2 客房清洁服务设备

客房清洁服务设备是客房员工为了清洁客房、维护客房设备时所使用的设备和工具。现代酒店的客房大多采用高档的装修材料，室内的装饰布置高雅别致，因而对客房室内外清洁的标准提出了更高的要求。为了满足高标准的清洁要求，酒店必须配备现代化的清洁设备和工具。

(1) 房务工作车

房务工作车是客房卫生服务员清理客房时用来运载物品的工具车。使用房务工作车可以减轻劳动强度和提高工作效率，而且当房务工作车停在客房门外时，可以成为“在清扫客房”的标志。房务工作车必须坚固、轻便，能携带一定数量的布件、供应品以及清洁用具。房务工作车通常设计为一面开口的车身，这样停在楼层走廊时，就不会有物品暴露在两边，外观较为整洁。房务工作车的前部有弹性缓冲装置，以免撞伤墙面。房务工作车最好选用有两个定向轮和两个转向轮的，平时应定期加机油进行润滑和消声。

(2) 吸尘器

吸尘器的全称是电动真空吸尘器。它是利用马达推动叶片转动，造成机身内部的低压（真空），通过吸管将外界物品上附着的灰尘吸进机内的集尘袋中，以达到清洁的目的。吸尘器的使用范围很广，包括地板、家具、帘幕、垫套和地毯等。吸尘器不但可吸取缝隙、凹凸不平处，以及形状复杂的各种摆设上不能用其他清洁工具除尘的尘埃，而且不会使灰尘扩散和飞扬，清洁程度和效果都比较良好，是酒店日常清扫中不可缺少的清洁工具。

(3) 洗地毯机

酒店的地毯虽然每天都要经过吸尘，但总有未除去的污物粘在地毯的绒毛上，在餐厅、客房的地毯上，还会沾有其他污渍，时间一久，毯绒还会倒伏，影响其美观和使用效果。使用洗地毯机能除去地毯上的污垢，还能使倒伏的毯绒直立起来。洗地毯机一般采用真空抽吸法，脱水率在70%左右，地毯清洗后很快就干燥。洗地毯机可用于各种类型地毯，省时省力，工作效率高。

(4) 洗地设备

酒店地面大多用大理石、花岗岩、木地板、地砖等铺成，这些地面称为硬质地面，用于清洁硬质地面的设备叫洗地设备，主要有刷地机和多功能自动洗地机。

刷地机 刷地机有各种牌号，但构造大致相同，其主要的部件有手柄、导杆、马达刷座、各种盘刷和附件。按洗地的功能不同，刷地机可分为单速刷地机和双速刷地机。单速刷地机又分为低速和高速两种。低速刷地机配上不同的附件和盘刷，可清洗不同的地面，有清洗和打蜡两种功能。高速刷地的主要功能是对打蜡后的硬质地面进行打磨和刮光。双速刷地机的电机具有两种转速：120r/min 和 300r/min。双速刷地机具有多种功能，配上不同的配件和盘刷，可清洗不同的地面，如硬质地面的清洗、打蜡、抛光；清洗地毯；清理胶粒地板和木地板翻新等。

多功能自动洗地机 多功能自动洗地机将高速刷盘与吸水刮互相配合装在一起，可同时进行。工作时高速刷盘在前面清洗地面，吸水刮在后面立即将清洗后的污水吸入污水箱。洗地的速度快，效率高，质量好，但价格不菲。

13.4.1.3 安全装置

为了保证财产和生命安全，预防火灾和坏人肇事，客房内一般都装有烟雾感应器、门窥镜和安全链；门后张贴有消防安全示意图，表明本客房的位置及安全通道方向，起到告知和提示的作用。客房和走廊装配有消防报警系统中的烟雾感应器和自动喷淋等设备，一旦发生火灾，烟雾感应器会启动报警，自动喷淋器的安全阀即会自动融化，水会从喷淋器内自动喷出，达到灭火效果。走廊里还装有保安摄像装置，以便监视楼层过道的情况。安全装置应经常检修保养，以免因损坏或失灵造成严重后果。

13.4.1.4 系统设备

为了保证客房的使用功能，客房和走廊内配备了多种系统设备。如上述的一系列的安全系统设备；如供水系统，客房内配备有可保证 24 小时不间断的冷、热水供应系统；还有供电、电视、电话、宽带网、音响等多种系统设备。

13.4.2 客房部设备的特点

（1）种类繁多，管理难度大

酒店客房设备种类繁多，有为客人提供水、电、冷、暖的供应设备系统；有保证客人休息、起居、书写、盥洗等生活需要的家具、电器设备；有维护客人生活安全的报警系统等装置设备。这些设备的种类多、数量大，分布在客房系统的各个楼层和部门，而且它们的使用方法、管理方法、维修和保养方法各不相同，给设备的使用和管理带来了不小的难度。

（2）环节复杂，控制难度大

客房设备的使用环节复杂，如有的设备是由客房使用，设备部维修；有的设备是客人使用，客房员工保养。由于客房是 24 小时连续使用，客房设备也必须是 24 小时的连续运行状态。所以，客房设备呈现出复杂的连续运转和多人、多部门参与的复杂现象，给客房设备的管理和控制增加了相当的难度。

（3）运行成本高，更新周期短

由于客房在酒店业务中的主体地位，客房设备种类多、范围广，是酒店最主要的耗能大户、用水大户。在客房的接待服务中，客房设备的能耗、折旧、维护等运行成本远远超出为客人提供低值易耗品的成本付出。

客房设备在接待服务过程中存在着 2 种磨损：一是有形磨损，又叫物资磨损，是设备在使用过程中造成的实体磨损，它能够影响设备的使用功能并降低设备的使用价值。二是无形磨损，又叫精神磨损。随着人们生活起居享受水平的不断提高，新技术、新产品的不断推陈出新使得原有的客房设备功能落后、价值贬值而被迫降低使用价值或被淘汰。由于这两种磨损的存在，使客房设备需要不断的更新换代，以符合时代进步的要求，使其更符合酒店的规格档次和特色。同时，对设备进行更新换代时，必须注意节省不必要的费用开支，尽量降低更新成本。

（4）服务质量对设备的依赖性高

温度适宜、空气清新的客房微小气候环境，可靠的冷热水供应，清洁舒适的卫生质量，令人放心的安全保障，所有的这些都是客人对酒店客房产品起码的要求，是体现客房产品价值的重要方面。客房服务产品的质量高度依赖于各种客房设施设备的完好程度。

13.4.3 客房部设备运行的要求

（1）制定设备管理制度

客房设备的种类繁多，分布范围广，周转环节复杂，必须制定切实合理的管理制度严格设备的工作程序和岗位责任制，以免造成管理上的疏忽和漏洞。客房部应视设备的类型、性质、使用范围、管理要求等因素的不同，分别制定各设备的岗位责任制、分级管理制度、归口管理制度、安全操作制度、维修保养制度、保管发放制度等制度。各类制度一经制定，任何人都必须认真执行，不得违反，以体现制度的严肃性。

（2）加强对员工的设备知识培训，搞好日常管理

管理者要加强对客房员工的设备知识培训，使其掌握客房设备的用途、性能、使用和保养方法，并懂得一些设备管理的知识，减少员工工作中的误操作对客房设备的影响。同时，要培养员工的责任心，鼓励员工在日常工作中管理好本区域内的客房设备。

客房管理者除要定期检查客房设备的使用情况外，还要督导员工按规程对客房设备进行日常的检查与清洁保养，发现故障或损坏要及时和有关部门联系，并通知工程部修复。由于客房员工在日常工作中直接接触客人所使用的各种客房设备，因此，最容易发现客房设备中所存在的问题。管理者必须调动员工的积极性，使之在工作中可以认真检查，及早发现问题并解决问题。客房设备的保养则主要在于员工平时的工作中严格按标准执行各项清洁保养计划，使客房设备能够保持正常的运转，从而保证客人的正常使用。

（3）减少客人使用中的损坏

客房设备是以租借的形式提供给客人使用的。为了减少客人使用中的误操作造成的设备损坏，酒店通常规定引领客人进房的行李员或客房员工应向客人介绍客房内的设施设备的性能和正确的使用方法。如因客人原因造成客房设备损坏，要视具体情况进行适当的索赔。有些酒店的客房管理者还专门设计关于客人损坏或带走客房设备物品的赔偿价格表放在客房内，以提醒客人爱护酒店的设施设备，不要影响其他客人的使用，给自己造成不必要的损失。

（4）加强部门间的沟通协调，做好设备的维修保养及更新工作

客房部是客房设备的使用部门，而设备的维修保养又必须依赖于工程设备部，所以客房部必须积极主动地与设备部加强沟通协调，及时通报客房预订状况，共同制定好设备维修保养计划，保证客房正常的运营。客房设备的更新改造必须列入酒店整体费用开支计划当中，所以客房部应提早制定设备更新采购计划，与财务部门及时沟通，保证资金及时到位。

13.4.4 客房部设备维护与保养

客房设备一经使用，必然存在着设备的维护保养问题。设备经过良好的维护保养，不仅可以减少设备的故障和修理次数，还可以保持良好的外观，延长设备的使用寿命。由于各种设备的结构、性能和使用方法不同，设备维护保养工作的具体内容也不一致，但无论采用哪种方法，其目的都是为了保持设备完好的使用性能，提高设备效率，降低设备运行成本，更好地为酒店的经营服务。

（1）客房设备

客房设备的保养主要在于平时的清洁和计划保养，前文已有叙述。在此，必须补充的内容有3点：

● 所有客房设备不可随意搬进搬出。

● 所有需要出门维修的物品，即使从客房拿到工程部，都必须经过客房中心予以记录和填附维修单。同时，要将该处打上维修标志或以备用品补充上去，直至维修好的物品送回原处为止。

● 那些存放在库房中的备用设备或维修、报废设备都必须抹净、堆齐，并应加盖布兜以遮挡灰尘。

（2）清洁设备

一般情况下，酒店员工对于客房和公共区域设备的保养还比较重视，但对于他们日常使用的清洁工具却有忽略之处。清洁设备的使用效果和寿命在很大程度上依赖于其日常的保养工作。清洁设备的保养要注意以下方面：

● 所有员工应该知道何时要用到清洁设备。

● 所有使用人员都知道如何按照操作要求去使用清洁设备，并将不同的设备以正确的方法用于相应的工作项目中。

● 所有清洁设备在使用后都应进行全面的清洁和必要的养护。

● 设备使用前后都应检查其完好状况，发现问题要及时处理。

● 遵循规定的维修保养程序，所有设备应建有保养卡。

● 要有良好的存放条件并按要求摆放。

● 每一种设备都应有其规定的存放位置。

● 有供存放所有附件的柜子、抽屉、架子和挂钩等。

● 有可供进行设备清洁保养的工作台、冷热水池和电源插座、灯光照明等。

13.4.5 客房部设备的更新与改造

为了保证酒店的规格、档次，保持并扩大对客源的吸引力，满足客人不断变化的需求，客房设备使用几年后（一般是5 ~6年）应进行局部更新，使用时间更长（一般是10年）的客房设备应进行全面更新改造，因此，酒店要制定客房设备的更新改造计划。

13.4.5.1 常规修整

客房设备的常规修整一般每年至少进行一次，其目的是对相关设备进行更新，以保持客房的基本标准。其内容包括：

地毯、饰物的清洗；
墙面清洗和粉刷；
常规检查和保养；
家具的打蜡油漆；
窗帘、床罩的洗涤。

13.4.5.2 部分更新

客房给客人的印象应该是清洁、舒适、常新，客房设备也应具备以上条件。客房使用5年左右后，就要对部分设备进行局部更新，如更换地毯，更换灯具，更换窗帘、床罩甚至包括电视机。由于酒店业竞争日趋激烈，客人需求不断变化，酒店客房设备更新的期限有越来越短的趋势，有些酒店几乎年年都在部分更新。

13.4.5.3 全面更新

这种更新往往10年左右进行一次。它要求对客房的陈设、布置和格调等进行全面彻底的改变。其项目包括：

橱柜、桌子的更新；
弹簧床垫和床架的更新；
坐椅、床头板的更新；
更换新的灯具、镜子和画框等装饰品；
地毯的更新；
墙纸或油漆的更新；
卫生间设备的更新，包括墙面和地面材料、灯具和水暖器件等。

对于客房设备更新，尤其是全面的更新改造，酒店不仅要做广泛的市场调研，全面了解国内外同行的情况，根据酒店自身的经济实力，不能贪大求洋，同时又要有一定的远见性和超前意识。要合理调整客房设备，注意增添新功能、符合生活潮流的设备，还要有新观念、新思维，要在客房设备的布局和配备上，突出本酒店的特色。

【思考题】

1. 客房部物资用品管理的任务是什么？
2. 客房设备如何分类？
3. 如何确定客房备品的消耗定额？
4. 如何做好清洁用品的控制？
5. 客衣洗涤的质量标准有哪些？
6. 试述酒店布件的分类。
7. 布件的保养和贮存要求是什么？
8. 客房设备运行的要求有哪些？
9. 举例说明客房设备维护保养的益处。

【经验性训练】

认识各种清洁设备，学习掌握各自的工作原理和性能。

【案例分析】

设备问题引起的事故

某日下午，1625房客人吴女士在卫生间不慎摔倒，服务员接到通知后马上报告主管，会同领班一同进入客房探望，所幸客人无大碍。经查，由于卫生间洗脸台的下水管滴水，客人进入卫生间时踩在积水处，不慎滑倒。事故发生后，当班主管、经理均进房慰问、道歉，并安排了医生前往问诊。工程部及时更换了老化的下水管，客房部领导讨论决定，现有的一次性拖鞋全部更换，采购防滑性能更好的产品。吴女士对酒店的处理表示满意。

【案例思考题】

1. 客房设备管理有何重要性？
2. 本案例给我们带来什么启示？

【本章推荐阅读书目】

1. 现代酒店前厅客房服务与管理．沈忠红，魏洁文．人民邮电出版社，2006．
2. 前厅与客房管理．蔡万坤．北京大学出版社，2006．

【相关链接】

1. 酒店旅游网 http://www.hotel-travel.cn/
2. 我爱酒店网 http://www.hotel520.com/
3. 无忧酒店管理 http://www.51glw.com/

第 14 章

客房部安全管理

【本章概要】

安全工作是酒店最为关注的管理内容。酒店如果离开了安全保证，客人及员工的生命财产及酒店的财产将直接受到威胁，因此，安全的住宿及工作环境是酒店管理最为重要的内容。本章着重介绍了客房安全管理的含义及任务，各类安全事故的防范与处理措施，客房员工的劳动安全保护知识。

【学习目标】

- 理解客房安全管理的基本含义；
- 了解安全管理的任务；
- 掌握客房主要安全问题及其防范措施。

【关键性术语】

客房安全管理、客房防火安全、客房防盗安全、劳动安全保护、安全操作规程。

【章首案例】

不速之客

盛夏的一天，酒店大堂经理接到1206房间一女宾电话说："卫生间顶部严重漏水，地面淌成了小河，请速派人前来修理。"大堂经理一接到电话，便知一定又是1306房的下水管漏水，前几天刚发生过下面房间滴水的问题，现在肯定又是"旧病复发"。于是给工程部去电，要求立即解决漏水问题。这天正好是水电工小林值班，他挂上电话，拎起工具箱就去。因为是晚上，他没有按酒店的规定穿工作服，上身穿的是件蓝色衬衫，两只袖子卷得高高的，下身穿半新不旧的牛仔裤，跟客人一起很难分出是员工还是客人。到了该楼层，按酒店规定，小林在楼层值班服务员引领下，先在1206房外按一下门铃，里面没动静，他又按了一下，仍没有人出来开门，他想房内一定没人，于是掏出由值班员使用的万能钥匙打开房门便直冲进去。

"啊……"一位刚从床上爬起来准备开门的中年女客尖声惊喊起来："快来人啊，有人闯进房间来了！"这位女客人惊恐不是没道理的，眼前这位不速之客身材高大、年轻健壮，一身装束告诉她来者不是酒店的员工，那人身上带着沉重的拎包，内有榔头和凿头等工具金属柄统统露在外面，难怪她把小林当成抢劫犯了。

14.1　客房部安全管理概述

对于住店客人来说，最基本的要求是舒适、愉快，安全。酒店是为住店客人及社会公众提供各种服务的场所，酒店管理者在满足客人各种需求的时候，绝不能忽视客人的一个最基本的需求——安全需求。酒店管理者也应认识到安全是各种服务活动的基础，因为只有在安全的环境内，各种服务活动才能得以开展，并确保其质量。

14.1.1　客房部安全管理的含义

14.1.1.1　客房安全的含义

安全是指没有危险、不受威胁、不出事故。所谓客房安全，是指客人及工作中的员工在客房范围内，人身、财产和正当权益不受侵害，也不存在可能导致侵害的因素。酒店对客人负有的特殊责任，就是使他们免遭人身的伤害，保护他们财物的安全；还要保障客人心理上的安全感，即客人入住后对环境、设施、服务的一种信任感。同时，酒店也要保障工作中的员工不受侵害，采取各种措施保证工作不会给员工健康带来威胁。

14.1.1.2　客房安全管理的任务

（1）保障客人的安全

“客人是酒店的衣食父母”，保障客人的安全是客房安全管理的主要任务。一般来说，保障客人的安全主要体现在以下3个方面：① 保障客人的人身安全。保障客人的人身安全就是保障客人的人身不受侵害。造成客人人身伤害事故的因素主要有自然灾害、公共治安、酒店设施设备安装不当及火灾等。当然，其中有些因素是酒店自身无法控制的。② 保障客人的财产安全。财产安全是指客人入住酒店后，随身所带的一切财物的安全，以及委托酒店代为托运、保管的财物的安全。客人的财物损失一般来自火灾事故、盗窃案件和酒店工作中的差错等。③ 保障客人心理上的安全感。客房部是宾客的休憩之地，宁静、雅致、舒适的环境能消除客人的焦虑感，稳定情绪，增强安全感，营造安全氛围主要从噪声、照明、美感和色彩、微小气候4个方面考虑。客人心理上的安全感实际就是客人入住后对环境、设施、服务的一种信任感。有时，客人的人身虽然未受伤害，财产也未遭损失，但客人却时时感到有不安全的威胁，存在一种恐慌心理。这种不安全的威胁主要来自以下几个方面：一是设施、设备安装不合理或不牢固，如冷热水龙头装反、电器设备漏电等；二是收费不透明，价格不公道，使客人有被“宰”的顾忌；三是服务人员服务不当，如不敲门进房，随便翻动客人的东西，不恰当的询问，不科学的会客服务方式，不负责的查房等；四是酒店气氛过于紧张，如禁止通行、闲人莫入、此路不通的标牌随处可见，保卫人员表情严肃、态度生硬；五是酒店缺乏必要的防盗和消防设施。客人的心理上的安全感从某种意义上说，比前两项安全保障更为重要，更不容忽视。

（2）保障员工的安全

保障员工的安全，主要内容包括以下2个方面。第一，保障员工的人身安全。保障员工的人身安全就是保障员工的身体健康，使员工的人身不受伤害。一般来说，影响员工身体健康，造成人身伤亡事故的因素主要有3个方面：一是由于设备不好或操作不当造成的工伤事故，如跌伤、扭伤、割破、烧伤、烫伤、触电等；二是由于劳动保护措施不力引起的各种疾病；三是客人中的个别不法分子无理取闹、殴打员工致伤。因此，保障员工的人身安全，是一项内容广泛和复杂的工作。第二，保障员工的合法权益。酒店为了正常运转，提高服务质量和经济效益，制定出许多严格具体的规章制度，如要坚持“客人就是上帝”“客人永远都是对的”的观念，在任何情况下都不能和客人争吵；员工出酒店大门，应自觉接受门卫的检查等。为此，员工在工作中难免会受到各种委屈，甚至受到客人的侮辱。所以，作为酒店管理者和安全部门，必须坚持依法办事，主持公道，保障员工的人身权利不受侵犯，人格不受侮辱。

(3) 保障酒店的安全

保障酒店的安全，首先表现在为维护酒店的形象不受破坏而进行的一系列工作。例如，有的客人在公共场所大声喧哗，或衣冠不整，举止不雅等，会直接影响酒店的格调，损害酒店的形象。对此，酒店工作人员必须及时劝说或制止。其次表现为保障酒店的财产不受损失。客房部是拥有大量酒店财产的部门，保证酒店财产不受损失是开展客房服务的必要保障。

14.1.2 客房部安全管理的特点

(1) 不安全因素较多

客房部管辖的范围广，进出的人员复杂且分散，客房又是客人住宿及放置个人财物的场所，存在多方面的不安全因素。对客房安全带来威胁的既有人为的，也有设施设备问题引起的，及不良环境气氛带来的心理影响；既有店内的，也有外来人员的偷窃、破坏等。这就要求客房安全管理工作要综合规划，统筹兼顾，不放过任何一个薄弱环节。

(2) 安全管理责任大

酒店对保证住店客人生命财产具有义不容辞的责任。客人住店期间发生意外事故，不仅使客人蒙受损失，更重要的是给酒店声誉带来恶劣的影响，甚至要负法律上的责任，对酒店长远的经济损失是难以估量的。所以，酒店必须加强各项防范措施，对安全要有高标准的要求。

(3) 需全员参与

服务人员重视本身的安全卫生条件外，对酒店的安全管理如防火、防盗、防爆等公共安全事件必须具备高度安全意识。由于客人居住的时间短、流动性高，随时都有可能出现突发事件，酒店员工必须提高警觉性，维护公共安全。

14.1.3 客房安全管理制度

客房安全管理贯穿客房运行与管理的始终，是客房管理工作的基础。做好客房的安全管理，就应当建立和健全相应的客房安全制度，并以此作为员工培训的依据，在日常的管理工作中予以切实的执行。

(1) 入住验证制度

客人入住酒店，必须持本人有效的身份证件，如身份证、回乡证、护照、通行证等，在酒店前厅登记入住。前厅服务人员负责入住验证，并填写“房卡”作为客人入住本店的身份证明。楼层客房服务人员则可以通过核对“房卡”，为住店客人提供引领进房、开门等服务。严格的入住验证工作是搞好客房安全工作的第一关。

（2）交接班制度

交接班制度可以提醒员工注意工作中存在的各种安全隐患，起到信息沟通和预防其发生的作用。因此，各岗位都应有专用的交接班记录本，在当班时应认真填好各项内容，并签上自己的姓名。交班时，以书面内容为准，必要时应解释清楚事情的经过，使服务具有连续性，防止出现安全问题。接班的员工则应仔细查看交班内容，不清楚的问题应及时提出，最后签上自己的姓名。在工作中应认真完成上一班次交下的工作内容。

（3）来访登记制度

为维持酒店的治安秩序，保障客人的人身和财物安全，国家安全部门规定访客必须进行来访登记。设楼层服务台的酒店一般由值台服务员负责进行来访登记；不设楼层服务台的酒店，通常在总服务台进行来访登记工作。为保证住客的安全，酒店通常还规定员工不得随意将客人的住店情况，如房号、外出情况等告知访客，更不能随意为访客打开住客房门。

（4）钥匙管理制度

为保证客房安全，严格的钥匙控制措施是必不可少的。客房钥匙丢失、随意发放、私自复制或被偷盗等都会带来各种安全问题。每天上班时，根据工作需要，客房主管、领班及服务员来领用客房钥匙时，客房部办公室人员都应记录下钥匙发放及使用的情况，如领用人、发放人、发放及归还时间等，并由领用人签字。还应要求客房服务员在工作记录表上，记录进入与退出每个房间的具体时间。客房服务员掌握的客房钥匙不能随意丢放在工作车上或插在正在打扫的客房门锁上，应将客房钥匙随身携带。客房服务员在楼面工作时，如遇自称忘记带钥匙的客人要求代为打开房间，应请他们去服务台领取钥匙，绝不能随意为其打开房门。

（5）客房检查制度

为保障客人和酒店的财物安全，客人结账离店时，通常规定客房服务员进房检查，内容包括房间设施设备以及各种物品是否有遗失或损坏；客房小酒吧的酒水和食品有否饮用；房内是否有客人的遗留物品；房内是否有烟火隐患及其他的异常情况等。客房服务员查房后应将有关的检查结果及时通知前厅收款，记录客人退房时间、查房时间，并签上自己的姓名。特殊情况必须向管理人员汇报。但是，也有一些酒店取消了客人离店时的查房，以提高工作效率和体现对住店客人的信任。

（6）楼层巡查制度

楼层巡查制度通常规定员工的巡查时间、频率、内容等。一般要求楼层服务员每隔2小时左右巡视检查楼层一次，主要检查楼层是否有闲杂人员；门、窗是否已上锁，有否损坏；是否有火警隐患，消防器材是否处于正常状态；是否有设施设备损坏情况及是否清洁；房内是否有异常声响及其他情况等。在巡视检查楼层过程中，要求服务人员特别留意客房内是否有异常声响，并劝导在楼层逗留的闲杂人员离开楼层，遇到设施设备损坏立即报修，如有烟火隐患及通道卫生问题应立即进行处理。

（7）治安事件处理制度

治安事件处理制度通常规定，当员工在遇有行凶、抢劫、团伙斗殴事件，发现爆炸物和可疑物品，发生爆炸及其他的一些突发性治安事件时，应立刻通知酒店安全部门和管理者，协助控制有关人员的进入，封锁现场，提供处理治安事件的线索，并详细记录案发地点、时间、过程等。

（8）火警、火灾处理制度

火警、火灾处理制度详细规定发现火警、火灾时的紧急情况行动计划，具体规定员工妥善处理所面临的各种紧急情况的方法；通常规定员工一旦发现火警，应立即报告酒店消防中心，并向上级管理者汇报，同时根据火情控制现场，保证通信信息的准确联络和畅通无阻。在危急时，还要能够按规定疏散客人，组织客人逃生。

（9）遗留物品处理制度

遗留物品处理制度规定凡在酒店范围内拾获的遗留物品必须及时上交，并统一存放。上交时要登记好拾获者、日期、时间、物品名称等。领取遗留物品时则必须凭有效证件或合法授权，签名后方可领取等。这些规定可以确保酒店客人遗留的各种财物可以得到保全，也有利于树立酒店的良好形象。

（10）贵重物品保管制度

贵重物品的保管，一般由前厅收款处负责。详见前厅的有关内容。为使客人更具安全感，许多酒店规定客房内设有小保险箱，一般放置在壁橱内等比较隐蔽的地方。客房员工通过介绍客房设施设备等服务可以提醒客人使用，以保障自身财物的安全。

（11）其他安全制度

其他安全制度包括对涉及安全问题的一切情况的及时了解、记录和汇报的制度；员工的留宿制度等。

在客房的实际管理工作中，安全问题始终是管理者最为关心的问题之一，使客人能有一个安全的住宿环境也一直是客房管理的一个重要任务，因此，客房管理者必须不断地建立和完善相应的安全制度，以保障客人、员工和酒店的安全。

14.2　防火与防盗

14.2.1　客房防火工作

火灾是酒店安全最严重的威胁，消防工作是酒店安全工作的一大内容。虽然火灾的发生率很低，但火灾的发生将使酒店在声誉及资产上付出沉重的代价。客房部所辖区域大多处于酒店的中高楼层，人员多，情况复杂，扑救和疏散人员都比较困难，因此，酒店必须极其重视客房的防火安全，制定出一整套完整的预防措施及处理程序，防患于未然。

14.2.1.1　客房火灾发生的原因

客房防火工作重点在于“防”，应全面掌握引起火灾发生的原因，从源头上消除各种不安全因素。

（1）客人行为不慎引起火灾

● 吸烟引起火灾。据统计，在客房火灾中，因不当吸烟引起的火灾发生率占居首位。客人在酗酒后抽烟或抽烟时睡着，随地乱丢火柴梗、烟头等都极易引起火灾。

● 客人将易燃易爆物品带进客房。

● 客人在客房内随意增设高功率电器，使供电线路超时、超负荷运转，造成电源短路，引发火灾。

● 客人在灯具上晾烤衣物引发火灾。

（2）员工操作不当引起火灾

● 不按安全操作规程作业，如明火作业，用化学油漆、涂料等，没有采取防火措施。

● 电气设备管理使用不当，如在保险装置熔断后，维修人员不找原因，临时用铜丝等代替保险丝，久而久之，电阻增大，电线发热老化而引起火灾。

● 客房服务员在卫生清理时将未熄灭的烟头倒进垃圾袋或吸入吸尘器。

（3）电器设备问题引起火灾

客房内电器设备质量不良，安装不当或一次性使用时间过长，导致短路或元件发热而起火。

（4）防火安全系统不健全

由于酒店对火灾危害认识不足、存在侥幸心理、疏忽大意等原因，酒店消防设施数量不足或者设备老化，导致火灾发生后，不能及时有效地扑救，使得火势蔓延，给酒店和客人造成更大的损失。

根据火灾发生的原因不同，火灾可以分为4类，见表14－1。

表14－1 火灾的类别

根据GB 4968—1985划分标准，火灾分为A、B、C、D共4类： A类火灾：指固体物质火灾。这种物质往往具有有机物性质，一般在燃烧时能产生灼热的余烬。如木材、棉、毛、麻、纸张火灾等。 B类火灾：指液体火灾和可熔化的固体火灾。如汽油、煤油、原油、甲醇、乙醇、沥青、石蜡火灾等。 C类火灾：指气体火灾。如煤气、天然气、甲烷、乙烷、丙烷、氢气火灾等。 D类火灾：指金属火灾。如钾、钠、镁、钛、锆、锂、铝镁合金火灾等。

14.2.1.2 消防设施设备的配备

客房及客房区域应按照国家的规定，配备符合标准的消防设备和器材。

（1）报警装置

手动报警器 手动报警器一般安装在每层楼的入口处，楼层服务台附近的墙面上，当有人发现附近有火灾时，可以立即打开玻璃压盖或打碎玻璃使触点弹出，造成报警。另外，还有一种手压报警器，只要按下这种报警器的按钮，即可报警。

温感报警器 当火灾的温度上升到热感器的运作温度时，热感器的弹片便自动脱落造成回路，引起报警。

烟感报警器 每个客房都有一个烟感报警器，客房走廊两侧房门边上都有一个烟感显示灯，如果房间起火，或者有大量烟雾时，便通过烟感器发出报警信号给消防控制中心。同时，显示灯也会自动闪亮，发出信号，以便使有关人员在走廊即可看出哪一间房间发生火警。

（2）灭火器材

喷淋装置 在客房内都装设有防火自动喷淋头，如果室内起火，室内温度达到淋头受热极限温度值时便会自动爆裂，水就会喷射出来，总控制室显示板上显示喷洒区域并同时报警。喷淋灭火系统主要用于A类火灾，洒水面积一般为

$10m^2$ 左右。

消防栓和消防水带 客房走廊必须配备一定数量的消火栓和消防水带，它们和消防水塔相连接，当火情发生时，可以及时打开消防栓，借助消防水带的高压水来扑灭火灾。一般不能扑救 B 类、C 类火灾。消防栓内的消防水带连接起来可长达 25m，灭火功能强大，能迅速扑灭初期火灾，应善加利用。

便携式灭火器 主要用来扑救 B 类火灾和 C 类火灾，即易燃液体和电力起火。常用的有二氧化碳灭火器、干粉灭火器及泡沫灭火器等。二氧化碳灭火器主要用于扑救电气火灾、着火范围不大的油类物质、电石、精密仪器设备、重要文件等起火，但不适于金属钾、钠等物品火灾；手提式干粉灭火器可用于扑灭大多数类型的火灾，如易燃液体、金属着火、电起火、纸类、纺织品火灾等；泡沫灭火器主要用来扑灭油类、可燃液体和可燃固体的初起火灾，但是不宜扑灭可溶性液体（如酒精等）的火灾，不可用于电走火的火灾扑救。

手提灭火器有一定的使用年限，一般为 3 年，期满即需要更换。在 3 年的使用期内，还应定期检查压力表上的指针是否在正常位置，以随时保持在可使用状态。

（3）配套防火设施设备

防火门 防火门是高层酒店防火分隔和安全疏散设计中不可缺少的建筑构件，在火灾发生时，用来关闭和分隔着火区域，防止火灾的蔓延，它是疏散通道能否真正起作用的基本保证之一。

安全疏散设施 主要有安全出口、疏散楼梯、疏散通道、疏散门、应急照明灯、安全指示牌等。设置安全疏散设施是为了在火灾发生时，用于快速撤离人员，减少伤亡。安全通道出口处不准堆放任何物品，不准关闭、上锁，应保证通道畅通。确保电梯口、走廊、过道等公共场所有足够的照明亮度，安全出口 24 小时都必须有照明指示灯；楼道内应有安全防火灯及疏散指示标志。

14.2.1.3 客房防火制度和措施

为做好客房火灾预防工作，酒店应遵循国家的消防法规，结合酒店具体情况，制定防火规章制度和措施，保证客房运营的安全。

（1）客房防火制度

- 严禁客人或员工携带易燃、易爆物品进入酒店。
- 不准随地丢烟头、火柴梗。
- 不准在安全通道堆放物品或将安全通道做其他用途。
- 禁止在酒店内燃放烟花爆竹。
- 不准在仓库、客房、洗衣房等地吸烟、用火或乱拉电源。
- 非电工不准擅自接或拆电线、电源。
- 下班时，要认真检查办公室内的安全情况，关闭门窗、切断电源方可离开。
- 在重点部位的值班员工要坚守岗位，不得擅离职守，要防止火警的发生。
- 如果发生火警应立即通知消防中心。

（2）客房防火措施

- 安全通道出口处不准堆放任何物品，不准关闭、上锁，应保证通道畅通。
- 确保电梯口、走廊、过道等公共场所有足够的照明亮度，安全出口 24 小时都必须有照明指示灯，楼道内应有安全防火灯及疏散指示标志。

● 床上用品、家具、房门等应选用具有阻燃性能的材料制作。

● 客房醒目位置放置“请勿吸烟”警示牌。

● 酒店服务人员应配合保安部定期检查防火、灭火设备及用具，提出维修保养及更换的要求，训练员工掌握使用及操作的知识和技能。

● 明确客房各岗位员工在防火、灭火中的职责和任务。酒店员工严格遵守酒店规定的消防制度和操作规程。

● 制定火警时的紧急疏散计划，包括如何引导客人疏散，保护重要财产等。

● 房内安全须知中应有防火要点及需客人配合的具体要求。客房服务员在整理房间时，应注意检查不安全隐患，加强对住客的防火宣传。

● 客房内不能使用电热器具。

● 电器设备安装使用应安全可靠，插座不宜设在靠近窗帘的地方。

● 服务员在清洁卫生时，应特别注意用水处理烟头至无余火，防止将烟头（有余火）直接倒入垃圾桶，引起垃圾桶内可燃物燃烧造成火灾。

● 定期举行消防演习。

● 依规定每个场所的灭火器数量必须充足，并定期检查和更换，保持可使用状态，放置的位置应显而易见。四周不应堆积杂物，妨碍取用。

● 易燃品的贮存处所应保持良好的通风，勿置于高温或明火作业场所。

14.2.2 客房防盗工作

防盗是客房安全的一项重要工作。发生在客房的偷盗事件主要与外来人员、住客及员工有关。为保障客人、酒店和员工的财物不受损失，客房部门须严格执行酒店安全规定，积极采取各项防范措施，预防各种盗窃事件的发生。

14.2.2.1 客房区域安全设施的配置

为有效防止失窃事件的发生，除通过培训增强客房员工安全意识外，必须配备必要的防盗设施，如闭路电视监控系统、各种报警器及电子门锁系统、防盗链、门窥镜、反锁装置、小型电脑保险箱等客房安全装置。

14.2.2.2 重视对住客的安全管理

● 客人必须持有效证件登记入住，震慑、防止不法分子进入酒店。

● 在办理入住登记手续时，除了文字告知外，不要忘了以口头形式再次提醒客人将贵重物品寄存。

● 应制定科学、具体的“宾客须知”，明确告诉客人应尽的义务和注意事项，提醒住客不要随意将自己的房号告诉其他客人和任何陌生人。

● 建立和健全来访客人的管理制度，明确规定接待来访客人的程序、手续以及来访客人离店时间，严格控制无关人员进入楼层。

● 注意观察房门是否关上及锁好。如发现房门虚掩，可敲门询问，客人不在房内，可直接进入客房检查有无异常情况；如客人在房内，则提醒其将房门随时关好。

● 如发现醉酒、神智异常的客人，要特别留意，避免损坏房内东西和不良分子乘机进入客房盗窃作案。

14.2.2.3 重视对员工的安全管理

在客房财物安全管理中，客房员工的品行和责任心的强弱是关键因素，直接影响到客人和酒店的财物安全。因此，客房管理者必须加强对员工的管理。

（1）进行客房财物安全培训

客房管理者应对员工进行反偷盗方面的知识培训，使员工具有正确处理客人报失问题的能力。同时了解酒店财物安全的重要规章制度，如寻找失物程序、更衣柜的使用规定以及严格禁止将私人物品、手提包之类带进工作区域的规定等。

（2）制定并实施严格的工作钥匙管理制度

发生在库房内的偷盗事件大多与客房的钥匙管理不善有关，其中包括员工工作钥匙。所以要指定严格的钥匙管理制度，包括：

- 领发、归还、交接钥匙都必须登记签名。
- 上班期间，钥匙应随身携带，不得乱放，更不能充当取电牌，谨防遗失。
- 不得将钥匙借与他人使用。
- 不得将工作钥匙携带出酒店。
- 工程部、前厅部或餐饮部等其他部的员工因工作需要进入客房，客房员工应仔细核对有关凭证后再开门，如是住房，客房员工要待该员工完成任务后方可离开。
- 员工违反酒店有关客房钥匙使用的规定或遗失钥匙，要承担过失责任。
- 磁卡钥匙的制作者及密码应由酒店高层管理人员专人负责管理和控制，随时查对制作钥匙的情况，还应根据不同的管理层次逐级规定制作人员的权限，如楼层服务员卡由客房主管制作，客人的住客卡由前台接待员制作。另外，每一位磁卡钥匙制作者都应有独立的密码进入工作系统，以确保安全。

14.2.2.4 各类偷盗行为的防范与控制

按客房盗窃事件的行为人来划分，可以分为外来人员偷盗行为、客人偷盗行为、员工偷盗行为。

（1）外来人员偷盗行为的防范与控制

外来人员的偷盗行为防范与控制包括3方面人员的防范与控制。

- 不法分子和嫌疑人员的防范与控制。要加强入口控制，楼层走道控制及其他公共场所的控制，防止外来不良分子窜入作案。
- 外来公务人员的防范与控制。酒店由于业务往来需要，总有一些外来公务人员进入酒店，这些人员包括外来送货人员、修理人员，业务洽谈人员等。应规定外来人员只能使用员工出入口，并经安全值班人员弄清楚情况后才能放行进入。这些人员在完成任务后，也必须经员工出入口离开，保安人员应注意他们携带出店的物品。楼层内的设置、用具、物品等须带出店外修理的，必须具有酒店经理的签名，经安全值班人员登记后，才能放行。
- 访客的防范与控制。酒店的客人因业务需要经常接待各类访客，而访客中也常混有不良分子，他们在进入客人房间后，趁客人不备而顺手牵羊，带走客人的贵重物品或客房内的高档装饰品及摆设物；他们也可能未经客人同意，私自使用客房内的付费服务项目，如打长途电话，甚至国际长途等。此外，楼层应尽量避免将有价值的物品放置在公共场所的显眼位置，并应对安放在公共场所的各种设施设备和物品进行登记和有效管理。

(2) 客人偷盗行为的防范与控制

由于酒店设备物品的高档性、实用性，酒店住店客人也容易产生偷盗行为。虽然客人的素质一般较高，但受喜爱物品诱惑也不乏情不自禁者。由于住宿场所配备的客用物品（如浴巾、浴衣、办公用品、日用品等）一般都有专门厂家生产，档次、质量、式样都较好，客房内的装饰物及摆放物（如工艺品、字画、古玩等）也比较昂贵和优美，这些物品具有较高的使用价值、观赏价值和纪念意义而容易成为住店客人盗取的对象和目标。

为防止备品被盗而流失，可采取的防范控制措施有：可将这些有可能成为住店客人盗取目标的物品，印上或打上酒店的标志或特殊标记，这能使客人打消偷盗念头；客房内有些物品会引起客人的兴趣，想带走留作纪念，可在“服务指南”或“宾客须知”中告知客人可与客房管理部门（如客房中心等）联系，或在酒店商场提供销售服务；客房内一些贵重物品，在选购及安装布置时就应考虑防盗，尽可能不使客人太感兴趣或无法带走。

客房服务员在打扫房间时应对房间内的物品认真检查，如发现有物品被偷盗或设备被破坏，应立即报告。

(3) 员工偷盗行为的防范与控制

员工在日常的工作及服务过程中直接接触客房各类设备与物品，这些物品可提供个人家庭使用或再次出售，这很容易诱使酒店个别素质不高的员工产生偷盗行为。对于这个问题，酒店应采取一系列的切实可行的措施加以预防。

在防范和控制员工偷盗行为时，应考虑的一个基本问题是保证员工的思想品德素质，这就要求在录用员工时严格把好关，进店后经常进行教育并有严格的奖惩措施，应在员工守则中写明并照章严格实施。对有诚实表现的员工进行各种形式的奖励及鼓励。反之，对有不诚实行为的员工视情节轻重进行处理，甚至开除。思想教育和奖惩手段是相辅相成的，只要切实执行，是十分有效的。

另外，还要采取各种措施，尽量限制及缩小员工进行偷盗的机会及可能，如员工上班都必须穿工作制服，戴员工号牌，便于安全人员识别，在员工上下班进出口，由安全人员值班检查及控制员工携带进出的物品等。

14.3 客房部的劳动安全保护

劳动安全保护是指保护劳动者在劳动过程中的生命安全和身体健康，也就是依靠科学管理和技术进步，采取组织的、技术的措施，消除劳动过程中危及人身安全和健康的不良条件和行动，防止伤亡事故和职业病，保障劳动者在劳动过程中的安全和健康问题。客房员工劳动安全保护工作是客房安全工作的重要组成部分，对于酒店来说，保障在工作岗位上的员工的安全是法律上的义务，也是道义上的责任；从员工的角度看，员工如同宾客一样，都有人类共同的对人身安全的强烈需求，没有安全感的员工就不可能为客人提供满意的服务。

14.3.1 客房劳动安全保护的内容

(1) 坚持安全生产，防止工伤事故

安全生产是一切服务和管理活动正常开展的前提。通常人们会认为，在酒店工作特别是客房工作是安全的，但事实并非如此，如不重视安全规定，违反安全操作规程，漫不经心，就极易发生安全事故。所以，必须制定严密的安全管理制度和操作规程，严格执行，消除各种不符合安全要求的行为和习惯，防止工伤事故的发生。

（2）改善工作环境，预防职业疾病

员工工作环境，如通风、照明、噪声、安全措施、休息、卫生设施等存在缺陷，不但影响到员工的健康，也引起心理的压力。如果工作性质已属单调、枯燥，再加上工作环境不良，心里压抑、郁闷则不可避免。如员工办公、生活的后台区域与客人享有的豪华、舒适的前台区域相比，真是天壤之别。在许多酒店，中下层管理人员的办公室一般是角落偏房，狭窄、噪声大、缺乏自然采光甚至漏水等，如客房部主管、领班的办公室一般兼做小仓库及操作间，里面塞满了工作车、布草、清洁工具等。员工通道、工作间、更衣室、食堂等少有装修，灰暗、拥挤、潮湿。狭窄的空间让人紧张，引起心跳加速，血压上升，个别人甚至心脏病发作。噪声容易引起紧张，降低集中注意力的能力。

（3）实现劳逸结合

实现劳逸结合就是既要提高正常劳动时间内的工作效率和工作质量，又要保证员工的休憩和娱乐，以实现休养生息，维护身心健康。为此，酒店必须合理组织劳动，科学安排人员的工作时间，尽量避免加班加点，保证员工有足够的休息时间。同时，还要注意组织各种文体活动，以增强员工的体质。

（4）注意保护和保障女工的健康

女员工由于生理特点，如经、孕、产、哺乳期等，比男员工更易疲劳和患病。所以，为了保护女员工和下一代的健康，酒店应该对女员工实行必要的特殊政策，如每个月有一天带薪病假。

14.3.2　客房劳动安全保护的措施

（1）制定安全操作规程

客房部应根据不同岗位的工作要求、服务对象、服务程序，结合岗位工作环境和设备设施使用的情况，制定出安全工作的标准，客房部员工应熟知安全知识和安全操作规程，掌握安全设施和器材的使用方法。一般来说，管理者在客房职业安全培训时应要求员工特别注意以下几个方面：

● 工作时，应特别留意是否有危险工作情况，如公共走廊或楼梯照明不良或清洁设备损坏等，应尽快通知工程维修人员修理，以免发生危险。

● 如工作区域湿滑或有油污，应立即抹干抹净，以防客人或其他员工滑倒。

● 不要裸手拾起破碎的玻璃、剃须刀片等尖锐器皿，应戴上手套或用扫帚清理。

● 移动较重的物品，应使用手推车，推车应用双手推行，以保安全。举笨重物品时，应先下蹲，平直上身，然后将物品举起。

● 须取高处物品时，应使用梯架。在公共区域登梯操作，必须有人扶梯。另外，高空作业一定要系安全带。

● 客房清扫时，须敞开房门进行；关房门时，要握着门把而不要扶着门的边缘拉门。

● 在公共区域放置的工作车、吸尘器、洗地机等，须尽量靠边放置并留意有无电线绊脚的可能性。

● 在公共区域的大块玻璃的显眼处应贴上有色字体或标记，以防客人或员工不慎撞伤。

● 不要用潮湿的手或抹布触摸电源开关或灯泡等带电物体。

● 勿在电源附近放置纸张、布件等易燃物品。

● 在潮湿地面作业时请使用防滑垫，并放置警示牌。

● 家具或地毯如有尖钉，须马上拔去，以防刺伤客人或员工。

● 使用清洁剂及清洁用品时，要了解其化学属性，戴上塑胶手套，勿溅到眼睛或腐蚀皮肤。

● 在上班时间穿着得体舒适的工作服。

● 保持各用具的完好，损坏之后应立即报修，不可继续使用，更不可私自修理，以免发生危险。

(2) 服务人员的安全意识及技术培训

酒店培训部及客房部在组织员工岗位培训时，应将培养员工的安全意识和行为习惯列入重要的培训内容。通过案例探讨、模拟演练、知识传授、视频演示等多种培训方式，树立起员工安全至上意识、安全操作规范意识、安全责任意识，并使服务人员掌握必要的安全知识及技能。特别是对紧急事件、突发事件，要举一反三，通过进行培训提高员工的识别能力及敏锐的反应能力。很多看似常有的现象，管理人员往往认为是小事而忽视，实际上看似简单的常识，员工不见得都能掌握，特别是新上岗的员工。

(3) 工作场所及设备的安全检查

对客房工作的各区域及员工使用的设施设备，要制定严格的定期检查及维修的制度。发现各种安全隐患及时报告，消除危害。例如，发现玻璃或镜子崩裂，必须马上向上级报告，立即更换，不能立即更换的，必须要用强力胶纸贴上，以防有坠下的危险；地板不平整、滑湿的，楼梯残破、缺边的，电源线裸露未清理的，都应设置警示，尽快处理；过道灯具损坏、灯光暗淡等，影响过往安全或给夜间工作的女员工带来心理上的不安全感，应及时更换。清洁设备不可带病使用，工程设备部门要严格按照设备使用的安全标准，进行检查和维修，确保员工使用的安全。

麻痹大意引起的安全事故

几年前，某酒店曾发生一起这样的安全事故：一位客房服务员在客房走廊进行地毯吸尘，随着吸尘器的移动，吸尘器的电源线已经到头了，必须走回去拔下插头再找下一个插座。这位员工认为这样麻烦，平时都是远远地一拽电线，插头就拔下了。可这天不幸的事情发生了，当他一拽电线的时候，突然手里的电线断了，只觉得身体一麻就失去了知觉，后来紧急送到医院抢救，虽保住了性命，可右臂由于被电击永远失去了知觉，只好截肢。

评析：客房服务人员在日常工作中，必须严格按照操作规范进行，任何麻痹大意和侥幸心理都有可能带来难以预料的悲剧。

14.4 其他安全事故的防范

14.4.1 传染病的预防

酒店客房是人群聚居的场所，客人成分复杂，流动性大，客人逗留时间长，接触客房的各种公共设施设备机会多，都为各种传染病的传播提供了可能。防止各种传染病的感染与传播不仅是关注客人安全的需要，也是维护酒店员工切身利益的需要。

14.4.1.1 传染病的传播途径

传染病，即传染性疾病，是由病原体引起的，能在人与人、动物与动物或人与动物之间相互传染的疾病。传染病不同于一般的疾病，不仅给患者本人的生命健康带来危害，而且能在人群中相互传播，引起暴发流行，给社会造成巨大危害。为此，各国都对传染病实施严格的控制和管理。我国为传染病防治专门立法，并制定相关的卫生法规。根据国家法律、法规规定，有35种传染性疾病被列入监测管理，如流行性感冒、病毒性肝炎、细菌性痢疾、流行性脑炎、结核病、急性出血性结膜炎、鼠疫、霍乱、艾滋病、传染性非典型肺炎等。

病原体从传染源排出体外，经过一定的传播方式，到达与侵入新的易感者的过程，称为传播途径。通常分为4种传播方式。

（1）水与食物传播

病原体借粪便排出体外，污染水和食物，易感者通过污染的水和食物受染。菌痢、伤寒、霍乱、甲型毒性肝炎等疾病通过此种方式传播。

（2）空气飞沫传播

病原体由传染源通过咳嗽、喷嚏、谈话排出的分泌物和飞沫，使易感者吸入受染。流脑、猩红热、百日咳、流感、麻疹等病，通过此种方式传播。

（3）虫媒传播

病原体在昆虫体内繁殖，完成其生活周期，通过不同的侵入方式使病原体进入易感者体内。蚊、蚤、蜱、恙虫、蝇等昆虫为重要传播媒介。如蚊传疟疾、丝虫病、乙型脑炎、蜱传回归热，虱传斑疹伤寒，蚤传鼠疫，恙虫传恙虫病。由于病原体在昆虫体内的繁殖周期中的某一阶段才能造成传播，故称生物传播。病原体通过蝇机械携带传播于易感者称机械传播，如菌痢、伤寒等。

（4）接触传播

有直接接触与间接接触2种传播方式。如皮肤炭疽、狂犬病等为直接接触而受染，乙型肝炎之注射受染、血吸虫病、钩端螺旋体病为接触疫水传染，均为直接接触传播。多种肠道传染病通过传染者的手传染，称为间接传播。

14.4.1.2 传染病的预防措施

（1）减少传染源

宾客 为防止人与人之间的交叉感染，维护其他宾客和酒店员工的身体健康，总台接待员可谢绝患有易传染疾病的客人入住。当客房工作人员发现住客得了传染病时，要及时向部门主管汇报，并向政府防疫部门报告，按照防疫部门的意见将客人妥善安置治疗；客人住过的房间、用过的家具设备，要请防疫部门彻底消毒；病客用过的床单、毛巾、餐具，要撤出并单独严格消毒；经过消毒和处理的房间要再进行一次全面大清扫后才能安排新的客人入住。

员工 在人员的引入问题上要严格把好关，在录用之前应对其进行必要的体格检查。尽量避免传染源的店内化。酒店要定期组织员工体检，以便及时发现，及时治疗；对患有法律规定禁止或限止之传染病者，酒店将视病情安排离店休息或调离原工种，以保证宾客的卫生安全。

宠物 动物是各种传染病的主要传播源，携带宠物进入客房区域不仅影响公共卫生安全，对于其他宾客来说在心理上也是不能接受的，总台接待员可谢绝携带宠物的客人登记入住。当然，酒店也可以采取灵活的措施，满足这部分宾客的要求，如可以在酒店外围区域开辟专门的宠物寄养室，为住店客人托管宠物，安排专业人员管理，做好防疫及环境卫生工作。

（2）切断传播途径

定期对客房区域的公共设施进行清理消毒 消毒处理最便利的方法是冲洗打扫，冲洗打扫虽不能杀死病原微生物，但可显著减少病原微生物的数量。也可以用来苏水对公共卫生间、储物间、垃圾房、工具房等进行喷洒或擦拭。紫外线是一种低能量的辐射，有广谱杀菌作用，能杀灭细菌繁殖体、真菌、病毒、结核杆菌、芽孢与真菌孢子，因此在某些区域可以安装紫外线灯，定期进行照射消毒。

严格执行布件清洁规定 对于贴身使用的客用布件（如床单、枕套、毛巾等）原则上一天一换，为适应环保要求，也可以在征求宾客意见的基础上实行多日更换，但必须严格遵守一客一换的卫生制度与服务规格。洗衣房严格按照洗涤规程进行，包括必须经过高温蒸汽消毒。清洁用抹布、旧布件等不可混用，且应该单独洗涤。

客用设施设备要特别的清洁和消毒 客房卫生间恭桶、淋浴房、洗脸盆必须做到每天消毒，且应标示“已消毒”，让宾客放心使用。用过的杯具、餐具必须撤出客房送到工作间统一清洗、消毒。宾客经常接触的电话机、遥控器、服务指南等要定期消毒，可选用消毒水擦拭，也可以送到工作间统一消毒。消毒方法除紫外线照射法外，还可用环氧乙烷、环氧丙烷、溴甲烷和甲醛等物质熏蒸消毒。这类消毒剂穿透力强，可深入孔隙和疏松物质的内部，比较适合电话机、电脑键盘、服务指南等消毒处理。值得一提的是，在穿透性熏蒸消毒过程中，要严格按照产品说明书操作，特别要注意安全。

定期通风、除湿，降低空气中有害物质的浓度 工作间、储物室必须每天保持通风、清洁、干燥。应该安装通风设备，有条件的应配备抽湿机，做好防潮、防霉工作。清洁客房时必须将房门、窗户打开及开启卫生间排气扇，以利通风、除湿及接受自然光照射消毒。

及时消灭害虫 及时清运垃圾，定期喷洒药物，采取有效措施杀灭老鼠、蟑螂、苍蝇、蚊虫等，铲除传染病动物的传播途径。

（3）将传染病预防知识纳入培训内容

对于客房工作来说，传染病的预防是一个长期的过程，要常抓不懈。客房管理者和员工应该对此有足够的认识，尽量充实有关传染病预防方面的知识。应该定期请传染病预防专家对员工进行知识培训，让员工更多的了解公共场所消杀细菌和病毒的常识，熟练掌握有关消毒工具的使用方法。

外商呕泻，酒店要上报

新华网广州10月14日电（夏令 曾祥猛）为预防登革热等传染病从境外传入，广交会期间，广州市卫生局将会同外商接待单位和酒店，共同构建传染病防疫体系。酒店每天要将入住客商的健康情况向卫生部门汇报，卫生部门也要每1～2天派出医务人员到接待外商的酒店巡查。目前为止，没有异常情况发生。这是记者昨日从广州市卫生局获悉的。

来源：新华网广东频道

14.4.2 自然灾害的防范

地球上的自然变异，包括人类活动诱发的自然变异，无时无刻不在发生，当这种变异给人类社会带来危害时，即构成自然灾害。世界范围内重大的突发性自然灾害包括旱灾、洪涝、台风、雷电、风暴潮、冻害、雹灾、海啸、地震、火山、滑坡、泥石流、森林火灾、农林病虫害等。

酒店建造设计之初就应该会考虑到所在地的地质、水文、气候特征，在选址、建筑结构质量上的优势决定了酒店普遍具有较强的抵御自然灾害的能力，但由于许多自然灾害具有难以预料和不可抗拒的特征，其带来的破坏是难以预估的，不仅将严重冲击酒店正常的经营秩序，甚至威胁到人员安全和带来财产的严重损失，所以酒店对于自然灾害的防范也切不可掉以轻心。

威胁酒店安全的自然灾害有水灾、地震、台风、雷电、龙卷风、暴风雪等。酒店应该根据所在地区的地理、气候特点，制定出预防及应付可能发生的自然灾害的安全计划。客房部则应制定相应的安全计划，采取必要的防范措施，保护客人与酒店员工的生命财产安全。

（1）建立应对自然灾害的应急机制

根据酒店的实际情况，针对本地区多发性的自然灾害，建立应对各种灾害的指挥领导机构，明确指挥系统的权力与责任，成立应急救援队伍。各岗位员工均须明了灾害发生时各自的角色和任务。制定灾害来临时宾客的宣导、安抚计划，灾害发生时的紧急救援、疏散、财产保卫计划，灾害发生后的生产恢复计划。平时加强演练测试，一旦发生自然灾害就立即启动应急机制，未雨绸缪，保证将灾害损失减少到最低限度。

（2）配备足够的防灾物资设备，保证其处于完好的使用状态

酒店应根据自身的实际情况，添置相应的设备物资，提高防范自然灾害的能力。例如，预防灾害引起停电的发电设备、防汛的抽水设备，以及沙袋、绳子、柴油等物资。做好库存管理、专职保管。定期排查酒店的房屋、排水管道、电器设施、消防安全设施、树木、窗户等安全方面的隐患，发现问题及时补救。

（3）宣传自然灾害知识，增强员工防灾意识，掌握防灾、抗灾能力

酒店员工应了解影响当地生态环境的常见问题，形成保护自然环境和躲避自然灾害的意识；学会在自然灾害发生时的自我保护和求助及逃生的简单技能；掌握突发自然灾害预警信号级别含义及相应的防范措施；熟悉酒店建筑布局，学会紧急情况下协助宾客疏散、救生的基本方法。

【思考题】

1. 何谓客房安全？

2. 客房安全管理的任务是什么?
3. 举例说明客房安全管理的特点。
4. 火灾有哪些类型?
5. 客房安全设备有哪些?
6. 客房部如何防范与控制外来人员偷盗行为?
7. 客房部如何防范与控制员工偷盗行为?
8. 客房部如何防范传染病的发生?

【经验性训练】

认识各种客房消防设备,并进行实际演练。

【案例分析】

陌生的来客

一天早上,客房服务生小田和往常一样正熟练地清理着一间住客房。一会儿,进来一位先生,小田礼貌地打招呼:"先生,您好!"此人也彬彬有礼地回答:"你好,这边的景色真的不错,像这样的房间一个晚上多少钱……"小田边清理边热情地回答着客人的问题:"先生,您好,房间收拾好了,不打扰您了",小田说着正打算退出房间,那先生急忙说:"这不是我的房间,我是1506房的,我刚才经过这,看到这房间很不错,想进来参观下的"。小田听了,心里一下子被揪了起来。说来凑巧,房间的主人回来了,迎面看到一位陌生人从自己房间走出来,心里纳闷,就问小田:"他是谁,怎么会进了我的房间呢?"小田非常歉意地解释说:"对不起先生,我以为他是和你一起来的……""不要解释,你怎么能随随便便让别人进入我的房间,你们这样的管理怎么让我放心呢?我要投诉。"后来大堂经理出面,向客人赔礼道歉才平息了此事。事后,小田受到了严厉的批评和处分。

【案例思考题】

小田错在哪了?该怎么做呢?

【本章推荐阅读书目】

1. 公共场所卫生与传染病预防. 刘洪亮. 化学工业出版社,2007.
2. 生产与运作管理. 陈荣秋,马士华. 高等教育出版社,2005.

【相关链接】

1. 酒店旅游网 http://www.hotel-travel.cn
2. 我爱酒店网 http://www.hotel520.com
3. 无忧酒店管理 http://www.51glw.com
4. 中国安全网 http://www.safety.com.cn

第 15 章

前厅客房人力资源管理

【本章概要】

酒店业属于劳动密集型企业，而前厅客房部更是需要大量的劳动力。无论是前厅部还是客房部，要提高服务质量，首先要提高员工的素质。随着顾客的需求越来越呈现出多样化，他们对酒店产品和服务都有了更高的要求。因此，提高酒店服务水平，对服务质量进行有效管理，是每一位酒店管理者必须面对的问题。本章对酒店前厅客房部人力资源管理的内涵、特征和意义进行了介绍，并对员工的招聘、培训及如何有效地对员工进行激励进行了详细阐述。

【学习目标】

- 了解酒店人力资源管理的含义、特点及意义；
- 了解酒店人力资源管理的内容；
- 认识酒店员工招聘的方法；
- 了解员工培训的内容和类型；
- 了解员工激励的理论；
- 掌握员工激励的方法。

【关键性术语】

招聘、内部提升、外部招聘、培训、岗前培训、在职培训、发展培训、入职指导、工作评估、员工激励。

【章首案例】

一位 VIP 客人的遭遇

一日，酒店即将到店的客人中，有两位是日本某跨国公司的高级行政人员。该公司深圳方面的负责人员专程赴酒店为这两位客人预订了行政楼层的客房，并要求酒店安排 VIP 接待，该公司其他客人的房间则安排在普通楼层。客人到店之前，相关部门均做好了准备工作。管家部按客人预订要求，提前清洁行政楼层及普通楼层的客房；前台及行政楼层接待处准备好客人的钥匙及房卡；大堂副理部则通知相关部门为 VIP 客人准备鲜花和水果，并安排专人准备接待。然而，就在一切准备就绪，等待 VIP 客人到店之际，其中一位 VIP 客人出现在酒店，并声称已入住在普通楼层的客房。

经过一番查证，发现客人确已下榻酒店普通楼层的客房。但这并非客人要求，而是由于接待员的工作失误造成的。由于 VIP 客人与其他客人一行三人抵达酒店时，前台接待员 A 只核实了第一位客人的姓名与预订单上客人姓名相符，未进一步在电脑系统中查询另外两位客人的预订，而这三位客人自称来自同一公司，又是一起抵达酒店，A 主观判断是预订单上标示的客人名字出现了偏差，安排三位客人入住。其实，对这张预订单上的三位该公司本应入住普通楼层客人的预订，A 在只核实到其中一位客人入住普通楼层的情况下，不经进一步核实就将本应入往行政楼层客房的客人与其他客人一同安排在普通楼层。

A主观认为是预订单上将客人姓名写错，将预订单上的客人名字更改成已入住客人之后，实际应入住普通楼层的客人在抵店时，其中一位接待员B无法查到该客人的预订。B虽然在客人出示该公司名片后确认客房为该公司员工，并马上安排此客人入住，但已使客人对酒店的服务水平产生质疑。

在查清造成上述错误的原因之后，当值大堂副理马上与客人联系，但当致电客人房间时，客人均已外出。于是酒店一方面在行政楼层为客人保留了房间，另外在VIP客人房间内留下一封致歉信，就此事向客人致歉。在接到VIP客人回到酒店的通知后，大堂副理亲自向他致歉，并询问是否愿意转回行政楼层。客人在接受酒店道歉之后，表示对下榻的客房比较满意，无需再转去其他房间。第二天当VIP客人离开酒店之时，当值大堂经理又专程向客人当面致歉。客人表示并不介意此次不愉快的经历，并对酒店对于他的重视很满意。

当时的处理结果：虽然在VIP客人入住之时，接待员未仔细查询客人的预订而使客人未按预订入住行政楼层，导致一系列问题的产生，但由于当值大堂副理妥善安排，及时向客人致以诚挚的道歉，才使客人接受酒店的致歉，并使此次事件得以补偿，顺利平息。

可能预见对酒店的影响：由于此客人为酒店重要商务客人——某跨国大公司的VIP客人，酒店接待工作因疏忽给客人留下不愉快的印象，使客人对酒店的信心产生动摇，很有可能因此而失去这位重要客户。而使酒店产生不可估量的经济损失，酒店的声誉和形象也随之受到负面影响。

人力资源管理工作者目前所面对的整个市场同以往相比，存在巨大的不同：经济全球化的不断发展，不断提升的业主期望，技术的突飞猛进，智力资本管理的要求，不断变化着的劳动力市场以及劳资关系协调要求，都对人力资源管理工作者提出更为艰巨的挑战。企业最终的竞争演变成组织能力的较量。这种情势之下，要求人力资源管理工作者成为企业的执行战略的合作伙伴、管理专家、员工的支持者、变革的推动者这样4种角色。于是，人力资源管理的热点问题发生了巨大的变化。前厅客房部的人力资源管理同样经历着这样的一种变化，面临着不同程度的机遇和挑战。为了更好地解决好人力资源管理方面的问题，充分发挥人力资源的资源优势，必须对人力资源的含义、特点和具体的管理操作有初步的了解。

15.1 人力资源管理概述

15.1.1 酒店发展阶段及雇佣关系变化

由于酒店产品在很大程度上是要有人面对面的服务才能完成这一特性，哪怕是在科技快速发展的今天，人的因素仍然具有至关重要的意义。酒店业从诞生到今天，人力资源管理大概经历了以下几个阶段：

（1）原始雇佣阶段

在这一阶段，酒店具有家庭作坊的性质，处于酒店发展的萌芽阶段。只是简单地满足人们外出旅行的食宿需求，很多还只是满足简单的吃或者住的需求。家庭成员就是酒店的决策者和经营者，常规或者有雇工也是极其少量的，并且雇和佣之间的关系也不具有法律的约束力。这个阶段酒店规模都很小，业务等也很单纯，具有原始酒店简单的雏形。

（2）高级雇佣阶段

在这一阶段，随着社会经济的发展和人口的增加，人们外出需吃酒住宿的需求规模也在不断扩大，以前家庭作坊式的酒店接待已不能完全满足这一需求，因而出现较大规模的专门从事酒店住宿接待的酒店。家庭成员无法单独完成日常的经营业务，因此要雇用部分工人帮忙。同时，随着酒店业的兴起和企业管理观念的成熟，雇佣双方开始在法律上约定双方的关系，主要表现在雇佣劳动合同的签订。

（3）资源管理阶段

随着酒店业的发展，由最初的高盈利行业，变为了现在的微利行业，员工的流动性更高，直接影响了酒店的服务质量。这迫使酒店管理者把员工当作十分重要的资源来进行管理。员工和管理者之间的关系也变得十分复杂。

因为每个阶段上，酒店的结构、功能、业务范围、部门构成、组织结构的设计等都有具体的不同设置；就是同一阶段，不同档次和类别的酒店其人力资源管理的重视和重要程度也会有所区别。前厅客房部的人力资源管理同样经历了从传统的人事部门到现在的人力资源部的这样一种认识上的转换。

15.1.2 从人事管理到人力资源管理

20世纪初，企业中出现了专门管理员工的工资、医疗保健、工作关系的改善等事务部门，即人事管理部门。这一阶段的人事管理具有较强的官僚气息和作风，在企业整个的经营和管理中只是辅助部门，尚未受到足够的重视。

20世纪下半叶，产品生产逐渐丰富，且同质的现象越来越严重，企业之间的竞争已经逐渐超出了纯粹意义的产品竞争，延伸到包括产品研发、产品营销、产品售后服务等新的竞争领域。需要的人才也越来越多，人的因素在企业的竞争中的作用和地位越来越受到管理者的重视，因此，出现了由传统人事管理逐渐向人力资源管理转变。

20世纪70年代以来人力资源管理的发展突出表现在4个方面：

第一，“人事管理”广泛地被“人力资源管理”所取代；

第二，人力资源管理的东西方交流；

第三，人力资源管理体系取代了产业关系体系；

第四，注意提高员工的生活质量。

随着社会的进一步发展，竞争的加剧，企业中对人的重视程度越来越高，20世纪80年代后期以来，进入了注重人力资源战略的时代。许多企业包括酒店企业在内，开始有意识地在进行着人才储备的新的竞争战略。

15.1.3 前厅客房人力资源管理的含义

从经济学上来看，资源是为了创造物质财富而投入生产活动中的一切要素。总体上来讲，资源主要包括自然资源、资本资源、信息资源、人力资源和时间资源等。而人又是一切经济活动中最活跃的因素。

前厅客房人力资源管理是指综合的应用管理学中的计划、组织、指挥、协调、控制等职能，对该部门的人力资源进行有效的开发、利用和激励，充分调动员工的积极性，使得该部门的人力资源得以最大限度的发挥作用。

15.1.4 前厅客房人力资源管理的特点

前厅客房部的人力资源同样具有人力资源所共有的特性：开发对象的能动性；使用过程的时效性；开发过程的持续性；闲置过程的消耗性；组织过程的社会性；人力资源的高增值性；人力资源的再生性。面对具有如此众多的特性，要做好人力资源管理工作本身就具有较大的挑战性。

就前厅客房部的具体情况而言，又具有其自身的特点。旅游业本身就是一个多学科交叉、多部门联动、相互协调的产业。前厅与客房的工作人员要求具有很强的业务素质。前厅客房部的工作具有极强的实践操作性，加之该部门的特殊性，人员构成较为复杂，临时工较多，前厅又是酒店的门户，接触的人员较为复杂，问题和投诉等也较多地汇集到这里，因此前厅的人力资源管理工作具有较大的权变性。

15.1.5 前厅客房人力资源管理的意义

在管理领域中，人力资源开发与管理是以人为中心，为处理人与人、人与工作、人与组织的互动关系而采取的一系列的开发与管理活动。

（1）保证酒店经营活动顺利进行

客房部作为酒店的窗口和主要的营业部门，事关酒店是否能正常的运转。前厅客房的人力资源是否能合理有序的调配，将直接影响到整个酒店的运转。

（2）增强酒店的活力

做好前厅客房部的人力资源管理工作，提高他们的工作积极性，能较大程度地带动其他部门员工的工作积极性和酒店的活力。

（3）提高酒店服务质量，创造良好的社会和经济效益

做好前厅客房的人力资源管理工作，能有效带动其他部门的工作，保证和提高酒店的服务质量，从而为酒店创造良好的社会和经济效益。

15.2 前厅客房人力资源招聘

酒店之间的竞争归根到底还是人才的竞争。人才的开发和利用离不开酒店的人力资源开发工作，酒店的人力资源开发和管理离不开良好的人力资源招聘工作。员工的素质决定了酒店能否在激烈的竞争中占据有利位置，同时也是酒店发展的关键所在，因此，招聘合格的、符合酒店要求的员工就成为酒店人力资源工作的首要任务。

15.2.1 前厅客房人力资源招聘的依据和程序

15.2.1.1 前厅客房部人力资源招聘的依据

前厅客房部在选拔员工时，应首先对空缺的职位进行细分，按照岗位的不同特点选拔符合其性格要求的员工。此外，任用那些充满激情、快乐、友善的员工总是正确的选择。里兹·卡尔顿酒店利用高预测方法确定岗位候选人，通过“性格特征聘用法”的精心选拔后，每一个岗位上的员工都是高效率的，他们不仅不遗余力地使顾客满意，还可以参与自己工作区域内的计划制定。

15.2.1.2 前厅客房部人力资源招聘的步骤

人力资源的招聘过程是发现求职者并根据本部门的工作需要对其进行筛选、聘用的过程。从出现岗位空缺到发布招聘启事，再到筛选聘用，大概需要经过以下几个步骤。

（1）分析岗位空缺

分析岗位空缺是进行人力资源招聘的第一步，必须清楚酒店该部门岗位是否有空缺，或者是有新设置的工作岗位，进而组织招聘活动。在分析岗位空缺时，做好由主管的经理或该部门的负责人确定的是否需要对该岗位进行招聘。因为招聘工作是要考虑招聘成本的。同时考虑到酒店企业的季节性问题，这工作必须慎重考虑，以免在旺季时员工充足，而在淡季时出现人满为患的现象，必须在分析岗位空缺时充分考虑这一特性。

（2）制定招聘计划

在确定酒店存在用人需求的情况下，根据酒店的具体情况，制定相应的招聘计划，包括招聘条件和要求、招聘方式、招聘渠道、招聘方法和途径、成本预算等都需要在这一步骤中完成。招聘计划事关招聘工作能否顺利进行，准备充分和周详的招聘计划将更加有助于酒店招聘到合适的人才。

（3）实施招聘工作

相应的准备工作都做好之后，就该进入实质性的员工招聘的实际操作阶段了。具体到不同的酒店，不同的招聘方式和渠道，涉及的具体步骤和程序、招聘的成本、对应聘者的了解程度等各个方面都可能存在较大的区别。

某酒店的校园招聘步骤

第一步→校园宣讲会

酒店的招聘工作从教育部允许招聘单位进入校园开始，届时酒店招聘小组将介绍在酒店事业发展的情况。如果有对该酒店感兴趣的应聘者，请参加招聘会，向招聘小组的成员了解在酒店中的各种发展机会。

第二步→填写网上申请表格（截止日期为某年某月某日）

请在网上申请表中列出你学过的相关课程及成绩。如果你的简历被选中，我们将要求你提供学校出具的正式成绩单。可能的话，请填写中英文的简历各一份。

第三步→初步面谈

通过简历筛选程序后，我们将安排合格的申请者与酒店的招聘团队成员进行初步的面谈。

第四步→参加中英文笔试

通过初步面谈的应聘者将参加中英文笔试。成功通过笔试后，可以参加第二轮面试。

第五步→参加面试

第一轮面试通常是在秋末或初冬在各高校或酒店举行。第二轮面试将在酒店进行。

第六步→签订劳动就业合同或就业协议

15.2.2 前厅客房人力资源招聘的渠道

由于酒店工作的季节性比较强，流动性也比较大，因此可能会经常出现需要进行员工招聘的工作。酒店前厅客房部门员工通常也主要采取以下一些渠道进行招聘。

15.2.2.1 内部招聘

内部招聘主要有内部提升和内部轮岗（调用）2种形式。这种方式具有招聘费用低廉、手续简便易行、情况熟悉等优点。内容招聘是企业人力资源招聘较为常用的一种招聘方式。

（1）内部提升

内部提升主要是指部门管理岗位中出现空缺，从部门内部或企业内部提升符合条件的员工担任该职位的一种招聘方式。酒店的大部分中层和基层职位空缺都采用内部提升的政策，这在帮助酒店在建立强有力的凝聚力和激励员工创造业绩方面起到了不可低估的作用，也使一些贡献大、表现优秀的员工获得更大的施展才能的舞台。

内部提升是酒店人力资源招聘的一种重要渠道。因为内部员工更加熟悉本部门的工作程序和流程；能较快地适应岗位需要；另一方面，内部提升还能激励员工的工作积极性，让基层员工能看到努力工作的期望和目标，有利于酒店内部员工团队凝聚力的形成。此外，采用内部提升可以实现管理的连贯性和延续性，同时能节省成本，也较容易形成稳定的企业文化。尤其在人员流动频繁的今天，具有重要意义。

（2）内部轮岗

内部轮岗，是对员工原来的岗位进行变动，担任新的空缺岗位职务的一种形式。这种形式的调用可能会给员工带来新鲜感，提高其工作的积极性和主动性。但如果这种形式的招聘方式使用过多，将不利于员工掌握其工作技能，也可能不能充分发挥员工的特长。

15.2.2.2 外部招聘

在许多情况下，内部招聘往往满足不了单位对人员的需求，尤其当酒店在创业初期或者快速发展时期，或者因为扩大了业务范围、工作领域等，部门领导会把目光转向社会这个巨大的人才市场。这时，就需要通过外部招聘来解决这个问题。外部招聘的方式主要有以下几种方式。

（1）广告招聘

广告招聘是被广泛使用的外部招聘方法。该方法利用各种广告媒体和宣传媒介广泛向外界发布招聘信息，吸引社会上的人才前来应聘，并对应聘者进行一系列的资格审查、能力考核和测试，最后选拔出能够胜任该职务的人。在正式聘用前，通常还要进行相应的培训和学习，经过一段时期的试用阶段后决定是否正式录用。最常见的广告媒体是报纸、电视、广播、有关专业期刊杂志等。利用这种方法招聘时，须精心设计招聘广告并选择合适的媒介。

（2）校园招聘

每年都有成千上万的学生从大中专院校毕业。有的单位已经与有关院校挂钩，预订本单位所需的人员。还有的单位甚至在相关院校设奖学金，为自己培养专业人才。这种有目的预订方法，是与单位、企业的人力资源计划分不开的。单位根据自身人力资源规划，在一两年甚至更长的时间以前，就同院校在培养人才方面进行了沟通，这样培养出来的大学生到了工作岗位后能较快地熟悉业务、进入状况。这种招聘一般适于招聘专业职位或专项技术岗位的人员。

(3) 人才交流市场招聘

随着经济的发展、社会的进步，人才流动的现象越来越普遍，越来越活跃。为了适应这种需求，许多城市出现了人才交流中心或职业介绍所等。由于这些机构扮演着双重角色，既为企业、单位选人，同时也为求职者选工作单位。因此，在这里几乎可以找到所有需要的人员。尤其是一些大城市里出现了不少国外流行的“猎头公司”，更可以为企业、单位寻觅到所急需的各类管理人员、专业技术人员，甚至是总经理、副总经理等高级管理人员。

(4) 就业中介机构招聘

就业中介机构是近几年来随着我国市场经济体制的建立和完善而产生和发展起来的。它作为职业供需双方的中介，承担着双重角色：既为组织择人，也为求职者择业。目前，我国就业中介机构的主要种类有劳务市场、人才交流中心或人才市场、人才咨询公司、高级人才咨询公司等。组织可以利用这些就业中介机构所提供的信息和条件扩大招聘范围，直接面对应聘者对其进行评价和筛选，从而大大提高招聘工作的效率。此外，因为是面对面的交流，可以有效地达成进行自我宣传、树立形象和扩大影响的目的，给应聘者留下对该组织形象、直观、具体的印象，实现信息的双向流动。通过就业中介机构进行招聘，通常先要根据组织需要招聘职位的具体要求，选择相应的中介机构，由组织派出人力资源部门人员和（或）雇用经理，利用就业中介机构提供的信息和设施，直接对应聘者进行考核及评定，从而更好地完成招聘工作。

(5) 人员举荐

人员举荐一般是由本组织员工或关系单位主管推荐组织外部人选来填补职位空缺的外部招聘方法。当组织内出现某一职位的空缺时，本组织员工或关系单位主管根据该空缺职位的要求，推荐自己认为符合条件的熟人作为候选人。由于是针对该空缺职位的具体要求进行推荐，一般都能具备该职位的能力要求，这样就能够避免在用其他外部方法时，由于许多完全不符合招聘条件的应聘者前来应聘，而给招聘人员带来额外的工作量。因为是熟人推荐，所招聘双方在事先已有进一步的了解，可以节约不少招聘程序和费用。尤其对一些关键岗位的职缺人员，如专业技术人员的招聘，经常使用此种外部招聘方法。但是，由于是本组织员工或关系单位主管推荐的人选，有时会有碍于情面而影响招聘水平。如果此类录用人员较多，易在企业内部形成裙带关系，造成管理上的困难。因此，这种方法多在急需某种专业技术岗位的人员招聘时使用。

对于酒店企业来讲，前厅客房部的员工较多的是采取广告招聘、校园招聘、职业中介机构和人员举荐等形式。当然，各种招聘方式的使用并不是绝对的，在很多情况下，都是综合使用的。这样会更加有利于酒店找到其需要的人才。

15.3 前厅客房员工培训

15.3.1 前厅客房部员工培训的意义

酒店企业在面临全球化、高质量、高效率的工作系统挑战中，培训显得更为重要。培训使员工的知识、技能与态度明显提高与改善，由此提高企业效益，获得竞争优势。具体体现在以下几个方面。

（1）培训可以提高员工素质

培训是提高员工素质的重要手段之一。尤其在招聘的员工中年龄、学历层次较低的情况下，必要的培训可以提高员工的素质。从长久来看，无论是新员工还是老员工都有进行培训的必要。加强对新员工的培训，能让新员工更快地融入工作；对老员工的培训能进一步提升他们的技术水平和熟练程度。强化酒店企业的企业文化和服务意识。

员工培训的直接目的就是要发展员工的职业能力，使其更好地胜任现在的日常工作及未来的工作任务。在能力培训方面，传统上的培训重点一般放在基本技能与高级技能两个层次上，但是未来的工作需要员工更广博的知识，培训员工学会知识共享，创造性地运用知识来调整产品或服务的能力。同时，培训使员工的工作能力提高，为其取得好的工作绩效提供了可能，也为员工提供更多晋升和取得较高收入的机会。

（2）培训可以改善服务水平，提高服务质量

通过培训，能提高员工的业务素质和思想素质，进一步增强其服务意识和对业务的熟练程度，经过培训的员工在对客服务时通常能表现出较高的服务水平，获得更高的顾客满意度。培训使员工素质、职业能力提高并增强，将直接提高和改善前厅和客房部的服务质量。培训能改进员工的工作表现；增加员工的安全操作知识；提高员工的劳动技能水平；增强员工的岗位意识，增加员工的责任感，规范生产安全规程；增强安全管理意识，提高管理者的管理水平。因此，企业应加强对员工敬业精神、安全意识和知识的培训。

（3）培训可以降低成本

经过有效的培训，提高员工的业务技能和熟练程度，在相同人员配备的情况下，提高了工作量和业务量，提高了生产效率。同时，员工能减少服务的损耗，进一步地降低部门对临时人员的聘用，从而节省人力成本。

酒店的培训通常也是选在“淡季”的时候进行。根据出租率高低，定期轮休。酒店经营有淡、旺季之分，淡季用工量少，旺季用工量多。怎样解决这个矛盾呢？可采取员工淡季轮休方法解决这个问题。酒店工作经验证明，酒店员工大多较年轻，在工作到一定时间后，都希望能有时间外出旅游或进行知识充电。实行淡季轮休，既尊重了员工的意愿，又减少了工资开支。

（4）培训可以满足员工自我发展的需要

培训工作不仅能增强员工的服务意识，提高员工的业务技能，还能在一定程度上满足员工要求自我发展的需要。在现代酒店中，员工的工作目的更重要的是为了“高级”需求——自我价值实现。培训不断教给员工新的知识与技能，使其能适应或能接受具有挑战性的工作与任务，实现自我成长和自我价值，这不仅使员工在物质上得到满足，而且使员工得到精神上的成就感。

（5）培训有利于稳定的企业文化的形成

企业文化的形成离不开稳定的企业环境，培训在提高员工素质的同时，也提高了员工的忠诚度，使得员工乐于并愿意为企业奉献，进而能在企业中形成稳定的企业文化，员工也能自觉地遵守企业文化。

15.3.2 前厅客房部员工培训的特点

前厅和客房部员工培训的对象是在职人员，其性质属于继续教育的范畴。它具有鲜明的特征。从培训的对象、内容、时间、形式和目的来看，前厅客房员工培训具有以下一些特点。

（1）培训对象的复杂性

前厅客房是酒店的主要前线部门，占酒店一线员工的比例较大，而且部门多，岗位分工细，员工层次多，素质、基础复杂。因此，给培训增加了复杂性和难度。

（2）培训内容的针对性、实用性和应用性

前厅客房是要求操作性、服务性较强的部门，基本为与客人面对面的直接接触。要求员工的技术、技能、技巧、应变能力及处理问题的能力强。因此，对培训的内容要有较强的实际针对性、实用性和应用性。

（3）培训时间上的速成性和随机性

酒店员工培训的主要目的是为酒店工作，所以，操作部门的培训应能迅速解决服务中出现的问题，周期短，具有速成的特点。同时，酒店服务的多样性和随机性，要求酒店执行培训计划的基础上，随时根据需要开展培训。

（4）培训形式的灵活性与多样性

由于酒店员工的成人性、在职性，所以，培训应根据员工的生理、心理等特点，在培训形式上应针对工作实际多采用灵活多样的方式，达到更好的效果。

（5）培训目的的单一性

培训的目的比较明确，那就是通过培训能提高员工的业务能力和服务意识。有的培训是针对某一特定的目的或问题而开展的，具有较强的目的性。

15.3.3 前厅客房部员工培训的类别

为了保证旅游酒店的服务质量，所有的酒店管理者几乎都坚持“员工先培训后上岗”的原则。培训可以让新员工、在岗老员工了解工作要求，增强责任感，减少客人的投诉以及减低员工的流动率，从而保证服务质量，提高劳动生产率。另外，培训还可增强员工的集体意识，增加企业的凝聚力，提高全体员工的精神面貌和企业的形象。

很多酒店的高层管理者，一谈到服务质量问题，立即会想到培训，立即会想员工的培训是不是及时，内容是不是完整。他们往往忽略了员工在进行培训的同时，他们的管理上级，即其领班、主管甚至部门经理也需要培训。

（1）岗前培训

岗前培训又称为新员工培训，是指员工在正式上岗之前，企业或部门对新员工组织的一些系列有关酒店背景、基本情况、业务技能、操作程序、员工规范和企业规章制度等的培训活动。

（2）在职培训

前厅客房部门的在职培训是指为了使员工适应新的工作环境或技术更新，更有效地完成工作任务，强化服务意识；或者是出于员工职业发展的考虑等，在不脱产的情况下进行的一种培训方式。

（3）脱产培训

脱产培训，是酒店为了提升服务水平，完善员工职业技能，为酒店储备管理人才，实现酒店长期稳定的发展而让员工脱离岗位进行的一种培训方式。脱产培训按时间长短，可以分为短期培训和长期培训。按培训内容还可以分为技能培训和学历培训两种。

(4) 交叉培训

交叉培训是一种员工通过接受额外服务技巧的培训来满足不止一个工作岗位需要的培训方式，现已被越来越多的西方酒店作为保持人员素质优势、提高服务质量及竞争力的重要手段。实施交叉培训有助于酒店更加有效地控制成本，在旅游旺季业务量突增或员工生病、休假以及顾客额外需求导致酒店内部出现工作缺位时能够及时弥补。同时，还可以降低员工的跳槽率。一方面，员工喜欢培训所带来的挑战，减少了长期重复同样工作而产生的厌烦情绪，增加了新鲜感；另一方面，使员工一专多能，效率大幅度提高，从而节约了劳动资本，工资水平上涨。

对员工进行交叉培训，人员一事多能是减少部门人员编制的有效途径之一，只有员工具备了多种技能，才能及时进行补位、换位，便于调度。同时，定期的转换工作，可大大提高员工工作兴趣，又为酒店培养、储备了多种类型的复合型人才。在进行交叉培训时，部门不妨多设一到两个名额，专门用于员工交叉培训的顶岗。

店内实行跨部门交叉培训，建立内部重点工制度。在西方发达国家，劳动力市场较为成熟，酒店客房的卫生清洁可由专业清洁公司完成，这样，酒店定编人员就大为减少。在我国，劳动力市场还不完善，我们可在酒店内部进行组织，通过对工程、保安等一些后台员工的交叉培训，可缓解酒店减员后遇到较大的接待活动时人员不足的压力，同时，又给其他部门的员工提供了一个增收的机会，并便于不同部门之间员工的沟通、交流。

15.4 前厅客房员工工作考核与评估

15.4.1 日常考核

日常考核是检验培训效果、检查员工绩效和促进员工学习业务技术的一个行之有效的方法，也是保证酒店前厅客房部门的服务质量的重要手段之一。日常考核应逐级进行，包括部门内的所有员工。经理对主管进行考核，主管对领班进行考核，领班对服务员进行考核。同时，根据各级人员的工作内容不同，考核的内容和重点也应有所调整。为了加强考核的客观与公正，考核应有规范的、制度化的规程，对考核对象应有文字解释，做到考核对象心服口服，实现通过考核达到提高服务质量的最终目的。

15.4.2 工作评估

工作评估是指按照一定的程序和方法，对预先确定的内容和标准、对员工的工作业绩进行考察和评价。通过评估发现员工工作的不足，更好地了解员工的工作状况，便于更合理地安排和使用，同时，也有利于更好地激励员工工作。

(1) 评估的依据和内容

对员工评估的依据是酒店“岗位责任制”或“工作说明书”中对该岗位员工的基本要求（包括工作职责、标准、任务等）以及员工对岗位职责的履行情况。

评估的内容包括被评估者的基本素质、工作业绩、工作态度等。

评估的内容

- 专业知识
- 工作数量
- 理解能力
- 工作质量
- 语言能力
- 服务态度（有无微笑服务）
- 进取精神
- 礼节礼貌
- 责任感
- 仪容仪表
- 工作的自觉性
- 与上司之间关系
- 与同事之间关系
- 服从性
- 个人品德
- 工作能力
- 考勤及守时
- 其他
- 合作性

对于上述内容，在考核时，可以根据其重要性的不同，给予不同的权数，进行打分，以求全面、客观地反映该员工的综合素质。

（2）评估的程序和方法

填写评估表 对员工的评估通常为每年一次，评估的表格一般由酒店统一设计和印制。为了为年度评估提供依据，使年度评估更为准确，同时也为了进一步激励员工努力工作，也可以对员工进行月度评估，月度评估的形式和内容以简单为宜，为年度评估提供参考依据。

评估面谈 评估表填写好以后，评估者（部门经理或主管）要与被评估者进行见面，就评估表上的各个项目及评分情况逐条向被评估的员工解释说明。被评估者可以在面谈时对他的评估意见提出不同的看法，并与评估者进行深入的讨论。如不能取得一致意见时，可由人事部约见该员工，听取其意见，并做适当的处理。

（3）评估注意事项

评估必须客观、公正 评估者对评估工作必须严肃认真、客观公正，以日常考核和员工的工作表现为依据，决不能主观臆断及凭印象或个人好恶进行。

选择合适的环境 与被评估者进行面谈时，选择的地点要安静，不受其他人或各种噪声的干扰。

鼓励对话 评估过程本身就是为酒店经营管理活动提供反馈信息的途径和上、下级之间的沟通渠道。单向性的评估容易引起员工的不满，最终使员工的工作情绪与评估的宗旨背道而驰。因此，与被评估者面谈时，应当鼓励被评估者提不同意见或看法，而不能压制。

不能有报复思想 评估的目的是向被评估者实事求是地指出缺点，提出改进的方法和努力的方向，热情地肯定优点，提出发展要求和希望。切忌将评估当成整人的“秋后算账”。

15.4.3 奖惩规定

奖惩规定是酒店管理制度的重要内容，酒店必须制定合理规范的奖惩规定。而薪酬体系有实施奖惩规定的重要手段。传统的薪酬体系只能消除员工的不满意，却不能达到激励员工的目的。因此，薪酬要与能力和工作绩效挂钩，以激励员工的工作动机。首先，要明确酒店的商业战略，如假日酒店的商业战略是“提高营业额，使运营成功，重新构建和统一机能，壮大酒店基础，培养优秀的企业文化，进一步发掘战略优势”。然后，对面试中发掘的个人能力进行认证，证实其有助于酒店商业战略的成功。再把核心能力与人力资源体系相整合，只有能力完全被整合到所有体系中，包括招聘、培训、绩效考评、奖励、领导力发展、继承计划和职业规划，才能取得最大的成功。最后，以能力为基础制定资薪体系，并将能力体系引入新员工的认识环境中，以明确酒店对他们的期望。假日酒店使用能力体系，成功地转变了其海外子公司的企业文化，并使人力资源战略与公司战略和薪酬体系保持一致，5年来利润一直保持增长，客户满意度很高，而且员工流失率也很低。

15.5 前厅客房的员工激励

15.5.1 前厅客房员工激励概述

管理工作的本质就是要通过影响他人的能力，激发他人为组织工作的热情，以达到实现管理者制定的管理目标。所谓激励，也就是激发和鼓励，是指加强激发和推进行为，并指导或引导人的行为指向目标的一种心理过程或精神状态。西方国家兴起的“行为科学”，理论中的“需求层次理论”“期望理论”“双因素论”及“公平理论”等，都是致力于探讨人的心理和需求行为及其动机。在酒店思想政治工作的实践中证明，从需求出发研究人们的动机和行为，并运用不同激励方式，对调整广大员工的积极性、提高服务质量将会起到事半功倍的效果。

15.5.2 前厅客房员工激励类别

激励作为企业管理的一种职能，是根据具体的目标，通过满足人的各项需求，有效启迪和引导人的心灵，从而激发人的动机，挖掘人的潜力，使之充满活力并朝着目标前进。因此，激励是一种目的性很明确的管理活动。激励有它特定的运行规律，要达到受“激”而“励”的功效，首先应该掌握和认识激励的分类，并能有针对性地统筹运用。针对不同的情况应该采取不同的激励措施。在酒店管理过程中，激励的方式方法很多，结合酒店服务各种的实际情况和特点，常用的激励方式有以下几种。

15.5.2.1 物质激励

物质激励是最基本的激励方式，通常又是最直接和最有效的激励方式。物质激励是指通过物质刺激的手段，鼓励职工工作。它的主要表现形式有正激励，如发放工资、奖金、津贴、福利等；负激励，如罚款等。物质需要是人类的第一需要，是人们从事一切社会活动的基本动因。所以，物质激励是激励的主要模式，也是目前我国企业内部使用得非常普遍的一种激励模式。

15.5.2.2 精神激励

美国管理学家汤姆·彼得斯（Tom Peters）曾经指出，重赏会带来负面作用，它会使大家彼此封锁消息，影响工作的正常开展。而精神激励是在较高层次上调动职工的工作积极性，其激励深度大，维持时间也较长。在物质激励不可能完全到位的情况下，有效的精神激励，可缓解某些特定时期员工的内心不平衡。因此，创造一个激励员工奋发有为的企业环境，其功效是一般物质激励难以替代的。

精神激励是相对于物质激励而言的一种激励方式，是对物质激励的必要和有益的补充，属于较高层次的激励方式。它还可以包含许多激励类别，如目标激励、情感激励、榜样和领导行为激励、荣誉激励、理想激励、参与激励、晋升激励、图表激励和竞赛激励等。以下是几种较为常见的精神激励方式。

（1）典型激励方式

典型激励方式就是通过先进典范的示范，引导人们思想感情的共鸣，如何运用好典型的激励方法呢？第一，宣传外部典型要与宣传本单位的典型结合，即把普遍性与特殊性结合起来，让员工远学有目标，近学有榜样。第二，要积极培养和树立典型，在抓典型的过程中，要根据各个时期员工存在的思想问题和思想倾向，树立时代精神的典型，充分显示典型的感召力、感染力。第三，树立先进典型要有坚实的群众基础，先进典型要有先进事迹，要真正来自群众，因为缺乏群众基础的典型是不会有生命力的，也不会起到教育作用。

（2）奖惩激励方式

奖惩激励的方式就是对人的某种行为给予肯定或否定，达到鞭策和激励人们积极向上的目的，提高各种效率，必须坚持以人为本。第一是严明性，有功必有赏，有过必有罚，奖罚分明、公正，实事求是，不可随心所欲，要让人心服口服。第二是合理性，奖罚要适度，该轻则轻，该重则重，过轻过重都会影响奖罚激励的作用。一般来说，奖励的比例要大于惩罚的比例，这样才符合企业和谐发展的基本要求。第三是及时性，无论奖励还是惩罚，越及时，效果越好。

（3）评比与竞赛激励方式

酒店在明确的评比与竞赛激励方式目标前提下，激励人们上进，振奋精神，最大限度地发挥广大员工主观能动性，以高昂的精神投入到工作之中去。在评比与竞赛激励前要拟出严格的标准和明确的要求，评比时，要坚持原则，办事公正，实事求是，合情合理，组织领导者切不可凭个人的好恶而偏离竞赛的要求，只有这样才能真正达到激发和鼓励员工上进，推动工作的目的。

【思考题】

1. 酒店人力资源管理的任务是什么？
2. 招聘员工时进行面谈包括哪些步骤？在面谈询问时，应注意什么？
3. 员工的入职培训包括哪些内容？
4. 请谈谈如何才能做好员工的培训工作。
5. 在什么情况下进行的工作评估是最有效的？
6. 什么是激励？前厅客房部经理可以用什么方法激励员工？
7. 你认为怎样才能做好员工管理的工作？

【经验性训练】

做工作分析、模拟招聘现场面试

概述：

为了解工作性质和员工招聘现场面试，将学生分组进行模拟训练。

步骤：

1. 将学生进行分组，分别扮演招聘方和应聘者，具体人数视班级具体情况而定。

2. 布置任务，各方准备自己的材料。招聘方制定招聘计划，准备面试问题，考察依据，实施招聘计划；应聘者准备相关资料，注意应聘注意事项（各组招聘职位尽量避免相同）。

3. 各组汇报准备情况，视具体情况布置模拟招聘现场。

4. 分组进行模拟训练，时间由指导老师自行把握。

5. 训练结束，各组同学展开讨论，指导老师进行总结。

6. 每个同学结合酒店的人力资源管理工作和员工招聘写一份现场模拟训练心得体会。

【案例分析】

违反酒店制度以后

某酒店是一家开业近半年，按三星级标准建设和管理的旅游酒店。开业前夕，酒店各部门制定了一系列的规章制度，并于开业后正式实施。半年来，酒店制度管理的情况不尽如人意，主要问题有两个方面：一是由于开业准备仓促，酒店及部门的制度基本上是根据国外酒店管理公司管理的一家中外合资酒店的制度制定的，有些条文缺乏实施的客观条件，导致执行上的困难；二是由于在制度管理问题上思想认识不一致，导致处理意见分歧或感到左右为难，以下几例就属于此类。

案例一：

一天，值班经理巡查时发现餐厅服务员小李在餐厅吃馒头，值班经理按酒店制度对小李做了处罚，但小李感到非常委屈，有些员工及部分管理人员对此也有些异议。事情是这样的：当天，小李接待一桌重要宴会，由于接到任务较迟，等做好准备工作，已是客人即将到达之际，所以小李只好放弃吃晚饭而饿着肚子为客人服务，一直忙到晚上 20:30，客人尽兴而归。但小李已是饿得眼冒金星。收台时，她就顺手往嘴里填了几只刀切馒头，而正好被值班经理看到。

案例二：

一天，客房值台服务员小张在楼层工作间休息，客人因未能得到及时服务而投诉酒店。据调查，小张前一天晚上患急性肠炎，挂水至 23:30，医生给小张开了两天病假，但小张考虑到这几天会议团队较多，人手非常紧张，故第二天 7:00 又拖着虚弱的身体前来上班。下午 13:00 小张觉得两腿发软，感到非常吃力，想到此时客人大都在休息，就暂时到工作间休息片刻，以便下午能有充沛的精力为客人提供服务。谁知没过多久，就有客人来到服务台，因找不到服务员而向大堂副经理投诉。

案例三：

一天，一位酒店管理专家来到酒店，临走时，对酒店的盛情款待表示感谢。并提出了几条建议作为回报，其中提到从管理人员到普通员工，行为举止比较随便，如手插口袋，工作场所拨弄头发，二三人并行等，酒店总经理听后觉得很有道理，当天就布置总经理办公室拟订了一个员工的行为规范，并于第二天下午召开部门经理会布置贯彻执行，第三天下午发到每个员工，第四天开始正式执行。为了加强执行的力度，规定凡违反行为规范者，扣发当月奖金。但遗憾的是，执行的第一天，就有相当一部分人违反了规范。

【案例思考题】

1. 针对案例中所出现的问题，你认为主要是什么原因造成的？

2. 分别就案例中的问题提出你解决问题的办法。

3. 请谈谈酒店人力资源管理中如何保证制度的落实？

【本章推荐阅读书目】

1. 酒店前厅管理．陈媛媛，梁玉柱．旅游教育出版社，2006.

2. 酒店前厅与客房管理．严伟．上海交通大学出版社，2004.

3. 酒店人力资源管理实务．贺湘辉，徐明．辽宁科学技术出版社，2005.

4. 旅游企业人力资源管理．董福荣．华南理工大学出版社，2006.

【相关链接】

1. 中国酒店招聘网 http://www.hoteljob.cn/
2. 最佳东方——中国酒店业门户网站 http://www.veryeast.cn/
3. 中国人力资源开发网 http://www.chinahrd.net/

第 16 章

前厅客房现代化技术的应用

【本章概要】

在酒店业，提供优质服务已经不是一个可有可无的工作，科技的飞速发展以及日益激烈的市场竞争，现代化技术的应用能在一定程度上提高酒店的服务质量，使得酒店业可以通过有形产品来赢得战略性的竞争优势。本章主要介绍了触摸屏技术、电子门锁技术、智能化系统等现代化技术在酒店前厅客房中的应用问题。

【学习目标】

- 认识现代化技术在酒店的应用；
- 了解酒店现代化技术应用的主要内容。

【关键性术语】

触摸屏、电子门锁、无匙门锁系统、语音信箱、视频点播系统、智能化系统。

【章首案例】

三亚喜来登度假酒店

三亚喜来登度假酒店位于风景秀美的亚龙湾，拥有得天独厚的地理位置。酒店建筑面积约78 000m^2，共设有511间客房，其中49间为套房，每间舒适豪华的客房均配有空调、电子保险箱、迷你吧和卫星电视。在房间里可以观赏到亚龙湾壮观的全景、花木葱茏的热带花园、环礁湖泳池和18洞的亚龙湾高尔夫俱乐部。

建筑设备监控系统 该系统充分体现酒店的舒适和豪华性，依据暖通空调、给排水、电气等专业要求，对酒店内的机电设备进行集中监视、控制和管理，使机电设备安全、可靠、高效地运行，同时节约能源，减少维护人员，提高工作效率。系统对供配电、照明、柴油发电机、电梯、冷冻、空调新风、送排风、给排水进行监视或控制。

智能照明控制系统 喜来登酒店设计为超五星级的休闲度假酒店，因此，一般灯光营造的环境和单调的灯光效果已经远远不能满足要求，需要能体现酒店的高品位及自身形象照明系统。同时，要求无论顾客在什么时候进入酒店，都能感觉到由灯光效果带来的舒适环境。通常酒店类建筑具有以下特点：照明灯具除了开关控制外，还要求具备大量的调光设备；控制的区域相对集中，多是建筑的共用部位（如大堂、餐厅、会议室、酒吧等）；要求系统的维护和管理简单；照明光源多以热辐射光源为主，兼有少量的气体放电光源。智能照明控制系统正是一个集多种照明控制方式、现代化数字技术和网络技术于一身的控制系统。其目标是更能体现人性化，智能化。它的出现和发展，不仅为建筑照明提供多种的艺术效果，而且使灯具控制和维护变得更为简单。

火灾自动报警系统 该酒店为一级火灾自动报警系统保护对象，采用控制中心报警系统。系统采用总线制方式，依消防规范在建筑内各层的不同位置安装了感烟（温）探测器，在客房内设置的智能感烟探测器，在设计中充分考虑了以人为本的原则，选择了在有火警时，声、光同时显示的探测器，在厨房的灶间设置可燃气体报警器。

安全防范系统 酒店的安全防范系统为客人提供了安全、放心的休闲娱乐环境。监控中心设在首层B段，与消防中心合用。主要设备有监视器、矩阵切换、控制主机、长延时录像机等。

综合布线系统 该系统充分考虑到了多媒体技术、综合数字业务等高速数据通信的需求，它既可以传输数据、语音、图像及其他各种控制信号，又可以与建筑物外部的信息通信网络互联。满足了酒店的前台、后台的管理、经营业务，电话通信、电视会议、互联网、电子邮件等业务。

卫星及共用电视天线系统 酒店的卫星及共用电视天线系统，是由卫星接收天线、机房电视前端和放大分配网络系统组成。在酒店的C段屋顶装设全频道天线、卫星天线，电视前端室设在C段机房层。酒店还设置了VOD视频点播系统，客人可以通过电视点播酒店的VOD等娱乐节目，作为酒店前台可以进行节目控制及信号服务，作为后台管理可以进行节目采编录入、查询收费、信息记录、节目增改等操作。

在整个喜来登酒店的设计及建设过程中，能够依据酒店管理模式的要求，遵照国家相关规范，按酒店的使用功能，充分考虑以人为本的原则，着重突出休闲度假的特点，在照明与智能控制系统上下工夫，使酒店的各种功能在技术上更先进、实用，经济上投资更合理，同时也考虑到各系统的兼容性和可扩展性，为客人提供了便利、舒适、优雅和安全的度假环境。

随着全球经济一体化，使得酒店业客源更加丰富、多样化。在市场更加广阔的同时，酒店业也面临着日趋激烈的竞争环境和不断攀升的客户期望，迫使业内人士不断寻求扩大酒店销售、改进服务质量、降低管理成本和提升客户满意度的新法宝来增强酒店的核心竞争力。其中最有效的手段之一就是应用先进的现代化技术，变革传统意义上的酒店业竞争方式和经营管理模式，以赢得新竞争优势。

以信息技术为代表的新技术产业群，在世界贸易组织的分类里，属于新兴服务业。新兴服务业依托的是新兴技术，这种新兴技术，已经从根本上改变了人类的生活，也从根本上改变了每一个家庭的日常生活。而最新出现的数字酒店客房系统就很好体现了传统产业与新技术的结合。从下一步来看，传统服务业、传统技术和新兴服务业、新兴技术的紧密结合，是酒店发展的唯一出路。

随着科技的飞速发展，各行各业变化日新月异，旅游酒店行业也不断感受到科技、文化带来的冲击。酒店业作为变化最快、与时尚潮流接轨最前沿的行业，需要不断适应旅游者的多元化需求和科技进步。现代科技将赋予传统酒店客房“舒适”“安全”等标准以全新的含义。

16.1 触摸屏的应用

触摸屏是一种与计算机交互的最简单、最直接的方法，诞生于1970年，是人们最基本的交互方式，你可以指向你需要的任何服务和任务地方，不论大人或小孩都可以直接便捷地使用它。目前，触摸屏的功能在广阔的领域被成功地开发和应用着，航空公司用触摸屏来模拟飞机的运行状态训练它们的飞行员。饭店行业使用它们简化操作达到点击式销售目的，提高服务效率。

触摸屏技术目前在酒店当中使用效果较为明显，例如，在酒店的前厅放置一个信息查询的触摸屏查询系统，该系统是直接面向客人、具有交互性的信息查询及消费者反馈的计算机网络系统，是利用当今先进的计算机网络系统进行信息服务和宣传的工具。它能使大量的信息快速、准确地传递给客人，并能在第一时间得到客人的反馈调查数据。为酒店提供了一个向外界展示自己形象，扩大影响力的有利方式和窗口。

16.2 新兴门锁技术系统的应用

16.2.1 电子门锁技术

传统客房机械钥匙的管理，一直是酒店在管理及安全上让人头疼的问题。随着科学技术的不断发展，酒店客房管理手段也发生了巨大的变化。从普通的机械门锁、穿孔锁、磁片锁到今天形式多样的智能电子门锁（磁卡锁、IC 卡锁、TM 卡锁、感应卡锁、指纹锁等类型），给客房管理带来了许多的方便，客房管理的概念也发生了质的变化，已从简单的客房安全管理，上升到集整个酒店管理体系为一体的系统智能化管理的高度。

磁卡是20 世纪 70 年代初诞生的，这种成本非常低的磁卡被应用于各种领域，在它的磁条上可以存放很多信息，安全性能可通过加密手段来完成。因大部分磁卡是代表了一种认证，各种业务的办理要由相应的中央计算机来完成，所以，对网络要求较高。由于其成本低、安全、方便、便于管理而普遍被酒店采用，成为普及最广的电子门锁技术。

16.2.2 指纹锁技术

目前在欧洲、北美和比较发达的亚洲国家中的一些酒店，已经不再用钥匙，而是运用指纹识别技术来开门，这种锁就叫指纹锁。指纹识别的应用有效地杜绝了盗用 IC 卡和密码开门。指纹技术是采用生物理论结合光学原理研制的，指纹锁目前已经被一些发达国家用在了进出入管理和智能操作控制中，如机要部门、银行存放现金保险地的进出入口、汽车的启动控制以及重要武器设备的安全保护，酒店、写字楼和公寓的入口也有部分采用了这种锁。

这种锁是一个小型门锁系统，而且可以组成一个类似于计算机的局域网，应用于酒店时，在酒店的前台可以统一管理，只要客人入住时把指纹登记到前台管理计算机中，由服务人员通过网络传送到对应的房门的门锁中去，客人就可以用手指来开门了，并且它有记忆功能，前台计算机中可以查找对应的开门者。客人在离开酒店到前台结账后，服务人员再通过计算机注销客人登记的指纹；客人第二次再来入住时仍需重新登记指纹。这对于保障客人的安全来说，具有重大的突破性意义。

16.2.3 蓝牙技术

在一个很短的时间内，移动电话或者 PDA 可能替代酒店的钥匙或者其他的遥控装置。这些装置都能够做到让顾客进入酒店、开门甚至是控制空调，都能通过一些基于蓝牙技术制造移动设备来完成。人们将不会再为了携带或者遗失酒店的钥匙烦恼。

当这种服务大面积的使用之后，客人可以非常方便地利用他的支持蓝牙技术的手机和他的信用卡和电话号码来进行房间的预订。客人准备进入酒店的时候，如果他的电话是开着的，他就能立刻收到一个从酒店的计算机发来的信息，询问是否现在就要入住。当客人输入了已经预订的个人的验证密码后，就能收到一个信息，知道自己的房间号码。当他站在房间的门口的时候，客人也能使用这个密码打开房间的门。同样，他也可以使用他的装备蓝牙设备的手机设备来结账。

科技的发展让门房改变

酒店门房一直是商务旅客与酒店接触的一个关键点，现在依然如此。但他们的作用和衣着正在变化，而变化幅度之大，以至于现代门房与20年前的门房前辈之间几乎没有多少共同点。

首先，这项工作不再是男人的天下。越来越多的女性占据了这个位置，尤其是在欧洲大陆和美国。有趣的是，在那些曾经负责培训酒店门房的学校中，极受尊崇的洛桑酒店管理学院（Ecolab hotelier de Lausanne）已经不再从事这种培训了。这所学院为很多世界顶级酒店培养了服务人才，但也表示，在很多酒店，“顾客关系”员工正在取代门房。这是职业定义的巨大变化。造成门房职业发生根本性变化的原因是科技的发展。作为一个酒店门房，仅仅能够帮助客人预订一个餐厅座位或购买一张演出门票，已经远远不够了。如今，他们必须了解旅客可能使用的所有现代技术——从苹果（Apple）的系列产品到黑莓（Blackberry）手机，而且，当技术出现小故障时，他们要知道如何迅速让这些设备联上网络。

16.3 语音信箱的应用

语音信箱业务是利用电话语音信箱系统向用户提供存储、提取话音留言及其他辅助功能的一项服务。利用该项业务能解决旅客外出而未能接听重要电话的难题。

16.3.1 语音信箱的业务种类

目前，语音信箱系统可向用户提供如下2种服务。

（1）普通信箱

用于来访者给用户（信箱主人）留言，只有信箱主人才可提取信箱中的留言信息。普通信箱用户分2种情况：一种是普通电话网中的用户，另一种是非普通电话网中的用户。

（2）布告栏信箱

用于信箱主人向来访者发布信息，只有信箱主人才可在信箱中留言，还可根据需要设置查询权限检查密码，这类信箱主人可以为任何种类的用户。

16.3.2 语音信箱的业务功能

（1）留言

来访者可主动拨入信箱系统给信箱主人留言，信箱主人也可使用布告栏业务在信箱中留言，此外还具有自动应答留言功能，即根据信箱主人登记的呼叫前转功能，交换机将呼叫自动转移到信箱系统，同时将该信箱主人的电话号码传送给信箱（无电话的用户不能使用自动应答留言功能）。

(2) 听取留言

信箱主人进入信箱系统提取来访者留言，还可对留言作如下处理：重听、保留、删除、转投和答复。未提取留言的保存时长不少于48h。这对于商务人士来讲，是一个十分方便且有用的办公助手。

(3) 听取布告栏

提供布告栏业务的信箱允许客人听取布告栏主人的留言。

(4) 留言通知

一旦信箱中有新留言，信箱系统可根据要求通知信箱主人，信箱系统提供以下2种通知方式：

第一，由信箱系统通知信箱主人电话机所连接的交换机，当该用户话机摘机时，交换机将向用户送录音通知，提示其信箱中存有留言（普通信箱中第二种用户和使用分信箱功能的用户不能使用此方式，但可采用其他方式）。

第二，通知信箱主人指定的电话号码，当信箱中有新留言时，信箱系统将呼叫信箱主人指定的电话号码通知其有留言。如首次呼叫失败，信箱将根据设定的尝试次数和时间间隔重新呼叫。信箱主人须重新拨入信箱系统听取留言。

(5) 定时邮送

信箱主人在信箱中录入留言，并设定留言投送日期、时间和受话人的电话号码，届时，信箱系统会自动呼叫受话人；如呼叫失败，信箱系统将再多次尝试邮送。定时邮送同时送达的电话号码可多达30个。

(6) 分信箱

为解决多个用户共用一个信箱号码的问题，在主信箱号码下分设1~9个分信箱，分信箱有各自的分信箱号、问候语和密码，分信箱号码长度为1位，主信箱号码隐含对应0号。

(7) 设置/修改信箱参数

信箱主人（包括分信箱主人）进入系统可设置、修改自己信箱的部分参数，即密码、个人问候语、留言通知方式、信箱使用状态。密码长度为4~6位，同一信箱系统中密码长度统一，问候语长度可达15秒。

16.3.3 语音叫醒系统的应用

16.3.3.1 语音叫醒系统

叫醒系统是指系统在预订的时间拨通预订分机，在得到应答后播放预先录制的语音文件。以前叫醒是客人拨通总机电话，说出叫醒时间，值班员用笔做记录，到时间后拨通客人电话叫醒客人或值班人员输入交换机电脑，由交换机来拨号叫醒。由于大部分为人工操作，客人总是有一点不放心，有时甚至要重复拨电话给总机进行确认。叫醒系统则能够帮助酒店提供更优质的服务，树立良好的形象，从而大大提高了其竞争力。

16.3.3.2 语音叫醒系统的特点

语音叫醒系统相比较于传统的人工叫醒系统具有以下的特点：

- 界面友好，采用流行办公软件桌面设计，简便易用；
- 操作易懂易学，管理员可轻松管理整个系统；

- 设置灵活、方便，功能强，具备人性化特点；
- 适合于各种品牌型号的交换机；
- 可附设或增设语音信箱功能，语音咨询功能，全方位为客人服务。

但语音叫醒系统也存在着可能影响到叫醒质量和效果，相对于人工叫醒服务似乎缺乏一定的人文气息。酒店在应用时通常是将人工叫醒和语音叫醒系统结合使用。

16.3.3.3 语音叫醒系统的功能

信息设定 总台可设定单个房间叫醒、群组叫醒（多号码、多房间一次设定，适用于旅游团集体叫醒服务），叫醒的时间长度，叫醒不成功重试次数及重试时间间隔。

信息修改 可根据客人要求时间准时将客人叫醒，也可在叫醒时间前随时修改设定或取消设定。

语音管理 叫醒语音的内容可以设定，也可自行录制，并可测试录音效果。

呼叫次数 设定同一分钟最多可容纳的定时呼叫次数。

呼叫记录 记录叫醒分机号码、开始和结束时间、叫醒结果、失败后重试次数等。

叫醒语言 设定叫醒的语言。

提前叫醒 对于某一个时间段叫醒需求较多的，可设置提前叫醒时间。

查询 叫醒记录查询（叫醒分机号码、时间、日期、是否成功、重复次数）、操作日志查询、无效号码查询。

打印 可根据需要将所查询记录打印出来。

管理监控 管理员可实时监控定时呼叫的情况，如果在设定次数之内被叫方仍未应答，系统会提示服务台进行自动或人工叫醒，以便值班人员及时处理。

备忘录 客人设定的定时呼叫可保留下来备查，并可将该信息打印出来。

系统管理 系统管理员可增加、删除操作员，并可设置某个操作员的权限。

16.4 视频点播系统的应用

在整合酒店现有服务内容和内部资源设施的基础上，结合互动电视系统的技术优越性，把酒店的电视系统、酒店管理系统、酒店服务业务有机结合在一起；客人在客房中只通过一个遥控器，就可在电视上方便地实现酒店所有信息查询、服务呼叫、消费的查询、电视节目的有效选择、DVD 影片点播欣赏等多项服务的选择，真正做到了“足不出户，服务到位”。酒店通过该系统可在第一时间把自我形象推荐给客人；为不同国度客人提供人性化服务时，语言将不再成为障碍；同时，还减少了酒店运营环节，实现了减员增效；系统中的高科技应用，更可省去原有某些老旧低效系统的投资，实现现代化服务。

16.5 智能化系统的应用

智能化系统是指一种实现酒店工程设备自动化系统，其中包括楼宇控制自动化（BAS），目前应用在酒店方面最普遍的是空调、电力、锅炉、电梯、通风、停车收费、电子门锁等。

酒店智能化管理系统可分为五大应用领域：

- 改善服务质量，提升服务水平和服务速度。如VOD视频点播和餐厅的视频点菜、前台收银结账一卡通、前台接待服务管理系统等，目的是方便客人，服务更快捷。

- 酒店管理系统，为酒店管理者提供经营管理手段的智能化技术，如酒店预订及连锁经营网络系统、后台计算机管理系统、办公自动化OAS系统等，使酒店经营管理者实现高效、先进、科学的管理方法和管理手段。

- 成本控制，如采购网络、人力资源管理、物耗管理等，使酒店物耗、能源、人员成本等降到最低，创造效益。

- 安全保障服务系统，由安全监控和火灾报警为一体，它在智能化管理中，各子系统可以互通信息，也可独立工作，实现最快速的安全管理系统。

- 设备管理和节能，通过酒店内的工程设备管理信息系统，能很好地将设备保养周期计划纳入到计算机的管理系统中，实现系统化的管理方式。同时，将每天的营业报表与能源消耗情况实现对比，将能源消耗情况通过网络系统传输到每个营业部门。

客房智能化管理是酒店智能化管理系统的一个重要组成部分。酒店客房管理者借助客房智能化管理系统，可以随时了解到诸如客房销售情况；住客姓名、身份证号码、收费比例（是否折扣）、预付房金数、住宿类型；客房预订、保留、管制情况；客房打扫和维修情况等。酒店客房管理者还可以运用客房智能化管理系统自动生成各类客房管理报表，并对客房销售情况进行统计、分析和预测，达到有效利用客房资源、提高工作效率、改善服务质量的目的。

现代化的客房服务越来越重视通过运用或借助现代化设备和技术，为客人提供更舒适、更便利的住宿服务。现阶段，比较成熟的现代化客房服务主要体现在以下几方面：① 导入光线唤醒系统，由于许多人习惯根据光线而不是闹铃声来调整起床时间，新的唤醒系统将会在客人设定的唤醒时间前半小时逐渐自动拉开窗帘或增强房间内的灯光；② 导入无匙门锁系统，以指纹或视网膜鉴定客人身份；③ 设置虚拟现实的窗户，提供由客人自己选择的窗外风景；④ 导入自动感应系统，窗外光线、电视亮度、音响音量和室内温度以及浴室水温等可以根据每个客人的喜好自动调节。

主题客房

美国一个杂志曾经评出美国的10个主题客房。其中一个主题客房是航天房间，客人进了这个客房，就感觉进了宇宙，酒店把所有宇宙的东西，包括现在航天技术的花样都搬进了这间客房。这样一个客房一天1500美元，但是要提前半年预订。有一个主题客房，是以汽车文化作为主题，床就是一辆汽车，基本上是一辆汽车的敞篷部分，所有的都是汽车文化和汽车技术，同样是价格很贵，预订时间很长。当然，这是一些文化性的概念，但是它给我们的启发是，我们不能拘泥于常态，应该把很多新技术的花样引进来，哪怕不能直接引进，做一个包装炒作一下也是好的。这样我们很多传统的东西就要出局，酒店这样一个传统服务业也需要转换成新兴服务业。

“至纯”客房

位于纽约时代广场的豪华Premier酒店（千禧酒店及度假村集团旗下酒店）最近推出了新的“至纯”客房，以改善客人的旅途住宿质量和健康环境。“至纯”客房最大的特点是防过敏环境，通过使用一种特殊的净化技术，使房间内的无菌度达98%。此外，客房浴室内还配有治疗型天然护肤品。

Premier酒店是纽约首家推出防过敏客房的酒店，它使用北美Pure公司独一无二的高科技创新清洁保养技术。酒店的3个楼层（含16间客房）、顶层客房和健身中心都提供“至纯”客房。Premier酒店健身中心是世界首家采用这种全新技术的健身中心。每间客房的所有设施表面、织物和空气都进行了全面除菌。

Pure公司设计的新型高质转化工艺确保了客房加热设施和空调设施清洁彻底，该公司还为客房配备了其专利产品茶树油用品。Pure茶树油是一种纯天然防腐消毒剂，用于保持转化器最初创造的卫生环境。客房要经过4~5小时的强臭氧除菌过程，以杀死任何残留的有机生物并去其气味。

【思考题】

1. 前厅客房的现代化技术应用主要表现在哪些方面？
2. 现代化技术对提升酒店的服务质量有何作用？
3. 请谈谈酒店现代化技术应用的前景。
4. 你认为现代化技术在酒店中的应用会遇到什么挑战？
5. 论述现代化技术的应用与提高酒店前厅客房服务质量之间的关系。
6. 你认为酒店的前厅与客房部应该在信息化浪潮下做好哪些准备？

【经验性训练】

酒店信息化、科技创新讨论

概述：

就目前国际和国内酒店的信息化和现代科技的应用搜集资料分组进行讨论。

步骤：

1. 分成5人一组（人数为单数）。每一组都将成为一个酒店采取现代化技术的决策层。团队的任务是利用一切可以利用的资源，为酒店实行信息化、现代化技术提供决策依据。
2. 团队成员共同商议各自分工协作，分配任务。
3. 依据各自任务进行认真准备，整理好搜集结果。
4. 汇总搜集资料，团队成员共同商议，形成一份书面报告。
5. 在课堂上集中汇报各组的调研报告（有严格的时间限制）。
6. 全班一起讨论各组调研报告的可行性，如不可行，找出可能的原因。
7. 讨论信息化及现代技术的发展对酒店业发展的影响。

【案例分析】

电子商务应用给无锡锦江大酒店带来的益处

随着电子商务在酒店业的广泛运用，电子商务以其难以想象的发展速度成为酒店最有效、最经济、最便捷的营销手段。我们酒店每天通过类似Crisp，E-long等网络订房中心的预订有时甚至超过了前台的散客。酒店网络销售系统是具有革命性的酒店营销创新。它的优势主要在于有效展示酒店形象和服务，建立与客户良好的互动关系，高效管理销售过程，且显著降低销售成本，提高经济效益和管理水平。酒店网上营销窗口可以分别设计为外部连接和内部连接两大系统，外部连接是指酒店营销主页与其他酒店网页、旅游网站、酒店所在地区的其他网站、搜索引擎网站的连接，目前无锡锦江大酒店已经和上海锦江集团的新建预订系统连线，不用多久，只要客人点击 www. jinjianghotels. com（锦江集团网站），就可以直接预订包括我们酒店在内的任何一家集团名下的酒店。而内部连接是指主页上酒店营销信息内容的布局与打开形式。客人也可以浏览我们酒店的网站 www. wuxijinjiang. com，了解无锡锦江大酒店的资料和最新服务信息。网上酒店营销信息体系外部连接直接影响上网者接触并访问该酒店站点机会的多少，需精心解决好酒店营销主页与其他酒店网页、旅游网站、酒店所在地区网站、搜索引擎网站的关系。

酒店营销信息的内部连接，关系到营销信息内容布局的合理性，即符合人们观看习惯，以及访问者获得相关信息的方便性。上网者总希望通过最简单的途径获取最有价值的信息。因此，应尽量做到网上营销信息的内容结构要突出酒店经营特色。我们可以将类似周末特价、外买年夜酒等促销信息放在屏幕中心位置。其他如餐饮特色价格、服务时间、客房类型、面积和价格等尽量采用表格形式表现，因为这比单纯使用文字更有条理，更让人一目了然。

【案例思考题】

1. 电子商务的应用给无锡锦江大酒店带来哪些好处？
2. 除了电子商务一项应用以外，酒店还可以在哪些方面有所作为？
3. 电子商务的应用给酒店管理工作带来哪些挑战？

【本章推荐阅读书目】

1. 前厅服务与管理. 郑宏博，付启敏. 中国金融出版社，2006.
2. 酒店计算机信息管理. 周贺来. 中国水利水电出版社，2006.
3. 计算机现代酒店管理. 干雪芳. 重庆大学出版社，2002.

【相关链接】

1. 中国酒店招聘网 http://www. hoteljob. cn/
2. 中国旅游报 http://www. linktrip. com/

参考文献

蔡万坤. 2006. 前厅与客房管理 [M]. 北京：北京大学出版社.

陈雪琼，增武英. 2002. 谈谈酒店商务楼层的起源与发展 [J]. 桂林旅游高等专科学校学报，(13) 1：66－70.

陈雪琼. 2005. 前厅客房的服务与管理 [M]. 北京：机械工业出版社.

陈媛媛，梁玉社. 2006. 酒店前厅管理 [M]. 北京：旅游教育出版社.

丁林. 2005. 旅游酒店前厅客房服务与管理 [M]. 山东：山东大学出版社.

董福荣. 2006. 旅游企业人力资源管理 [M]. 广州：华南理工大学出版社.

干雪芳. 2002. 计算机现代酒店管理 [M]. 重庆：重庆大学出版社.

谷慧敏，邹益民. 2006. 酒店管理理论与应用研究 [M]. 北京：旅游教育出版社.

贺湘辉，徐文苑. 2005. 酒店客房管理与服务 [M]. 北京：清华大学出版社.

贺湘辉，徐明. 2005. 酒店人力资源管理实务 [M]. 沈阳：辽宁科学技术出版社.

黄继元. 1997. 酒店客房业务与管理 [M]. 昆明：云南大学出版社.

黄珏，王宝恒，张进福. 2004. 酒店前厅与客房部管理 [M]. 厦门：厦门大学出版社.

蒋丁新，杨富荣. 2002. 现代酒店前厅与客房管理 [M]. 大连：东北财经大学出版社.

姜玲. 2006. 星级前厅服务人员指导教程 [M]. 广州：广东经济出版社.

康蓉. 2002. 酒店前厅与客房管理 [M]. 西安：西北大学出版社.

李晓东. 2006. 酒店前厅与客房管理 [M]. 郑州：郑州大学出版社.

李原. 2001. 现代酒店管理原理 [M]. 成都：四川大学出版社.

林壁属，丁林. 2006. 前厅、客房服务与管理 [M]. 北京：清华大学出版社.

刘伟. 2002. 前台与客房管理 [M]. 北京：高等教育出版社.

刘伟. 2007. 前厅与客房管理（2 版）[M]. 北京：高等教育出版社.

孟庆杰，黄海燕. 1998. 前厅客房服务与管理 [M]. 大连：东北财经大学出版社.

彭学强. 2006. 现代酒店经营与管理 [M]. 长沙：湖南大学出版社.

沈忠红. 2006. 现代酒店前厅客房服务与管理 [M]. 北京：人民邮电出版社.

宋晓玲，等. 2001. 酒店服务常见案例 570 则 [M]. 北京：中国旅游出版社.

梭伦. 2004. 星级宾馆酒店经营管理 [M]. 北京：中国纺织出版社.

吴军卫. 2003. 酒店前厅管理 [M]. 北京：旅游教育出版社.

吴军卫. 2006. 旅游酒店前厅与客房管理 [M]. 北京：北京大学出版社.

吴梅. 2002. 前厅服务与管理 [M]. 北京：高等教育出版社.

谢玉峰. 2005. 旅游饭店前厅客房服务与管理 [M]. 郑州：郑州大学出版社.

严伟. 2004. 酒店前厅与客房管理 [M]. 上海：上海交通大学出版社.

姚李忠，齐新征. 2005. 酒店管理实务 [M]. 合肥：合肥工业大学出版社.

余炳炎，张建业. 2002. 酒店前厅部的运行与管理 [M]. 北京：旅游教育出版社.

余炳炎，朱承强. 2001. 酒店前厅与客房管理 [M]. 天津：南开大学出版社.

余炳炎，朱承强. 2002. 现代酒店管理 [M]. 上海：上海人民出版社.

郑宏博，付启敏. 2006. 前厅服务与管理 [M]. 北京：中国金融出版社.

周贺来. 2006. 酒店计算机信息管理 [M]. 北京：中国水利水电出版社.